U0107117

Waves of War

格致社会科学

战争之波

现代世界中的民族主义、国家形成与族群排斥

［瑞士］安德烈亚斯·威默 Andreas Wimmer　著

杨端程　译

Nationalism,
State Formation and
Ethnic Exclusion
in the Modern World

格致出版社　上海人民出版社

中文版序

诚然,没有任何一个历史事件会重复,但是由无尽的事件编织的历史地毯却充满大量且重复的模式。本书正是强调了这种模式,并假设从宏观历史和比较的视角入手,来看待过去两个世纪的全球历史。但是,本书并不是一本传统的历史书。它没有像迈克尔·曼(Michael Mann)的皇皇巨著《社会权力的来源》(*The Sources of Social Power*, 1993)那样叙述西方与日本帝国主义的兴起、两次世界大战的冲突、共产主义的扩散、苏联的解体、东亚经济的兴起以及当前多极世界中的政治紧张局势。相反,它试图发现在不同的时间和空间中都重复出现的模式。

以下各章对模式的阐述是相对简洁的:在现代阶段的起始点,大约是法国和美国的革命开始的时候,世界上的大部分地区都是由庞大、多族群的帝国(中国、西班牙哈布斯堡王朝的领地、奥斯曼帝国等)或者王朝国家(如托斯卡纳大公国或者泰国)进行统治的。今天,几乎世界上的每一个地区都是由民族国家来治理的,以民族而非神意或者朝代的名义进行统治。这一转变是由民族主义在全球的扩散并最终形成霸权所导致的,其理论根据是统治精英与民众应该源自相同的民族背景,这些精英应该根据民族的利益而不是他们的宗教、等级或者信仰来治理国家。

　　向民族国家的转型伴随着一波又一波的战争。在这一进程开始的时候，许多帝国或者王朝国家都在抵制日渐壮大的民族主义力量。正如民族主义者喜欢说的那样，许多国家都是在经历了血腥的，有时甚至是长期的"民族解放"战争后才从帝国中分离出来，或者推翻了王朝政权。一旦进入后帝国时代或者取得独立，新国家面临的问题便是以哪个民族的名义进行统治。因此，谁才是控制后殖民国家的实体？应该在哪里划定国家的界限？究竟哪些语言群体、宗教或者按种族定义的群体才是国家的一部分？谁又是对合法统治很少提出要求，最终成为新成立国家外围人群的"少数族群"，甚或"异族"，对未来没有任何发言权？

　　在这里，故事展开的情节开始出现分岔。在诸如瑞士、博茨瓦纳或中国这样的国家中，形成了在人口与语言上占多数的主体族群与少数族群共容的更具有包容性的联盟。相应的是，民族被以一种扩展的方式想象，从而拥抱了国家中的大部分公民。在其他的案例中，一个特定的族群——通常是多数族群，有时也是少数族群——"俘获了"国家并且宣布它们自己才是民族，从而将其他族群或者种族排除在权力之外。然而，这造就的政治等级制度侵犯了民族主义的核心原则之一——自治，即在国家中，每个人所属的群体都有权在政府中拥有一席之地。反过来，对自治理念的侵犯则导致了国家间战争与内战的爆发。

　　周边的国家可能会代表被排斥的群体来介入这些冲突，这通常是因为它们彼此都属于相同或者相近的族群共同体。由此导致的两国间的紧张关系可能升级为国际战争。政治排斥与相应的合法性缺失可能导致在政治上不利的群体拿起武器，为分得更多的政治权力而斗争。这些叛乱通常表现为恐怖袭击或者游击战的形式，但是有时也会升级为武装部队之间的全面对抗。一旦族群政治不平等的问题得以解决，那么民族国家的形成就进入了最后一个阶段。这一阶段的实现方式多种多样，它既可以通过驱逐少数族群（像在希腊和土耳其那样），也可以通过强迫接受主体族群的同化（像在法国或博茨瓦纳那样），还可以通过更温和的共容与权力分享（像在加拿大那样）方式加以推动。

　　由此形成的历史模式看起来就像一个倒 U 形曲线，对此，第四章将给出更具体的经验分析。在从帝国转向民族国家的 20 年中，我们看到了分离主义性质、反帝性质的战争数量的上升。在转型后，战争爆发的可能性达到了巅峰，它们多是内战、与邻国的战争，然后战争爆发的可能性逐渐下降，并大约在 50 年后回归到平均水平。

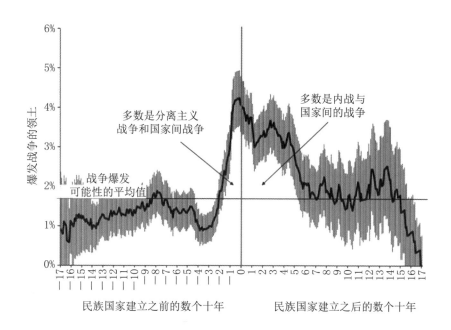

有鉴于此,本书试图去发现并解释这种模式。本书指出,从拿破仑帝国的覆灭到苏联的解体,这种模式一次又一次地出现,当然它在不同时期也存在不同的变化。本书提供了有关一波又一波民族国家的建立推动现代历史进程的广义理论,并解释了这一进程在何时以及为何伴随着战争。之前的政治学研究几乎完全忽略了民族主义在现代战争史中发挥的作用。国际关系学者将民族主义视为国家如何为生存与安全而竞争的一种意识形态副产品,它虽然有助于动员大众,但是两者之间并没有什么因果关系(如 Mearsheimer 1990:21)。而比较政治学者则关注引发内战的物质激励(比如掠夺或自然资源)或者放大了弱国家无法阻止年轻人组建叛乱组织并拿起武器的能力。"不满"——诸如对缺乏政治代表性以及由此产生的合法性等问题的抱怨——则被他们视为次要的。相比之下,本书旨在将民族主义——以及合法性的问题——更广泛地置于有关战争与和平的研究当中。

我对现代历史的研究路径与马克思主义有一些相似之处,大部分中国读者对后者应该并不感到陌生。与卡尔·马克思相似的是,我试图发现历史中的规律与重复出现的模式,正如我反复提及的那样。就像马克思主义说的那样,这些模式的产生是由拥有不同利益的行动者之间的冲突所导致的。但是,与马克思不同的是,我并不把从经济上定义的阶级以及他们之间的斗争视作历史的主要推动力,即通过阶级斗争推动从一种生产方式到下一种生产方式的过渡。相反,本书关注的是围绕国家权力的政治冲突,而这恰恰是经典马克思主义很少关注的话题。相应的是,我将这一因果关系归为意识形态——特别是民族主义——以及政治权力,而不是将它们简化为特定的阶级利益。诚然,从帝国向民族国家转型的故事是由不同的阶级和阶级派别来推动的。举例来说,一些早期的民族主义者是牧师,他们的追随者则是商业精英(用马克思的术语来说就是资产阶级),有些时候则是学生和知识分子。有些时候,农民在这一过程中发挥了重要作用,有些时候发挥作用的则是怨声载道的贵族[比如,请参见 Hroch 2000 (1968)]。一些少数族群的民族主义形成于农业生产模式,一些形成于资本主义经济,一些则形成于社会主义或者共产主义国家。换言之,民族主义的政治历史通过各种阶级构型与生产模式来编纂自己。在此,我将这一话题交给别的作者,让他们来探索这些构型与模式会不会影响以及如何影响世界各地的民族主义政治的进程。

那么本书的这些宏观历史理论对我们而言又有何种启示呢?诚然,过去的模式对未来的预测并不如人意,尤其是因为存在着众多的偶然性、不可预见的事件,它们可能改变甚至完全打乱这种模式。历史不会重演,但在不同的时代和不同的历史情境中,历史也可能存在相同的运作机制。

第一次世界大战开始于东欧从帝国向民族国家转型的阶段,此时的少数族群已经接纳了民族主义信条,并且开始动员人们反对他们眼中作为"人民监狱"的多族群的哈布斯堡王朝。而当希特勒试图在已经从哈布斯堡王朝和罗曼诺夫帝国分离出来并转向民族国家的地区中重建帝国时,第二次世界大战也就爆发了。我们希望,为了人类的福祉,我们的领导人和世界各国的同胞们能从过去至少吸取一些教训并阻止悲剧的再次发生。

安德烈亚斯·威默

纽约,2022 年 3 月

【参考文献】

Hroch, Miroslav. 2000(1968). *Social Preconditions of Patriotic Groups Among the Smaller European Nations*. New York: Columbia University Press.

Mann, Michael. 1993. *The Sources of Social Power*, *Vol.2: The Rise of Classes and Nation-States*, *1760—1914*. Cambridge: Cambridge University Press.

Mearsheimer, John J. 1990. "Back to the Future: Instability in Europe after the Cold War," *International Security* 15(1):5—56.

Wimmer, Andreas. 2018. *Why Some Countries Come Together While Others Fall Apart*. Princeton, New Jersey: Princeton University Press.

致　谢

　　许多同事提出的建议、批评和鼓励帮我形塑并夯实了本书的观点。他们对许多不同类型的数据库作出了分析，我在后文每一章的第一个脚注里写明了对他们所作贡献的感激。在此，我想对我的合作者们表示深深的谢意，我与他们合作的这些论文先后发表在不同的刊物上，并构成了全书四大章节的主体性内容。

　　我很荣幸曾经与布莱恩·闵(Brian Min)一起共事，他是我在加州大学洛杉矶分校(UCLA)执教时的政治学专业研究生。在我们都搬到洛杉矶城七年后，他现在已经成长为密歇根大学的助理教授了。在我们紧密合作的两个项目上，他总是富有耐心、彬彬有礼并且十分风趣地向我介绍量化研究与数据管理的秘诀，这两个项目最终成就了全书第四章和第五章的主体。在第五章中，苏黎世联邦理工学院(ETH Zurich)政治学教授拉尔斯-埃里克·塞德曼(Lars-Erik Cederman)推动了我们在数据分析方面的合作，由此我得以检验自己提出的观点"族群政治不平等是解释当代冲突进程的关键因素"是否正确。克莱门斯·克罗内贝格(Clemens Kroneberg)最近获得了曼海姆大学(the University of Mannheim)的社会学博士学位，他现在在那里担任助理教授。五年前当我正在做族群边界划分的研究时，他向我提出对族群边界理论建模的构想，最终促使我们合作完成了第二章。尤瓦尔·费恩斯坦(Yuval Feinstein)是加州大学洛杉矶分校社会学系的博士生,他即将赴海法大学(the University of Haifa)担任助理教授。当第三章中的分析缺乏现成的领土数据时,他和我一起经历了数据库建设的艰辛历程,并且与我分享了充满惊喜的研究乐趣。感谢上述朋友在不同的学术之旅中与我同行,他们的帮助使我受益匪浅。

第二章的主要内容曾发表于《美国社会学评论》2012 年第 1 期[*American Journal of Sociology* 118(1):176—230],获得了德国社会学学会(Deutsche Gesellschaft für Soziologie)建模与模拟分会(Modeling and Simulation Section)的阿纳托尔-拉波波特奖(Anatol-Rapoport-Prize)。第三章的主要内容发表于《美国社会学评论》2010 年第 5 期[*American Sociological Review* 75(5):764—790],获得了美国社会学学会(American Sociological Association)比较历史分会(Comparative Historical Section)的最佳论文奖。第四章的主要内容则发表于《美国社会学评论》2006 年第 2 期[*American Sociological Review* 71(6):867—897],并且运气够好地获得了美国社会学学会比较历史和政治社会学(Political Sociology Section)两个分会的最佳论文奖。第五章的主要内容则源自我在《美国社会学评论》2009 年第 2 期[*American Sociological Review* 74(2):316—337]发表的另一篇文章。

美国和平研究所(The United States Institute of Peace)为我提供了为期一年的詹宁斯·兰道夫(Jennings Randolph)高级研究员职位,这使得我能将书中各部分的内容整合起来。我要感谢这个机会,并感谢尚塔·德·奥特拉特(Chantal de Jonge Outraat)和她的团队为所里的研究员们创造了舒适的工作环境。加州大学洛杉矶分校国际研究所(International Institute)在过去的几年内颇为大度地不给我安排教学任务以支持我的研究,同时社会科学院院长的研究支持使我的数据库建设工作得以完成,因而使这本书的最终成稿变得可能。

我特别感谢戴维·莱廷(David Latin),他细致而全面地阅读了整部书稿并提出了许多极富见解且具有启发性的批评意见;感谢斯塔西斯·卡利瓦斯(Stathis Kalyvas),他鼓励我从不同的但都至关重要的角度跻身冲突领域的主流研究当中;感谢迈克尔·罗斯(Michael Ross),在圣莫妮卡(Santa Monica),我经常与他在爬山的时候一起探讨人生并分享从事跨国统计研究的苦乐;感谢罗杰斯·布鲁贝克(Rogers Brubaker)十年来的友情、智识上的同志情谊以及事无巨细的明智建议。

目 录

目　录

第一章　导论与概要*

简要的叙述与故事的寓意

民族主义设定了这样一条原则，它要求统治者及被统治者应具有相同的族群背景。在过去的 200 年间，对这一国家合法性原则的逐步采纳，已经改变了政治世界，并且为现代世界中数量日益上升的战争提供了意识形态上的动机。在 18 世纪末民族主义登上历史舞台之前，民众对他们自己或者统治者所属的族群背景并不在意。他们的身份认同主要建立在地方共同体之上，如一个村庄或乡镇，一个宗族或者一座清真寺。在欧洲和东亚的许多地方，统治者以神圣王朝的名义而非"人民"的名义进行统治，而许多被统治的民众所属的族群也与统治者所属的族群不同。在中东、非洲和中亚的部分地区，魅力型领袖将部落联盟整合起来，并因老谋深算和骁勇善战而受到敬畏。在君主统治下的美洲、中东和东欧这些广袤的领土中，其合法性来自向世界传递"神"①的旨意（如波旁王朝和奥斯曼帝国）

* 我感谢威斯利·希尔斯（Wesley Hiers）、迈克尔·罗斯（Michael Ross）、斯蒂夫·沃德（Steve Ward）、萨拉·辛格·威默（Sarah Zingg Wimmer）对这一章多版草稿的点评和建议。我曾受池上英子（Eiko Ikegami）的热情邀请，在纽约社会研究新学院的社会想象研讨会（Social Imagination Seminar）以及在哥伦比亚大学社会学系分享过早前的一个版本。
① 这里根据作者在原文中的使用，将 God 一词统一译为"神"。但根据后文括号中的具体情境，在天主教占主导的法国，可以将其译作"天主""上主"，而在普遍信仰伊斯兰教的奥斯曼帝国，可以将其译作"真主""安拉"。——译者注

或者给"落后"地方的民众带去文明(如法国和英帝国对它们殖民地宣称的那样)。如图1.1所示,19世纪伊始,这些帝国大约占据了世界陆地面积的一半,剩下的一半面积则分别由王朝王国、部落联盟、城市国家以及其他形态的国家组成。

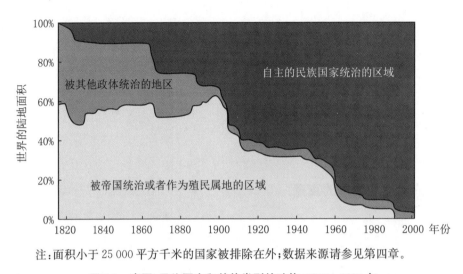

注:面积小于25 000平方千米的国家被排除在外;数据来源请参见第四章。

图1.1　帝国、民族国家和其他类型的政体,1816—2001年

在帝国、王朝王国、城市国家以及部落联盟的世界里,很少有因为政府结构中的族群民族问题而引发的战争。相反,王朝王国为彼此间的权力平衡或为了争夺王位继承的权利而大打出手。帝国为了征服距离它们都城遥远的沃野而兴师动众。由城市国家组成的联盟则为贸易路线或者乡村的腹地而相互竞争。叛乱运动则被视为针对当时腐败的政治或者废除不公正的加税措施而实施的替天行道之举。从图1.2可以看出,19世纪伊始,只有1/4的战争是围绕族群、民族展开的,而国家间的权力平衡战争、征服战争以及非族群性质的内战则分别占据了全部暴力冲突数量的1/4。

当代的观察家们从不同的视角切入,看到的是不同的世界图景。当今全球被划分为一个个主权国家,从理论上来说,每一个国家各自应该代表的是因共享历史和共同文化而联结在一起的民族。对我们来说,这一政治版图似乎和大陆以及流经它们的河流形状一样显而易见。除却中东的君主制国家和欧洲的一些小型公国,当今世界的大多数国家都是以全国平等的公民名义进行统治的,而不是以朝代或者神意为名。由此,国家已经深深地和民族主义原则联系在了一起,以致民族意义上的国家(nations)和政权意义上的国家(states)经常被互换使用,就像"联合国"或者"国家间"那样。

当今大多数比较突出和持久的战争也与民族主义的原则——每个人都应该自治、本族人应该由本族人进行统治——联系在了一起。由此,我想起了阿布哈兹人反抗格鲁吉亚统治、争取独立的战斗,以及在北爱尔兰分别信仰新教与天主教的政党和军事组织间的冲突。图 1.2 展示了至 20 世纪末,在所有的全面战争,即超过 1 000 人死亡的武装冲突中,有超过 3/4 或是因民族主义者寻求独立建国而爆发,或者因涉及内部原有族群权力间的平衡而爆发。由此可见,与卡尔·马克思预测的恰恰相反,20 世纪已经成为族群-民族冲突的时代,而非革命性的阶级斗争的时代。

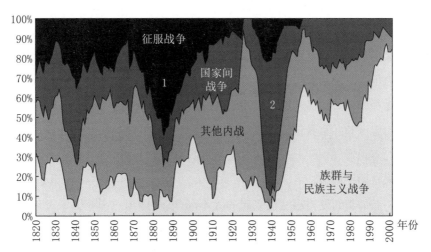

注:年份间隔单位为 10 年,数据来源请见第四章。1 表示与非洲和中亚有关的征服战争,2 表示与第二次世界大战有关的战争。

图 1.2　族群-民族国家化的战争,1816—2001 年

本书试图解释政治世界中的重大转变:从以多族群的帝国、王朝王国、部落联盟与城市国家为代表组成的世界,转变为由以民族名义统治的并且在联合国大会上适当地占据一席之地的国家组成的世界;从地方化的政治认同转变为对大规模族群或民族共同体的认同,这些共同体通常包含数百万甚至数千万成员;

从以征服、继承与抗拒沉重税负为形式的战争转变为以主权国家、族群自治为名以及类似名义的战争。

那么这些转变是如何发生的呢？既有的研究通常聚焦西欧及其之外的强大的、中央集权型的领土国家。查尔斯·蒂利（Charles Tilly）闻名遐迩的论断"战争制造国家，国家发动战争"便是对 16 世纪到 18 世纪之间绝对主义国家兴起的描述。与之相比，本书将这一故事从早期现代带入当下，从西欧带向全世界。本书并非像蒂利和他的继承者们那样关注主权领土国家的发展，而是关注为什么这些国家能够成为民族国家，以及这种正在合法化的政治权力的特殊类型如何在世界范围内扩散开来。这表明从王朝或帝国向民族国家的转型既是在之前几个世纪推动早期现代国家形成的战争很久以后形成新一波战争的原因，同时也是其结果。这一新的战争之波，受民族主义意识形态的推动，向世界各地涌动，从 19 世纪早期席卷拉丁美洲开始，最终在 20 世纪末到达苏联。

简而言之，本书的观点将沿着下文的线索展开。作为一种新的合法性原则，民族主义形成于蒂利笔下制造战争的西方国家。不断强化的中央集权化和军事动员能力推动了统治者与被统治者达成新的契约：统治者通过给予被统治者政治参与途径和公共物品来换取大部分被统治者的税款和军事支持。国家是一个具有政治忠诚和共享身份的大家庭，这一理念提供了能反映并且能证成这一新型契约的意识形态框架。这意味着精英和民众应该彼此认同，统治者与被统治者应该来自同一族群。

这一新的契约使得第一波兴起的大不列颠、美国与法国等国家无论是在军事上还是在政治上都比传统的王朝王国或陆权帝国更强大，这是因为这些国家的统治者向人民提供了更有利的交换关系，因此被认为更具合法性。全世界雄心勃勃的政治领导人都采用了这种新的国家形态，希望他们有朝一日也能治理类似的强大国家。结果便是这些民族主义者在权力构型有利于他们并且允许他们推翻或者逐渐改变旧制度①的地方建立了新的民族国家，由此导致过去 200 年

---

① 这里原文中使用的是"old regime"一词，理应译为"旧政权"，因为 regime 与 institution（制度）存在一定的差异，但由于政治学名著《旧制度与大革命》（法文：*L'Ancien Régime et la Révolution*；英文：*The Old Regime and the French Revolution*）一书译法在国内产生了深远影响，因此本书凡涉及 old regime 处皆优先采取"旧制度"之译法。——译者注

间世界政治格局的转变。

从帝国、王朝或神权统治转向民族国家这一政治权力合法化的原则是导致现代战争爆发的主要原因。首先,民族主义者将帝国内部存在的族群等级问题视为对"本族人需由本族人统治"(like-over-like)这一原则的公然践踏,进而诉诸武力来为建立独立的民族国家而战。其次,新建立的民族国家之间会因族群混居的领土或者遭受异族统治命运的跨境同胞而发起战争。最后,当政治精英统治下的新兴民族国家将其他族群排除在通过自治可以获得的政治利益或者象征性利益之外时,内战就会爆发。在缺乏制度化能力和组织基础以完成国家建设,并向大部分民众而不是只向统治精英所属族群提供政治参与途径和公共物品的国家中,这样的族群政治排斥和冲突尤为明显。

由此,民族主义激起了究竟谁该统治谁的血腥残酷、世代相传的斗争。它一直持续到通过边界变动、驱逐、族群清洗、同化、国家建设或者政治适应以及在不同族群精英之间进行权力分享来实现类似的原则。在接下来将要介绍的全球数据库的基础上,我们可以计算出当民族主义在一片政治领域扎根后,战争发生的概率将超过两倍,并且这一概率在民族国家建立之后,依然很高。[1]

主要贡献

尽管本书讲述了民族国家从兴起到向全球扩散并由此引发战争的故事,但它并非一部历史著作,它也没有采取叙事性的结构。相反,它借助社会科学分析方法和覆盖整个现代世界大样本的数据库,即可以绘制图 1.1 和图 1.2 的那种数据库,探索了推动这些重大历史事件发展的背后力量。除却对新数据库的介绍,本书为我们理解过去 200 年间的世界历史提供了重要且具有实质性的洞见。接下来,我将简略地介绍一下前面提及的贡献。

将权力与合法性带回舞台中央

本书致力于展现在国家建设及族群政治、民族国家形成和战争这三大学术领域中,应该将政治权力与合法性置于舞台中央。它将论证国家和其他政治行动者之间的特殊权力关系是如何与不同的合法政治秩序混合,进而产生不同的政治认同、国家形态和暴力冲突的动力的。

　　具而言之,本书从国家和广大民众之间特定的权力和资源分布中推导出政治认同的重要性与合法性。族群形成和国家建设均来自政治现代化过程中统治者与被统治者关系的重新协商(与此一致的文献有 Bates 1974 和 Wimmer 2002)一致。在统治者与被统治者如何改变其资源和权力的分配这一基础上,政治联盟沿着族群边界形成,或者广大人民将他们的忠诚转移到国家精英身上并认同支配一切的国家。因此,族群和国家均代表了现代化进程的均衡结果。这一分析为族群和民族主义的"建构主义"文献提供了一个精确的、以机制为基础的权力构型分析,从而为国家或特定族群的分裂提供了普遍的合法性和政治意义。

　　本书也介绍了对我们理解民族国家在全球扩散有所助益的权力-累积-合法性(power-cum-legitimacy)路径。王朝统治、帝国普世主义或者国家主权这些不同的国家合法性理念的簇拥者之间权力关系的转变对于我们理解过去 200 年政治世界发生的重大转型至关重要[这与罗德(Roeder 2007)的著作的总体方向一致]。民族国家这一形式之所以并未被普遍采用,是因为后来的社会总是比之前的社会更加成熟,最终在由各国家间社会组成的花园中绽放,就像现代化理论指出的那样。民族国家也并不是因为国际体系把国家主权强加给一群又一群人从而在全球扩散。与疾病传染的过程相似,民族国家在全球范围内的兴起源自一系列地方性和区域性的权力转变变得有利于民族主义者,而不是受到国际体系的推动。这一权力-构型分析提供了关于我们仍然知之甚少的民族国家扩散过程的新的认识,尽管其在比较社会学和国际关系学者中的历史重要性不言自明。

　　最后,本书提供的关于战争的分析再次将政治权力与合法性的问题推向重要位置。它论证了这些合法性原则的转向——从帝国转向民族国家——是导致过去 200 年内国家间战争和内战爆发的主要原因。而这在国际关系研究中经常被忽视,因为国际关系研究很少关注"国家"间体系中组成单元的转变如何影响战争进程。本书也将权力与合法性带入内战研究当中,这是目前数量庞大的且仍在快速增长的比较政治文献中的核心研究议题。本书论证了内战和武装冲突最可能发生在违反族群自治原则的一族统治国家中。此外,研究内战的主流政治经济学关注的是促使叛乱发生的经济(具有经济吸引力)或军事(在军事上可行)的因素，它们需要补充对国家权力与合法性斗争的分析。

用新数据回答老问题

　　长期以来，研究民族国家的形成与战争都是由定性传统主导的历史研究独占的。比如，关于民族主义和民族国家的全部经典作品都是由欧内斯特·盖尔纳(Ernest Gellner)、约翰·布鲁利(John Breuilly)或者迈克尔·曼这些充满历史思维的社会科学家写作的。他们追溯了英国、法国与美国的民族国家起源并使用了来自世界各地的例子去描述民族国家是如何在全球范围内扩散的。除却这些世界历史的叙事，充斥整个图书馆的作品都描述了每一个西方民族国家形成的轨迹。其他人已经对这些少量案例中的差别、相似性以及彼此之间的联系做了梳理，他们经常从这些小样本中得出宏大结论。[2]

　　本书的大部分章节都使用了统计分析这一工具来识别在相互交织的成百上千条历史线索中反复出现的模式。本书将会借助覆盖全世界的长时段新建数据库展开分析，因此我们能从这些包含不止一个情境或一个时段的结构中识别出因果机制。以全球数据库为基础的量化分析路径能平衡研究民族主义与民族国家形成文献中的"欧洲地方主义"(European provincialism)倾向带来的弊端，就像这一领域最知名的学者敏锐地指出的那样(Anderson 1991：xiii)。[3]如果民族国家仍然局限于它发源的地区而不是向全世界扩散的话，或者早期民族国家确实都兴起于欧洲，而"剩下"的国家在这一普遍序列下姗姗来迟地完成了民族国家建设，那么强调旧世界的发展便是无可厚非的。但是，正如本尼迪克特·安德森(Benedict Anderson)提醒我们的那样，第一个完全民族国家化的大陆是美洲而不是欧洲。并且在欧洲民族国家诞生之前就存在许多非西方的民族国家了。这就是为什么分析荷兰比分析海地、分析德国比分析日本或者分析比利时比分析玻利维亚更有意义的说法是毫无道理的。量化分析的路径则赋予了每一个案例同等的权重，同时在此过程中也能分析这些案例是如何通过扩散和模仿而互相影响的。

　　在关于族群政治和冲突的研究中，还存在一种相反的偏见。在此，西方学者认为，他们自身超然于暴力深渊之上，而东方和南方的许多新兴民族国家的领导人则把他们的人民投入了暴力的深渊。比如，关于非洲族群冲突的研究在比较政治学者中已经形成了一个小型研究产业。但是西方国家的历史也经常被种族清洗和民族主义战争打断，尤其是在两次世界大战期间。为了检视西方世界以及"剩下"的非西方世界是否都随着民族主义的扩散与民族国家的兴起而表现出相似的模式，我们需要树立长时段、全球性的视角，而不是像大多数从事内战研究的比较政治学者那样把自己的视野局限于世界上的新兴民族国家或者战后时期。

为了从长时段和全球的角度考察，研究者们必须经常在脑海里想想数据与研究问题之间的普遍关系。与其利用既有的数据库来寻找还没有被回答的新问题，研究者不如搜集新的数据来回答老问题。建立并分析这些覆盖全球的新数据库是本书致力于补充研究文献的第二大贡献。在这里我将简要地回顾一下数据搜集的工作。

关于内战的量化研究通常使用容易获得的族群分化指数（ethnic fractionalization index）——测量随机选定的两个个体之间说相同语言的可能性——来研究是否越多元化的社会越容易发生战争。很明显的是，这一测量值只与从约翰·S.弗尼瓦尔（John S. Furnivall 1939）到克利福德·格尔茨（Clifford Geertz 1963）、唐纳德·霍洛维茨（Donald Horowitz 1985）与罗杰·彼得森（Roger Petersen 2002）以来长期从定性角度发现的族群竞争和排斥的动力存在间接关系，此种动力正是族群冲突的来源。为了使有关武装冲突的量化研究贴近这些丰富的定性研究，拉尔斯-埃里克·塞德曼、布莱恩·闵和我建立了一个以年份为观察值的新数据库来测量数十年来世界上所有国家的族群竞争与排斥。正如第五章论证的那样，这一数据库使得我们可以据此去探究与族群和战争之间的联系更相关的问题，并指出暴力冲突并不是由人口的多样性引发的，而是由权力构型中族群政治的排斥性引发的。

相似的是，在没有现成的数据库的情况下，民族国家的形成与暴力之间的关系便无法得到正确的理解。这些数据库中的大部分将独立的国家作为观察和分析的单元。一方面，这是一个便捷的做法，因为只有现代、独立的国家能提供统计数据。另一方面，标准数据库的建立与研究者和业余观察者已经学到的看待世界的方法产生了很好的共鸣——世界是由世界地图中不同上色区域所分别代表的"民族的家庭"组成的。

为了克服这种"方法论上的民族主义"（Wimmer and Glick Schiller 2002），我

们需要将殖民地或者前殖民国家作为普遍的观测对象纳入进来。第三章和第四章建立了两个新数据库,这两个数据库包括了 1816 年以来世界上的所有领土,无论它们是不是处于主权国家的统治之下,都被纳入其中。这也使得我们能跟踪过去 200 年间年世界总人口密度的变化,并对民族国家的诞生及其对战争与和平带来的影响形成新的洞见。

　　第五章更深入地追溯了历史,为了审视国家建设与族群形成确实是由精英与大部分民众之间的资源与权力分配所决定的,我分别搜集了从文艺复兴到第三共和国时期的法国数据以及从古典时代到青年土耳其党人革命时期的奥斯曼帝国数据。这些数据为第二章中建立的形式模型提供了论据。因此,它超越了大部分用于解释历史进程的理性选择或博弈论模型,因为这些模型通常只依赖合理的假设,却没有扎实的经验数据支撑。

　　以上五章,连同说明这些不同数据搜集过程的一长串附录,说明了试图超越既有数据库所要付出的代价。这通常意味着要为每一个数据点苦苦挣扎,在大量的资源中费力寻找那一条要录入到数据表中的信息,而这表格中的数据像是在一夜之间便得到了轻易扩充。那么这些成果对得起付出吗? 就让读者来决定吧。

四条方法论原则

　　但是又有谁想宣扬这样一种假象,即通过定量分析可以发现去情境化的、永恒的"历史法则"呢? 下文将强调四条方法论原则,这可以使我们在识别历史过程中反复发生的因果动力时避免过于雄心勃勃的科学主义。第一,我们应该承认因果规律与偶然性之间并不是相互排斥的,但是两者的组合却产生了特定的历史后果(King et al. 1994:chapter 2)。这是毫无疑问的,比如刺杀斐迪南大公就是一个偶然事件。斐迪南大公的司机在萨拉热窝的大街上开车时开错了方向,结果碰到了刚好要去吃午饭的大塞尔维亚主义者加夫里洛·普林西普(Gavrilo Princip)。普林西普随即停下并朝大公开枪。这一系列巧合引爆了第一次世界大战的火药桶。但是点燃一战"火药桶"的还有其他导火索,那就是敌对国家间二元的、不太协调的同盟体系,以及民族主义者试图逃离他们眼中像东欧帝国那样的"国家监狱"这一运动带来的压力。当代欧洲缺乏这些条件,因此在可以预见的将来的任何时刻,任何发生在欧洲大陆的偶然性事件都极不可能引发第三次世界大战。

如果本书试图探索广义的因果范式而不是历史事件的特定链条,那么这就是一个有关强调与选择的问题,而不是站在原则立场上反对历史社会学最近高度关注的偶然性作用的问题(Wagner-Pacifici 2010)。尽管这种做法在当下的社会学(ibid.)与比较政治学(Pierson 2003)中并不是那么受欢迎,但我还是希望通过这种方式来得出稳健的结果,从而重振对长期反复出现的历史模式进行探索的做法。[4]

第二,研究历史过程的量化路径应该谨慎地指出因果规律的条件范围以避免过度宣称其是普遍有效的。一些模式可能只是地方性的——比如它们只反复发生于泰国的历史中,而另一些模式则适用于区域性的范围——它们完全形塑了前奥斯曼帝国属地的轨迹,还有一些模式可能影响了全世界。此外,一些因果规律可能也只能在特定时间段内行之有效,或许是在美国总统威尔逊宣称民族国家的主权是居住在这个星球上每个人的权利①后才有效。而其他的因果规律则对整个现代都有效。

当寻找在全球范围内反复出现的因果规律时,我们需要高度关注在一定区域范围或一段时间内可能产生的影响(Young 2009)。通过使用虚拟变量,比如通过判断一个地区是否曾为奥斯曼帝国的属地来分析其与民族国家形成的不同动力之间的关系,从而"将情境转化为因果",就是很好的分析(参见第三章)。我们也可以通过分析子样本来发现在一定区域范围或者特定时间段内的规律,比如在一个等式中分析后威尔逊时期,在另一个等式中则分析前威尔逊时期(同样参见第三章)。此外,判断因果关系的效力与方向是否随着时间推移而变化,可以对核心变量与时间进行交互,或者更系统地分析一段时间内的子样本[像艾萨克和格里芬(Isaac and Griffin 1989)做的那样]。

本书试图识别现代民族国家形成与战争的原因,而不是那些形塑了特定历

---

① 即威尔逊所提"十四点和平原则"中体现的"民族自决"原则。——译者注

史时期和区域情境的原因。再次强调:这不是一个原则性问题——没有人否认19世纪拉丁美洲民族国家形成与战争的影响因素(Centeno 2003)与20世纪晚期发生在苏联的民族国家和战争的影响因素(Beissinger 2002)并不相同。当然,对尽可能地跨地区规律的探索确实要付出相应的代价:这一故事会不可避免地显得相对抽象且大而化之,只能形成论据的框架而不能形成内容丰富、细致入微的历史叙事。事实上,无论一个人偏好叙事的框架还是故事内容,或者两者兼需,就像大杂烩的爱好者指出的那样,这在很大程度上只取决于学术品位,而无关严谨程度的选择,更不用说经验上的准确性了。

第三,对全球范式的探索并不会排除多重因素导致相同后果的可能性。举例来说,导致北爱尔兰族群冲突的力量可能与导致黎巴嫩发生内战的原因不同。对此,可以通过交互效应(如第三章所述)或者多类别回归分析(multinomial regression analysis)(请参见第五章)等量化研究设计来发现这些因果异质性(Ragin 1989)。

第四,为了确认统计关系是否反映了相应的机制,我们需要把针对案例的定性研究与针对大样本的定量研究结合起来。比如,统计分析可能发现石油与武装冲突相关。当研究在这一统计发现下的案例时,我们会发现在"正相关"这一关系下的例外,石油资源丰富的墨西哥见证了1994年以来发生在恰帕斯州的萨帕塔(Zapatista)①起义。但是发生在这里的暴力冲突并不是对石油的贪婪追逐而引发的后果,而是由恰帕斯州内势力根深蒂固的拉迪诺(*Ladino*)②精英阶层几代以来一直阻挠土地改革所引发的(Collier and Lowery Quaratiello 1994)。如果在这一统计关系之下还有更多的反例,那么这一关系可能是完全虚假的。理想的情况是,人们因此会一个案例接一个案例地检视统计关系在历史上是否成立,是否符合理论预期(Lieberman 2005;也可参见Fearon and Laitin n.d.)。换言之,关于历史过程的定量研究应该结合定性的、历史的训练与案例导向的思维形式。这就启示我们不能执迷于统计工具,应该以有意义的方式详细地检验这些历史过程是如何真正被形塑的,以及它们在经验上是否与可追踪的过程相关。

---

① 恰帕斯州位于墨西哥东南部。参加萨巴塔起义的主要成员为印第安土著居民,他们为维护自身的权利而斗争。——译者注
② 拉迪诺人是生活方式全盘西化、说西班牙语的印第安人,他们的祖先是西班牙人。——译者注

理论:网络、制度与权力

既然广义的方法论策略已经被勾勒出来,现在是时候面对理解民族国家形成、族群政治和暴力冲突这样一些理论挑战了。由于这些章节面向的是在社会科学这一庞大社群中领域不同且更专业化的读者,包括关注民族主义的比较历史社会学研究者和关注战争的比较政治与国际关系研究者,因此这些章节概述的是将本书整合在一起的一般性理论视角。同时,本章的目标是相当务实的:它并不致力于提出一个新理论,而是旨在为接下来的章节中的经验研究提供一个分析框架。这一框架完全围绕权力、合法性与冲突之间的相互关系以及它们如何与诸如民族国家、族群这样的不同社会组织的政治化交织在一起而展开。这一框架汇集了政治社会学与比较政治学中的三大传统:关系结构主义、研究合法性问题的制度主义,以及权力构型路径。

政治联盟与认同

关系理论假设政治联盟网络决定了民族、不同的族群、社会阶级、地区、城市或部落这些不同分界中的哪一种将会成为在政治上突出的问题与大众认同的焦点。最近一些比较历史研究也赞同这个假设。它表明,是这些联盟中的跨阶级网络而不是社会阶级及其派系代表了政治生活和与政治相关的集体认同的形成基础。[5]这些联盟可以表现为如下形式:侍从主义与庇护网络(比如就像在泰国那样)[6];或者像法团主义组织之间的纽带,诸如国家组织的农会与国家之间的关系(请参见革命制度党治下的墨西哥)那样[7];或者以与政党机器结盟的竞争性志愿组织的网络形式(如美国);或者将"新世袭制"(neopatrimonial)下的官僚与人民联系在一起的偏袒性的和腐败的体系(如许多非洲国家那样)[8]。

超越大多数关系路径,我建议仔细分析这些政治联盟与认同之下的交换关系的属性。[9]无论不同类别的联盟网络背后的动力是否相同,国家精英与民众之间的联系都可以用一个共同的矩阵来表示。[10]国家精英提供了不同程度的政治参与途径,有时是通过全面民主,有时则是通过非正式的渠道。他们还提供不同数量和种类的公共物品,有时以福利国家的形式表现,有时则通过庇护关系。相反,民众则提供军事支持,有时以普遍服兵役的形式体现出来。同样,民众用不同数额的经济支持来换取公共物品,他们有时上缴税赋,有时则通过行贿与送礼来加以表示。

这些交换属性取决于国家和其他行动者之间资源的分配,以及精英在多大程度上能通过强制的手段而不是交换的方式来获得资源。第二章将详细描述这一论点中关系部分的微观基础。它将阐述掌握不同资源的行动者如何制定策略以进入能给他们提供最有益的物品交换的联盟体系当中。

由于这些交换关系建立在同意与互相承诺的基础上,因此具有长久的意义。它们既不是像在农民市场上买一块猪肉那样的一锤子买卖,也不像士兵用枪指着农民,从其手中抢走一头猪那样建立在强制的基础上。如果反复的互动产生了互相信任与承诺的关系,那么交换关系随着时间的推移可以带来相互认同的伙伴[11],因此产生了诸如对等级、民族、族群、部落、城市等对象的政治认同,这大致反映了不同交换网络构成的体系以及该体系内部的分化。

反映联盟与网络特定结构的社会类别对于参与者来说是自然而然且有意义的,因而变得理所应当、常态化与制度化。文化同化——像通过共享的行为规范进行协调那样(Deutsch 1953;Coleman 1990:chapter 11)——更有可能在当然的、突出的社会类别中进行下去,导致个体在文化相近的类别中选择盟友(McElreath et al. 2003),因此进一步加剧了社会封闭并产生了自我延续的均衡。[12]

在这一"内生性"过程的结尾,相应的社会类别变得制度化、对变革更有抗性并且更有"黏性"。[13]制度化的分化结构产生了进一步的激励,使得这些分化凌驾于其他分化之上,超越了它们所带来的交换收益,并在那些"嵌入"(built into)日常规范的类别基础上建立政治联盟。对此,不同的历史制度主义分析路径[14],以及越来越多的研究民族主义、族群政治与冲突和沿着戴维·莱廷(David Laitin 1986)的开创性研究继续推进的研究者们都认同这一基本观点。[15]

合法性原则

由此产生的制度结构——一种在行动者与相应的社会分化结构之间常态化的交换联盟——在不同部分人群的心目中多少具有合法性。这些不同程度的合法性源于对现有制度结构与理想形象之间的比较，即何种类别应当是突出的（"谁应当是什么"的问题），以及这些类别中成员的交换关系应当为何（"谁应当得到什么"）。因此，合法的政治秩序建立在这些广泛的共识基础之上，即交换规则是公平的（Levi 1997），按照社会类别与权力地位来对个人进行归类是合理的，并且在道德层面也是可以被证成的。[16]

在本书的议题中，我们最感兴趣的是"正当的国家"（just state）这一应然形象的认知模板和道德模板，或者更确切地说，谁拥有权利去统治。[17]比如，在王朝君主制国家中，统治的权利被限制在国王的宗室内部，没有一个头脑正常的人会认为，一个出生在偏远省份且目不识丁的农奴能把国家这艘大船的船舵掌握在自己手里。在神权国家中，应该由先知①的后裔，或者是那些通过毕生虔诚的宗教奉献和学习来证明自己能够作为神在人世间代表的人进行统治。在一些帝国中，统治的权利被限制在征服部落或族群的成员当中。而在民主国家中，统治者为了合法地进行统治，则需要获得全体公民中大部分人的同意。

这些政治合法性——谁应该统治谁以及双方应该承担何种义务、享有何种利益的类型——可以通过内生的过程形成。当行动者之间的权力分配发生变化时，这些资源分配的联盟体系和与之对应的、在政治上明显的分裂也会随之转变。因此，新的交换关系与社会类别就会形成。如果它们向大部分民众提供了更好的方案，比如更少的人被排除在交换网络和政治中心之外，且个人能从国家精英处收获比他们在之前的安排中更多的好处，那么联盟与认同的新体系就可能转变为评价现实的新道德标准。换言之，它们将被赋予道德上的期待，并因此巩固成为新的合法性类型。[18]

但是合法性的类别与原则也在由结构不同的联盟网络组成的社会之间，以及具有不同类别分化结构的社会之间变动。它通过权力与合法性的机制展开运作。首先，联盟和认同的特定类型已证明在经济上和军事上更有效，因而更能吸引世界上其他地区的国家建设者（权力竞争的机制）。其次，知识分子与其他拥有广阔认知视野的群体将他们自己的政治制度与其他群体进行了比较，倾向于采用对大多数民众有更高回报的合法性类型，以此来评判他们自己所处的社会-

---

① 即伊斯兰教中的先知穆罕默德。——译者注

政治秩序(合法性比较机制)。此外,民族主义意识形态向尚未出现内生性国家建设的社会传播则是"外生"扩散过程的例子,这将在第三章中加以讨论。

因此,在大多数社会中的大部分时间内,相对于那些由特定联盟结构产生与维持的内在模式,还有更多的合法性类型和社会分类模式,这就导致不同的合法政治秩序之间产生冲突的可能性,以及由此引发的制度变迁。

权力构型与冲突

为了理解这些冲突与变迁——这也是本书写作的核心关注点,我们需要补充关于权力构型理论的要素。与社会学中"抗争政治"(contentious politics)的传统一致[19],我假设政治行动者争夺对中央政府的控制,并由此产生了不同的制度形态——帝国、神权国家、民族国家、王朝王国、民主国家或者一党制国家等。[20]制度的稳定与变迁是强调不同原则的合法性与声称代表不同社会类别(阶级、国家、等级、族群等)的行动者之间的权力关系问题(请参见 Wimmer 1995c;Boix 2003;Mahoney and Thelen 2010)。

如果权力构型是足够有利的,那么旨在改变合法性的制度原则的人们就可能通过革命来推翻旧制度,或者通过赢得越来越多的拥护者来渐进地改变政权从而俘获国家。[21]他们可以重新组织制度的激励结构以应对下一轮的政治竞争与争论——或者通过取代已有的制度,或者通过渐进地将新制度规则叠加到已经存在的规则之上,或者采取两者兼施的方式(Streeck and Thelen 2005b)——从而通过影响未来的联盟结构来形塑后续的制度激励结构。相应的是,国家的制度形态取决于行动者网络群与他们之间的权力关系,而不是像之前马克思主义者或者坚持现代化理论传统的学者预测的那样取决于演化序列的不同阶段。[22]

按照我们迄今为止提出的分析框架,政治冲突与战争有着三大不同来源。它们构成了本书提出的理解暴力冲突的核心观点。首先,从关系与权力构型的理论来看,如果特定社会部分的人们不处于将国家与社会联结起来的交换网络,那么暴力冲突更有可能发生,因为自上而下的控制与自下而上的合法性之间是断裂的。换言之,政治排斥促成了对个体行动者和集体行动者的动员。这些人期待在与国家的交易中处于更有利的地位,并获得可供其支配的公共物品和私人物品。

　　我的论点并不是要把组织层面和互动层面的微观机制具体化,通过这些微观机制,排斥产生动员,且通过这些微观机制,这种动员可能升级为暴力。从事抗争政治研究的学者已经详细阐述了相应的微观基础(Tarrow and Tilly 2006),在此我就不做赘述了。本书仅仅是把这些机制的条件具体化,比如:被排除在以国家为中心的交换网络外的人口越多,并且国家与已被整合进网络中的人的交换越不平衡,那么动员-镇压的螺旋将越有可能被激发。

　　其次,这一分析框架中的制度主义部分指出,如果这些政治排斥违背了行动者接受的合法性原则,那么冲突就更有可能加剧,因为这些政治排斥会增强被排斥群体的动员与决心。这一理论中的"不满"部分依赖的则是如下假设,即合法性的框架对于政治运动而言是重要的动机因素和组织资源(Snow et al. 1986)。与假设存在一种跨越历史、横跨世界的持续"不满"[就像一些从理性主义角度解读暴力冲突的学者(Fearon and Laitin 2003)所做的那样]或者假设存在对族群自治的持续要求的做法不同,我关注不满程度的差异与由此带来的情绪上的必然结果。这些差异不仅源自不同的权力构型,也源自行动者采用的政治合法性的不同原则。其他学者已经详细地阐述了这类观点的微观基础(Petersen 2002;Pinard 2011),可以根据当下的研究目的归为一类。

　　与之相关的第三点是,当相互竞争的力量试图改变一个国家内部的制度性安排时,政治冲突和战争就更有可能爆发,因为围绕谁有权利去统治的"革命"斗争已经迫在眉睫。在这种情况下,行动者更愿意将冲突升级,并使用暴力手段来捍卫自己的利益。简而言之,违背已经确立的合法性原则的政治排斥或者行动者试图改变这些原则代表了最可能导致暴力的情境。

　　到目前为止,本书概述的理论路径聚焦的都是对政治联盟网络、合法性原则与权力构型的分析,这为接下来章节中的经验分析奠定了基础。此外,我已经在其他地方详细讨论过网络、制度以及权力构型之间的不同反馈回路(Wimmer 2008b),所以我在这里可以先仅仅提出这一理论框架的雏形。这五章的经验研究描述了一个复杂的因果故事,它们综合了关系构型、制度构型与权力构型等方面的状况,并根据我所关注的从帝国向民族国家转型的具体阶段来赋予这些要素以不同的权重。本章接下来的三部分将概述分析的主要思路,并为本书最重要的发现提供预览。

民族国家的兴起与扩散

谈判建国

这里的分析起于第一波建立在民族主义原则上的国家涌现浪潮。对此,既有的研究将国家解读为掌权精英将意识形态强加给他人的产物(Brass 1979;Mearsheimer 1990;Tilly 1994;Gagnon 2006),或者恰恰相反,是由根深蒂固的民族记忆和神话滋养的民心造就的(Smith 1986),或者是由族群自治的外在期望驱动形成的(Hechter 2000)。这些路径都忽视了精英与大众之间不同的权力分配所发挥的关键作用以及由此产生的资源交换类型。第二章将会讨论,"自上而下"强加的意识形态和"自下而上"的大众不满都并非事情的真相,族群形成与国家建设最好被当成精英与大众谈判达成的结果。

换言之,国家建设与族群形成源于国家精英与大众根据同意与互利的资源交换达成的新契约。按照前文概述的关系路径,精英与大众之间开始相互信任并认同彼此,从而将效忠的对象转移到国家或族群共同体。这一章介绍了对这一过程的形式分析。它将交换理论模型与博弈论模型结合到一起,来理解不同的政治联盟与认同形成的互动过程,而不是像大多数理性选择文献中说的那样,即个体在不同的可能认同中作出选择。

在这一模型中,精英通过向大众提供政治参与和公共物品来换取大众提供的军事支持和税赋。模型中的交换理论假设行动者在排他的基础上交换这些资源并互相认同,并对外来者采取拒之门外的态度——这种对社会封闭的建模过程与马克斯·韦伯(Weber 1968)对这一主题简洁处理的做法一致。选择与谁结成交换联盟,以及与哪些竞争对手最好保持距离是十分重要的,因为这一选择会影响行动者真正获得的资源的多少。交换模型也关注当行动者决定与谁结成联盟时,会在多大程度上考虑文化的相似性。接下来我将会指出,在诸如专业协会或者贸易联盟这些志愿性组织繁荣的地方,他们将会更少地关注文化相似性。

然后,模型中的博弈论部分将会确定能产生什么样的联盟体系,因为不同的行动者对于谁能进入交换关系有着不同的偏好。简而言之,我们首先让国家精英提出一个关于联盟与认同的体系，比如国家，来建立体现精英与大众之间不平等的象征性权力的模型。然后，其他精英也针对性地提出了他们自己的方案，或许是族群封闭的方案。最后，大众采取行动，在这两种方案之间以及既有的联盟体系之间做出选择，这取决于这些不同的联盟体系能向他们提供什么资源。

接下来，我们根据法国（1300—1900 年）和奥斯曼帝国（1500—1900 年）分布在不同类型的精英与大众手中的税收、军事支持与公共物品，即四类资源中的三类的历史数据校正了上述模型。与大多数形式模型相比，这些经验上的校正表现出了巨大的优势，因为大多数形式模型只是根据数学思维推导出来的，但是在经验数据基础方面十分薄弱。那么这些在经验上经过校正的模型会产生什么样的结果呢？

我们关注政治现代化如何改变行动者之间的资源分配，从而改变他们经协商而成的联盟体系。增强的中央集权将原本掌握在各个地方精英手中的政治决策权与征税权转移到国家精英的手中。大众动员削弱了地方精英（诸如拥有盔甲和战马的封建贵族）在军事中发挥的作用，增强了用矛和戟武装起来的大众的作用。此外，政治现代化的第三个方面是志愿性组织的发展，这使得统治者能以新的方式联系国民。

当现代化带来高度中央集权的国家与动员起来的大众时，国家精英就能掌握全境的政治决策权并提供大部分公共物品，如建设照护穷人和病人的救济所（hospitals）①、修建道路和航道、维持治安。按照模型推导的结果，这就会使国家精英打破在前现代时段中受制于自身盟友的精英联盟。他们现在意识到要超越既有的族群与地位差别，与大众联系起来，因为他们需要大众上缴税赋并提供军事支持。相应的是，大众也转变了他们的联盟，通过渐增的税赋缴纳与军事支持来"交易"中央集权国家能够提供的政治参与和公共物品。与这一包容性与共容

---

① 按照学者王亚平的考证，这里英文 hospital 一词与现代的"医院"有所不同，它并非现代单纯救治病人的医疗场所，而是具有社会救助性质的公共机构。它起源于 817 年召开的基督教亚琛主教会议，会议要求每个修道院都要设立能为朝圣者提供住宿、为穷人与病患提供照护的处所。因此，根据其性质，王亚平将其译作"医护院"。相比之下，译者认为"救济所"译法可能更体现原有慈善之意，故采用之，后文同。参见王亚平：《浅析德国成为社会福利国家的历史原因》，《历史教学》2011 年第 17 期，第 8 页；王亚平：《从德意志骑士团到普鲁士公国》，《经济社会史评论》2019 年第 1 期，第 5 页。——译者注

性联盟体系对应的是,作为一种类别化与认同模式的民族国家取代了农民与农民、贵族与贵族之间相互认同的旧等级秩序。参照玛格丽特·列维(Margaret Levi 1997)对爱国主义与同意的研究,我们能指出建立在强制资源汲取基础上的国家——像前现代帝国秩序中的那样——为由建立在拥有志愿性同意与共享的国家认同基础上的交换体系整合而成的国家所取代。

当国家精英比其他精英以及大多数群众要弱时,他们就不能够提供充足的公共物品和政治参与来使民族国家在人们面前变得足够引人注目以使他们形成认同。进一步而言,精英之间关于大众军事支持的竞争让不同精英派系的联盟看上去并不是那么吸引人,这种联盟曾存在于帝国秩序中。这就导致了个体同他们各自的族群精英结盟,而不是与政体中的所有成员结盟。这样,政治封闭就会沿着族群而不是国家的界限发展。就像我接下来将会写到的那样,如果行动者在考虑与谁交换资源的同时考虑文化相似性,正如没有多少志愿性组织能提供将统治者与被统治者连接起来的组织基础那样,那么这一趋势将会变得更加明显。非常有趣的是,即便文化相似性与文化差异沿着阶级分化而不是沿着族群差异建构起来,这一逻辑也是对的。因此,即便族群不共享一个共同的文化传统,族群封闭也能形成一个均衡结果。

那么这个形式模型能否有效解释上述两大社会中真实的历史发展呢? 根据我们对文艺复兴时期的法国和古典时代的奥斯曼帝国两个国家历史的研究,在进入现代之前,两国的中央集权程度与大众动员水平都比较低。当用这两组特定的资源分配数据去进行校正时,这一模型中的行动者在与不同的精英派系谈判结盟时,都是把所有大众排除在外的。确实,这一联盟与认同的结构将(法国的)贵族或者(奥斯曼帝国的)军事贵族从剩下的人群中剥离开来,而贵族与剩下的人群仅仅是通过强制而不是通过互惠交易联系起来。根据我们对历史的观察,直到18世纪晚期,法国的中央集权化与大众动员的强化才达到一定的水平,此时模型生成了作为均衡结果的国家建设,再次印证了这一结果与历史事实是相符的:法国大革命率先引入了作为平等共同体的民族国家。一个世纪之后,早在更进一步的中央集权化后,族群与地区认同融入作为整体的法兰西民族和法国国家认同的背景与人群当中,就像尤金·韦伯(Eugen Weber 1979)在其名著《从农民到法国人》(Peasants Into Frenchmen)中论述的那样。

对于 19 世纪早期奥斯曼帝国的资源分配来说,因为国家的中央集权水平相对较低,模型预测的结果是族群封闭而不是国家建设。这再一次表明模型预测具有历史价值:19 世纪以来,族群宗教社群(米利特)①在制度上得到了强化,在政治上得到了赋权,形成了少数族群的认同。用奥斯曼帝国改革者的话来说,帝国政府(Sublime Porte)将所有臣民"融合"成一个效忠苏丹与国家的民族的理念从来都没有被帝国的全体民众接受。相反,族群宗教米利特(以及随后的库尔德人和阿拉伯人)很快政治化,并且形成了追求自己族群独立的抱负,这就解释了凯末尔·卡帕特(Kemal Karpat 1973)的书名《从米利特到民族国家》(*From Millet to Nation*)的含义。

当然,本章的目的并非"追溯历史"(retrodictions),历史的复杂性和偶然事件的作用导致这是一项几乎不可能完成的任务——然而,由形式模型产生的均衡确实以这样有意义的方式与真实的历史发展相互关联。相反,本章的主要观点是展示国家建设与族群分裂的政治化都是政治现代化带来的后果,但它们分别代表了不同的均衡结果,这取决于涌现的特定资源分配。[23]脆弱的中央集权国家将无法在各个部分的人群中建立持久的联盟,民族主义也不会扩散开来并成为主要认同框架。

这就是为什么族群封闭,即围绕次国家共同体、具有政治忠诚和身份认同的组织,是中央集权水平低下、拥有弱公民社会的国家的普遍特征,可能导致族群政治的变化与潜在的暴力冲突等重大后果,就像很多研究发展中世界后殖民国家建设的学者注意到的那样。第五章将全面地介绍这些后果。接下来的分析是要理解:尽管当时推动国家建设的国际环境还不成熟,但为什么在 18 世纪晚期以后,一旦法国(以及别的地方)内生地建立了民族国家后,世界上的其他地区也相继采用了民族国家这种形式。这是第三章的任务。

民族国家在全球的兴起

早期的民族国家之所以成为有吸引力的模式,进而引发他国的效仿,是因为

---

① 原文为 millets,是奥斯曼帝国内为伊斯兰教逊尼派以外的宗教信仰者设立的属人法法庭,具有自治的色彩。——译者注

民族国家中的领导人可以依靠军人的效忠与大众的政治支持。这有明显的优势，拿破仑军队取得的成功即是明证。用本尼迪克特·安德森的话来说，民族国家是被世界各地、不同时段野心勃勃的政治家"盗版"（pirated）的。这些政治家期待有朝一日能统治与早期民族国家的军事荣耀、政治权力以及经济繁荣相媲美的国家，而这些民族国家很快便主宰了整个世界。全世界的民族主义知识分子也受到了这种组建政治的新形式的驱动，因为它似乎能让大部分民众与中央精英形成更好的交换关系，即获得更多的权利、更好地提供公共物品并获得更多的尊严，因此成为他们为之奋斗的合法的政治秩序类型。因此，权力竞争与合法性的比较推动了全球范围内对民族国家的模仿进程。然而，第三章并不聚焦民族主义在全世界的扩散。[24] 相反，它将民族主义的扩散视为一个引子，探索在什么样的条件下，民族主义者能建立起民族国家。

　　与第二章分析的第一波形成的民族国家对比，我将指出，它在世界的进一步扩散取决于权力构型是否有利于民族主义者，而不是取决于联结国家精英与大众的交换关系与联盟网络的内生转型。因此，许多民族国家的形成并没有经历民族国家建设的前一个进程。这一分析对应了西达·斯考切波（Theda Skocpol 1979）对法国、俄国和中国革命的著名研究。她指出，在带来革命大变局这一方面，国家政治权力的构型比阶级关系或者大众的革命意识更为重要。

　　与之类似，我将指出由政治动员、战争与扩散效应带来的权力平衡的转型如何有利于民族主义者——这解释了民族国家在何时何地被采纳。然后，与演化生物学相似的是，作为一种新的制度形式，民族国家的形成（与基因突变相似）与其在世界范围内扩散的机制（与自然选择效应相似）是性质不同的过程，需要使用不同的工具和步骤进行分析。

　　这一路径与既有的研究民族国家兴起及其在全球扩散的文献形成了对比，这些研究强调国内现代化进程在到达关键阶段时会产生民族国家。蒂利（Tilly 1994）与赫克特（Hechter 2000）指出，政治现代化推动了间接统治向直接统治的转变，此种统治通常由他族实施，最终引发了在民族主义大旗下的民众动员。安德森（Andersen 1991）的杰出著作则强调了文化现代化。这一观点指出，大众能读写的通用语言的普及使得想象的共同体成为可能，最终将国家制度嵌入了这种新的身份模式。根据盖尔纳（Gellner 1983）的说法，实现工业化"需要"通过国家的教育来造就一个在文化上同质的劳动力群体。而约翰·迈耶等（John Meyer et al. 1997）优秀学者指向的则是民族国家在全球层面的扩散机制，而不是仅仅停留在内部的政治现代化上。一个世界霸权文化垄断了对合法国家地位的定义，迫使全世界越来越多的国家建设者采用民族国家的形式，不受当地政治条件的限制。[25]

为了检视这些不同的观点，第三章使用了自 1816 年以来全世界 140 块领土在成为现代民族国家之前每一年的数据。这一数据库分析表明，当权力转移允许民族主义者推翻或者吸收已经存在的政权时，民族国家就会被建立起来。如果现存的政权被战争削弱，或者民族主义者有足够的时间去声讨像"异族统治"那样的族群政治等级并动员追随者，那么权力平衡的转移就有利于民族主义者。民族国家在周边国家或者在同一个帝国内部的扩散也通过向民族主义者提供一个模仿的样板与可以依赖的联盟伙伴而赋予了他们权力。另一方面，当民族主义者与掌握全球性的军事与经济权力的帝国斗争时，他们会处于劣势。图 1.3 展示了在民族主义者与旧政权之间不同类型的权力构型对建立民族国家的可能性的影响。

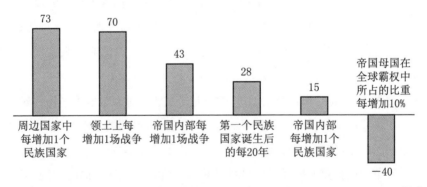

注：关于民族国家形成（NSC）似然性变化的百分比由变量取值超过其平均数[26]与所有变量取值平均数时相减得到；所有的效应都在 $p < 0.01$ 的水平上显著；计算结果与表 3.1 中的模型 7 相近；$N = 16\ 488$ 是对 145 个领土的观察值。

图 1.3　权力平衡如何影响民族国家形成的可能性（%）

另一方面，没有证据表明上文提及的经济现代化理论、文化现代化理论，以及政治现代化理论指出的工业化、大众读写能力的普及或者增强的行政渗透力和直接统治等要素会推动民族国家的建立。正如第二章所说，尽管内生的民族国家建设是政治上中央集权化和实行直接统治的结果，但是民族国家在全球范围内的兴起似乎与直接统治领土的国家能力不太相关。与此同时,也不可能像坚信世界政体强制权力的那些人预测的那样,世界上的民族国家越多,或一块领土与世界文化中心建立的联结越紧密,民族国家就越可能涌现。因此,民族国家在全球范围内取得合法性源自其在世界的扩散,而不是其他原因。[27] 当一块又一块领土成为民族国家时,民族国家代表政府的唯一合法性形式的全球共识就会形成。

不由全球社会力量产生或协调的本土性与地区性过程也会产生全球性后果:过去 200 多年来几乎普遍采用的民族国家形式。就像有关流行病的研究那样,民族国家扩散的过程是沿着已经建立的政治关系网络与传播网络扩散到全世界的。然而,从全球视野观察时,我们不难发现民族国家传播的逻辑是相当本土化的,并产生了去中心化的扩散过程,这些都造成了系统性过程的幻象。

民族国家与暴力

民族国家的形成与战争

第四章将展示向民族国家这一模式的普遍转型是引发当今世界战争的主要原因,这挑战了国际关系与比较政治研究中的主流路径。在这两大学科看来,合法性原则与它们的转变对解释战争与和平来说无足轻重。那么从帝国或王朝向民族主义转变的合法性原则是如何催生战争的呢? 首先,民族主义及其核心意识形态——"自我"统治的权利——解构了帝国、寡头或者神权国家精英统治的合法性,也对迄今作为合法秩序组成部分的族群排斥进行了声讨。因此,民族主义促使政治家发动了反对"异族统治"的独立战争。阿尔及利亚、安哥拉、玻利维亚、印度尼西亚、墨西哥以及美国以及越南漫长而血腥的争取民族独立的经历都是典型案例。当民族主义者面对的是国内的旧制度而不是一个帝国时,内战就会把民族主义的改革者聚集起来反对旧制度中的精英,这就可能导致民族革命的发生——就像瑞士在 1847 年短暂经历的"分离主义者联盟战争"①或者日本在明

---

① 这是 19 世纪上半叶发生在瑞士的一场短暂的内战。起因是瑞士境内信仰天主教的邦建立分离主义者联盟,反对其他信仰新教与自由主义的邦将国家的结构由邦联制改为联邦制,战争以分离主义者联盟失败、瑞士建立联邦制而告终。——译者注

治维新 20 年后经历的内战①那样。

民族国家一旦建立起来，合法性的民族主义原则就会被加强并且被制度化，这时违反这些原则就很有可能引发内战和国家间的战争。在第二章中，我们将会看到：处于现代化进程中的政治集权化程度低、提供公共物品能力不足的国家和志愿性组织网络发展迟缓的社会，其政治联盟与认同会沿着族群而不是国家形成。因此，在提供公共物品或出台公共政策时，统治阶级就会偏袒与他们有着共同背景的族群。这就可能促成上述的第二个冲突形成机制：被排斥族群的领导人现在可以声讨违反自治原则的行为，并且要求建立属于自己的民族国家，或者至少要求公正的分享政府权力。他们现在可以唤起民族主义的重要原则，即本族人需由本族人来统治。这就可能导致争夺民族国家控制权的竞争升级为大规模的叛乱。

向民族国家模式的转变，以及在中央集权脆弱的国家中产生的对族群的政治排斥，也加大了国家间爆发战争的可能性。新国家的统治者可能会介入周边国家的事务来保护他们这些跨境同胞，因为这些跨境同胞作为他国的少数族群，可能在异族统治下沦为二等公民。除却单纯的权力平衡考量和战略动机[这是哈里斯·米洛纳斯（Harris Mylonas）在其即将出版的著作②中强调的]，领导人关心这些跨境同胞，是因为他们需要向选民们证明自己会关心本族群人民的命运，他们不会容忍边界另一端的"兄弟姐妹们"遭到政治歧视。这些针对"混居"领土的干涉与竞争增加了正在民族国家化的国家之间发生武装冲突的风险，比如两次巴尔干战争、在两次世界大战之间形成的独立国家间的竞争，或者最近苏丹和新独立的南苏丹之间的紧张关系。

那么民族国家的形成是如何导致战争的呢？既有的标准化数据库将这些国家处理成一个个观测单位，因此并不能分析战争与这些国家的形成之间的关系。为了克服这一缺陷，我们建立了一个新的数据库，该数据库记录了 1816 年到

---

① 这是指士族首领西乡隆盛率领的萨摩藩在 1877 年发起的以"清君侧"为名反对明治政府的内战，日本史称"西南战争"。但作者表述的时间似乎有误，因为明治维新始于 1868 年，此时距离西南战争间隔 10 年而非 20 年。所以原文此处的事件系"大政奉还"。——译者注

② 这本书的英文版于 2013 年出版，即 Harris Mylonas, *The Politics of Nation-Building：Making Co-Nationals，Refugees，and Minorities*. New York：Cambridge University Press，2013。——译者注

2001年之间在固定的地理领土上爆发的战争。政治体向恒定领土单元的转变也迫使我们利用包括现存的战争列表、典籍与历史资源在内的广泛资料,去建立包括自1816年以来发生在这156块领土上的所有战争的数据库。

　　内战和国际战争真的更有可能发生在民族国家的形成时期吗?图1.4对此给出了明确的回答,它绘制了民族国家形成前后每年爆发战争的领土的百分比。因此横轴并没有按照年代顺序记录时间,而是展现了每一块领土发生转型的时间,比如把民族国家建立的时间设置为0,这既可以对应1998年的不丹,也可以对应1820年的西班牙。纵轴则代表了在"95%水平上的置信区间"。在日常用语中,这意味着只要这些条形不穿越所有领土、所有年份中代表战争爆发可能性均值的线,我们就几乎能相信,战争爆发的可能性与均值不同,同时它也不是单纯偶然性的产物。

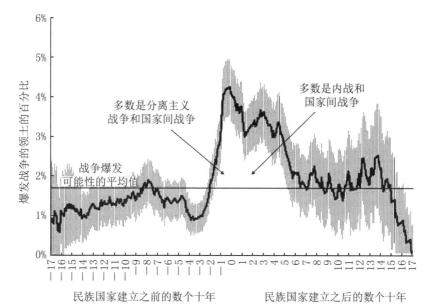

注:平均间隔20年;灰色表示的是95%置信区间;数据源自第四章;150块领土上共有27 700个观察值(N＝27 700)。

图1.4　整体情况:1816年以来民族国家的形成与战争

　　图1.4展示了在由帝国、王国、城市国家与部落联盟组成的国际体系向民族国家组成的世界转型的过程中确实伴随着战争。自拿破仑时代以来,这一模式

发生在每一块大陆上每一波民族国家建立的过程中。朝向以领土为观察单元的转变和长时段的视角揭示了迄今被遮蔽的观点：民族国家的形成代表了现代世界中战争的主要来源。确切地说，民族主义与民族国家的形成并不能解释全世界发生的所有战争。我的论点并不是为理解像 2003 年美国入侵伊拉克或者 20 世纪 70 年代拉美的共产主义运动那些事件而量身定做的。顺便提一句，这些冲突是图 1.4 所示的在民族国家形成后 120—150 年之间战争的小高峰。

不过，强调现代许多战争的民族主义基础仍然是一种重大洞见。传统的"现实主义"国际关系路径（综述请参见 Levy and Thompson 2010）关注的是在无政府世界中，每个排他性地关切自身安全的国家之间军事能力的分布。理性主义解释试图论证，如果不同国家对于谁能赢得战争的判断不同，那么它们之间就会爆发战争。其他学者认为这类国家都是非常好战的：它们分别是有着领土纠纷和长期敌对历史的两国，或者一方是民主国家、另一方是专制国家的两国，或者是没有密切贸易网络捆绑的国家。

在这些数量庞大且精致的研究中，民族主义并没有被当成解释战争的严肃选项。一位著名的"现实主义者"写道，"民族主义"仅仅代表了"国际政治秩序中的次要力量"（Mearsheimer 1990：21），因为其"大多是由国家之间的安全竞争引起的，这就迫使精英动员大众来支持国防"（ibid.：12）。很明显，正如米勒（Miller 2007：32）指出的那样，这无法解释为什么大多数民族主义运动是直接反对现有国家的——就像反对帝国的、主张分离主义的民族主义已经在过去 200 年间改变了世界的格局。唯一例外的是毛兹（Maoz 1989）的一篇文章，在这篇文章看来，在现代历史中，就连新国家的诞生都没有被当作潜在的战争来源。

因此，主流国际关系理论忽视了"单元层级的转变"[28]——由帝国和王朝王国组成的国际体系向由民族国家组成的国际体系的转变——其本身就是导致战争的重要来源。少部分研究民族主义角色的国际关系文献完全关注国家如何进行军事干涉以帮助邻国中的同族人（Miller 2007[29]；Woodwell 2007；Saideman and Ayres 2008），或者政治精英如何通过攻击周边国家、煽动民族情绪来稳固自己不安全的政治地位（Snyder 2000）。在超越前述作者提出的重要见解方面，本书展示了民族主义在现代战争史中扮演了比通常设想的更重要的角色。它改变了全球体系组成单元的数量和性质，并且这一改变自身也成了导致过去 200 年间战争爆发的主要原因,就像图 1.4 表明的那样。

不仅如此,民族国家的兴起对战争的目标和动机都产生了深远持久的影响。[30]正如图 1.2 显示的那样,在希特勒建立从莱茵河一直延伸到乌拉尔山的帝国妄想化为泡影后,征服性的战争就几乎已经停止了。为何如此?因为帝国的合法性建立在"忠实的信仰"(true faith)、"文明"或者为遥远的地区带来"革命性进步"这些观念的基础上,如有必要,可以通过征服和"安抚"来让那些冥顽不化的当地人看到宗教真理和文明进步之光。帝国精英有动机去征服其他国家,并永久地吞并当地的领土以纳入治下。然而,民族国家无法合法地统治数量众多的其他族群,因为它们建立在本族统治这一合法性原则上。比较一下奥斯曼帝国苏丹和英国对伊拉克的殖民统治以及美国入侵伊拉克后对其实施的政策,就会明白在民族国家组成的世界中,征服不再是一场合法战争的目标。[31]国家性质的转变有助于我们理解为什么当下国家之间的战争变得如此稀少。

然而,族群民族主义推动了世界上战争数量的上升。正如图 1.2 展示的那样,在一个世纪内,主张分离的民族主义战争与族群内战在整个战争中所占的比重从 25％上升到了 75％。扩散开来的民族主义作为政治合法性的基础改变了人类发动战争的动机与目的:征服性战争让位于民族主义分离战争,围绕王朝继承或者苛捐杂税的冲突让位于旨在获得中央政府权位的族群政治斗争。[32]

族群政治与武装冲突

然而,并不是所有朝向民族国家的转型都伴随着战争。图 1.4 显示,在转型过程的最高峰,每年全部领土中只有 4％爆发了新的战争。因此我们需要更加准确地说明,在什么样的条件下,民族国家的形成会带来武装冲突。对此,本书指出族群政治不平等确实扮演了关键角色。受数据本身的局限,本书无法对民族国家形成过程中所有阶段和所有类型的战争提供更精确的分析。第五章聚焦在民族国家建立后的一个时期,并且只关注内战。这一分析包括了只在战斗中造成 25 人死亡的低烈度内部冲突,而之前的章节分析的则是造成超过 1 000 人死亡的全面战争。这些详细的武装冲突数据只有第二次世界大战后的年份是可以获得的。

这一有限的视角使得我们能够进行更为细致的分析。这一章节建立在全新的全球数据库的基础上，前文对此已经略有提及。这一数据库记录了世界上所有国家的族群权力关系以及它们自第二次世界大战以来的变化，这使得我们能够直接检验有关政治排斥的假设。同时，这也能使我们发现同等重要的导致族群冲突的其他机制。因此，我将比前面的章节更加关注因果的异质性，展示族群政治的不同权力构型导致了不同类型的族群冲突。所有这些不同的权力构型都可以被描述成本族群在政府中缺乏代表，即违反了民族主义者"本族人需由本族人统治"的合法性原则。

以高度族群政治不平等为特征的第一个权力构型已经成为之前章节分析的一部分。在中央集权脆弱，也就是提供公共物品、对人口进行征税并控制政治过程的能力有限的国家，以及在公民社会欠发展的社会，族群更容易变得政治化，少数族群的统治更容易形成。国家根据族群特征排斥了大量不同部分的人口，这直接违反了民族国家模式所建立的族群自治原则，造成了严重的合法性危机。萨达姆·侯赛因的一族统治便是这类政权的好例子。他的阿拉伯复兴社会党（Baath Party）越来越成为逊尼派阿拉伯民族主义者的政党，而库尔德人和什叶派出身的军官与行政官僚越来越被排斥在权力核心之外。①随后，库尔德人的"自由斗士"（*peshmerga*）武装力量和什叶派的知名人士发动了一系列起义（Wimmer 2002：chapter 6）。而在叙利亚，以阿萨德（Assad）家族为首的阿拉维（Alawite）少数派②从 20 世纪 70 年代以来就一直统治着叙利亚。1982 年，逊尼派的穆斯林兄弟会组织了反对阿萨德家族一族统治的血腥叛乱。而在 2011 年，叙利亚各地不同派别的力量加入了叛乱的队伍。

---

① 根据中国外交部官方网站公布的伊拉克国家概况（参考网址：https://www.fmprc.gov.cn/web/gjhdq_676201/gj_676203/yz_676205/1206_677148/1206x0_677150/，访问时间：2023 年 6 月）等资料显示，伊拉克的主体族群是阿拉伯人（约占全国人口的 78%），主要少数族群是库尔德人（约占全国人口的 15%），此外还有叙利亚人、土库曼人、亚美尼亚人、波斯人等少数族群。其全国主体族群中约有 60% 的人口信仰伊斯兰教什叶派，有 18% 的人信仰伊斯兰教逊尼派。与萨达姆执政时期相比，这一数据虽有变化，但是什叶派与逊尼派在主体族群中的信仰分布趋势未有重大变化。这说明萨达姆在执政时期，其政权确实将全国的大部分人口都排除在了权力网络之外。——译者注

② 阿拉维派是伊斯兰教中的少数派，属于什叶派的分支，其信众主要分布在当今的叙利亚境内。由于阿拉维派综摄了佛教中的"转世轮回"说和基督教中的"三位一体"说，并相信第四代哈里发阿里是"真主的化身"，被逊尼派和主流什叶派视为异端，在历史上遭受了残酷的迫害。——译者注

第二，在国家权力被大量族群精英分享的地方，他们的联盟受到了承诺问题的困扰，围绕政府席位的竞争经常导致暴力性内斗的发生。族群精英在政府联盟中的数量越多，他们的联盟就越不稳定，这些内斗就越可能发生。黎巴嫩内战便是说明这一机制运作的合适例子。囿于大量族群宗教社区领导人之间互相敌对又缺乏可预测性的政治联盟，继承自法国殖民时代的权力分享方案无法适应新的政治与人口现实。他们的精英害怕在争夺国家权力的斗争中失败、将来受到异族统治，于是原本的政治紧张局势就升级为全面内战。

第三，在过去曾经遭受帝国间接统治的民族国家中，将群众与政治中心捆绑在一起的联盟网络在制度化方面只会非常脆弱。按照上文概述的冲突理论中的相关内容，这些国家中民众的国家认同与对中央政府的忠诚也是同样脆弱的，国家与领土边界只享有很小的合法性，这就是独立于中央的权力构型。叛乱与内斗将全面竖起民族主义的大旗，武装冲突将成为分离主义的表现形式。阿布哈兹与南奥塞梯的分离主义运动便是明证。在苏联时代，这两个地区分别是莫斯科统治下的自治共和国和自治州。①相应地，它们与格鲁吉亚共和国之间的联系十分脆弱，不认同自身是格鲁吉亚共和国的一部分，认为格鲁吉亚对它们的主权主张是非法的。因此，当格鲁吉亚民族主义者宣布独立时②，这两个地区也都匆匆宣布自己是独立的国家③，于是立刻爆发了分离主义的战争。

总之，三种不同的联盟与权力构型导致了追求不同目标（分离独立或者控制政府）的不同行动者（被排斥的族群或者分享权力的族群精英）挑起了不同类型的族群冲突。然而，所有这些都与民族国家建立的合法性原则，即族群自治相关，同时涉及族群缺乏代表性与害怕异族政治统治的议题。

第五章使用族群权力关系（Ethnic Power Relations，EPR）数据库检验了这些假设。因为这是一个完全动态的数据库，它大大超越了对族群多样性的静态

---

① 在苏联成立后，阿布哈兹在行政区划上是现格鲁吉亚境内的自治共和国，而南奥塞梯在行政区划上则是格鲁吉亚的自治州。——译者注

② 格鲁吉亚于 1991 年 4 月 9 日正式从苏联独立。——译者注

③ 南奥塞梯和阿布哈兹在格鲁吉亚宣布从苏联独立后也相继宣布独立（其中南奥塞梯于 1991 年12 月 21 日宣布独立，而阿布哈兹于 1992 年 7 月 23 日宣布独立）并与格鲁吉亚政府军爆发战争，并在俄罗斯的介入下脱离格鲁吉亚政府的实际管制，成为独立的政治实体。近年来，两地获得了俄罗斯及一些国家的承认。——译者注

测量，诸如在量化研究中经常被用到的族群分化指数。这一数据库对不同族群在国家中心的政治权力分布做了直接编码，而不是像之前被广泛使用的高危少数族群（Minorities at Risk，MAR）数据库那样只聚焦于政治上被边缘化的少数民族。对不熟悉统计分析方法的读者而言，图1.5总结了第五章的分析结果。这些条形告诉我们，当特定变量的值以均值为基础上升一个标准差时，爆发武装冲突的可能性会增加多少。一个标准差是指所有观察值与其中2/3观察值均值之间的最大差值。这是比较不同单位中测量变量的效应的最佳方法之一，能显示出与均值的离散程度。

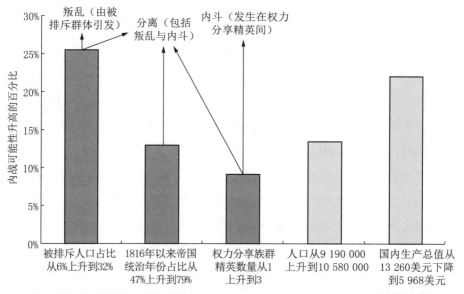

注：根据表5.2的模型4计算而来的一阶差分效应。除了处于帝国统治的年份之外（$p < 0.05$），所有的差异都在 $p < 0.01$ 的水平上显著。$N = 6\,885$ 是156个独立国家的观测值。

图1.5　1945年以来发生在独立国家中的族群内战：一种分解式的路径

图中的条形用箭头与冲突类型相连，这些冲突类型受到对应变量的影响。政治排斥引起了叛乱，无论这叛乱是分离主义性质的还是非分离主义性质的。内斗（无论是分离主义性质的还是非分离主义性质的）更可能发生在有更多权力分享精英的情况下。长期被帝国统治的历史也加大了分离主义冲突的可能性，无论是对被排斥族群还是对掌权精英群体来说，都是这样。这些族群政治因素同有关内战的量化研究中的两个重要解释变量——国家经济发展水平与人口规模——一样有效和稳健。很明显,族群政治不仅在统计意义上对武装冲突产生影响,在本质上也是如此。

因此这一章将一种权力-累积-合法性的论点引入基本上是由政治经济学路径支配的辩论,在这些辩论中,合法性与政治不平等等因素至今未被充分用于理解当今的内战。按照这一领域经常被引用的文献观点(Fearon and Laitin 2003),当政府过于脆弱以致不能压制人群中普遍存在的不满时,内战就会爆发。一个事实是,瑞典的国内政局和平稳定,而相比之下,在 2011 年(以及之前),叙利亚国内有越来越多的人反对阿萨德政权。这种现象与不同程度的国家合法性没什么关系,只能将其归为瑞典政府更强大的镇压能力……科利尔和赫夫勒(Collier and Hoeffler 2004)认为贪婪的军阀武装拿起武器争夺对石油或钻石等自然资源的控制,这让研究冲突的一干学者在面对像北爱尔兰这样没有石油或者钻石的地方时一筹莫展。波森(Posen 1993a)指出,国家崩溃导致某些族群为了防止被别的族群攻击,除了先发制人外别无选择。这种观点忽视了国家崩溃经常是族群暴力的结果而不是原因。

第五章的研究表明,如果我们想正确地理解内战大戏,那么就必须将政治不平等与合法性纳入考虑范畴。因此,不是国家支配范围之外的资源竞争,不是国家的军事脆弱,甚至也不是国家权威的消失,而是围绕国家的族群政治斗争引发了当今由民族国家组成的世界中的暴力冲突。当然,这并不是说要排除国家镇压能力的重要性。可行性肯定是重要的,即便到目前为止通过直接的方式得出的结论是两者之间的统计关系是不可能的,这或许是因为缺乏国家镇压能力的充分数据。此外,石油与钻石可能点燃了争夺国家的竞争之火(请参见 Ross 2012)。但是军事可行性与经济资源或许是调和性与干预性因素,而不是引起武装冲突的首要原因(对这一推论的经验性支持,请参见 Thies 2010)。

和平是可以设计的吗?

最后一章就如何最大可能地防止族群冲突这一政策辩论归纳了一些初步的结论。之前章节的分析非常清晰地表明,保障和平的最有效方法就是建立包容性的权力架构。这些族群政治包容架构可以根据历史条件和当下情境通过不同的方式加以实现:比如通过将国家精英与社会各个阶层捆绑起来的共容性庇护网络;通过马来西亚那样的族群政党组建执政联盟;通过一党执政的制度让不同族群的精英都能各得其所(如民主化之前的科特迪瓦);或者通过瑞士那样的非族群政党体制和非正式的权力分享安排。这一章表明,政治制度的属性,如选举规则、联邦分权的程度、民主化的水平等,都没有作为这些制度基础的权力构型重要。

然而,大部分决策者与比较政治学家对"政治制度应该是防止冲突的首要关切"深信不疑。换言之,他们相信可以通过调整针对政治领导人及其跟随者的激励结构而把和平设计出来。决策者经常强调,从长远来看,民主制度能缓和冲突的倾向。他们指出,投票可以代替子弹成为民众表达不满的渠道,民主制度会在政治层面整合少数族群,因而会生成排斥性更少的权力结构。

长期以来,比较政治学家也一直争论比例代表制、联邦制与议会制能否像协商主义者(consociationalists)主张的那样形成持久的和平局面。另一方面,所谓的向心主义者(centripetalists)认为,与多数决不同,单一制与总统制更容易平息族群政治竞争的火焰,避免其升级为武装冲突。然而,所有人都同意,正式的政治制度确实可以解释为什么特定的国家比其他国家更容易发生武装暴力。

第六章经验性地检验了这些不同的主张。它通过提醒读者关注第四章和第五章的分析结果,即民主政体并不会比非民主政体更少地卷入武装冲突来展开论述。甚至有更谨慎的发现表明,"介于专制政体和民主政体之间的政体,即所谓的无支配体制(anocracies),是最有可能爆发战争的"这一说法,并没有得到近来研究的支持。这表明这些早先的发现是建立在对无支配体制有问题的编码基础上的。

但是民主政体对冲突会不会存在一种间接效应,因为民主制度应该比其他类型的政治制度更具有包容性?既然少数族群在民主政体中拥有投票权,这难道不能使得他们在最高层级的政府中多少有一些代表权吗?难道这些更具有包容性的权力构型不会产生和平吗?诚然,通过测量在最高层级政府中代表特定人群的比率,我发现民主政体与族群政治包容之间在统计上确实有很强的相关性。但是,这很有可能是选择效应的结果:排斥性更强的政权,比如白人一族统治下的罗得西亚,更有可能强烈地抵制民主化的压力,更不可能转型为完全成熟的民主政体。换言之,民主政体并不必然生成族群政治包容,但是族群政治排斥阻碍了民主化。总而言之,没有证据表明民主政体会通过直接效应("选票取代子弹")或者通过族群政治权力结构间接影响和平。

但是,或许不是民主制本身阻止了内战,而是向心式的制度(总统制、多数决、单一制)或者与之相对的协商式安排(议会制、比例代表制以及联邦制)发挥了作用?对此,我使用了所有关于政治制度的可获取的数据库检验了这些观点,这些数据库依赖不同的定义,提供了覆盖范围不同的数据。检验的结果很直接明了:无论进行何种定义和组合,制度特征看上去对族群冲突都没有多大的解释力。

但是由于政治博弈的规则提供了不同的激励,这些激励取决于行动者是否试图保持或者获得权力,我们或许应该进一步分解因变量,并且区分权力分享伙伴之间的内斗与被排斥群体发动的叛乱。然而,对于制度设计的倡导者来说,这些细致的分析并没有产生任何令人鼓舞的结果。使用一些特定的制度变量编码虽然表明,总统制或者联邦制的存在可能与权力分享伙伴之间更少的冲突存在关系,但是制度安排对族群冲突的普遍形式即叛乱仍然没有产生影响。这些叛乱占据 1945 年以来 110 起族群冲突中的 90 起。

因此,防止冲突的政策目标应该是鼓励建设包容性的权力构型,而不是试图去设计制度,例如找到正确的选举制度或适当地进行权力下放。但是如果无法通过设计好的选举制度或者下放权力来实现包容,又该如何建立包容性的权力构型呢?我很担心,从决策者的角度来看,第六章给出的初步结论并不令人感到鼓舞。

首先,一族统治的政权往往只能通过暴力来推翻。比如,萨达姆·侯赛因的苏丹式(sultanistic)政权就不可能被引导走上一条渐进式改革的道路,最终让库尔德和什叶派政客在权力核心的圈子中获得有意义的代表。它必须要被暴力推翻才能解决问题。颇为讽刺的是,长期来看,暴力有时才是阻止暴力的唯一途径——或许这是人们在关于预防冲突的辩论中最终可以采取的"现实主义"立场。但是,这一观点并非铁"律"或者严格的规律,而是基于一种更具概率性的论点,就像南非摆脱族群统治实现和平过渡表明的那样。

其次,克服族群竞争与冲突背后动力的理想策略是实现有效的国家建设:将公民效忠的对象转化为中央政府,提高他们对国家的认同,对族群进行去政治化,这样可以使政治竞争与建立联盟沿着族群以外的其他界限进行,从而更少地与民族国家合法性的基本原则联系在一起,并且政治竞争升级为冲突的可能性也更小。然而,正如第二章表明的那样,只有在强大的中央集权制国家和繁荣的公民社会中,民族国家才能得到最好的建立。相比之下,无论是国家能力还是志愿性组织的发展都无法通过外部力量的设计来实现,它们都是在一代又一代人推动下形成的结果,而不是在短短几年中就能实现的。不过,通过将外国援助集中于加强国家分配公共物品和进行有效征税的能力,可以推动国家建设的内在进程,从而鼓励国家精英与大部分民众之间形成新的交换关系。正如阿富汗最近的经历表明的那样,"来自外部"的国家建设是极其不现实的,它可能解构国家的合法性,而不是推动它逐渐在社会中扎根。

局限与意义

然而,有关国家能力与志愿性组织网络具体是如何形成的这一问题则超出了本书的研究范围。本书将这些因素作为外在的原因,并不试着去对它们进行比较解释。回到第二章中的例子,为什么与同时代的奥斯曼帝国相比,18世纪后期的法国成功地垄断了政治权力并且能提供公共物品,这一问题并不是任何系统性经验分析的对象。与之相似的是,我也并不试图比较解释为什么战后世界中的特定国家不仅不能实现有效的国家建设,反而将大量不同部分的人群排斥在与中央政府相连的交换关系之外,相反,有的国家却能建立更具整合性的联盟架构,并成功地将族群关系去政治化。

这一问题是未来研究的目标。接续本书第二章展示的分析,我在即将刊出的文章中指出了志愿性组织的发展与提供公共物品的国家能力是解释包容性族群政治权力结构的关键因素。当代的国家能力与组织发展反过来又与19世纪殖民主义之前的国家中央集权化的水平相关。[33]我也展示了这一政治发展的长期内在原因——国家建设的成败——在解释当代族群权力结构时,比民主化或者不同的殖民统治遗产更为重要。

尽管本书扩展了现有讨论,然而要想通过经验分析全面地解释国家形成、组织发展、国家建设与战争之间是如何互相影响的,这仍然超出了当下我们的知识储备与能力所及,至少超出了笔者的知识范围。对此,未来研究的主要目标是建立一个充分整合的经验模型来纳入这些因素,并考虑国际层面的扩散过程(有关朝这一方向转变的认知进展,请参见 Levy and Thompson 2011)。

与给出全面的解释不同,本书探索了现代世界中政治发展的两大主要方面。它解释了为什么原来的世界变成了民族国家的世界,展现了民族国家的诞生引发了数波全球性的战争与族群冲突。因此,本书描述的内容宛如一场悲剧,而与很多研究现代性的历史著作老生常谈的英雄史诗并不相似。确实,帝国裂解成一个个国家,每一个国家都应该由一个民族实行自我统治,这就使许多现代成就的取得成为可能,特别是当民族国家伴随着有效的国家建设时。民族国家提供了制度与意识形态的框架,并且在这个框架内,法律面前的平等、民主参与和建立在民族团结基础上的福利国家最终将会出现,但这通常需要民族国家建立之后几代人的努力。

但是,另一方面,在向民族主义原则转变的时候也要付出代价:反对皇帝与国王的民族主义暴力斗争终结了帝国治下的和平年代;在新兴国家中站错队的平民被看成国家敌人渗透进来的"第五纵队",针对他们的大规模暴力此起彼伏;围绕新兴民族国家的族群政治竞争经常升级为武装冲突。尽管如此,悲剧并不是不可避免的,同时也不是普遍的。毕竟,很多民族国家形成的历史是和平的,就像在苏联解体后波罗的海国家所经历的那样。同时,本书也经验性地展示了武装冲突并不是族群多样性的结果,因此在语言多样与信仰多元的人群中,冲突也不是不可避免的。相反,它更有可能发生在少数族群统治的地方,这违反了民族主义自治原则。对制度化水平低、征税与分配公共物品能力都有限的国家来说,建立族群包容的政府是难以企及的。但是政治包容能持久地缓和民族国家本身带有的冲突倾向,就像我会在最后一章中指出的那样:无论是通过民主制还是其他性质的制度渠道,无论是通过权力分享还是权力分割,无论是通过按照族群划定的政治网络进行整合还是在真正的国家建设过程中对族群进行去政治化,都可以实现这一目标。

【注释】

[1] 更确切地说,在控制了民主化程度、周边战争、是否拥有石油资源、政治不稳定性后,在没有民族主义的领土上,发生战争的概率是 1.1%。在第一波民族国家建立后,这一概率上升为 2.5%。这些数字是根据表 4.2 中的模型 1 计算得出的。如果我们控制经济发展和人口规模,虽然观测值的数量减少了很多,但是结果依然是很显著的。

[2] 请参见利博森(Lieberson 1991)的著名批评。

[3] 投给民族主义研究领域的领军刊物《民族与民族主义》(*Nations and Nationalisms*)的文章表明了对欧洲的过度关注。自从 1985 年该刊物第 1 期发表了相关论文以来,其中 21.5% 的文章关注的是西欧,紧随其后的是 13.3% 的文章关注了东欧,关注不包括中东地区的亚洲研究文章的比例是 12.6%,接下来有 8.7% 的文章关注的是大洋洲。只有 5.4% 的文章关注的是非洲,而关注北美(4%)和南美(2.5%)的文章就更少了。

[4] 发展经济学家(Nunn 2009)、研究政治史(Turchin 2003)或者人口学(如 Bengtsson et al. 2004)的新马尔萨斯主义者,以及研究民主化的比较政治学家(Boix 2011)已经开始使用量化技术来探索长时段的历史模式。其中一些研究在新发行的刊物《历史动力学》(*Cliodynamics*)上找到了知识的归宿。

[5] 请参见 Gould(1995, 1996),Wimmer(2002),Ikegami(2005),Tilly(2006),Barkey(2008),Levi Martin(2009)。

[6] 这便是中东、拉美、南亚与东南亚许多国家中或是在美国城市的"政治机器"中的情况。关于侍从主义的论述,请参见 Lemarchand and Legg(1972),Scott(1972),Clapham(1982),Fox(1994),Gould(1996),Kitschelt and Wilkinson(2007)。

[7] 请参见 Schmitter(1974)。

[8] 请参见 Bratton and van de Walle(1994)。

[9] 沿续布劳(Blau 1986)的说法,这里关注的是交易而不是网络结构。

[10] 按照这些方法进行的前沿理性选择研究,请参见 Levi(1988),Kiser and Linton(2001)。"社会中的国家"路径可参见 Migdal(2001),或者可见于斯普莱特(Spruyt)、亚当斯(Adams)、高尔斯基(Gorski)等后蒂利式的(post-Tillean)学者对早期现代国家形成中的国家建设者与其他社会组织之间结合和建立联盟的强调。

[11] 同样可参见蒂利(Tilly 2005)对信任网络形成与转变的分析。社会心理学中的长期研究表明,交流与合作将伴随着相应的社会分层,这为我在这部分的论点提供了微观基础。从塔菲尔(Tajfel 1981)到库尔茨班等人(Kurzban et al. 2001)的研究展示了联盟如何决定了身份模式,甚至可以超过诸如美国的种族等已经成形的分类模式。

[12] 只要行动者非意图的和意图的后果受到不倾向阻碍这些协定的制度激励结构的影响,自我强化的均衡就会持续下去。对这一逻辑进行的精彩形式路径推导,请参见 Greif and Laitin(2004)。

[13] 对制度性稳定这一问题更为精细的描述,请参见 Streeck and Thelen(2005a)。

[14] 请参见 diMaggio and Powell(1991),Steinmo et al.(1992),Brinton and Nee(2001),Pierson and Skocpol(2002)。

[15] 其他学者的研究,请参见 Brubaker(1996),Koopmans et al.(2005),Lieberman and Singh(forthcoming)。波斯纳(Posner 2005)一文中的制度主义关注的是选举制度提

供的激励结构,而不是常态化的社会类别。

　　[16] 最近关于合法性概念的论述请参见 Gilley(2009),Hechter(2009b)。我自己对合法性研究的路径则深深受到布劳(Blau 1986)的影响。

　　[17] 制度类型是社会学中"新"制度主义的核心议题(对此的综述,请参见 Brinton and Nee 2001)。扬(Young 1976)、安德森(Anderson 1991)与布鲁贝克(Brubaker 1996)讨论了作为这一类型(或"范式""模型")的民族国家。关于政治学与社会学对制度定义的差别,请参见 Haller et al.(2011)。

　　[18] 相似地,布劳(Blau 1986:chapter 8)建立了合法性形成的交换理论路径,他也为这主要命题提供了一些微观基础。

　　[19] 最近在这方面的论述,请参见 Tarrow and Tilly(2006)。

　　[20] 对政治革命中"国家中心"取向研究的回顾,请参见 Goodwin(2001:chapter 2)。

　　[21] 对变革式代理人的赋权可能是已有制度安排带来的非预期结果,正如古德温(Goodwin 2001)以及格雷夫和莱廷(Greif and Laitin 2004)通过形式模型指出的那样。

　　[22] 与之类似的路径,请参见拉赫曼(Lachmann 2011)的精英冲突理论或者马奥尼和西伦(Mahoney and Thelen 2010)简要总结的权力分配导向制度变迁这一更广义的路径。

　　[23] 这里存在反向因果的问题吗?我们的模型表明,在法国大革命产生民族国家前不久,法国的中央集权化与动员程度已经达到了高水平,因此排除了民族主义与国家建设导致了高水平的中央集权化与动员水平的可能。确切地说,这里存在一个正反馈效应:民族主义这一意识形态的扩散推动了进一步的中央集权化,导致了进一步的动员,因此进一步推动了朝向新均衡发展的交换关系。

　　[24] 请参见 Badie(2000)。

　　[25] 这种推理的方式可以见诸国际关系研究中的"以国际社会为中心的建构主义"倾向(Hobson 2000)。

　　[26] 对第一个民族国家诞生后的年份和帝国母国在全球霸权中所占的比重,我采用的是接近 1 个标准差的增长,而对其他所有变量都采用 1 个单位的增长。

　　[27] 这一观点与国际政治学中的"第二意象"(second image)理论,或者更确切地说是与莫劳夫奇克(Moravcsik 1997:540)提出的修正性的"自由主义"理论一致。需要说明的是,这并不排除反馈机制的可能——加入民族国家阵营的国家数量越多,推动进一步的政治一致性这一全球文化共识就越可能形成(请参见 Risse-Kappen 1996),但是它尽可能地排除了反向因果:起先是世界政治文化产生了民族国家。

　　[28] 关于国际关系学者对世界政治中民族国家间(inter-national)这一属性缺乏兴趣的有趣观点,请参见拉皮德和克拉托赫维尔(Lapid and Kratochwil 1996;也可见 Spruyt 1996:chapter 1)。一些最近的研究试图突破这些忽视并强调"单元之间的差异",请参见卡勒的回顾(Kahler 2002:66—71)。

　　[29] 米勒(Miller 2007)的论点或许是最完整的,且超越了仅仅将跨境民族作为国家间冲突行为的决定因素。他认为地区(他分析的单元)的和平与否取决于"民族对国家的平衡",即领土收复主义者的势力或者跨境民族主义试图重新划定国家间既存的边界。在强国林立的地区,这些修正主义式的民族主义导致了国家间发生战争,而遍布弱国的地区

将会沦为内战频发的场所。

　　然而，这一观点有着严重的内生性问题，因为修正主义式的民族主义运动很明显与冲突相关，然而为什么这些领土收复主义、分离主义或者致力于统一的民族主义会先一步形成，这仍然有待解释。为了避免内生性的问题，就像米勒指出的那样（ibid.：56），可以计算出每一个国家内部的族群数量（"内部差异"）以及与周边国家有联系的族群数量（"外部差异"）。然而，根据第五章对数据库的分析，无论是政治化的族群数量还是跨境族群的存在，对武装冲突或者内战的爆发可能都没有任何影响。

　　［30］这与国际关系第二意向理论中强调外交政策偏好的国内形成因素相一致（请参见 Moravcsik 1997）。关于国家性质如何影响它们发动战争动机的历史回顾，请参见Luard（1986）。

　　［31］在国际关系理论中，关于当代世界中为什么征服性战争变得稀少的一个替代性解释是，所有的大国都是多民族的，加上知识经济模式共同降低了征服在经济上的吸引力（Brooks 2005）。很明显，这一观点无法解释为什么我们在民族构成并不复杂，并且经济依赖农业与资源汲取的民族国家中看不到更多的征服，比如当前大多数的非洲国家。

　　［32］对这些推测的完整经验分析，参见 Wimmer and Min（2009）。

　　［33］大多数学者将导致许多当代国家脆弱的原因归结为：战后国际规范阻碍了脆弱国家沿着欧洲自中世纪晚期以来的发展路线，即通过征服与吸收变成强国的努力（Jackson 1990；Badie 2000；Hironaka 2005）。然而这一观点忽视了18世纪到19世纪早期在美洲建立起来的民族国家的根本脆弱性。

第二章　民族国家的诞生 *

　　为什么法国、美国和英国成了第一波兴起的民族国家？它们又是如何形成的呢？或者更确切地说，为什么政治联盟与集体认同按照族群的逻辑进行了重组，而不是按照阶级、部落、乡村共同体及其他地方团体的逻辑进行重组呢？显然，第一波建立在民族性契约之上的国家不是从其他地方将这个新型制度复制过来的。因此，我们需要探究联盟的网络与认同是如何在一个社会内部进行重组的。本章论证了高度中央集权的国家与发达的志愿性组织网络推动了共容性联盟结构的形成，进而推动了国家建设。对此，接下来本章举出的法国案例将对这一发展轨迹进行说明。相反，如果国家不能很好地提供公共物品与政治参与的途径，或者统治者与被统治者间的关系不能建立在志愿性组织的基础之上，那么联盟与认同将按照族群而不是国家的逻辑来形成。这正是奥斯曼帝国所经历的历史。按照族群逻辑形成的政治封闭与政治排斥将导致新兴国家彼此之间或

---

*　本章改自我与克莱门斯·克罗内贝格合作发表在期刊上的一篇论文。
　　我先后于 2007 年 2 月在苏黎世大学国际研究中心（Centre for International Studies，University of Zurich）和苏黎世联邦理工学院，2007 年 3 月在哈根函授大学（Fernuniversität in Hagen），2008 年 11 月在夏威夷大学"认同与冲突建模的理论前沿"（Theoretical Frontiers in Modeling Identity and Conflict）工作坊，以及 2011 年春在巴黎举办的"欧洲分析社会学网络"（European Network of Analytical Sociology）等不同场合报告过这一章节内容。我们感谢韦斯利·希尔斯（Wesley Heirs）、努鲁拉·阿迪克（Nurullah Ardic）在搜集历史数据方面提供的出色研究协助以及克里斯蒂安·布鲁姆（Christian Brumm）与卢卡·萨尔瓦托雷（Luca Salvatore）使用 C＋＋、Python 与 Gambit 等软件对模型进行的计算。特别感谢西奥多·L.图罗西（Theodore L. Turocy）在我们使用 Gambit 软件时给出了重要的建议。我们也感谢拉尔斯-埃里克·塞德曼和迈克尔·赫克特对本章的第一版提供的详细批评意见。

者自身内部发生战争，我将会在第四章和第五章中对这一观点加以讨论。

为了理解国家建设与族群封闭，本章引入了关于国内政治联盟形成的形式模型。根据这一模型，行动者被赋予了不同类型、不同数量的政治资源和经济资源，比如政治决策权力、对税收的控制、军事支持以及公共物品等。他们寻求与其他的行动者交换自己掌握的一些资源，但这一交换将其他行动者排除在了新兴联盟体系之外。根据之前章节介绍的关系理论，我们假定行动者联盟会随着时间的推移形成共享的身份与对彼此的忠诚感。这一模型使得我们能够识别种种权力构型，民族、族群以及其他类型的联盟体系正是在这些权力构型之下，经由种种围绕边界发生的斗争而产生的。

与现有研究国家建设的文献一致，我们关注政治现代化影响权力分配以及行动者互相联盟与认同的三种不同方式。首先，中央政府中的精英或多或少会建立直接统治、垄断政治决策过程、控制税收、提供公共物品（从国家中央集权化的角度来看）。其次，大部分人口或多或少会因军事和政治的需要被动员起来，他们因此在统治者的军队中或多或少发挥作用，或多或少对国家政治事务产生意识、感兴趣并且参与其中，而不是局限在地方共同体中（从大众动员的角度来看）。最后，从组织的视角来看，政治现代化改变了群众中大部分成员和政治精英的联系属性。工会、阅读圈、专业协会等志愿性组织的出现代表了关键发展，因为与之前普遍的非正式庇护网络相比，志愿性组织让国家精英与群众有了不同类型的关系。

那么包含不同阶层人群的联盟与认同的共容性体系什么时候才出现，进而为国家建设奠定社会层面的基础呢？对此，本章提出的模型将表明，这最可能出现在以下情况之中：在高度中央集权的国家，以及当密集的志愿性组织网络涌现并为在文化不见得相近的行动者之间建立联盟奠定基础时。在这些条件下，国家精英与大众当中不同部分的非精英群体之间形成了一种新的关系，即有一个新的社会契约将用政治参与换取民众纳税、用公共物品换取军事支持制度化了。这样，随着时间的推移，精英与大众彼此之间便相互有了认同，他们开始把自己定义成值得捍卫和效忠的共容性国家的成员，从而完成了国家建设的过程。

而在中央集权程度不足的国家中，就不会出现这样的共容性交换网络。在这些国家中,中央精英只与他们同族的追随者分享决策权,并向他们提供公共物品以与之结盟。反对派精英也有机会对他们同族的追随者做同样的事情,他们宁愿与这些仍然强大的族群精英结成排他性联盟,也不愿意承诺国家精英无法实现的民族团结。当志愿性组织的发展非常脆弱时,按照不同族群形成联盟与认同的趋势就会加强。这样,行动者就会依赖文化共性来巩固他们的联盟网络,并在其他同样具有吸引力的交换伙伴中进行选择。但是我们的分析也证明了,即便行动者一点也不关心文化共性,或者行动者虽然关心文化共性,但是发现他们自身在文化上更加亲近与他们属于相同阶级的同侪而非同族的同胞,那么也会形成这样的族群封闭。因此,族群政治与族群团结代表了将不同行动者的利益绑在一起的组织渠道,它并不需要建立在对共享文化价值或共同历史记忆的牢固偏好上。

最后,民粹民族主义——在国家精英与大部分群众之间形成的一个反对身为国贼的"寡头"的联盟——处于这两条政治现代化道路之间。在这一情形中,国家精英足够强大,并且他们有丰富的资源来建构一个面向全体、不分族群的联盟。但是他们倾向于将反对派精英排除在外,后者仍然是当权精英在争取大众支持与忠诚方面的有力竞争者。相反,在国家建设层面,反对派精英不再能控制足够的决策权力或者提供充足的公共物品来同国家精英展开竞争。大众的政治和军事动员越深入,民粹民族主义就越可能兴起,因为这导致精英之间围绕政治忠诚与军事支持的竞争更激烈,国家精英将其他派系的精英排除在联盟体系之外的激励也更强。这或许有助于我们理解为什么很多波拿巴式的民粹主义军队领导人在 19 世纪欧洲的平民军队中广受欢迎。

本章的展开顺序是这样的:我们首先讨论了建模的策略,并比较了我们的研究路径与其他研究族群与民族主义的形式模型。其次,我们介绍了模型的架构,概述了行动者是如何形成联盟伙伴偏好的,描述了他们是如何就谁与谁交换何种资源达成一致的。然后我们根据法国和奥斯曼帝国中有关行动者之间资源分布的历史数据改进了模型。在接下来的三个部分中,我们通过精确的微观机制讨论了模型产出的均衡结果。最后,我们展示了这一模型与实际观察到的法国和奥斯曼帝国的历史发展有着相当充分的关联性。

建模策略

许多关于民族主义与族群的形式模型中的行动者都是在一套固定和给定的认同中作出选择的（如 Chai 2005）。[1] 与之相反的是，我们将政治联盟与集体认同的形成建模成群体形成与政治封闭[2] 在互动中[3] 涌现的过程。为了实现这一目标，我们通过两步进行建模：在第一步中，我们使用交换理论模型来解释什么样的行动者寻求与什么样的行动者交换资源，同时将什么样的竞争者排斥在交换体系之外。[4] 为了超越历史社会学和政治学中理性选择理论当中常见的纯粹工具主义路径（Kiser and Hechter 1998：799），我们在交换模型中加入了另一部分内容：当选择联盟伙伴时，行动者也会在文化相似性的基础上考虑认同谁，尤其是在志愿性组织不发达的情况下。在第二步中，我们通过博弈论工具，来审视交换伙伴的不同偏好中哪一种偏好最后会实现，以及由此形成什么样的联盟体系。

正如前面章节提到的那样，这一建模策略可以弥合国家建设与族群政治研究中最具有分歧的解释，即聚焦政治精英行动与强调大众情感重要性这两种解释。精英模型指出，民族主义意识形态的发明有助于精英从大众群体中汲取更多的资源（Tilly 1994），或者有助于族群精英通过操纵他们的选民来获取政治利益（Brass 1979；Gagnon 2006）。然而这一路径很难解释为什么即便精心包装的族群历史叙事或者令人印象深刻的民族主义仪式（Hobsbawm and Ranger 1983）有时也无法说服大部分民众将忠诚与认同的对象转向国家或者族群（比如，请参见 Anonymous 1989；C.A. Smith 1990；Kirschbaum 1993）。

另一方面，"自下而上"的大众情感力量理论强调民间神话、确立的民族符号和传奇在现代民族主义创制中的作用（Smith 1986），或者表明处于现代化进程中的国家，其内部大众的不满如何引燃了民族主义运动（Hechter 2000），或者指出本国通用语言文字的普及使得想象的共同体成为可能（Anderson 1991）。但是这一理论很难解释为什么许多神话、象征与传统在其所属群体被更强大的或者在文化上更具荣光的群体同化时遭到了遗忘，为什么不是所有的族群都知道，即便在遭受异族统治时，政治精英推动向民族国家的转型仍然是必要的[5]，以及为什么许多民族独立运动得到了说不同语言的人们的支持。

对于上述这两种理论,我们试着通过将国家建设与族群形成想象成精英与大众之间充满争议与冲突的谈判来加以调和。更具体地说,我们指出,在广大民众面对精英时,只有当这种谈判给予广大民众更有利的交换关系时,民众才会形成国家的、族群的或者民族主义的认同。另一方面,国家建设、族群封闭与民粹民族主义不仅需要大众的情感,它们也需要为精英提供一个联盟,以服务于它们变动的政治目的。[6]

在一开始,我们的建模策略还需要强调另外一点。我们尝试发现在历史事件微观叙述与政治现代化宏观结构路径之间的中观基础。与使用理性选择理论来阐述具体历史人物所作决定这一分析性叙事路径不同(Bates et al. 1998),我们不解释特定社会中事件的细节链条。相反,我们试图对一个宏观政治均衡转向另一个宏观政治均衡这一长时段的过程进行建模(Carpenter 2000)。我们要问的是,政治现代化如何改变了利益与权力间的平衡,从而有利于政治联盟与认同新模式的形成,而不是试图解释不同的事件链、过程猜想,以及最终实现这种转型的历史反转和偶然事件。

在另一方面,与大多数的宏观结构理论相比,我们的形式化路径能够更好地细化和检验出现代化导致政治联盟网络与认同转型的关键机制。宏观结构论述指出,工业化在功能上与国家建设相关(Gellner 1983),族群政治与不平等的现代化相关(Horowitz 1985),或者民粹民族主义与特定类型的工业化相关(Cardoso and Helwege 1991)。这些论述未能系统性地展现假设的机制确实能在逻辑上和经验上带来可以观察的结果。有关行动者如何联合成不同的联盟体系的形式模型,使我们能够充分确定关键的机制与假设,并展示宏观层面的结果是如何通过微观层面的交互作用产生的(因此遵循了"分析"社会学的范式,请参见 Hedström and Bearman 2009)。

本章也力图更紧密地扎根在经验数据之上,以此推进对历史过程的形式建模。在很多理性选择文献中,资源分布与对行动者的偏好仅建立在可行性论据上,且这些论据很少得到全面的证成。的确,最常见的批评之一就是,建模的人经常操纵输入的参数,直到产生了真正看到的历史结果(关于"事后凑数据"的问题,请参见 Skocpol 1994:325;同样可见 Elster 2000:686—687; Parikh 2000)。相反,本章引入的模型建立在对 1300—1900 年法国的税收能力分布、公共物品提供与军事支持,以及对奥斯曼帝国历史数据谨慎研究的基础之上。[7] 附录 2.1 记录了这一全面的历史研究过程。

针对行动者的偏好,采取这样的校正措施是不切实际的(对这一问题的概括,请参见 Kiser and Hechter 1998)。然而,我们当然认为学者不应该简单地从一般的理论命题中推导出偏好,而是应该考察,对于身处历史情境中的具体行动者而言,何种偏好是具有可行性的(有关"批判现实主义",参见 Somers 1998;Parikh 2000;Skocpol 2000;Bhaskar 1979)。在没有访谈或者调查数据的情况下,关注被表达出的偏好或许是最好的策略。按照弱版本标准理性假说的逻辑,我们可以假设,行动者做了 X,是因为他们期望实现 Y,后者就是广为人知的由做了 X 而导致的(Bates et al. 2000:698)。比如,当税收增加时,如果农民停止了起义,这可能意味着,与之前相比,农民不再那么关心税收。

我们关于偏好的假设建立在可行性论据的基础上,这些论据源自研究法国和奥斯曼帝国的历史文献。这些假设明显包括了很大程度的不确定性。我们超越了形式建模文献中的标准做法,并进行了前沿的敏感性分析(Saltelli et al. 2004;Campolongo et al. 2007;Saltelli et al. 2008),这一结果见于附录 2.3。结果表明,即便我们在合理的范围内改变行动者偏好的参数值,主要的发现在很大程度上仍然是相同的。

总之,我们在这里引入的模型有助于那些日益增多的文献,它们试图将建构主义文献中有关民族主义和族群研究的成果转换成形式模型架构(Lustick 2000;Chandra and Boulet 2005;Chandra forthcoming)[8]。在下一节中,我将对这一架构作出进一步的描述。

交换的博弈论模型

基础:行动者与联盟体系

这一模型架构预见了一个简单的二维社会结构。在水平维度上,我们根据行动者对权力的掌握对其进行分类,即政治精英与大众,这与蒂利(Tilly 1978)提出的著名的政体模型相似。[9]在垂直维度上,我们通过区分人群中的支配阶层与从属阶层,建立了中心-边缘维度。对地区或人群进行中心-边缘的划分是国家的普遍特征,那些依赖从属精英来控制王国或帝国边缘地区而实施间接统治的前现代国家更是如此。[10]中心-边缘划分通常伴随着鲜明的文化特征差异,也通常伴随着族群分裂或者至少强烈的地区认同。这种垂直的、族群性的,或者按照地区的划分,同精英与大众之间的水平划分形成了正交关系。

这样模型中就有四类行动者,它们分别是支配精英(dominant elite,dE)、从属精英(subordinate elite,sE)、主体大众(dominant masses,dM),以及从属大众(subordinate masses,sM)。[11]在我们继续展开论述之前,让我们先简要地通过两个历史案例情境,来想象这些行动者分别对应的现实世界中的身份,以便进行经验上的校正。其中,支配精英代表了控制中央政府的群体。对大革命前的法国而言,支配精英指的是国王和他的庞大家族、随扈、王室;而对大革命后的法国来说,支配精英指的则是位于首都巴黎的政治精英。在奥斯曼帝国内,支配精英则是苏丹和他领导的政府,包括组成内廷的奴隶行政官与精英士兵。

从属精英则由能运用政治权威但是不属于中央国家精英成员的群体组成,因此在法国,从属精英就是旧制度下游离在凡尔赛宫①外的法国贵族,以及1789年之后的各省政治精英。在奥斯曼帝国,从属精英则包含了行省的提莫略(tima-riot)②、行省总督以及基督教组织米利特领袖等各自执掌国家权力的人。大众则囊括了城镇与乡村的居民,包括没有直接参与国家治理的地方名流与当地领袖——在法国指的是平民与非公职人员,在奥斯曼帝国则指的是所有在军事-行政方面没有地位的人员。主体大众与从属大众之间的区别对应到法国,就是巴黎与其他省份[更广泛也更相关的,是说奥依语(*langues d'oïl*)③的人和说奥克语(*langue d'oc*)④的人之间]之间的区别,而对应到奥斯曼帝国,则是穆斯林占多数的行省与大部分居民是基督徒的鲁米利亚行省之间的区别,或者是在19世纪失

---

① 指代法国王权。——译者注
② 提马尔(timar)是奥斯曼帝国行省制度下一种军事采邑制度,提马尔的拥有者被称为"提莫略",平时负责人口统计与征税,战时则负责组织军队。——译者注
③ 通行于法国北部地区的一种语言,后成为法国的通用语言。——译者注
④ 通行于法国南部地区的一种语言,一度遭到法国政府的打压。——译者注

去了大部分欧洲行省后的奥斯曼帝国中,说阿拉伯语的行省与大部分人说突厥语的行省之间的区别。

这四类行动者彼此之间互相结盟、互相交换资源。每个联盟体系将这四类行动者分配到这一系列相互排斥的群体中,行动者在这些群体中可以交换资源,由此模拟一个政治封闭的系统。从逻辑上来讲,这四类行动者可组成15种可能的联盟。图2.1列出了在我们看来这些联盟伙伴最感兴趣的对象,因为它们与我们从历史事实中观察出的结果很接近。与之前章节概述的理论路径一致,我们假设这些行动者群体也代表了集体认同,这是因为他们在进入联盟之后,随着时间推移,开始相互信任并逐渐认同彼此。[12]我们设定了一个区分了精英与大众的等级秩序,这对应了盖尔纳(Gellner 1983)对农业帝国政治秩序的经典描述。我们用[dE, sE][dM, sM]来表示这些分类。尽管我们站在观察者的视角,可以区分位居主导位置或从属位置的行动者,但这里政治上最突出的边界沿着水平的分界线,形成了单一的精英和单一的大众。[13]在精英统治的一个更具包容性的变体中,大众是被允许进入联盟体系的。对于这种扩大的等级秩序,后拿破仑时代奥尔良王朝治下的法国便是其中的一例,这一时期年轻的波旁国王①按照君主立宪制的原则进行统治,他授予了巴黎及其周边地区人口当中的一小部分群体以完全选举权与公民权利。

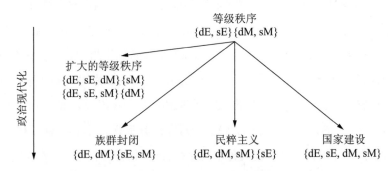

注:dE=支配精英,sE=从属精英,dM=主体大众,sM=从属大众。

图2.1　现代化进程中国家内部的联盟体系类型

---

① 法国奥尔良王朝的国王路易·菲利普一世(Louis Philippe Ⅰ)本身出自波旁王室的旁系。——译者注

与这两大前现代联盟模式形成对比的是,图 2.1 中剩下的三类联盟模式代表了现代联盟与认同体系的多样性。它们都是围绕至少一类精英与至少一类大众之间的联盟建构起来的,从而取代了以武力和资源榨取为特征的精英和大众之间的关系(如等级秩序中的关系),成为一种基于同意、互利交换的关系,因而也是相互认同的关系(类似的分析请参见 Levi 1997)。

族群封闭指的是按照族群界限划分的交换与认同体系。支配精英认同主体大众并与他们结盟,而从属精英认同并结盟的对象则是从属大众。这样沿着族群而非国民界限的封闭,在许多情境中都能见到,比如内战之前的美国,以及许多后殖民时代的南方国家,这些国家的政治场域和身份都是完全按照族群界限进行划分的(Horowitz 1985;Wimmer 2002)。

在民粹民族主义中,从属精英被排除在包含其他行动者的交换领域与共同认同之外。对此,最为人所知的是拉丁美洲的例子(Roberts 1996;Weyland 1996)。在这些国家中,国家精英将他们自身包装成全体人民利益的捍卫者,反对敲骨吸髓的寡头以及与之结盟的帝国主义邪恶力量。然而,接下来,我们将会看到,民粹民族主义不仅仅是拉丁美洲的专属。法兰西第二帝国的波拿巴主义和奥斯曼帝国坦齐马特(Tanzimat)①改革者的意识形态都是此类政治组织与认同的案例。需要指出的是,在我们的理解中,民粹民族主义代表的不是特定的修辞形式,或者特定的大众动员模式(请参见 Jansen 2011),而是政治联盟与认同的特定结构。

最后,国家建设对应的是包括所有四类行动者在内的交换,因而是有关人群中所有精英与非精英群体之间团结的信念及其制度化实践。这是最具有包容性的联盟体系,它针对非国族的其他群体而不是国内的特定群体划定了界限(Brubaker 1992;Wimmer 2002)。法兰西第三共和国是经典的例子,我们接下来将会针对这一案例进行说明。

接下来,我们根据何种现代化将社会引向三大不同的政治发展轨道为关键机制建立形式模型。由前现代法国和奥斯曼帝国这两大已经成形的政治组织模

---

① “坦齐马特改革”指的是奥斯曼帝国旨在学习西方、推进现代化的一系列改革总称。其始于 1839 年帝国苏丹阿卜杜勒-迈吉德一世发布“花厅御诏”,止于 1876 年《米德哈特宪法》的颁布。两年后,帝国苏丹阿卜杜勒·哈米德二世中止宪法,开始长达 30 年的独裁统治。——译者注

式中的等级秩序出发，我们分别分析了族群封闭、民粹民族主义以及国家建设在现代走向制度化的条件。这一模型包括两个部分：第一，我们在模型中试图理解什么样的行动者偏好什么样的联盟体系；第二，模型会确定，持有不同偏好的行动者如何通过策略性的协商，与其他行动者达成谁会被包括在交换群体之中的契约，无论这一契约多么有争议、多么有失偏颇。

模型简介

对于模型细节不感兴趣的读者可能会直接翻到假设部分，在此我对模型的主要特征作一下简要的总结。模型的交换理论部分决定了什么样的行动者偏好前述的哪种交换体系（国家建设、族群封闭等）。第一步，我们需要了解谁想要什么、谁掌握什么，即在所有行动者当中的资源分布情况，以及什么样的行动者会对什么样的资源感兴趣。如果很多行动者都想要一样的资源，但是却很少有行动者拥有这些资源，那么这些资源的价值就会很高（这是个简单的市场机制）。如果一个行动者已经拥有了很多他/她想要的东西，那么他/她就会对这些资源的额外数量不太感兴趣（这就是边际效用假说）。行动者不仅能选择交换什么，同时也能选择与谁交换：一方面，他们希望与那些提供相同资源的行动者保持一定距离（因为竞争会削弱资源的价值）；另一方面，他们希望能尽可能地得到更多的资源（因为垄断供给会抬升资源的价值）。所有这些不同的因素叠加在一起，可以让我们计算，在族群封闭、国家共同体或者其他的等级秩序等不同的交换体系下，某个行动者是否得利更多。行动者总是偏好他们能从中得到最多的交换体系，这样就形成了每一类行动者对所有交换体系的偏好排序。

接下来，我们通过引入文化相似性作为影响行动者对不同交换体系评价的另一大因素，这样就超越了纯粹的功利主义逻辑。对每一对行动者来说，文化相似性与差异性的取值都是在 0 和 1 之间。1 意味着两个行动者拥有相同的文化特征，0 则意味着他们之间没有一点共同的文化特征。[①]而每一个可能的交换体

---

① 原书第 50 页明确写道："简单来说，我们用 0（完全没有差异）到 1（存在最大程度的差异）的数值来表示每一对行动者之间的文化差异程度。"[For simplicity, we express the cultural difference between each pair of actors as a number between 0(no difference at all) and 1(maximum possible difference).]而此处又用 1 表示文化没有差异，用 0 表示文化没有共性，似有误。——译者注

系也以类似的方式表示(其中,0 表示的是两个行动者之间存在相互交换,反之则为1)。比较这两组数据可以计算出每种可能的交换体系在"客观"的文化差异图谱上的匹配程度。行动者是否真的关心这种文化相似性是可以改变的? 当行动者对不同的交换体系进行排序时,该模型允许对资源和文化相似性的相对权重进行相应的调整。

因此,模型的第一部分确定了什么样的行动者偏好什么样的联盟体系。因为行动者对资源的种类和数量的控制以及期待都是不等的,他们极有可能形成不同的偏好(如一些行动者偏好族群封闭,而另一些行动者偏好民族共同体,等等)。那么他们是如何达成协议,确定谁最后与谁交换什么呢? 为了回答这一问题,我们通过博弈论来求解。博弈论的建模步骤很简单:国家精英首先提出方案(比如"让所有人互相交换",即国家建设),然后从属精英会提出针锋相对的方案("让拥有相同族群背景的行动者互相交换",即族群封闭),而大众则会对这些方案进行评估,并判断哪个方案最接近他们的最佳偏好——这就是最终会在社会中流行的交换体系。博弈的顺序表明,精英比大众有更多的权力去提出方案,然而大众也可以拒绝这些并不比他们的现状好多少的方案。在建模的情境中,精英完全知道大众期待什么以及大众拥有什么,因此他们在制定方案时会考虑大众的偏好。接下来,我将更详细地描述博弈论模型的不同方面。

交换模型的细节

在此,我们利用科尔曼(Coleman 1990)的"线性行动系统"(linear system of action)来对资源交换进行建模。这一模型中有两大基本要素:一方面是行动者对四类资源的兴趣,另一方面则是行动者对这些资源的控制。C_{ij} 描述的是行动者 $i(i=1,\cdots,n)$ 对资源 $j(j=1,\cdots,m)$ 的控制,而 X_{ij} 描述的是行动者对这些资源的兴趣。对这些参数加权后,所有行动者对每一类资源的控制总和都是1,而每个行动者对资源的兴趣总和也是1。因此,行动者对资源的控制就等于他/她在控制中所占的份额与其他行动者掌握份额的比值。相似的是,行动者对一类资源的兴趣也是通过相对于他/她对其他资源的兴趣来测量的。因此,矩阵 **C** 和矩阵 **X** 分别描述了行动者对资源的控制和兴趣的初始分布状况。

行动者 i 的偏好用柯布-道格拉斯效用函数表示是 $U_i^{control} = c_{i1}^{x1i} \cdot c_{i2}^{x2i} \cdot \cdots \cdot$

c_{im}^{xmi}。它建立在这样一个常见的假设基础之上,那就是如果行动者掌握的资源越多,那么其控制额外资源所产生的效用就会越少。进一步来说,行动者要求控制与其兴趣成比例的预算,同时会考虑他们自身的成本与预算(请参见 Coleman 1990:682—684)。比起自身控制的资源,对别人控制的资源更感兴趣的行动者将会参与交换,直到没有更多互惠互利的交换存在。[14]

由此,科尔曼的交换模型说明了这样一个与交易相关的简单逻辑。然而,我们并不期待存在一个不受权力和排斥影响的自由市场。相反,我们考虑到一些行动者可能也希望将其他的行动者排除在交换体系之外,因为这一类行动者能获得的资源价值取决于谁能向有着相同需求的行动者提供相同的物品。[15]我们假定当他们决定并且同意与谁结盟后,这些行动者便会把其他所有人排除在关系网络之外。因此,行动者不仅关注他们所期望的资源,以及以什么样的价格来交换资源,他们同时也关心谁应该优先进入交换关系。总的来说,他们试图通过排斥竞争者来垄断资源的供给,并试图通过纳入尽可能多的买家来消除对这些资源需求的垄断。[16]

换言之,我们模拟了一个垄断性封闭的过程,其对一个社会中的政治交换和认同的结构产生了重要的影响(Tilly 2006;Wimmer 2008b)。[17]这一模型架构也使得我们能考虑资源分布不平等对族群形成过程的影响,因而有助于我们避免作出行动者位于同一起点的假设,而这恰好是许多博弈论模型面临的问题(Parikh 2000:682)。

对文化共性的考虑

迄今为止,我们在模型中都假设行动者总是偏好能让他们对政治和经济资源的控制实现最大化的联盟体系。然而,仅仅关注这些工具性利益是不够的,而这恰恰又是主流理性选择模型的做法(Elster 2000)。相反,一个足够贴近现实的模型应该包含这样的见解,即某些社会类别和集体认同比其他类别更为合理或者更加可取。因为国家地位和族群都与文化的异同密切相关,所以联盟和文化特征分布之间的对应性对行动者来说可能至关重要。这些特征可能是宗教、语言、肤色以及文化性格等[如巴思(Barth 1969)提出的"变音符"(diacritical markers)]。[18]为什么行动者应该关心联盟群体和特征分布之间的对应呢? 对此,一系列文献提出了多样的建议和机制,从情感假设、认知假设到演化假设(请参见 Cornell 1996;McElreath et al. 2003;Hale 2004),不一而足。在此,我们给出了与本书强调的普遍路径一致的解释:当志愿性组织欠发展的时候,行动者就会关注联盟群体与文化层面的相似性或差异度的经验对应性。接下来,我将对这一观点进行更全面的论述。

为了对可能的联盟体系以及特征分布之间的对应性进行建模,我们假定这些特征在行动者之间的分布是稳定的。简单来说,我们用0(完全没有差异)到1(存在最大程度的差异)的数值来表示每一对行动者之间的文化差异程度。[19]这使得我们可以将行动者特征的实际分布状况用向量的形式表示出来,其中每一个文化元素对应的是每一对行动者之间的差别(采用类似方法的研究,请参见 Shayo 2009)。在接下来的分析当中,我们进一步区分了两类理想型的特征分布。其中,一类差异是按照不同族群来划分的,就像奥斯曼帝国境内不同于逊尼派穆斯林的亚美尼亚人、希腊人与其他基督徒那样。而在另一方面,阶级界限也体现了文化特征上的差异,比如旧制度时期的法国,当时的贵族追求文明的生活方式,旨在将自身与平民区分开来。[20]

我们现在可以将这种文化相似性结构与每个可能的联盟体系进行比较。在一个联盟体系中,两个行动者或同属一类的交换组织(0),或分属边界两侧的群体(1)。因此,一个联盟体系 S_j 也可以通过向量的形式表示出来,但取值只有0和1。为了测量联盟体系与文化相似性格局在经验层面的总体对应关系,我们仅仅对两个向量之间的差值进行了相加。[21]

我们现在终于可以计算什么样的行动者偏好什么样的联盟体系了。行动者评估了每一个体系所允许的交换收益及其与可观察到的特征分布的对应程度。行动者 i 期待可以从联盟体系 S_j 中得到的交换收益,等于他/她在联盟体系下完成交换与在既有体系下完成交换后的差值 $\Delta U_i^{control}(S_j)$。效用函数的第二部分包括了经验对应性 $m(S_j)$,即联盟体系 S_j 与行动者特征经验分布的预期匹配程度,并用 $U_i^{meaning}$ 加权。而外生参数 $U_i^{meaning}$ 描述的是效用函数中这些经验对应性的相对重要性,它随后会被解释为志愿性组织网络发展程度的后果。这就产生了下面的简单加法[22]效用函数:$U_i(S_j)=\Delta U_i^{control}(S_j)+m(S_j)\cdot U_i^{meaning}$。

谈判过程的细节

我们已经描述了行动者与他们自身的偏好，我们现在来看看有着不同偏好、不同权力的行动者之间的策略互动。这一持续的谈判决定了何种交换体系最终会脱颖而出，即谁会认同谁，谁又会始终被排斥在联盟与认同的体系之外。只要行动者没有单方面偏离这个体系的动机，那么这个联盟体系就应当是稳定的。从博弈论的角度来看，围绕归属边界的斗争将形成非合作博弈：如果一个行动者不再相信联盟体系的实用性以及/或者在经验方面的准确性，并且退出联盟的话，这一体系就会随之瓦解。

我们将这种斗争建模为序贯博弈，这使得我们能通过两种简单的方式来捕捉象征性权力的效应。第一，我们假设只有精英能够在公共领域形成并提出新的联盟体系方案，比如反对剥削性的旧制度，并提出建立在所有公民享有平等权利与义务这一基础之上的国家契约。对于这些提议，大众或者作出回应，或者选择坚持留在现有的联盟体系中。这一假设是切合实际的，因为在正处于现代化进程的国家中，只有政治精英具备有效地提出新的政治认同和联盟方案的权力，即便这些新的观念源自民族主义知识分子、街头的民粹主义煽动者或者农村腹地的少数族裔企业家。然而，需要指出的是，大众也能通过他们对关键经济与政治资源的控制（如军事支持），以及有能力拒绝和他们预期收益不相符的任何提议等方式，来对精英施加影响。正如我们接下来将要展示的，正是大众的交换权力，有时候促使精英构想具有包容性的联盟体系，进而提出作为一种新的集体认同形式的民族共同体。正因为如此，我们建立的模型就避免了重蹈本章第一节批评的"精英操纵"一说的覆辙。

我们的第二个假设是：支配精英首先采取行动。这反映出他们相对于从属精英更强的象征性权力。按照布迪厄的说法，支配精英对诸如学校或者媒体之类的文化机构有着更多的控制权，这样才能更加有效地宣传他们对于社会"合法划分的看法"。此外，我们还修改了行动者采取行动的顺序以检验结果的稳健性，并在注释中汇报了这些结果。

因此，策略互动过程分成了三个阶段：首先，支配精英从他们所属的（简而言之，就是"群体内"）八个可能的联盟组成中提出一个方案。接下来，从属精英同样也提出一个群体内方案。在第三步也即最后一步中,主体大众与从属大众同时在支配精英所提方案、从属精英所提方案和现有的联盟群体中作出选择。[23]面对支配精英和从属精英提出的群体内方案,大众要么接受以上两种群体内方案中的一个并成为其成员(如果他们被包含的话),要么成为与之对应的群体外的成员(如果他被排除在外的话)。因此,行动者在其中选择的备选方案并不是整个交换体系,而是基于本群体内的提议。这反映了相对于他人的认同与利益,在心理和工具层面,个人对自身的认同与利益都有着更高的重视度。

　　博弈的结果则是根据以下加总规则推导的:当且仅当行动者 i 和行动者 j 都偏好群体内的认同时,他们属于共同的联盟群体(Hart and Kurz 1983;Yi and Shin 2000)。这种所谓的共识原则意味着,行动者在进入与其他行动者的交换关系时,必须认同他们处于同一群体之中。换言之,交换资源是志愿性的交换,而不是强制性的榨取。如果我们的目标是理解联盟和认同的形成,而不是接受精英操纵的论点,那么这就是一个重要的模型特征。然而,共识原则并不意味着每个人都能得到他们想要的:围绕归属边界的斗争包括了相互冲突的利益,而较强的行动者通常能将较弱的行动者完全排斥出交换体系,无论后者愿不愿意。

　　作为对序贯博弈的解,我们应用了"纯策略下子博弈完美均衡"(sub-game perfect equilibrium in pure strategies)。[24]基本说来,这意味着,行动者预期联盟体系可能源自他们提议的方案,并且评估了他们在经验层面的对应性,以及由此产生的交换收益。此外,精英还考虑了在他们之后而动的行动者的利益与均衡行为。然而,对大众一边来说,我们并不需要假设这样的序贯理性,因为他们是在最后,并且是同时采取行动的。[25]

　　至此我们已经列出了模型中的所有不同部分,它们分别是:资源交换体系以及具有文化相似性或者文化差异性的体系,这两类体系都会影响不同的行动者对联盟的偏好。博弈论部分捕捉了这些行动者之间的斗争,并阐明了交换体系最终是如何从这些斗争过程中形成的。综合来看,由于存在大量的外部参数,这让计算博弈论的数学解变得不可能。因此,我们只通过计算推导了这些均衡结果。[26]

假设与经验上的校正

假设

这一模型架构使得我们能够分析以下关键机制：由前现代政体中的等级秩序向共容性全国网络转型的机制，或者向族群分隔的政治场域转型的机制，抑或向联盟与认同的民粹主义模式转型的机制。那么在什么样的条件下，我们可以预测这三类不同政治轨迹的形成呢？对此，在定性研究的基础上，我们提出如下四种假设。第一，高度中央集权的国家将促使行动者达成一个共容性的民族主义折中方案。我们通过支配精英能够在多大程度上建立直接统治，又能在多大程度上垄断政治决策、税收以及公共物品提供（Tilly 1994；Hechter 2000）来定义国家的强度。第二，其他学者强调了大众的政治与军事动员的作用，即他们在多大程度上参与中央政治，以及他们在多大程度上为统治者的军队提供人力资源（Mann 1995；Lachmann 2011）。

将这两个假设合并在一起，我们便可以得到两种不同的场景。其中，我们用"强场景"来指代大众被高度动员起来的中央集权国家，我们预设国家精英通过提供政治参与和公共物品来换取大众在政治上与军事上的忠诚，这是最具有共容性特征的联盟与认同体系（即国家建设）。相反，在中央集权不足和大众动员不充分的国家中，就会形成族群区隔，换言之，就是"弱场景"。在这些条件下，精英缺乏政治和经济资源来向全部人口均等地分配公共物品，并保证他们平等的政治参与。另一方面，大众对国家精英也没有多少期望，因此不太可能认同一个具有共容特征的全国性目标，而更可能认为族群团结的意识形态和实践更有吸引力。这样产生的结果就应当是按族群界线形成的政治封闭（Wimmer 2002）。

正如前面章节提到的那样，我们将国家的中央集权化与大众动员视为两个外生变量，因此我们不对它们如何受到国际体系结构——特别是相互竞争中的国家间战争的性质和频率——的影响进行建模。这也是在蒂利（Tilly 1975）有关早期现代国家形成的经典研究中的关注对象，它为我们的分析提供了基础。但这一模型只聚焦了日趋增强的中央集权与动员如何改变国内的交换关系，并没有对这些过程进行进一步的探索。

我们的第三个假设是：国家的志愿性组织网络越不发达，就越可能形成族群封闭。这一假设受到两项研究的启发，即威默（Wimmer 2002）对伊拉克、瑞士和墨西哥三国国家建设的比较，以及瓦尔什尼（Warshney 2003）关于在何种条件下，印度的城市更容易发生社区暴力的研究。当志愿性的俱乐部、协会、工会等组织不发达时，政治精英及其追随者更可能依赖将族群-文化相似性作为组织跨阶级联盟的渠道。换言之，他们更愿意与有着共同族群文化特征的行动者结盟，因为这可以让他们挑选具有类似吸引力的联盟伙伴。与之相反的是，当密集的志愿性组织网络已经形成时，精英就会依赖它来动员追随者并获得军事支持。在这种情况下，精英间的竞争就更有可能围绕意识形态和利益的边界展开。

第四，民粹民族主义应该源于中等水平的中央集权化。借鉴对拉丁美洲民粹民族主义卷土重来的分析（Roberts 1996；Weyland 1996），我们指出，在中等水平的中央集权下，中央政府精英没有足够的资源和政治权力将社会中各个阶层的精英都吸纳进来，但是他们有足够的资源来与追随民粹主义且有着反精英偏好，并以此希望获得公共物品与政治参与的大众建立联盟。因此，通过提供引人注目的资源交换来吸引两类大众，中央精英在同其他精英派系的竞争中赢得了支持。因此，我们预设，民粹主义形式的政治联盟是介于国家建设和族群封闭这两类形式之间的变体，无论是在产生这些形式的条件方面，还是在它们所暗含的包容性程度方面。

第五，民粹民族主义更可能在公民社会不发达的社会中产生，这是因为在这一情境下，诉诸一个未分化的"人民"群体显得极具吸引力。正如研究拉丁美洲民粹主义动员波次的文献指出的那样，这些人口中的大部分群体都没有被整合进稳定的、制度化的政治组织网络，因此在同竞争性精英这一部分人群的斗争过程中，他们是政治支持的后备军。脆弱的志愿性组织网络让国家建设不太可能实现，因为族群封闭或者民粹主义承诺都能提供更大的激励。

在此基础上，我们利用博弈论的交换模型，来检验这些假设是否与潜在的微观机制相悖。为了尽可能操作透明，我们首先建模了志愿性组织发达因而行动者在选择联盟伙伴时不在乎文化相似性的场景（将 $U^{meaning}$ 设定为 0）。在第二步（"当文化特征举足轻重时"部分）中，我们将修改这些假设，并且对组织网络薄弱以及行动者文化特征存在不同分布的场景进行计算，其中一个是按照阶级划分的场景，另外一个是按照族群区隔的场景。但是在展示这些结果之前，我们需要使用经验数据来校正这一模型，以便使读者对此不感到陌生。

经验层面的校正 I：帝国与强情境

正如从附录 2.1 看出的那样，用来校正模型的经验数据指向政治现代化的不同阶段。文艺复兴时期（13—14 世纪）的法国与古典时期（16—17 世纪）的奥斯曼帝国为前现代帝国场景的建模提供了相应的经验数据。18 世纪的绝对主义法国、从现代主义者苏丹阿卜杜勒·哈米德（Abdul Hamid）的统治时期到 1908 年青年土耳其党人发动革命期间的奥斯曼帝国，以及在第一次世界大战前的法兰西第三共和国这样已经完全中央集权化的国家，它们分别代表了在中央集权化和大众动员这一连续光谱上一步步向前推进的点。对强国家场景建模的校正（定义为国家高度中央集权化和大众高度动员的融合）介于绝对主义的法国和 19 世纪后期的奥斯曼帝国之间，反映了民族主义在法国和青年土耳其党人发动革命前形成的发展轨迹。

在我们进一步详细讨论针对强场景的校正时，让我们先来谈一谈前现代的情境。根据附录 2.2 中详细的模型计算说明，文艺复兴时期的法国和古典时期的奥斯曼帝国的内部资源和兴趣的特定分布促使四类行动者就一个等级秩序展开谈判，在此我们设定大众与精英相对。因此模型生成了一个具备这两大社会实际特征的联盟体系，从而能以适当的方式捕获后续历史发展的起点。在下文的表格中，我们纳入了文艺复兴时期的法国和古典时代的奥斯曼帝国，来提供可以说明不同现代化道路的基准信息。

现在让我们回到对融合高度中央集权和高度大众动员这一强场景的校正当中。根据附录 2.1 描述的历史研究，在高度中央集权的国家中，支配精英几乎完全控制了公共物品的提供（他们占有的比重从两个前现代案例中的平均 5％上升到了强场景中的 91％）。[27] 他们同样控制了税收的大部分（从两个前现代情境中的平均 42％上升到了 88％）。[28] 这反映出从通过从属精英实行间接统治向直接统治的转变，这也是政治现代化的关键一环。相应的是，从属精英逐渐失去了对公共物品的提供与税收这两大主要权力的控制，因此不再是中央精英与大众之间的中介。作为同一转型过程的一部分，我们假定支配精英几乎控制了政治决策（从前现代时期的平均 60％到高度中央集权国家的 9％）。由于历史数据的稀缺性,我们无法从经验上校正支配精英对决策权的控制,只能依靠这里可行的假设。附加的敏感性分析(附录2.2)表明,如果我们将一些合理的约束施加在这些假设上,我们得出的结论也不会发生变化。

我们进一步假设高度中央集权国家的发展也改变了行动者的兴趣。大众与从属精英对公共物品的相对兴趣会随着国家提供物品和服务的绝对数量和质量的明显提升而有相应的提高。相反的是,与前现代情形相比,他们对控制税收的相对兴趣下降了。

强场景的另外一面与大众动员相关。这一过程具备军事和政治两个维度。首先,军事技术的进步意味着朝向有利于大众控制军事支持方面的转变(正如附录2.1记录的历史数据显示的那样,这一比重从帝国治下平均水平的5％上升到了各45％)。[29]其次,大众动员在政治方面的体现最好被建模成其兴趣的转变。我们假设大众对政治决策表现出了强烈的兴趣(相对兴趣为50％),因为从间接统治向直接统治的转变,权力的集中以及对社会渗透的行政管理极大地增加了中央政府决策与公民及其日常生活的相关性(请参见 Mann 1995;Hechter 2000)。再加上前述已经讨论过的他们对公共物品提供的兴趣,这意味着大众对税收的相对兴趣大幅度地下降了(从帝国时代85％的占比下降到了10％;需要指出的是,这并不意味着大众对维持低税负水平的绝对兴趣降低了)。

确实,在17世纪中期爆发了反对增加税负的投石党运动(Fronde rebellion)后,法国就再也没有因为税收问题发生过叛乱了(Kiser and Linton 2002),这是因为法国国王越来越有能力防止此类叛乱事件的再次发生。同时,正如凯泽和林顿(Kiser and Linton 2002:95)指出的那样,这也是因为民众开始对国家形成认同,并且如我所说,想象出一种与中央精英不同的交换关系。同样值得指出的是,我们检验了相对兴趣和控制的特定取值在某种程度上的变化是否会改变我们的主要发现,但事实上并非如此(参见附录2.3)。表2.1中记录的是不同的模型假设,以及支持这些假设的经验数据。

经验层面的校正Ⅱ:弱场景

政治现代化的弱场景最终体现在缺乏直接征税、控制决策过程、提供公共物品的能力并且大众动员水平低的国家当中。

表 2.1　帝国与强场景中的控制分布与兴趣分布

	控　　制				兴　　趣			
	政治决策	公共物品提供	军事支持	征税		dE	sE	dM	sM

关于强场景的模型假设

	政治决策	公共物品提供	军事支持	征税		dE	sE	dM	sM
dE	0.9	0.91	0.05	0.876	政治决策	0.2	0.3	0.5	0.5
sE	0.1	0.03	0.05	0.05	公共物品提供	0.01	0.2	0.4	0.4
dM	0	0.03	0.45[a]	0.037	军事支持	0.2	0.25	0	0
sM	0	0.03	0.45[a]	0.037	征税	0.59	0.25	0.1	0.1

"强场景"中有关控制的经验数据

法国，1690—1789 年

		公共物品提供	军事支持	征税
dE	—	0.865	0.12	0.873
sE	—	0.018	0.08	0.083
dM	—	0.058 5	0.4	0.022
sM	—	0.058 5	0.4	0.022

奥斯曼帝国，1876—1908 年

dE	—	0.934	0.005	0.9
sE	—	0.915	0.12	0
dM	—	0.03	0.44	0.05
sM	—	0.03	0.435	0.05

法国，1870—1914 年

dE	—	0.934	0.004	0.9
sE	—	0.06	0.042	0.04
dM	—	0.003	0.477	0.03
sM	—	0.003	0.477	0.03

"帝国"中有关控制的经验数据

法国，1280—1350 年

dE	—	0.005	0.185	0.42
sE	—	0.915	0.68	0.46
dM	—	0.04	0.065	0.06
sM	—	0.04	0.065	0.06

奥斯曼帝国，1470—1670 年

dE	—	0.152	0.325	0.36
sE	—	0.588	0.61	0.49
dM	—	0.13	0.05	0.07
sM	—	0.13	0.015	0.07

注：a. 强大众动员的指标。控制矩阵表示对每一类资源在交换前的控制的分布（即由行动者行使控制的资源所占的相对比例）。兴趣矩阵则表示每一类行动者兴趣的分布（即他们对资源的相对兴趣）。然而，对税收控制的赋值代表的是交换后的价值，这是因为行动者控制的资源在交换前无法从经验上进行测量。

dE＝支配精英，sE＝从属精英，dM＝主体大众，sM＝从属大众。

　　我们通过使用前现代情景与高度中央集权国家之间的中间点，来指定这一场景中控制矩阵与兴趣矩阵的参数。与搜集其他的历史数据相比，我们更偏爱这种做法，这是因为我们意识到，法国和奥斯曼帝国有关资源分布的各种"剪影"几乎都是线性连续的，即从文艺复兴时期的法国到16—17世纪古典时代的奥斯曼帝国，再到18世纪的绝对主义法国和阿卜杜勒·哈米德治下的帝国，最终到法兰西第三共和国（请参见附录2.1）。因此，将弱场景定义为上述连续过程的中间点是有意义的，就像坦齐马特改革时期的奥斯曼帝国或者16世纪的法国那样。

　　但是，我们在一个点上偏离了插值（interpolation）①原则，这是因为弱国家也不同于坦齐马特时期的奥斯曼帝国或者16世纪的法国。这些社会的中间点代表着渐进政治发展的转型阶段，然而在弱国家中它们达到了长期的均衡。这就带来了两方面的后果。首先，大众恢复了对税收的一些控制，因为在持久的弱国家中，无论是间接统治还是直接统治都不是完全制度化的（每一类大众控制了税收比重的10％，而这一比例在帝国或者在强场景中只有5％）。其次，当弱国家持久存在的时候，从属精英对军事支持就表现出了极大的兴趣，因为他们身处由脆弱的政治中心创造的不确定环境中，并试图保住自己的地位（占有38％的军事支持，对照帝国场景中的15％以及强场景中的25％）。我们在插值的过程中加上这两种情况，这样可以得到弱场景中有关控制和兴趣的矩阵（表2.2）。

表 2.2　弱场景下的控制分布与兴趣分布

	控　制					兴　趣			
	政治决策	公共物品提供	军事支持	税收		dE	sE	dM	sM
dE	0.75	0.56	0.13	0.20	政治决策	0.20	0.10	0.20ᵃ	0.20ᵃ
sE	0.25	0.38	0.38	0.20	公共物品提供	0.01	0.15	0.20	0.20
dM	0	0.03	0.25ᵃ	0.30	军事支持	0.20	0.50	0	0
sM	0	0.03	0.25ᵃ	0.30	税收	0.59	0.25	0.60	0.60

　　注：a. 表示弱大众动员的指标。控制矩阵表示出行动者对每种资源的控制在交换前的分布（即行动者掌握的相对资源比重）。兴趣矩阵给出了每一个行动者的兴趣分布（即对资源的相对兴趣）。然而，对税收的控制，代表了交换后的价值，这是因为行动者在交换前对税收的控制无法从经验上得到测量。

---

① 插值法是分析离散函数时使用的一种方法，利用这一方法，可以通过函数中已知点的取值来估算一定范围内别的点的取值。——译者注

结果：具有发达公民社会的强弱场景

我们现在准备展现强弱两种场景下的结果，但与此同时，我们仍然假设在公民社会发展良好的条件下，行动者在决定与谁交换资源时，不会去考虑文化特征的分布。这一假设将会在接下来的"当文化特征举足轻重时"一节中得到修正。图 2.2 的第一个面板描述的是导致国家的中央集权（纵轴）和大众动员（横轴）在不同水平实现均衡的社会分类。

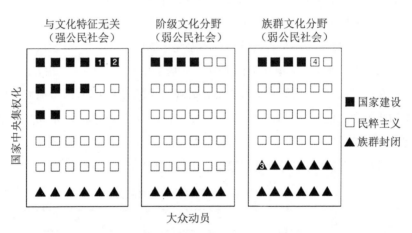

注：1 对应 1690—1780 年间的法国；2 对应 1870—1900 年间的法国；3 对应 19 世纪早期的奥斯曼帝国；4 对应 1870—1908 年间的奥斯曼帝国。

图 2.2　三个不同模型体系中的国家中央集权、大众动员与联盟体系

我们将这一结果描述为一系列介于强场景和弱场景之间的场景。其中，图中的每个点都对应着控制和兴趣的特定分布。左下角的点代表的是弱场景，而右上角的点表示的则是强场景；因此，联结它们的对角线就是从弱场景向强场景过渡的场景。其他所有点的计算方法都是按照相同的步骤，将国家的中央集权和大规模动员的指标分别置于弱场景与强场景之间进行调整。

谈判过程产生了三种类型的均衡：国家建设（黑色方块）、民粹民族主义（白色方块），以及每一类精英群体只与一类大众群体结盟的多重均衡（黑色三角形)。为了简洁起见,我们将最后一类定义为族群封闭,尽管它也包括了精英与大众之间的反向分配问题。但是如果我们只考虑行动者偏好中族群-文化特征分布的无穷小的意义,那么在这些情况中,族群封闭显然将是唯一的均衡。

总之,图 2.2 最左边呈现的结果为第一个假设提供了强有力的支持,即国家的中央集权与更包容的联盟与认同正相关:只有当国家强大时,国家建设才得以实现;相反,如果国家的中央集权不够,族群封闭就是均衡结果。当国家建设达到中等水平时,民粹民族主义就会形成。我们也看到,与我们的第二个假设相反,大众动员对交换体系的形成几乎不产生影响。只有在当国家的中央集权处于中高水平的条件下,通过导向民粹民族主义并远离国家建设,大众动员才会起作用。因此,与我们的期待相反,大众动员不能作为推动国家建设以及反对族群封闭的因素。在我们详细地讨论行动者间的偏好与策略互动后,我们将会看到为什么会出现这种情况。

不可思议的是,我们的模型也展示出,由于我们的假设,即便行动者完全不关心文化相似性,族群封闭也可以成为均衡的结果。换言之,族群封闭可能源自完全以交换收益最大化为目标,不受文化或认同因素影响的纯粹工具性谈判过程。这就支持了这样一种猜想,即族群不一定比其他社会类型和认同模式具有更强的象征或情感依恋价值——即使没有任何深层次的、原始的或心理上的纽带,它们也可能形成。在下一部分中,当我们更深入地考察谈判过程本身时,这项发现背后的机制将会更清晰地体现出来。

放大镜下的谈判过程

根据我们的模型,精英与大众是如何就他们应该归属的边界达成这些虽然不同但是或多或少具有共容性的契约的呢? 我们先从弱场景开始分析,在这种场景下,行动者最终会根据族群之间的差别建立联盟。

族群封闭

我们的研究在第一步指出,行动者对特定联盟体系的偏好取决于他们在不同交换体系中的交换收益。值得指出的是,这些偏好的顺序并不是建立在可行性假设的基础上的,而是根据前述介绍的模型中的交换理论计算而来的。为简洁起见,我们不会展示成本、均衡供给、对不同资源的需求,或者在每一个交换体系中行动者的交换收益。相反,我们将会以叙述的方式对主要观点进行介绍。表 2.3 的上半部分展示了在弱场景下行动者的偏好次序。两大精英群体为争取大众的军事支持而展开竞争,因此他们彼此都有动机来将对面的精英群体排除在自己的社会边界之外。这种为争取大众军事支持而展开的竞争,解释了为什么这两大精英群体的首要偏好都是寻求与大众结盟,而不是与其他的精英群体结盟,这从表 2.3 可以看出来。

表 2.3 在弱场景和强场景中行动者对联盟体系的偏好

场景	行动者	对联盟体系偏好的等级排序				
		1	2	3	4	5
弱	dE	dEdMsM/sE	dEsEdMsM	**dE*M/sE−M**	dEsE*M/−M	dEsE/dMsM
	sE	sEdMsM/dE	**dE*M/sE*M**	dEsEdMsM	dEsE*M/−M	dEsE/dMsM
	*M	dEsE*M/−M	**dE*M/sE−M**	dEsEdMsM	**sE*M/dE−M**	dEdMsM/sE
强	dE	**dEsEdMsM**	dEdMsM/sE	dEsE*M/*M	dEsE*M/sE−M	dEsE/dMsM
	sE	sEdMsM/dE	dEsE/dMsM	dE*M/sE*M	dEsE*M/−M	**dEsEdMsM**
	*M	dE*M/sE−M	dEsE*M/−M	dEdMsM/sE	**dEsEdMsM**	sE*M/dE−M

注:均衡结果以加粗字体显示。*M=主体大众或者从属大众,−M=其他大众(如果*M=dM,则−M=sM;如果*M=sM,则−M=dM)。

然而,这种竞争并不是对称的。因为支配精英掌握的决策权是其他行动者的两倍,他们从交换中获得的收益在某种程度上也比从属精英的收益要多。这也是为什么国家建设与族群封闭在这两类精英中的偏好顺序不同。

对这两类精英来说,他们组建各自的联盟体系都经历了权衡取舍,因为选择族群封闭的目标会让他们避免与其他精英竞争,但代价是失去其中一方大众的支持。从属精英偏好族群封闭而非国家建设,因为他们在同支配精英的竞争中不占优势。而对于支配精英来说,他们的取舍则偏向国家建设。

大众也同精英一样,他们相互之间展开竞争。每一类型的大众都愿意提供军事支持。然而,当精英可以同时与其他不同类型的大众进行交换时,愿意交换的这一派大众能收获的资源数量就降低了(这是因为增加的供给降低了价格)。因此,他们最偏好的类型就是扩大的等级秩序,即在与双方精英进行交换的同时,将另一类大众排除在交换体系之外。它防止了与其他类型的大众展开竞争,但这意味着失去了某一方精英供给的资源。这两类大众最后都偏好只与支配精英结盟,来追求扩大的等级秩序。国家建设则排在第三位,而与从属精英结盟则是最没有吸引力的联盟体系。

由于这些偏好,族群派别的形成就是均衡的结果。要理解这一点,研究者需要将这些偏好转向对行动者之间策略互动的关注(模型中的博弈论部分)。因为支配精英不能劝服其他行动者接受他们的首要或者次要偏好,支配精英也无法提出比族群封闭更好的方案。通过提出族群封闭,从属精英得以抵御民粹主义联盟的出现,而大众对族群封闭的偏好是高于民粹主义联盟的。或者,对于支配精英来说,他们可以提出国家建设的目标,这是他们的次要偏好。这一分类相较于只与从属精英结盟,更受大众青睐。然而,后者①能够让国家建设变得不可行:他们能通过提出只与大众中的一方或者与双方大众都结盟的方案,来抵制加入全国性的共同体。这将再次导致族群派别的形成:其中一方的大众会遵照支配精英的方案,而另一方的大众则会同意与从属精英进行交换。

同样,从属精英也无法提出比族群封闭更好的策略选择,这是他们的次要偏好。他们的首要偏好是,在支配精英排斥其他行动者的情况下,同两类大众结成民粹主义联盟。然而,这种偏好对于这两类大众来说完全不具有吸引力。与这一结果相比,两类大众都偏好只与精英中的一类结盟。

这一分析中的关键假设是:大众知道,公共物品的价值以及决策权是被精英控制的。大众之所以不会与支配精英结盟,而追随从属精英提议族群封闭的相反主张,是因为他们知道,支配精英只有很少的物品可供分配。这一有关完全信息的假设可以按照如下方式有所放宽:虽然支配精英和从属精英都知道国家的中央集权是脆弱的,但是大众对国家实现高度中央集权的可能性仍然抱有一定的期待。正如补充分析展现出的那样,大众越倾向于认为他们面对的是高度集权的政治中心,民粹民族主义就会越普遍。因此,通过误导聪明的大众,支配精

---

① 指从属精英。——译者注

英可以轻而易举地获得他们最想要的结果。这或许有助于解释为什么民粹主义者经常会过度地强调他们在提供公共物品和有效行使政治权力方面的能力。

谈判建国

我们现在转向对会引发国家建设的强场景的讨论。正如图 2.2 表明的那样，国家高度的中央集权是产生这一结果的关键。然而，与第二个假设相反的是，高度的大众动员与国家建设的结果毫无关系。更具体而言，正如表 2.3 下半部分显示的那样，国家的中央集权越强，支配精英与大众的偏好排序就越一致，而不论大众动员水平的高低。因此，我们可以暂且从这个维度抽离，而关注国家中央集权化引发国家建设的机制。有关为什么大众动员不会支持国家建设而是支持民粹民族主义的议题，将在接下来的章节中进行讨论。

与弱场景相比，在强大的中央集权国家中，支配精英控制的决策权与公共物品更多，而从属精英和大众也对这些资源表现出了更多的兴趣。其结果是，从属精英从公共物品提供者的角色抽身出来，转而要求与大众站在一起。在向大众提供政治参与方面，从属精英也不再是能与支配精英匹敌的竞争对手。缓和精英之间的竞争并且推动国家建设，成了支配精英的首要偏好。与弱场景相比，民粹民族主义偏好则下降到了第二位，而扩大的精英联盟取代了族群封闭，成为了他们的第三偏好。

与弱场景相比，强场景中的大众偏好也明显不同，这主要是因为他们现在更加看重公共物品，而这些公共物品现在主要都是由支配精英控制的。因此，大众偏好选择他们最终能与支配精英站在一起的任意一种类型，而不是完全与从属精英交换（请参见表 2.3 的下半部分）。在这种情况下，国家就成了所有行动者都同意的联盟和认同的体系。[30]

民粹主义的妥协

现在我们将会简要地转向讨论民粹民族主义（它是在强场景与弱场景之间最普遍出现的结果）以及为什么在中等程度集权的国家中，不断增加的群众动员会导致国家转向民粹民族主义。其他的分析（并未在此展示）论证了对大众的军事动员导致了这一结果的出现。对于支配精英而言，大众提供的越来越多的军事支持使他们越来越不可能将从属精英看成交换的伙伴,甚至还促使支配精英产生了排斥后者的动机:如果中央精英需要同从属精英竞争大众提供的军事支持,那么中央精英在面对大众时的交换权力就被削弱了。通过这两种机制的作用,大众动员就阻碍了国家建设,并导致了民粹民族主义的产生。

因此,我们的模型表明,大众军事地位的上升并不有助于国家建设,这不同于拉赫曼(Lachmann 2011)提出的普遍征兵制在国家建设中发挥的关键作用。相反,只要中央精英不能摆脱与地方精英的竞争,不能将他们整合进共容性的交换体系中,就会导致民粹主义的出现。总的来讲,国家的中央集权化看上去是成功的国家建设中最重要的部分,这与蒂利(Tilly 1994)和赫克特(Hechter 2000)的分析一致。

当文化特征举足轻重时

迄今为止,我们的分析都是假设,行动者只关注他们从不同的交换体系中获得的资源。我们现在考虑的是,行动者同样会顾及不同的联盟体系在多大程度上契合文化异同的现实景观。在我们的理论框架中,我们指出,以往的研究对于"完善的自愿性组织网络,可以作为建立和稳定各行动者之间联盟的基础"(Wimmer 2002)这一点是缺乏关注的。然而,当缺乏这些志愿性组织时,行动者在组建联盟时就会从文化相似性方面加以考虑,因为没有其他的制度性渠道能支持并稳固联盟。

显然,考虑文化相似性如何影响国家建设的前景,也取决于文化特征是如何在不同的行动者之间分布的。对此,我们分析了两种文化类型:一种是水平的、按照阶级文化进行区分的社会,在这一社会中,精英与精英之间、大众与大众之间都很相似;另一种是垂直的、按照族群文化区分的社会。在这一社会中,从属精英与从属大众、主体大众与支配精英在文化上都是相似的。回想一下,我们曾经将文化差异表示成向量的形式,其中每个元素对应一对行动者之间的差异,这一取值在 0(完全没有差异)和 1(最大可能的差异)之间变动。

在按照族群文化区分的社会中,支配精英与大众之间的差异,以及从属精英与大众之间的差异都是 0.4，而其他相互配对的行动者之间的差异则被假定为 0.6。在这种情况下，族群封闭很明显是最契合经验的，其后是民粹民族主义。国家建设与等级秩序是最不对应文化特征分布的。我们假设在按照阶级-文化区分的社会中，精英内部与大众内部的差异是 0.4，而其他所有相互配对的群体之间的差异是 0.6。最能对应这种特征分布的联盟体系是等级秩序，其次是族群封闭、民粹民族主义以及国家建设。

为了计算行动者的偏好，我们将参数 $U_i^{meaning}$ 设定为 0.4。它表明相对于从某个联盟体系中获取的所得，行动者赋予联盟体系与文化特征之间相关性的权重。其他的参数要么得出相似的结果，要么显得不那么有趣[31]；举个简要的例子，假设一个极高的 $U_i^{meaning}$ 值，最终会导致相关系数最高的联盟体系的形成，而不管行动者能从交换中得到什么。反过来，一个接近 0 的权重使得相关性极小，并且会导致前述"强公民社会"情景下均衡的出现。

图 2.2 的中间部分显示的是当文化差异沿着阶级界限展开时的结果。图的右边部分描述了相对于族群特征分布的均衡状态。总之，无论是与强公民社会场景中的 12 种情形相比，还是与文化分野沿着族群界限展开的族群封闭场景中的 12 种而非 6 种情形相比，在公民社会不发达的两类国家建设场景中，只有 6 种情形（图的中间与右边部分）。显然，当志愿性组织发达并且行动者在组建联盟时不会考虑文化相似性的时候，那么一个更具有共容性的联盟与认同体系就会形成。这一结论支持了我们的假设——志愿性网络的密度推动了包容性联盟与认同的形成——而与按照族群或者阶级划分结盟的文化特征无关。

更具体地说，当国家的中央集权达到中高水平时，在公民社会脆弱的两类情境中（图的中间与右侧部分）[32]，民粹民族主义变得更加普遍，并取代了国家建设的一些情况。这其中的理由在于，现在支配精英的首要偏好是民粹民族主义而非国家建设，因为它更好地对应了这两种特征分布中的任意一种。正如之前部分展示的那样，支配精英可以在高度中央集权的国家中推行他们对于"何种社会分化是合法的"这一主张。

与强公民社会的场景相比（图的左侧），当文化差异是按照族群类别（图的右侧）来划分时，我们会发现出现了另外一行族群封闭的图标。令人瞩目的是，即便支配精英的首要偏好是推进民粹民族主义（就像在强公民社会中那样），这种情况也会发生。然而,当志愿性组织发育不良,并且文化差异与族群分化的轨迹一致时,尽管两派大众在民粹民族主义的环境中所能获取的交换收益都更好,大众也会更偏好族群封闭。如果支配精英推动民粹民族主义,那么地方精英则可以针锋相对地提出基于族群共性的政治联盟与认同来进行抵制。

在按照阶级-文化区分的情况下,只要国家的中央集权是脆弱的,那么行动者从交换中的所得就能继续主导其偏好。因此,我们能在强公民社会的场景中看到相同的均衡结果。这很可能是因为等级秩序并没有对大众提供具有吸引力的交换方案——因此就被按照文化相似性建立联盟的偏好完全抵消了。由此我们能得出一条反直觉的结论:即便文化与阶级之间的差异是水平分布的,并且行动者确实关心文化相似性,现代化仍将导致垂直的、族群的或者民族的分化界线政治化,形成与之对应的政治联盟类型。按照族群或者民族界限划分的政治封闭构成了现代政治秩序中的一个完整部分(Geertz 1963;Young 1976;Rothschild 1981;Wimmer 2002),这正是族群与民族主义研究中"现代化"学派的观点。我们的模型探索了产生这一全球模式的微观机制,即便有时文化现象并不建立在族群差异的基础上。在已经实现现代化的国家中,这一互补性的资源交换将精英与大众整合进联盟网络,从而取代了封建社会与其他前现代政体中的强制资源汲取。相比而言,这样的精英-大众联盟使得以阶级为基础的联盟与封闭形式显得不太可能。因此,民族主义与族群政治就站到了现代中央集权国家时代的中心位置。

历史类比:法国的国家建设与奥斯曼帝国的裂解

当然,复现历史并非本章的写作目的,同时由于我们的模型还没有考虑到许多别的重要因素,特别是偶然性事件发挥的作用,复现历史的工作自然也无法实现。然而,模型预测的结果与我们的数据所参考的法国与奥斯曼帝国这两个社会中形成的政治认同与联盟是相符的。图2.2包含了几个数字,它们展示了在这三个矩阵当中,不同时间点上法国和奥斯曼帝国内部资源分布的历史数据所处的位置。我们还必须将这两个社会分别对应到与组织网络的发展和文化特征分布类型相关的三个场景当中。尽管我们能看出在早期现代法国与奥斯曼帝国都存在族群文化与阶级文化类型的差异，但是或许更稳妥的是，我们可以认为在法国有更少的族群文化差异，而在奥斯曼帝国按照阶级划分则有更多的文化差异。[33]

在任何情况下，文化差异在法国发挥的作用都没有其在奥斯曼帝国中那么重要，因为启蒙运动创造的强大志愿性组织网络已经超越了阶级与地区的界限[正如哈贝马斯（Habermas 1989）在其经典作品中讨论的那样；也可见霍恩·麦尔顿（Horn Melton 2001）的说明]——与之形成鲜明对比的是，奥斯曼帝国内部的志愿性组织只局限在主要城市内部一小部分知识分子精英的圈子中，并且各个社区之间的联系非常有限（Barkey 2008）。[34]因此，族群-文化差异场景（图2.2的右侧）最契合奥斯曼帝国的真实状况，而法国的例子则说明在强大的公民社会里，文化差异对政治联盟的形成几乎不起作用（图中左侧）。

我们现在可以看到，对于我们的历史研究识别出来的在不同时间节点上的具体资源分布，模型预测出了什么结果。法国的例子更为直截了当。这一模型"倒推"了法国大革命之前一段时间内的国家建设历程（请见图2.2中的数字1）。在历史事实中，民主派、共和派的民族主义是由吉伦特派和雅各宾派率先激发出来的（Sewell 1996），它同其他形式的政治联盟与认同斗争了几乎一个世纪之久，直到第三共和国时期，法国的国家建设才完成。在模型的帮助下，在这种新的"均衡"状态达到永久实现之前，各种发展不论是在均衡路径上还是偏离均衡路径，都能被注意到。与此同时，它们的潜在意义也能得到探索。

革命进程以及由此引发的国内和国际两方面的战争，导致在拿破仑的领导下，法国开创了对民众史无前例的军事动员。与我们分析民粹民族主义在何种条件下形成相契合的是，拿破仑强大的军事领导离不开大众的军事支持与忠诚，因此他得以将与之竞争的政治精英——无论是旧贵族还是新共和派——排除在他的政治联盟之外。卡尔·马克思在《路易·波拿巴的雾月十八日》（*18th Brumaire*）中将这一结果称为"波拿巴主义"，基本与我们所说的民粹民族主义一致。

接下来的政治发展却偏离了我们的模型识别出的均衡路径：拿破仑帝国的崩溃与1815年召开的维也纳和会再次让波旁王朝与其后的奥尔良王朝复辟。他们虽然没有取消法律平等的原则，但是对资产阶级进入国家中心提供的政治包容十分有限，这是一种与我们称之为"扩大的等级秩序"相似的权力构型——

它确实部分地回归了革命之前政治联盟与认同的形式。我们的模型并没有预见到这些发展会向着英国式的立宪君主制方向演变。但是这一体系长期制度化的失败,可能源于以下事实:国家的中央集权化已经使得大众对政治参与以及提供有效公共物品的需求成为合法的,同时在政治上颇具号召力——就像 1830 年和 1848 年的革命表明的那样。

在拿破仑三世(Louis Napoleon)①的统治下,实行波拿巴主义的法兰西第二帝国(1852—1870 年)政权再次把联盟与认同的民粹主义模型带了回来。法兰西第三共和国则进一步强化了国家的中央集权建设,特别是在公共物品供给方面,支配精英对学校、救济所、穷人福利以及公共基础设施等进行了宛如洪流般的改革(更详细的内容请参见附录 2.1)。这一结果导致法国的地方精英在不再提供这些服务的同时,也越来越依赖这些公共服务,因而他们无法再同巴黎的政治精英展开有力的竞争。相比之下,地方精英在 1789 年革命爆发时还有一些影响力——地方神职人员和贵族领导的旺代(Vendée)起义②就恰如其分地说明了这一点。因此,支配精英在不再害怕来自地方精英政治竞争的同时,还能将他们更加紧密地整合进有组织的行政机构当中。

正如我们的模型预见的那样(请参见图 2.2 中的数字 2),这为在法兰西第三共和国的中央精英群体中发展出真正具有包容性的民族主义意识形态提供了背景——它还受到 1870 年普法战争战败的巨大推动,然而我们的模型并没有捕捉到这一效应。民族主义现在也受到了位于从属地位的地方精英的拥抱,并逐渐扩散到边缘地区(Weber 1979),那里的学校、救济所与警察提供的公共服务越来越让普通的男男女女对拥抱民族主义意识形态产生了兴趣,而不是加入地方精英构建的联盟来认同已经不能向自身提供这些公共物品的地方精英。

正如上述简要讨论的内容所展现的那样,该模型并不能预测或理解在不同形式的联盟与认同之间来回变动的情形,但是它解释了为什么与这些模型的描

---

①　原文作 Louis Napoleon Ⅱ,应为 Louis Napoleon Ⅲ。名字中有路易(Louis)的是拿破仑三世,拿破仑二世的法文全名是 Napoléon François Joseph Charles Bonaparte。且从上下文来看,法兰西第二帝国时期是在拿破仑三世治下。——译者注

②　1793 年 3 月,法国地方势力以旺代为中心发起反对共和政府的起义,于同年 12 月被镇压下去。——译者注

述相契合的均衡结果变得长期制度化与稳定化。这一模型并未给出模式化的历史解读，而是帮助人们理解历史发展的全局方向，即从旧制度下的社会等级模型，经由民粹民族主义，最终通向有效的国家建设。当然，这一模型不能也无意覆盖其他方面——比如国际维度、不同的对立政治派系之间的权力平衡——或者罗伯斯庇尔和拿破仑的登场或退出历史舞台等。它也不是关于历史的模型，而是对一个均衡状态的理论说明——该状态一经达成，不管经历什么样的历史环境与事件组合，都能达成稳定的、制度化的"锁定"（locked in）。

鉴于法国大革命已经创造了一个可以用来模仿与采用的新型政治合法性模式，相比之下，奥斯曼帝国的例子就显得不那么直接明了和理所当然。在这种情况下，扩散与模仿的效应可能开始发挥作用——这是下一章所要关注的内容。进一步来说，非国内行动者通过煽动和推动不同少数族群的民族主义而发挥了重要作用。然而，无论是扩散效应，还是不同的帝国或国家之间的权力斗争，我们的模型都没有将它们考虑在内。

尽管如此，模型中对 19 世纪早期奥斯曼帝国后果的预测与真实的历史发展仍然基本一致。通过对 18 世纪后期与 19 世纪早期奥斯曼帝国内部均衡结果的计算，这一模型得出了族群封闭的结果。[35] 从图像上来说，这一结果与图 2.2 中的数字 3 对应。诚然，自 19 世纪以来，族群宗教社群（米利特）在制度上得到了强化，在政治上得到了赋权，并且成为少数族群群体的认同焦点。在西方帝国主义者与传教士的帮助下，基督教米利特——以及之后的库尔德人和阿拉伯人——很快政治化起来，并且渴望拥有属于他们自己的国家，这或许可解释卡帕特（Karpat 1973）《从米利特到民族国家》一书书名的含义。而从 19 世纪早期就兴起的希腊、塞尔维亚、罗马尼亚等不同的族群民族主义最终在这一历史进程中实现了独立的目标。

对于 19 世纪后期的奥斯曼帝国来说，这一模型现在在一个几乎丧失了所有欧洲领土的帝国内部产生了民粹民族主义的均衡结果（请参见图 2.2 中的数字 4）。诚然，根据 1876 年的宪法，旧的等级秩序被彻底废除，并且新确立了持不同宗教信仰的公民一律平等的原则，两者应该让奥斯曼帝国的民众产生共同的认同，并且能将帝国内部的所有族群"融为一体"，而这也是坦齐马特改革者与青年土耳其党人长期致力于推动的目标（Davison 1954，1963；chapter 10）。按照民粹主义模式,基督徒、阿拉伯人以及库尔德人中的精英将会随着持续的中央集权化与米利特民主化的推进而被剥夺权力。在阿卜杜勒·哈米德二世的统治下,这种认为基督教精英对其民众治理不善(misgoverned)的立场并且受到西方帝国主义操纵的观点得到了进一步强化(即最后一个数据点对应的时期)。阿卜杜勒·哈米德二世赋予了这种民粹主义的社会概念以一种独特的伊斯兰主义色彩,但同时又抛弃了平等原则以及对信仰基督教公民的包容(Karpat 2002)。

但是此种联盟与认同的民粹主义模型是否为大众所接受?虽然穆斯林民众一般支持重构帝国权力与民粹-伊斯兰主义的意识形态[同上,也可参见戴维逊(Davison 1954)关于穆斯林反对平等的论述]是不言自明的,但是大多数历史学家指出,非穆斯林人群并不接受这一社会观点。相反,后者越来越认同跨阶级的少数族群的民族主义(或者是我们使用的"族群封闭"术语,请参见 Karpat 2002)。然而从 1878 年到青年土耳其党人发动革命①的这段时间内,有多少民众支持少数族群的民族主义仍然是不清楚的。但就像基督教团体对 1878 年宪法表现出的热烈欢迎那样,有一些迹象表明东正教徒和犹太教徒欢迎并支持新秩序(Davison 1963:383ff.)。因此,通过这一反事实方法可以想象,如果没有对基督教民族主义的进一步外部刺激和煽动、帝国的战败以及从鲁米利亚省移民而来的数百万穆斯林难民,那么奥斯曼帝国的爱国主义可能会成为主导的并且得到广泛接受("均衡")的政治组织与认同模式。

结论

本章阐释了国家的中央集权化与志愿性组织的发展如何导致第一波民族国家的诞生。它引入了一个关于政治封闭的形式模型来提供精确的、基于行动者的机制,从而说明现代化进程中的认同边界是如何改变的。我们发现,族群封闭形成于脆弱的中央集权国家与脆弱的公民社会之下。在这些国家中,间接统治

① 1908 年 7 月,奥斯曼帝国内部的立宪派青年土耳其党人发动了意在结束苏丹阿卜杜勒·哈米德二世独裁统治、复行 1876 年宪法的革命运动。最后苏丹被迫妥协,恢复了 1876 年宪法,同时恢复了多党制与两院制,进入二次立宪时期。——译者注

的制度虽然遭到了侵蚀,但是却没有被全面控制政治决策、公共物品提供以及税收的强大中央取代。这种结果的不确定性导致精英为了争取民众的军事支持而展开相互竞争。而后者①同样要就其对国家资源的需求展开竞争,因此行动者最终会基于族群的共性来谈判并建立各自分离的联盟。

民粹民族主义更可能出现在国家中央集权增强但仍然处于中等强度的时候。更强的中央集权意味着作为交换方的支配精英有了更多的吸引力,因为这让他们有权力去排斥从属精英。然而与我们的预期不同的是,我们也发现,当全部男性被军事动员起来后,民粹民族主义更为流行,国家建设也更不可能成功。这也与历史社会学家的解说不同,后者强调,对大众的军事动员对于民族主义的兴起有着重要作用。除了根据我们的模型体系结构和数据得出的见解以外,我们还推测了其能否有助于解释在漫长的 19 世纪中,欧洲平民军队中出现拿破仑式人物(Napoleonic figures)——民粹军事领袖——的现象。

当国家的中央集权化继续推进,且支配精英获得了足够的权力来纳入其他三类行动者并使他们都能得到好处时,情况就发生了变化。由于从属精英不再能有效地为了获得大众的军事支持而同支配精英展开竞争,并且自身也开始需要国家精英提供的公共物品,他们现在也就被整合进了这种共容性的联盟体系当中。因此,强有力的国家中央集权化带来了国家建设,而当志愿性组织发育良好时,则更有可能形成联盟体系与认同。

当缺乏这些志愿性网络时,行动者更偏好找寻在文化上相似的联盟伙伴,这是因为文化共性提供了一种在其他具有同等吸引力的交换伙伴中进行选择,并且避免联盟结构在转变中出现不稳定的方式。这种选择阻碍了国家建设,因为一个国家是由相当不同的族群构成的,即文化特征与阶级而非族群的区别相一致。当志愿性组织发育薄弱时,民粹民族主义与族群封闭就更可能发生。这可能有助于我们理解现代世界中最震撼人心的特征:其与卡尔·马克思对 20 世纪的预测形成了鲜明对比。在马克思看来,20 世纪将是革命阶级斗争导致资产阶级国家和民族消亡的世纪,这是意识形态上的必然结果,然而现实中的 20 世纪却是民族主义、种族主义与民粹主义政治的时代。

---

① 指大众。——译者注

　　第五章关于战后世界的族群冲突又回到了之前章节的分析当中。因为国家能力的缺乏与公民社会的脆弱让共容性的政治联盟网络难以建立，所以许多近来建立的民族国家已经完全沿着族群的界限分开了。对这些新兴国家来说，国家建设仍然是它们难以企及的政治理想，而它们的族群则会以奥斯曼帝国坦齐马特改革时发生在族群宗教共同体身上类似的方式政治化。第五章确认了一些附加条件，这些与族群联盟之间特定权力构型相关的附加条件让暴力冲突变得更加可能发生。

　　因此，本章探索了推动第一波民族国家形成的宏观历史过程。正如对奥斯曼帝国和法国政治发展的说明所指出的那样，这一模型不能也无意描述在一段时间内历史变化的确切过程。许多其他因素汇集到一起产生作用，从而决定了一个特定的社会能否在精英与大众之间达成契约：民族主义力量与旧制度代表之间不协调的政治权力构型将使国家建设迟滞，就像法国那样，尽管强国家与充分发展的志愿性组织网络已经让法国社会为转型做好了准备。进一步来说，一旦民族国家模式被法国或者美国革命推向世界舞台，它就会被基督教知识分子或者奥斯曼帝国官僚发起的那些政治运动所采用，与统治者和被统治者之间的国内交换关系是否使得内生的国家建设成为可能无关。

　　这表明在后续阶段形成的民族国家中——从 19 世纪早期建立的拉美共和国到近年来南苏丹的独立建国——扩散与权力制衡的效应可能比本章关注的国家建设的内生因素更为重要。而这一假设也构成了我在下一章中将要讨论的核心内容。

【注释】

　　[1] 关于族群/民族的讨论，请参见康格勒顿（Congleton 1995）、莱廷（Laitin 1995）、库然（Kuran 1998）、潘恩（Penn 2008）以及迪克逊和谢夫（Dickson and Scheve 2006）等人建立在阿克洛夫和克兰顿（Akerlof and Kranton 2000）提出的广义认同模型基础上的分析。

　　[2] 其他建立在交互逻辑上的形式模型分别有 Fearon and Laitin（1996），Cederman（1996），以及 McElreath et al.（2003）。斯特赖克（Stryker）、伯克（Burke）及其同事已经讨论了认同过程如何嵌入社会互动。他们关注个体层面的认同形成以及社会网络在认知层面的影响与作用[请参见斯特赖克和伯克（Stryker and Burke 2000）的总结]。然而与这些视角相对的是，我们的模型关注群体层面的边界形成，即这些网络与角色是如何形成并且如何随时间发生变化的。

[3] 关于作为社会封闭结果的族群与民族,请参见 Weber(1968),Brubaker(1992),Wacquant(1997)和 Wimmer(2002)。

[4] 相反,标准的博弈论将参与者的偏好看作外生的,这一核心观点同时受到了同情(Elster 2000)或不同情(Somers 1998)理性选择理论的学者的尖锐批评。对于我们的分析目标而言,将行动者对特定政治联盟的偏好与对他者的认同设定为内生的是十分重要的。

[5] 关于非政治化族群的例子,请参见 Young(1976:105—110),Winnifrith(1993)和 Wimmer(1995b:219—229)。

[6] 将集体认同看成谈判的成果扩展了民族主义研究的界限,它由霍奇[Hroch 2000(1969)] 首创,并为曼(Mann 1993b:chapter 4)和威默(Wimmer 2002)所沿用。

[7] 我们之所以选择法国和奥斯曼帝国这两个社会,是因为比较研究的文献经常将它们看成现代国家中两个形成鲜明对比的案例(Barkey 1991)。法国是第一波内生民族主义意识形态的国家之一,并且被视为成功的国家建设的首要案例。相比之下,奥斯曼帝国则是最早发生少数族群民族主义者(希腊人、塞尔维亚人、亚美尼亚人等)脱离多族群帝国的例子之一。因此这两个社会代表了分析族群政治化与民族共同体背后内生性政治力量的理想案例。

[8] 然而,大量新近的文献采用了不同的建模策略。演化模型与基于代理的模型展示了认同与族群的形成过程是如何在多个社会层面上展开的,该过程又是如何在由多个通过扩散过程相互影响的社会组成的地理空间上实现的(Young 1998;Cederman 2002;也可参见 Lustick 2000)。因为这一模型是对扩散机制(下一章的主题)的抽象,因此我们的模型对这些路径做了补充,并专注于产生第一波国家建设历史案例的构型。为了全面地捕捉这些原始的构型,将集体行动者之间的策略互动和资源交换置于考虑的中心位置是至关重要的,迄今为止这已经超出了演化和基于代理的建模策略。与基于代理的建模策略相比,采用这一策略的好处是可以对行动者的复杂性进行化约,但这也导致真实性被削弱。下面将会看到,我们的模型只纳入了四类集体行动者而不包含成百上千在人类社会中互动的行动者。为了分析行动者的数量如何影响结果,我们也建构了一个包含八类行动者在内的模型,并且得出了大体相似的结果。

[9] 我们并不像社会学中韦伯式的和马克思式的一些传统那样,对经济、政治与文化精英作出区分,而是只关注政治统治,这与本书聚焦的主题一致。

[10] 关于帝国的研究,请参见 Howe(2002:14—16),Lieven(2000:chapter 2),利芬(Lieven)还讨论了中国的例外性。对前现代官僚制政体,包括欧洲后封建时代中精英分裂的讨论,请参见 Eisenstadt(1963)。对前现代政体中心-边缘关系中间接统治的论述,请参见 Hechter(2000)。关于现代国家中普遍的中心-边缘划分,请参见 Gerring and Thacker(2008)。

[11] 这两类大众并不组成有集体行动能力的群体,他们仅仅代表了面临相同客观社会条件的不同个体(即在资源、利益与文化特征上处于相当地位的人)。相似的是,在博弈论模型(如 Kiser and Linton 2002;Gehlbach 2006)中,我们没有预设行动者具有共享的认同或行动能力。我们的模型在原则上可以包括任何数量的行动者,尽管通过这四类行动者可以建构足够贴近现实的国家建设模型。正如之前注释中提到的那样,我们也建立了

包括八类行动者在内（四类大众与三类从属精英）的模型，得到了非常相似的结果。

[12] 与之相似的是，波斯纳（Posner 2005：12）认为："族群政治……就联盟建立与族群身份选择的政治而言……就寻求成为联盟成员而言，在政治上和经济上都是最有效的手段。"

[13] 在我们使用的标记方法中，用以区分不同行动者类别的括号（如[dE, sE][dM, sM]之间的不同等级）指的是明显的政治边界。因此，它们表明这四类行动者最终属于哪个联盟集团，而不是暗示支配与从属间的区别一直很突出，也不是假设支配精英（如王室）与从属精英（贵族）之间没有政治冲突（参见 Eisenstadt 1963）。

[14] 完成交换或者实现均衡后的控制份额可以通过方程 $c_{ik}^* = \dfrac{X_{ki} \sum_{j=1}^{m} c_{ij} v_{ij}}{v_k}$ 加以计算得出。其中，v_j 表示的是资源 j 的价值。直观上来说，这一方程反映的是在完成交换后，一个行动者对资源的兴趣越大（X_{ki}），资源的价值（或价格）V_k 越小（或低），行动者 i 作为回报必须提供的越多（分子中的乘积总和描绘的是他/她的初始预算），那么行动者对资源 k 的控制将会越高。每一个行动者的预算都可以理解为他/她的交换权力。这等于他/她初始的控制份额之和，其中每一份额都按照该项资源的价值进行了加权：

$$b_i = \sum_{j=1}^{m} v_j c_{ji}, \ i = (1, \cdots, n)$$

资源的价值可以通过行动者兴趣与控制的分布推导出来。在均衡中，它们可以通过求解矩阵方程 $v = XC_v$ 计算出来，即它们等于矩阵 XC 的特征向量 v 的元素（关于推导的过程，请参见 Coleman 1990：682—684）。

[15] 在此，我们应用了卡尔特（Kalter 2000）对科尔曼模型的扩展方法。我们利用简单的方法分析了行动者进一步分化成两个或更多子群的条件，而交换则发生在这分化出来的子群当中。从技术上来说，人们需要对每一个子群控制的份额进行标准化处理（Kalter 2000：447）。这可以通过下述方法完成：将对资源 k 的控制份额除以各自交换体系中控制的剩余部分总和。然后我们再像之前那样以同样的方式推导出均衡结果。为了比较不同交换体系中的供需和效用，我们必须通过将均衡控制值乘以各自的权重因子来反转这种归一化（权重因子即某个子群所控制的某项资源在该项资源中所占全部份额）。

[16] 需要指出的是，通过扩大组织来纳入更多的交换伙伴会产生额外的成本，但也会给群体内部成员带来利益。因此，我们并没有将社会封闭建模成零和的博弈，没有像赖克（Riker 1962）所做的政治学经典研究那样预测一个最小胜选联盟的规模。

[17] 我们虽然假定交换伙伴的群体内部是完全封闭的，但是这并不意味着这些群体拒斥来自边界外部的个体参与其日常生活的交易（如在家长式的和侍从主义的社会体系中）。然而，我们在此关注的是包括主要政治与经济资源在内的制度化了的交换。

[18] 对于群体形成过程的这一方面，代理模型提供了最精妙的形式路径（Axelrod 1997；Lustick 2000）。代理模型的初始点是大量具有一系列文化特征的代理人居住在两重维度的小格中。比如，在塞德曼的人工社会世界中，一旦"民族主义"的意识形态也从外部进入这一世界，每一个小格中的行动者选择最与之相似的相邻行动者作为同胞。因此，

文化之间的差别与相似性开始在联盟的形成中变得重要，文化漂移和同化的过程至此告终（Cederman 2002）。因为我们是在更简单的博弈环境下给更少的行动者建模，我们采用了一种更简约但可比较的设定来描述文化的相似性如何影响社会边界的建立。

$$\mathbf{TD}= \begin{array}{cccccc} dE|sE & dE|dM & dE|sM & sE|dM & sE|sM & dM|sM \\ (0.2 & 0.8 & 0.8 & 0.8 & 0.8 & 0.2) \end{array}$$

[19] 从概念上讲，这一数字应当表示的是群体之间有关特征的平均差异，因此我们可以根据这些群体的平均值来判断其在经验上是否合理。因此，我们不必假定群体内部存在特征同质性。

[20] 这就是阶级分化的例子。

[21] 联盟体系 S_j 在经验上的对应值 $m(S_j)$ 是由 1 减去（未加权的）S_j 中所有元素与特征分布（向量 $\mathbf{TD}$）元素之间绝对差值的平均值计算而来的，即 $m(S_j) = 1 - (\sum |S_j(1,k) - \mathbf{TD}(1,k)|)/n$，其中 n 表示的是向量 S_j 和 $\mathbf{TD}$ 的列数（这一数字是群体数量的函数）。

[22] 采用乘法连接的稳健性检验产生了性质类似的结果。

[23] 这些未必是截然不同的选择，因为精英们的提议和现有的类别对大众来说可能意味着相同的内部群体。因此，大众面对的不同替代性方案数量为 1 个到 3 个。

[24] 在均衡中，行动者的策略对双方而言都是相互最佳的策略，并不涉及巨大的威胁（请参见 Osborne and Rubinstein 1994）。

[25] 大众只需要对三种选择产生一致的偏好，并且选择均衡中对双方都最有利的回应，即得出他们没有动机去偏离的结果。因此，我们的序贯博弈对大众的理性作出了恰如其分的假设（Elster 2000）。

[26] 模型是按照如下方式来进行编程的：使用者指定了控制分布和利益分布、特征分布、现状，以及经验对应性在整体效用函数中的相对权重（$U^{meaning}$）。在控制矩阵和利益矩阵的基础上，我们使用卡尔特（Kalter 2000）建立的对不同社会阶层中交换体系的标准化方法，通过 C++ 语言计算了交换的均衡，以及行动者从所有 15 个类别的交换中获得的收益。在特征分布的基础上，程序计算了 15 个类别在经验层面的对应关系。结合这些结果，我们得出了每种分类对每个行动者的总体效用。这产生了行动者对分类的完全偏好排序，提供了策略互动模型的基础。为了计算序贯博弈中的子博弈完美均衡，我们在计算过程中使用了博弈论软件 Gambit 的 Python 接口（McKelvey et al. 2007）。

[27] 正如附录 2.1 中描述的那样，我们利用支出数据来估计哪些行动者提供了多少公共物品。我们假定提供公共服务资金流通的最高制度层级是"控制"了这些资源。与早先的时段相比，古典时代的奥斯曼帝国对公共物品提供领域的关注非常广泛，包括公共工程、教育、对穆斯林和非穆斯林社区的司法管辖、治安、支付政府前雇员的养老金、邮政与通信服务、资助圣城以及朝圣等。在 18 世纪的法国，国王资助警察、邮政服务、主要基础设施建设以及维修工程、教育，同时国王还在兴修救济所上有重大开销。在法兰西第三共和国时期，国家提供以上所有的公共服务，并通过一项法律，规定主要的公共服务（包括照护有需要的人、维护治安以及进行义务教育）由中央税收来提供资金。

[28] 正如附录 2.1 中描述的那样，这些数据建立在对税收收入估计的基础上。绝对主义下的法国中央集权官僚制的发展，如王室总管（royal intendants）制度的记录

(Harding 1978)就非常详细,奥斯曼帝国内部的坦齐马特改革者也做出了相应的努力(Lewis 1962:chapter 4)。国家针对人口直接征税的能力也相应地得到了提高。到 18 世纪晚期,法国国家收取名目众多的税收,包括直接税(财产税、所得税以及普遍的人头税)和间接税(对各类产品征收销售税)。这些间接税中的一部分由国家收取,其他的则由包税人进行征收。与阿卜杜勒·哈米德治下(Shaw 1975)和法兰西第三共和国内(Kiser and Kane 2001)更有效率、已经被整合为国家官僚机构一部分的税收系统相比,绝对主义法国的国家官僚机构仍然缺乏足够的能力通过自身的行政系统来进行征税。

[29] 在法国的案例中,军事技术的进步使得封臣变得越来越无关紧要,从而削弱了从属精英的军事权力,而海军水手和步兵在战争中变得越来越重要,也越来越有效。大革命后的法国和 1843—1869 年改革期间的奥斯曼帝国在引入普遍征兵制后,这种军事发展达到了顶峰(有关细节请参见附录 2.1)。在奥斯曼帝国中,阿卜杜勒·哈米德在 1892 年使之制度化的部落民兵,也即给亚美尼亚人带去深重灾难的那股力量,已经成为从属精英仅存的可以倚赖的屏障;相比之下,贵族在法兰西第三共和国军队中扮演的作用就更小了。

[30] 附加的稳健性分析表明,让从属精英率先提出方案会产生相同的均衡结果。但是,如果两类精英同时采取行动,则会形成一些其他的均衡状况:由于精英之间的协调问题,国家建设就不再成为唯一的均衡,而总是伴随着作为次要均衡结果[帕累托次优(pareto-inferior)]的民粹民族主义。然而,由于我们是对精英如何提出联盟体系并对其他行动者提出的方案作出回应进行建模,严格的同时性(或者说不可观测性)是相当不现实的。当其中一类大众率先采取行动时,总体的模式是类似的,但是比起博弈的其他变体,还存在更多的多重均衡。特别是在国家中央集权达到中等程度时,这些多重均衡就包括了族群封闭。这一发现为这幅图景增加了另一面:精英的象征性权力(代表了他们率先行动的事实)强化了国家建设。

[31] 这一点对于特征分布的不同指定值来说也同样适用。正如稳健性检验揭示的那样,更加极端的特征分布促使行动者对于与特征分布一致的联盟体系产生更强的偏好。

[32] 民粹民族主义普遍出现在图 2.2 的三个矩阵中,并不意味着这是在历史中或者是在全世界最常见的结果。只有当我们将坐标轴的取值范围设定为 1600—1900 年时,这一特征在图中才会非常突出。所有 1900 年后的资源与兴趣分布会导向国家建设,然而在 1600 年之前的此类分布则会导致族群封闭或者等级秩序的出现。

[33] 在奥斯曼帝国,代际地位流动得到了制度化,该帝国没有像法国那样拥有正式的世袭贵族阶层,但长期以来依赖处于从属地位的基督教省份来招募高层奴隶管理官员和军事将领(Shaw 1976:113—150)。同时,奥斯曼帝国中央政府(Sublime Port)对于在宗教或语言方面采取国家同化的措施较少(Grillo 1998),而是试图保护其异质的社群(Barkey 2008)。奥斯曼帝国通过米利特制度将宗教和一定程度上语言的差异制度化,该制度授予宗教少数群体在家庭法律事务上的合法自治权和一定程度的自治。相比之下,法国国王通过废除《南特敕令》并将他们自己的方言提升为国家语言来消除宗教多样性(Lodge 1993)。

[34] 1880 年,法国政府发布的一项有关历史上识字率的研究表明,在 1686—1690 年,全体人口中的 25%(男性人口中的 36%)可以写出他们的名字,有 90% 的城市资产

阶级是识字的(Cipolla 1969)。相反,在 19 世纪早期,奥斯曼帝国全部人口中只有 2%—3%的人识字,到 19 世纪中叶时也只有 7%的人识字。在土耳其共和国建立后,原奥斯曼土耳其帝国腹地的识字率在 1924 年也只达到了 10.5%(关于这些估算的来源,请参见附录 3.3)。

[35] 这一模型使用的是从 16 世纪到 19 世纪后期的数据。

第三章　民族国家在全球的兴起 *

民族国家的模式在法国和其他西方国家出现后，又是如何在全球范围内扩散的呢？为什么由王朝国家、部落联盟与多族群帝国构成的世界转变成了以民族之名形成的国家所组成的世界？本章表明，与第一波兴起的民族国家相比，随后在全球兴起的民族国家几乎不是历史上国家建设的结果。但是民族国家是否形成，取决于不同政治目标追求者之间的权力构型。民族国家建立在民族主义

---

* 本章改写自我与尤瓦尔·费恩斯坦合作发表在期刊上的一篇论文。

　　我们感谢努鲁拉·阿迪克、菲利普·杜哈特(Phillippe Duhart)、韦斯利·希尔斯(Wesley Hiers)、哈泽姆·坎迪尔(Hazem Kandil)、亚娜·库彻娃(Yana Kucheva)、乔伊·摩根(Joy Morgen)、阿诺普·萨巴希(Anoop Sarbahi)、弗兰克·严(Frank Yen)、杰里米·约伯(Jeremy Yobe)和萨拉·辛格·威默提供的卓越的研究协助。毛罗·吉伦(Mauro Guillén)、罗伯特·迈尔(Robert Mare)、布莱恩·闵、加布里埃尔·罗斯曼(Gabriel Rossman)、阿特·斯廷奇科姆(Art Stinch-combe)和唐·特雷曼(Don Treiman)在研究方法和数据管理方面提供了帮助和建议。我们特别感谢与罗伯特·迈尔的讨论。安格斯·麦迪逊(Angus Maddison)帮助我们对经济数据做了标准化处理。我们收到了哈维·格拉夫(Harvey Graf)、阿伦·阿特豪斯(Aaron Althouse)、诺拉·简·库克(Nola Jean Cook)、凯斯·韦勒·泰勒(Keith Weller Taylor)、奥洛夫·加尔达斯多蒂尔(Olöf Gardarsdöttir)、洛夫特·古托姆森(Loftur Guttormsson)、卢卡·戈登齐(Luca Godenzi)、阿洛伊斯·格哈特(Alois Gehart)、约尔格·巴滕(Jörg Baten)、布莱恩·闵以及古斯塔夫·布朗(Gustav Brown)就个别地区早期识字率提出的建议。本文的早先版本曾先后在西北大学、加州大学洛杉矶分校和华盛顿大学的社会学系、芝加哥大学和乔治·华盛顿大学的政治学系、2009年美国社会学会比较历史分会组织的"比较过去和现在"(Comparing Past and Present)会议、2009年社会科学史学会(Social Science History Association)年会以及民族主义研究会(Associa-tion for the Study of Nationalism)2010年举办的会议上做过汇报。我们感谢这些会议的召集人和听众给出的富有启发性的评论和极具挑战性的批评。罗杰斯·布鲁贝克对初稿提出了全面的意见和建议。

者跃居前民族国家政权精英之上的地方——他们采用第一波民族国家的模式作为自身政治合法性的模板。更具体地说，权力平衡向民族主义者的倾斜发生在以下情况中：当他们对大众展开动员以及对旧帝国治下的族群等级制度也即"异族统治"进行声讨的时间越来越长时；当帝国的中心无力掌握全球性的经济和军事权力时，或者自身遭到战争削弱时；当周边地区或者同一帝国领土内部建立的民族国家，提供了民族国家成功建立的模式与新的联盟伙伴时。因此，本章强调了民族国家形成的外生性扩散，即其在权力构型允许推翻或者吸纳前国家秩序的地方被采用的过程。

我们利用覆盖过去 200 年世界主要地区的全球数据库检验了权力构型理论。它旨在克服过去几十年来围绕民族国家研究产出的丰富文献中的研究局限，这些文献包括科恩（Kohn 1994）、多伊奇（Deutsch 1953）的早期论文，也包括盖尔纳、安德森、史密斯等人的经典作品。首先，这些作品中的大部分广义理论叙述旨在探索民族国家在整个现代世界中兴起的普遍过程。但是对这些广义理论的经验支持通常建立在从各处挑选的案例基础之上，有时仅仅是一种说明方式而已［这种做法受到了布鲁伊（Breuilly 2005）、威默（Wimmer 2008a）的批评］。其次，对特定民族国家形成轨迹的更具体的经验研究，则按照地区和学科的界限发生了分化。比如，历史社会学学者群体中关于西方民族国家起源的研究，分别发展出了有关去殖民化（Strang 1990；Spruyt 2005）与后殖民世界国家建设（Bendix 1964）的政治学研究。而另一批历史学者则研究了导致奥斯曼帝国、哈布斯堡王朝或苏联等国崩溃，以及随后几波民族国家诞生的历史发展过程（如 Barkey and von Hagen 1997；Roshwald 2001；Esherick et al. 2006；Saideman and Ayres 2008）。由于民族国家现在几乎覆盖了整个世界，因此人们会好奇，能否从整体性的视角切入考察通向民族国家的各种不同道路。

为了进行这样一种具有综合性与系统性的分析，我们汇集了一个全新的、覆盖全球的数据库，这使得我们能够识别这些在不同大洲、不同帝国以及不同时段当中的民族国家形成模式。完成这一过程需要大量的工作，因为只有独立的民族国家才能系统地搜集它们自己的经济社会数据。既有的数据库无法让我们理解，为什么是这些国家首先形成了民族国家，这或许是从事定量研究的学者迄今为止回避对民族国家的形成进行系统性研究的主要原因［但请参见下文要讨论的斯特朗(Strang)和罗德(Roeder)的研究]。下文将要介绍的新数据库包括了过去200年间的独立国家、殖民地与帝国属地,包括了几乎全部建立的民族国家。它提供了当今145个国家从1816年以来直到它们建立民族国家时(如果它们没有建成民族国家,那么数据记录的截止时间则是2001年)的数据。这一数据库中的许多变量,比如铁路里程、政府支出与识字率,是从诸如各国历史等二手资料中搜集来的。这一数据库使得从全球性、比较性的视野切入进而检验民族国家形成的主要理论成为可能。

假设与现有的量化研究

正如导论部分提及的那样,通过量化路径研究历史过程是要付出代价的。我们不仅必须接受使用代理变量来衡量假设机制这一做法的不完美性,同时我们也不能以非常细致的方式来检验以往学术研究给出的丰富观点。我们需要关注这些理论中的核心成分——核心条件与结果之间的关系,而非评估研究者所假定的将条件与结果联系起来的机制是否真的发挥了作用。因此,接下来的经验分析并不试图对整个理论进行某种波普尔式的(Popperian)证伪检验。相反,它们只是评估关键理论论点的合理性,这些论点可以通过使用收集到的长时段的、覆盖广泛领土的数据进行检验。

那么这些理论都是关于什么的理论呢?它们不仅仅关注美国、法国或早期英国内部民族国家模式的形成,而且包括了随后民族国家在全世界范围内的迅速扩散。尽管有这些共同的关注点,但是许多经典研究在某种程度上还是含糊不清,比如他们的主要目的到底是将民族主义解释为一种政治运动,或是在人群中传播的民族主义意识(即国家建设),还是国家制度设计的转变(即民族国家的建立)。然而他们都同意,这三类现象是密切相关的,即便他们对这些现象彼此之间关系的确切性质有着不同意见。在安德森给出的解释中,民族主义推动了民族国家建设与民族国家的最终形成,而在盖尔纳看来,民族主义者先建成了民族国家,然后再建立他们自己的民族。相反,像迈耶(Meyer)这样的世界政体理论家则认为,无论是民族主义还是民族,都不是民族国家形成的必要条件。我自已提出的权力构型路径则假设,民族主义者创造了民族国家,而不论民族国家在此之前是否已经建立起来。因此,以上这些观点包括了在分析层面中作为核心要素的民族国家,民族国家制度的形成由此成为本研究中合适的因变量。现在是时候更详细地介绍民族国家形成的不同路径了。

经济现代化

根据欧内斯特·盖尔纳(Ernest Gellner 1983)的论述,从农业社会向工业社会的划时代转变推动了民族主义与民族国家的最终诞生。在过去的农业帝国中——比如前面章节聚焦的中世纪后期的法国或者古典时代的奥斯曼帝国——这些经济体系包含了很多高度专业化的利基市场(niches),又通过在职培训获得所需的特定技能从而实现再生产。文化和语言标记并强化了统治者与被统治者之间的界限(这产生了我们在之前章节中所说的"等级秩序")。相反,工业生产模式则需要可以流动的灵活劳动力。理性化、标准化的通用语言教育为工人提供了通用技能,使得他们能够从一个工作转向另一个工作,并能有效地相互沟通。教育机构将这种新的、标准化的、理性的、同质化的文化灌输给民众,从而使得工业社会能够正常运转(ibid.:37f.)。

这种功能主义的分析与对满足工业社会需求的四种历史途径的巧妙研究相辅相成。在此我仅讨论其中两个最重要的途径。首先,不均衡的工业化将位于偏远地区的农民吸引到已经完成工业化的中心,在那里,如果他们的语言和文化与工业中心的高端文化格格不入,那么他们的升迁和前景仍然会受到限制。于是,怨愤催生了民族主义,最终导致了民族国家的诞生,就像在巴尔干半岛和哈布斯堡帝国的周边地区那样。其次,相似的过程也出现在殖民世界,肉眼可见的特征(如肤色)与不平等的权力相关,一旦工业化开始并解构殖民等级制度的合法性,那么反殖民的民族主义就会被释放出来。

这些轨迹具体阐释了工业化如何在不同的时段抵达世界的不同地区(ibid.:52),然后沿着文化界线重新划分政治边界,并且导致了民族国家的形成。通过对这种一般性关系而非对导致它们的不同机制的关注,我们便可以作出一个简单的假设:民族国家建立的可能性随着工业化的推进而增加(假设1)。

政治现代化

蒂利(Tilly 1994)、曼(Mann 1995)与赫克特(Hechter 2000)的政治现代化理论带领我们转向对治理体系的关注。从 16 世纪开始,处于相互竞争状态中的欧洲国家之间的长期战争导致政府的控制技术和对资源的汲取变得更有效也更高效。正如之前章节所说的那样,国家以前通过地方精英和贵族进行间接统治,这已经为统一的、科层化的统合官僚制的直接统治所取代。从那里主要有两条通向民族国家的路径。在自主的国家(如法国),自 19 世纪以来,国家精英逐渐对全国人口进行民族化和同质化改造,并且通过发展具有同化性质的民族主义来使他们的统治合法化(Tilly 1994;Hechter 2000)。在曼(Mann 1995)的相关研究中,他异曲同工地描述了这个过程:民族主义自下而上地形成,证明大众对民主代表的要求是合理的,这是针对日益增强的国家干涉的反应。正如我们在之前章节中看到的那样,将这两种视角结合起来,对理解西方世界中第一波民族国家的涌现是大有裨益的。

然而,与在既定领土边界中向民族国家的转变相比,政治现代化学派构建的第二条轨迹——边缘的、国家驱动的民族主义——更为常见。在哈布斯堡王朝和奥斯曼帝国这样的多族群帝国中(根据赫克特的观点,南斯拉夫及其他国家也是如此),对异族统治感到不满的地区精英试图重新实现自治,这样向直接统治的转变导致了民族主义动员。这些国家推动的民族主义是否成功,取决于外在的(包括国际上的)因素与力量。在其他条件不变的情况下,通过将这些因素与力量纳入这些论点并加以简化,我们可以提出假设 2:在一块领土上越是实行直接统治,就越可能形成民族国家。

这一做法与之前章节介绍的论点相符。它展现了决策过程中日益增强的中央集权化与国家精英手中公共物品的提供引发了内生的国家建设,特别是当它伴随着志愿性组织网络的成长时。然而,假设 2 并不关注民族国家的起源。相反,它假设国家的中央集权化也对世界其他地区随后采用民族国家的模式起了作用。

文化现代化

本尼迪克特·安德森的民族主义理论区分了三条机制,它们以不同的方式结合在四波不同的民族国家建立的浪潮中。其中，第一条机制与人口的识字率有关。改革、国家官僚化，以及最重要的是印刷资本主义的兴起，推动了本国民众语言文字读写能力的提升，取代了像拉丁语这样复杂的精英语言。因此，新兴的掌握阅读能力的大众分享了共同的叙事空间，并很快将自己想象成具有共同起源且未来政治命运休戚与共的民族共同体（Anderson 1991：chapter 3）。

与后来民族国家的形成波次相比，大众识字率对于第一波民族国家来说并不特别重要。当第一波民族国家形成的浪潮席卷拉美时，人口的总体识字率仍然很低，但是安德森仍然认为，以地方为导向的报纸与具备阅读能力的大众的出现是至关重要的（ibid.：61—64）。在 19 世纪欧洲第二波语言民族主义浪潮兴起后（ibid.：80），以及在像罗曼诺夫家族那样的王朝统治者将民族主义作为国家信条来试图遏制民族主义的第三波官方民族主义浪潮中（ibid.：109f.），大众识字率都成了促进民族国家形成的中心力量。同样，大众识字率在第四波民族国家形成的浪潮中仍然发挥着核心作用，其带来了第二次世界大战后的去殖民化风潮（ibid.：119ff.）。假设 3 捕捉了第一条机制中的效应：对于本地语言识字率的上升使民族主义、国家建设以及最终向民族国家的转变更为可能。[1]

安德森给出的第二条机制可以解释第一波与第四波民族国家形成的过程。但是为什么是玻利维亚、科特迪瓦与越南取得了独立，而不是大众识字率理论所预期的西属拉丁美洲、法属西非与法属印度支那等地取得独立呢？对此，安德森指出，级别较低的殖民管理者都是从当地人群中招募来的，很少能坐到地方官员层级以上的位置，这就导致了他们的不满与日益上升的民族主义情绪。这些人的仕途被限制在地方官僚层面，致使他们按照地方的边界而非共同的语言来想象国家。在民族国家形成的第四波浪潮中，殖民政府极大地推广了教育体系。这不仅通过提高识字率点燃了民族主义的星火，同时也将这些民族主义渗入地方，因为被殖民的地方通常都设有单独管理的学校体系，因而再次框定了未来民族主义想象的范围（正如在印度尼西亚那样；Anderson 1991：chapter 7）。这表明了假设 4：对应一个省或一个国家的领土更可能见证民族主义的兴起并最终成为民族国家。

第三条机制，或许是在安德森的论述中最不重要的一条，与民族国家在全球范围内的扩散过程有关（ibid.：80—82，113f.，116f.）。它对之前殖民地上以及日本(ibid.:94—99)、泰国(ibid.:99—101)与瑞士(ibid.:135—139)的最后一波民族国家形成浪潮来说特别重要。对这些全球性影响的强调正是迈耶世界政体理论的核心。

世界政体理论

迈耶提出的扩散理论强调了外部的影响而非内部现代化进程的推动。他与合作者展示了民族国家的模式是过去200年形成的世界文化中的一部分,最终在国际联盟以及之后的联合国中变得制度化。这一世界文化逐渐迫使国家精英与政治挑战者采用被普遍接受为政治合法性模式的民族主义,以及民族国家这一最具有合法性的国家形式(Meyer et al. 1997)。

世界政体理论从横向(cross-sectional)与纵向(longitudinal)两个维度提出了相应的论点。首先,一个地区与全球的文化和权力中心之间的联系越多,其精英与这种文化的接触就越多,他们就越有可能采用世界文化的模式来建立一个民族国家(假设5)。其次,随着世界上越来越多的地区采用民族国家的模式,其他国家向民族国家转变的可能性就越大(假设6),因为这进一步增加了对其他国家的压力,使得它们最终也采用这样一种主流的国家类型。

权力构型路径

我自己提出的理论强调了权力构型,而这些构型在现代化理论和全球扩散理论所描绘的图景中基本上没有涉及。权力构型理论认为,从一种合法的国家形式过渡到另一种国家形式,是社会中各个政治组织阶层之间相互斗争的结果。这些行动者之间的权力平衡,决定了什么样的合法政治秩序与什么样的制度原则将会流行开来。这些类型可以通过行动者之间的权力关系内生地形成,就像之前章节分析的那样。然而,导论部分已经指出,这些合法性的类型也可以在不同的社会之中传播——之前的章节已经说明了这一过程。一旦我们理解了民族国家起初是如何形成的,以及后来又是如何在全世界扩散的,那么这一扩散的过程就需要被认真考察。

于是这就引出了这样一个问题:为什么民族主义者会出现在世界各地的政治舞台上? 如果我们不再假设所有的民族主义都是通过内生的方式形成的,就像上述的现代化理论讨论的那样,那么,权力构型理论要想符合经验基础,这就是一个显而易见的前提条件。第一波兴起的民族国家(法国、英国、美国与荷兰)之所以成为世界上最强大的国家,正是在于上一章所探讨的,在新的国家契约下,这些国家内部产生了一种前所未有的军事忠诚和政治支持(也请参见 Levi 1988,1997)。拿破仑军队在欧洲大陆取得的成功清楚地证明了这一政治和军事优势。[2] 系统性地检验当民族国家的军队面对这些王朝或其他前民族国家政体时所发生的情况,则确认了这一历史事实:大约 70% 到 90% 的此类战争的胜利者都是民族国家,数字的差异取决于我们是否排除了西方殖民大国所享有的技术优势在其中扮演重要角色的征服性战争。[3] 因此,世界各地的政治精英试图采用民族国家的模式,来同第一波兴起的民族国家展开有效的竞争,而民族国家不久也就支配或者征服了全世界。[4]

民族主义在全球的扩散不仅由这些权力竞争所引发,也通过人们对合法性的比较而来:民族主义知识分子——牧师、中学教师、新闻记者、低级官员等[Hroch 2000(1969)]——认为这种新的国家形式更具有合法性,因为它看上去为大多数民众提供了比他们在与王朝君主、殖民官员或者部落酋长交换时更有利的交换关系:它保障了法律面前人人平等,为每个人提供了升任最高政治职位的可能性、公共物品以及在象征性意义上代表主权国家的首都,而非要求民众"承诺"对国王、苏丹或者谢赫(sheikh)①履行义务。

因此,世界各地多种多样的政治运动在后来采用了民族主义的意识形态,这代表了一种模仿过程,这一过程与前一章分析的内生国家建设过程完全没有关联。来自世界各地的雄心勃勃的政治精英们拥抱了民族主义意识形态,希望有朝一日他们主政下的国家能像早先建立的民族国家那样在军事上强大,在政治上稳固,在文化上繁荣。这一模仿过程沿着已经成形的政治关系网络与文化关系网络推进:非洲民族主义者受到了法国和英国强权的刺激(Fieldhouse 1966);土耳其和日本的民族主义者则出于对英法两大帝国的怨恨,从法国和英国的克星——德国——那里寻找灵感;库尔德人和阿拉伯的民族主义者则向土耳其模式看齐;等等。根据本章提出的权力构型理论,民族国家的扩散过程既不是受到

---

① 阿拉伯部落中"长老""酋长"的头衔。——译者注

单极世界文化霸权的驱动,也不是受到国内现代化进程的驱动,而是遵循了去中央集权化的传播机制。[5]

如果这一观点解释了民族主义在全球受到的欢迎以及之后在全世界的扩散,那么民族主义者在什么样的条件下才能建立民族国家呢? 有鉴于此,我们提出了下面一系列假设,这些假设牵涉到权力构型在国内和国际的两个层面。当民族主义者能够将在位精英转换为自己的支持者,或者接触更多阶层的人口,从而将对民族主义的支持超出知识分子圈子、军队派系、寺院或者殖民地官员这些通常是民族主义运动的首批支持人群时,权力就会向有利于民族主义者的一方转移。

这一赋权过程包含了政治性和象征性这两大层面。民族主义者需要建立政治组织和联盟的网络,并将当前的政权描述为"异族统治"或者是僵化的、碎片化的、无法抵御周边强大民族国家统治压力的旧制度。这有效地削弱了许多帝国和王朝国家标榜的族群政治等级的合法性。不考虑大众动员和去动员化的短期循环(Beissinger 2002),我们假定民族主义者的政治性与象征性的权力是单调递增的:民族主义者宣传他们的世界观以及与他们的追随者建立网络的时间越多,他们在面对非民族主义时的力量就越强大,也就越有可能成功地建立民族国家(假设 7)。

同时,这一权力平衡也取决于已经建立的政权强度——其抵抗民族主义力量、避免转向民族主义事业、避免根据民族主义主张进行制度改革、避免因民族主义的压力而退位、避免因民族主义分离运动而丧失领土的能力。按照西达·斯考切波(Skocpol 1979)的研究,我们假定,无论是在争议领土上还是在帝国内部其他地方发生的战争,都削弱了在位精英握有的权力,从而使民族革命成为可能。因此,民族国家建立的可能性应该随着发生在领土上或者帝国内部的战争数量的增加而增大(假设 8 与假设 9)。与之相似的是,前民族主义政权在全球军事与经济中的重要地位很可能影响了它收买或者镇压民族主义运动以维持现状的能力,这使得在其领土上建立民族国家变得不太可能[假设 10,正如斯特朗(Strang 1990)提出的观点那样]。

最终,民族国家在帝国以及在周边领土的扩散,也可以改变权力的平衡,从而偏向民族主义者。[6]在同一帝国领土内,新近建立的民族国家证明了帝国中心无意或没有能力阻止这些地方的独立。这些新的民族国家不仅提供了可以遵循的模式,也在帝国的政治空间内部提供了新的联盟伙伴,从而增强了民族主义运动的力量,进一步削弱了前民族主义政权的合法性。这就引出了假设11:帝国内部成为民族国家的领土数量越多,其他领土就越有可能效法它们。需要指出的是,这种帝国内部的扩散效应在本质上同全球性的扩散不同,因为它们的外在影响来源不同(即帝国与世界的区别),其运作的机制也不尽相同(即传播与强加的区别)。

在周边地区,民族国家的建立可以通过类似的示范效应和联盟机制来推动其在邻近地区的复制。它可能采取更加好战的形式,通过对多族群混居的或者未明确的领土进行争夺,从而产生多米诺骨牌效应(Weiner 1971;Wimmer 2002:chapter 3)。如果一块领土是按照民族国家的形式组织起来的,并要求将跨境的同族纳入统治范围,那么这一升高的压力就会迫使周边的领土同样采用民族国家的模式。因此,我们给出的假设12就是,周边民族国家建立的数量越多,民族国家形成的可能性就越大。这一权力构型理论可以通过图3.1加以描述。[7]

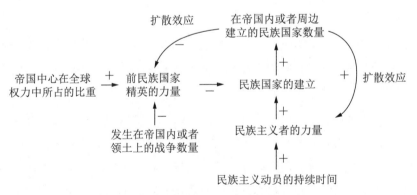

图3.1 民族国家形成的权力构型模型

既有的数据库与量化研究发现

迄今为止,只有两大量化研究探索了民族国家形成的动力,它们有着与本书前一章不同的关注点,并且这两项研究中的案例范围也比前一章宽得多。其中,斯特朗的研究试图回答：在什么样的条件下，在 1879 年到 1987 年之间，殖民地会成为独立的国家。[8]我们在他的基础上，进一步扩展了经验视野，纳入了自治国家、陆权帝国（如奥斯曼帝国、罗曼诺夫王朝与哈布斯堡王朝）的属地，以及苏联和南斯拉夫。与此同时，我们也改进了我们数据库中的数据质量，并且增加了与前述民族主义和民族国家经典文献相关的变量。

罗德（Roeder）的研究代表了第二类量化研究。他建立了一个全球性的数据库来检验制度能力理论：他指出，高水平的制度自治，使得地方精英能够在他们统辖的领土上建立文化垄断与族群垄断，同时也为他们提供了成功挑战中央并建立独立国家的必要政治资源。可以肯定的是，这一论点与安德森的"地方封闭"（provincial confinement）假说相似，因此可以用假设 4 进行近似的检验：比起没有政治边界的领土，对应到某一地方或自治国家的领土更可能成为民族国家。

罗德的制度能力模型通过反映民族主义竞争者与旧制度代表之间的权力平衡的重要性，推动了我们对民族国家形成的理论理解。他的许多观点与我们对民族国家兴起的理解相似。但是他的量化分析暴露出了一些缺陷，进而让人怀疑其结论的有效性。其中最重要的问题是样本选择问题。罗德（Roeder 2007：323—331）的数据库将包括殖民属地在内的自治地方作为观察单元，提供了从 1901 年到 2000 年间 336 个单元的信息。[9]但是，他的列表中遗漏了许多从未成为民族国家的地方，比如德国联邦各州、美国各州以及瑞士各州，尽管这些省级行政区和印度各邦一样享有足够的自治权，但只有后者被列入了数据库。同样，奥斯曼帝国只有保加利亚、克里特以及萨摩斯①被列为次国家单元，但它们没有一个是维拉亚特（vilayets②），也没有一个发展成了民族国家。

数据和建模方法

既有的两大量化研究为后续的改进工作提供了巨大的空间。具体说来，这

---

① 希腊第九大岛屿，历史上曾先后受到东罗马帝国和奥斯曼帝国的统治。——译者注
② 对土耳其语的音译。维拉亚特是奥斯曼帝国后期的一级行政区划单位，由原帝国的行省转变而来。——译者注

两类研究各自排除了世界上一部分有可能向民族国家转型的政治单元，其中包括了从维也纳延伸到符拉迪沃斯托克（海参崴）的亚欧陆权帝国，以及19世纪在美洲、巴尔干地区以及西欧地区建立的民族国家。进一步来说，这两类研究包括了一系列变量，但是它们大多与上述讨论过的有关民族国家形成的经典理论不相关，或许是因为对应的数据还难以稳定获得。

观察值单元

我们的数据库包括了自1816年到民族国家建立期间的145块领土的信息。到2001年时，这些领土中有139个已经转变成了民族国家，而剩下的领土仍然受到绝对主义君主的统治。在此，我们对所有的领土都按照2001年时确定的国家地理边界进行区分，然后将这些固定的地理单元回溯到数据库的起始年份——1816年。举例来说，这意味着我们观察的领土"波斯尼亚"就是自1816年以来波斯尼亚国家的地理形状，这与是由奥斯曼帝国、哈布斯堡帝国或者南斯拉夫，还是由独立的波斯尼亚统治这一块领土无关。

我们的数据库几乎覆盖了整个世界。它可能只遗漏了面积小于20 000平方千米的迷你国家，以及八个面积稍大一点但缺乏识字率数据的国家。[10]我们也排除了大不列颠王国、法国、巴拉圭和海地这些早期建立的民族国家，因为它们建立的时间早于我们数据库开始记录的时间——1816年。为了与本章的关注内容保持一致，我们接下来的分析并不讨论民族国家的起源——这在之前的章节已经分析过了——而是关注可能有助于解释其在世界范围内的扩散的普遍机制。

接下来，我们将依次对观察值的单元给出相应的说明。为了让一些模棱两可的做法清晰化，我们合并了不同政治实体的数据，以防止一些领土无法对应到当时给定的政治单元上。比如19世纪70年代的波兰数据便是一个极端案例，我们对当时波兰数据的处理方法是按照俄罗斯帝国、德意志帝国和奥地利帝国瓜分的比例来合成数据的。建立这些不能完全对应政治实体的单元的缺点为这些单元事实上的经历所抵消了：是整个波兰都成了民族国家，而不是俄罗斯帝国、德意志帝国或者奥地利帝国中的一些省成了民族国家。关于死亡率的医学研究采用了相似的做法：它们使用个体而非家庭或者夫妇作为观察单元，因为死亡的对象是个体而非家庭。不变的领土单元也具有形成稳定风险集的优势。这使得我们能够在整个历史过程中追踪"波兰"和其他领土的轨迹,而不是像由省或州组成的数据集那样,每当一个国家中止存在或者再次出现时,或者每当省级边界被重新划定时,都必须当成一组不同的单元进行处理。

那么,我们将当下的国家作为观察单元,意味着我们是选择性地挑选因变量吗?因为我们只纳入了民族国家成功建立的例子,而没有包括建立失败的例子。对此,需要说明的是,网格化处理的领土定义了我们在 2001 年的观察单元,这与它们是不是民族国家无关。它们中大部分是民族国家,这其中的道理很简单,仅仅是因为民族国家的扩散已经十分广泛,而不是因为我们的研究设计排除了非民族国家。其次,正如下文将要讨论的,我们纳入了过去建立的民族国家,但是这些民族国家之后或者因帝国扩张而被吞并,或者分裂成数个更小的民族国家。对于前者而言,比如在第一次世界大战后,波罗的海和高加索地区分别建立了民族国家,但是后来这些国家并入了苏联。后者的例子则包括大哥伦比亚共和国①、中美洲联邦共和国②、南斯拉夫、捷克斯洛伐克、越南和德国,这些国家后来(至少它们在特定时期内)分裂成了数个更小的民族国家。总之,只要国家存在三年及以上的时间,并且至少得到了另外三个国家的承认,那么诸如此类的民族国家的建立就都会被我们纳入分析。

可以肯定的是,使用 2001 年时的国家作为分析单元,让我们可以回溯对风险集的定义。在我们的数据库中,没有库尔德斯坦、西撒哈拉或者南苏丹,尽管它们最终可能成为民族国家(在写作此书的同时,南苏丹已经成为独立的民族国家了)。这种潜在的选择性问题并没有一开始看上去的那么严重。在下一章关于"民族国家的形成与战争"的讨论中,我们将会知道,在民族国家当中很少发生国家的分裂,它们大多数都是在帝国政体内爆发的。这样的帝国在今天已经不复存在了。因此,我们也不期望在可见的未来,会出现大量的民族国家。我们相信,我们的风险集尽管并不完备,但是能覆盖大多数可能的事件。[11] 进一步来

---

① 这是由"南美解放者"西蒙·玻利瓦尔(Simón Bolívar)于 1819 年创建的南美洲国家,其疆域包括现今哥伦比亚、委内瑞拉、厄瓜多尔和巴拿马。1831 年,玻利瓦尔去世,大哥伦比亚共和国于次年解体。——译者注

② 又称"中美洲联邦""中美洲联合省",是存在于 1823—1841 年间的中美洲国家,后来分裂成危地马拉、洪都拉斯、哥斯达黎加、萨尔瓦多与尼加拉瓜五国。——译者注

说，我们没有理由相信，未来民族国家建立的动态会与过去不同（即便分类机制使我们的结果产生偏差，情况也是如此）。

变量

1. 因变量。

为了使用事件史的分析方法，我们需要识别一块领土成为民族国家的具体时间。找到对应连续因变量的数据，如对"民族国家程度"的编码是极其不现实的。进一步来说，大多数转型为民族国家的国家——除了瑞典或者英国外——都可以被明显地识别出来。当国王、皇帝或者神权政治家被民族取代，不再成为国家的合法性来源，我们就将这一年编码为民族国家建立的年份。换言之，统治的主权现在属于"人民"。主权由内部与外部两方面的内容组成。从内部来说，成文宪法宣称，由平等的公民组成的全民族社群是主权者，并且预设了此类共同体的一些制度代表（不一定是自由选举产生的议会，请见下文）。因此，内部的主权与王朝政治、神权主义、封建特权或者大众奴隶制等相反。而从外部来说，主权意味着对影响国家命运的外交政策的控制，它反对任何形式的外国统治。这两大条件都必须被满足。这一定义以及大部分数据都源自威默和闵的搜集工作（Wimmer and Min 2006；关于编码规则的更多细节，请参见附录 4.2）。

关于民族国家的定义是如何与民主化以及授予公民权利产生关联的呢？我们对民族国家的定义聚焦的是政治合法性的原则，而不是它们是否有效地实现了这些原则。因此，我们将专制政权编码为民族国家，只要这些国家的独裁者宣称自己是"以人民的名义"进行统治的。在这些民族国家存在的前 20 年中，只有 1/5 的民族国家成为了民主国家（请参见附录 3.1）。[12] 然后民主政体所占的比例稳步上升，一直达到了 60%，其中有些国家是在民族国家建立后的 150 年才转变为民主国家的。换言之，民族国家的形成是民主化的前提条件，这是因为民族主义定义了人民所属的边界，人民只有在这个边界内才享受民主并被赋予公民权利（请参见 Nodia 1992；Wimmer 2002：chapter 3）。但是除此之外，这两个过程彼此互相独立。用林肯的名言来说，民享（民族国家）与民治（民主）在理想与现实中是交织在一起的，但却是政治现代化的不同方面。与之相应的是，截至 2000 年，世界上只有 50% 不到的独立国家是民主国家（Gleditsch and Ward 2006；

913),而有超过 95％的国家是民族国家。

全体民众在多大程度上被授予公民权利并不是我们对民族国家定义的关切。需要再次强调的是,向民族国家的转型为向更多层面的人口授予公民权利提供了前提条件(Marshall 1950)。因此,我们并不考虑这样一个事实,即在民族国家建立后的几十年内,对选举权的财产限制以及剥夺妇女全面公民权利的情况还会持续数十年。[13]同样,我们也并不考虑政府能否在其所辖的整个领土范围内行使主权、垄断暴力。自从独立的民族国家建立以来,它们就遭受着一连串的内战——如缅甸或者刚果民主共和国——但是这些国家仍然建立在民族主义政治合法性原则的基础上。

按照这些编码原则,我们建立的数据库中有 24 块领土经历了不止一次的民族国家形成,我们对此都作了单独区分。正如上文提及的那样,比如波罗的海国家在 1918 年到第二次世界大战期间都是独立的民族国家,它们之后再次并入苏联,直到 1991 年才重新获得民族国家的地位。在其他的案例中,一些领土曾经作为大国的一部分过渡到民族国家,后来又分裂成了更小的民族国家。这些例子包括大哥伦比亚共和国(后来分裂成了哥伦比亚、委内瑞拉、厄瓜多尔与巴拿马)、中美洲联邦共和国(分裂成了危地马拉、洪都拉斯、哥斯达黎加、尼加拉瓜与萨尔瓦多)、南斯拉夫以及捷克斯洛伐克。为了检验我们对这些风险集的定义是否存在选择性偏差[14],我们在运行所有的模型时,都对结果变量的定义进行了严格限制,排除了重复的事件(请参见表 3.2)。我们的结论仍然几乎保持不变。附录 3.2 中的列表记录了每一块领土上建立的民族国家。

下图对 1816 年以来每隔 5 年形成民族国家的数量进行了总体性的描述。图 3.2 也表明,许多民族国家建立的浪潮是紧随帝国的崩溃而产生的。第一波民族国家的浪潮导致了西班牙帝国在新大陆的解体;第一次世界大战后哈布斯堡王朝的崩溃则带来了第二波民族国家建立的浪潮;而第三波浪潮将民族国家带向中东——在奥斯曼帝国衰落后,这一地区又遭受了法国和英国的殖民统治——南亚与东南亚也是如此;民族国家建立的第四波浪潮大约出现在 1960 年左右,伴随着英国与法国殖民势力在非洲的撤退;第五波也是最后一波民族国家建立的浪潮则在 20 世纪 90 年代初期席卷了苏联全境。然而,并不是所有朝向民族国家的转型都是从帝国开始的,因为有 18 个国家(瑞士、泰国、埃塞俄比亚、尼泊尔、日本等国)从来就没有成为帝国的一部分,因此它们在转型的过程中也没有出现反对"异族统治"的动员。此外,其他一些之前作为帝国属地的领土在独立后也转型成了民族国家。[15]

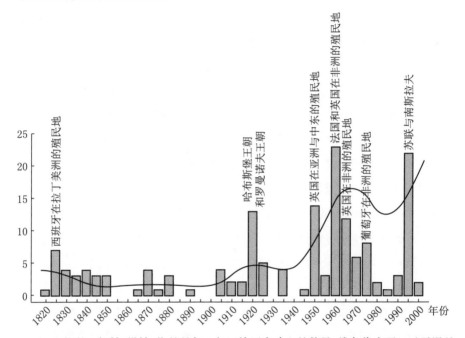

注:左边的坐标轴(纵轴)指的是每 5 年民族国家建立的数量;线条代表了经过平滑处理的风险比率(平均每 20 年为一间隔)。

图 3.2   民族国家在全球的扩散,1816—2001 年

2. 自变量。

为了检验盖尔纳提出的经济现代化理论是否成立,我们对每 1 000 平方千米内的铁路里程(以千米计)进行了编码。我们从米切尔(Mitchell)汇编的宏大历史巨著中选取了一些统计数据(不同年份),并且对原始资料中的其他数据进行了编码。正因为铁路史在非专业学者和专业学者群体中都引发了巨大热情,所以这方面的数据非常丰富。[16]然而这些数据足以作为代理变量测量盖尔纳所提出的有关工业化的观点吗? 我们知道,流动的劳动力市场是盖尔纳观点的核心要素,然而其对工业产品的制造却没有给予足够的关注。因此,在他的定义中纳入完全商业化的农业和汲取性经济是有意义的,这些都与铁路建设存在历史性的联系。这种代理测量也得到了盖尔纳本人的证成。盖尔纳将非洲殖民地作为工业化社会早期阶段的代表——尽管这些地方几乎没有完整的制造业。

毋庸置疑,对劳动力市场的流动性进行更直接的测量当然是更好的选择。举例来说,尽管搜集全球劳动力数据的分布是不可思议的,但是铁路里程这一变量却为整个数据库提供了全数据覆盖的可能性。同时,铁路里程的变量是非常宝贵的;比如,找到 1880 年英属缅甸的铁路里程数据是可能的,但是要了解哪些职业雇用了多少人却是极不可能的。[17]

为了检验安德森理论中识字率在产生民族主义想象过程中发挥的作用,我们依据已经发表的国别研究、政府人口普查数据、对特定地区的历史研究、既有的量化数据库等,在我们自己的数据库中汇集了所有领土的成年人识字率数据。附录 3.3 列出了这些数据的来源。在所有案例中,我们都找到了从民族国家建立起十年内的估算数据。为了进行插值处理,我们将这些数据与从 1816 年[18]开始的时间序列中的最佳估计值以及之后的几个数据点结合起来。对识字率的估算存在可靠性与可比性的问题(Reis 2005:fn.9—12),这一问题在 19 世纪 70 年代政府全面推行人口普查之前尤为明显(Kaestle 1985),同时也困扰着我们。然而,有鉴于不同时期和不同地区对识字率的估计差异很大,我们相信数据的质量足以证成我们在分析中使用这一变量的合理性。

为了检验安德森的"认同的地方视角"一说和罗德的制度能力理论,我们对一块领土在每一年是否对应的是自治国家或者次国家单元进行编码,如果是则编码为 1,不是则编码为 0。这些变量就是所谓的"虚拟"变量,人们可以比较观察值取 1 的时候与观察值取 0 的时候对结果的影响是否不同。由于我们的领土网格是固定的,但是政治边界却在不时地改变,因而我们可以有效地评估,如果一块领土之前作为一个省份或国家,在制度层面享有一定程度的自治,是否更可能建立民族国家。例如,我们把省、殖民地、委任统治区(mandate territories)、维拉亚特和桑贾克(sanjaks)①以及俄罗斯帝国的各省(governorates)算作相关的次国家单元。我们考虑到了几十个殖民地和帝国省份的重组。此外,对于这个变量的编码,我们将由各个土著国家组成的前殖民地或者非国家领土编码

---

① 对土耳其语的音译,意为"区",是奥斯曼帝国地方的二级行政区划单位。——译者注

为0。

在蒂利和赫克特有关民族主义和民族国家的理论中，直接统治的程度扮演着非常重要的角色。这一指标可以通过政府对特定领土的开支大致计算出来，其背后的逻辑是政府在一块领土上的开支越大，那么对当地的行政嵌入就越密集、越深入，对当地事务的介入以及政府绕开地方强势掮客的能力也越强。这里，我们再一次使用了米切尔搜集的不同年份的数据，并且根据与奥斯曼帝国、西班牙帝国以及苏联相关的其他数据来源进行了补充。[19]我们赋予了帝国属地（而非殖民地）同帝国本土一样的取值，这是因为我们假定陆权帝国比海洋殖民帝国在对领土的控制形式方面更为单一。如果被殖民前的领土没有原住民自己建立的国家，那么它们就被赋值为0，因为按照定义，它们不能被直接统治。所有其他的政体，包括像达荷美、缅甸以及摩洛哥这样的前殖民地，如果这些领土有可获得的数据，那么它们都会被赋予合适的取值，否则它们或者被编码为缺失值，或者就干脆被排除在分析之外。[20]按照这样的编码规则，自然会产生许多缺失数据；因此，我们在不同的模型中对这些变量加以检验，以保证结果的稳健。所有的数据都被标准化为人均数据，并且根据不同时期的汇率转换成不变价的美元，然后再使用麦迪逊（Maddison 2003）对国内生产总值（GDP）的估算来修正不同的购买力。[21]

这一变量是测量直接统治的好的代理变量吗？朗格（Lange 2005）对英国殖民地建立了一套更精确的测量方法，他使用传统或者"本土"法庭审理的案件数量作为代理变量。这一变量与我们通过政府开支测量直接统治得到的结果具有高度的相关性（对于19个数据点来说，r＝0.82，使用的取值没有标准化）。此外，我们的测量似乎相当充分地捕捉到了直接统治的历史性转变。比如，在1867年《奥地利-匈牙利折中方案》签订后，哈布斯堡君主进行了去中央集权化的改革——从而有效地建立了两个联邦国家，其中一个处于匈牙利的控制之下，另外一个则处于奥地利的控制下——这真实地反映了维也纳政府在匈牙利土地上开支的剧烈下降。

我们通过计算周边、同一帝国领土内部或者全世界成为民族国家的领土数量生成了扩散这一变量。然后我们创建了一个能反映在过去五年间民族国家建立数量的变量，因为通过动态编码能最大程度地捕捉模仿效应与多米诺效应。

下面报告的所有结果也控制了民族国家在全世界、帝国内部或者周边的总数或比率。[22]为了检验全球扩散理论的横向维度,我们通过领土的政权归属来对国际政府组织中的成员数量进行编码。我们赋予了帝国属地、殖民地与帝国中心相同的取值,并假定世界文化价值是从大城市向边缘地区扩散的。[23]我们采用的所有数据都来源于战争关联(Correlates of War, COW)项目。

为了检验发生在领土上或者帝国内的战争是否影响了民族国家的建立,我们使用记录了从1816年到2001年期间世界上所有领土上战争的数据库,这一数据库将在下一章中得到更详细的讨论。这一数据库使得我们能够区分国家间的战争、内战以及民族独立战争。我们对大量不同的战争进行编码,以检验特定类型的战争是否更可能削弱政治中心的力量,从而改变权力的平衡以偏向民族主义者。

我们通过计算自第一个国家组织建立以来迄今经历的时间,来测量民族主义挑战者的力量。如果一个政权能被认为是国家组织,那么它的成员必须得到正式的定义(因此排除了庇护主义网络和非正式化的派系),同时它的领导角色也必须制度化地独立于个体(因此不会考虑民族主义领袖的个人化追随)。此外,这个组织需要宣称其代表了全民族的共同体,并以这一名义对领土进行统治——而不一定必须使用严格意义上的民族主义术语。[24]为了在统计上区分民族主义挑战者力量的单调增长与民族主义本身存在与否,我们又引入了一个虚拟变量,我们将自从第一个国家组织建立以来经历的所有年份都编码为1。民族主义的存在应该让民族国家的建立变得更为可能,因为权力构型理论正是以此为前提的。

为了将帝国中心对民族主义运动的抵抗能力纳入考虑范畴,我们利用了战争关联数据库中的"国家能力综合指数"(composite index of national capabilities),它汇集了能源消费、军事开支、士兵数量、钢铁产量、城市化水平与人口规模等指标(Singer 1987)。这一指数反映了一个国家在全世界经济权力和军事权力中的所占比重(范围从0到100%)。所有属地都被赋予同帝国中心或殖民地中心一样的取值;而前殖民、非国家的领土被编码到不具备全球权力的类别当中。遗憾的是,对于战争关联数据库中没有列出的自治国家,我们只好将其编码为缺失值,将它们排除在分析对象之外。

建模方法与时间指定

我们使用"离散时间事件史模型"（discrete-time event history models），通过对领土-年份的逻辑回归来估计影响民族国家建立可能性的协变量效应。用通常的话来说，这一统计模型估算了不同的变量——铁路里程、识字率等——是如何影响一个领土在下一年成为民族国家的可能性的。[25]我们考虑到下一年的自变量取值不可能超出这一年太多（举例来说，你不可能在一年内建成数万公里的铁路），通过对领土变量标准误的聚类来完成这一操作。

由于跨国回归结果存在时间上的不稳定性（请参见 Young 2009），因此我们以不同的方式定义了因变量和自变量，并通过不同的变量组合运算了所有模型。同时我们也只信赖在不同的模型设定下都稳健的结果——举例来说，这意味着无论你是否根据当下的美元汇率来对政府开支进行标准化，无论你是将政府开支变量与铁路里程变量放在一起检验还是仅仅对其进行单独检验，等等，最后的统计结果仍然是保持稳定的。

这类分析的一大主要挑战是如何将时间效应概念化。很明显，在 1816 年到 2001 年期间发生了很多变化，这些变化都是我们的自变量无法捕捉到的，但又可能系统性地影响民族国家的建立。对此，最简单的处理方法是在统计模型中加入一个时间趋势（如大多数扩散模型采用的方法，请参见 Strang 1991b）。这可以检验时间的发展是否会对结果产生影响。每年都有可能比前一年更可能（或者更不可能）建立民族国家。我们也可以使用离散的时间段，比如说以数十年为单位，来探讨某些年代是否特别容易产生民族国家。我们还使用了一种叫"自然立方样条"（natural cubic splines）的更为复杂的方法（这是比较政治研究的标准，参见 Beck et al. 1998）。这使得我们可以考虑非线性趋势，例如在第一次世界大战之前，民族国家建立的概率增加，而在之后减少。我们对所有的模型都指定了三种时间设定下的检验，并且我们只信赖在指定不同的时间设定下仍然保持相似的结果。在下文表格中，我们展现了使用立方样条产生的结果。

从本质上来说，这一自然立方样条描述了这样一个事实：在第二次世界大战之前，民族国家建立的可能性基本不变，但在战后建立的可能性急剧增加，这与图 3.2 中的平滑概率曲线相似。对于这一趋势，可以按照斯特朗的世界政体理论进行解释，即在 1945 年联合国成立后，民族国家的合法性增加了——尽管斯特朗本人指出，1960 年联合国决议通过的《反殖民主义宣言》①才是一个关键的转折点。

我们并不满意这种事后反推的解释（post-hoc-ergo-propter-hoc）。在 1945 年后，民族国家在基线概率上的激增，可能是由于作为去殖民化和民族自决倡导者的美国的全球实力上升。或者可能是全球经济迎来了空前增长，使更多的民族国家建设目标在经济上变得更为可行。或者它可能反映了殖民计划在法国和英国国内变得越来越不受欢迎——这可能与殖民主义在全世界的合法性下降有关，也可能与此无关。[26]总而言之，时间虚拟变量和一般时间趋势很少能就某个实质性论点提供确凿的证据。

结果

许多与民族国家形成的现代化理论相关的变量，彼此之间也是强烈相关的（请参见附录 3.4 中的相关系数矩阵）。这是因为这些变量都会随着时间变化而增长：识字率会上升，铁路里程会变得更长，政府开支也会增加，等等。这使得分开计算它们各自的影响变得非常棘手。为了独立检验这些变量各自的解释力，我们将它们分别纳入模型。此外，我们在所有的模型中都纳入了有关大洲的虚拟变量，来控制世界各个地方没有被观察到的异质性——换言之，我们用它们来检验撒哈拉以南非洲、西欧等地是否更容易形成民族国家，而这些因素又是我们无法通过变量和数据来完全捕捉的。

主要发现

表 3.1 中的模型 1 纳入了铁路里程，以此来检验我们从盖尔纳的研究中推导出的核心假设。该变量不能达到统计显著性的标准水平[表格中显著的变量都

---

① 该宣言的正式名称是《关于准许殖民地国家及民族独立之宣言》(Declaration on the Granting of Independence to Colonial Countries and Peoples)，由联合国大会第一五一四（十五）号决议[United Nations General Assembly Resolution 1514(ⅩⅤ)]通过。——译者注

用星号(＊)进行标记]。用常用语表述就是,在95％的置信区间内,铁路的里程不太可能与民族国家的形成有关。即便我们将样本限制在1914年之前的年份,因为在这一时间段内的铁路里程比之后的时段能更好地用作工业化的代理变量,这一结果也没有发生改变。我们发现工业化与民族国家形成之间没有普遍关系的原因(根据这里并没有报告的其他分析结果),在于拉丁美洲的早期民族国家形成于工业化启动之前的环境当中。同理,在20世纪60年代,非洲的许多领土在工业化薄弱的时候就成为了民族国家,而高度工业化的苏联和南斯拉夫各加盟国不得不再花费一代人的时间来完成民族国家建设。[27]这种历史发展的混合可能解释了,为什么在工业化和民族国家诞生之间没有统计上显著的关系。

表3.1　解释民族国家的形成(logit分析)

	模型1	模型2	模型3	模型4	模型5
每平方千米内的铁路里程	0.005 (0.004)				
对应国家或省份的领土		−0.300 (0.222)			
成年人识字率		−0.016** (0.005)			
中央政府为领土的支出			−0.213* (0.084)		
中心地区是否为国际组织成员				0.008 (0.005)	
世界上民族国家的总数				−0.025** (0.008)	
过去五年从同一帝国中诞生的民族国家数量				0.165** (0.038)	0.124** (0.034)
过去五年周边诞生的民族国家数量				0.780** (0.121)	0.512** (0.124)
国家组织的存在					1.087** (0.292)
自从第一个国家组织建立以来经历的年份					0.007* (0.003)
帝国内部爆发的战争数					0.297** (0.051)

续表

	模型 1	模型 2	模型 3	模型 4	模型 5
领土内部爆发 的战争数					0.481** (0.182)
中心在全球霸权 中的占比					0.061* (0.029)
中心在全球中的 占比×是否为帝国属地					−0.108** (0.03)
是否为帝国属地					0.406 (0.287)
观察值数量	17 500	17 522	9 821	17 522	16 488

注:这里并没有展示有关大洲的虚拟变量、立方样条以及常数;括号内是稳健标准误; * 表示在5%的水平上显著;** 表示在1%的水平上显著。

这暗示了政治和权力构型因素的重要性,然而这些因素在盖尔纳的叙述中在很大程度上缺失了,对此我们将在下面做进一步的探讨:苏联拥有在高度工业化的加盟共和国中抑制民族主义运动的能力,尤其是通过将少数民族精英吸纳进加盟共和国的政府或加以控制。相比之下,西班牙因遭受拿破仑入侵以及后来陷入内战,所以在工业化之前的很长一段时间内,无力顾及其治下遥远的殖民地。

模型2包括了与安德森(以及罗德)的理论相关的变量。与省或者国家边界对应的领土并不更可能成为民族国家。[28]识字率的效应在统计上则是显著负相关的(这意味着识字率更高的社会更不可能成为民族国家)。但是,在其他的时间指定下,这一结果并不稳健,且产生的都是不显著的结果。因此,我们并不认为这是一个可靠的发现。如果我们更细致地只聚焦安德森的理论,即高大众识字率或者成为一个省级单位最有利于民族国家的形成时,又会发生些什么呢?政治实体的变量对欧洲殖民地的影响来说也不显著(在此并未展示结果)。如果我们只分析欧洲领土的话,识字率这一变量也无法达到统计显著性的标准,而在安德森看来,高识字率应当是第二波和第三波民族主义形成的催化剂(结果并未在此展示)。[29]

为什么识字率这一变量并没有像安德森预期的那样产生影响呢?[30]附加的

分析(这里并没有展示)是这么解释的：在第一次世界大战后，所有东欧的共产主义政权以及非洲的殖民政府大大提高了民众的识字率，而这一措施的推行远远早于这些地区的民族国家形成。或许这些政权能通过引导人们将自己想象为——至少是暂时性的——诸如忠于王室的臣民或者全世界革命的工人阶级等非国家共同体，从而与民族主义者保持距离。因此，大众识字率与民族主义之间的关系可能并没有安德森说的那样直接。

模型 3 整合了我们对统治直接程度的测量，这就减少了几乎一半的观察值数量，因为我们没有办法找到大多数前殖民国家的数据。这一变量始终是稳健显著的负相关关系，这表明一块领土受到政治中心的直接统治越多，最终成为民族国家的可能性就越低。这与从赫克特和蒂利观点得出的假设相反。[31]这样看起来，受直接统治越多的国家越能抵挡住向民族国家模式的转变，它们通过"收买"民众的同意、建立联盟与依赖的网络，来吸纳可能受到民族主义蛊惑的民众，以此来制衡民族主义者。然而，产生这一结果的主要原因在于中东的君主制国家，这些国家到 2001 年时仍然没有经历向民族国家的转变，尽管它们的人均政府支出非常高。这也是我们在本章报告的所有结果中，唯一依赖少数观察结果的情况。

为了对全部数据库再进行一次分析，我们在接下来的回归模型中排除了政府支出这一变量。模型 4 引入了有关扩散的变量。全球扩散的效应在统计上是负显著的，这意味着世界范围内的民族国家数量越多，额外的民族国家建立的可能性就越低。然而，这一结果并没有实际意义。这完全是由于时间趋势与世界范围内的民族国家数量是高度相关的。[32]与斯特朗(Stranger 1991b)对去殖民化的分析相比[33]，我们并没有发现对世界政体理论纵向维度的任何支持证据。[34]政治中心在政府间组织中的成员身份数量——用来检验世界政体理论中横截面维度的变量——也没能达到显著。这样，卷入世界政体程度越深的地区并不比孤立的地区更可能成为民族国家。

现在让我们再来看看权力构型理论在统计检验中表现如何。在模型 4 中，我们发现，权力构型理论为民族国家对在帝国内部以及在周边层级的扩散提供了显著且富有意义的证据。在帝国内部以及领土周边建立的民族国家数量在过去五年中的上升，大幅增加了民族国家建立的可能性，这就指向了模仿机制与多米诺骨牌机制。[35]

　　这里举一些说明这些结果的例子。对于在帝国内部扩散的民族国家而言，这些例子包括：当玻利瓦尔的民族革命精神在西班牙的许多前殖民地已经深入人心时，革命派对玻利维亚残余的保王党施加的政治与军事压力是如何上升的；在鲁米利亚的许多奥斯曼帝国行省已经成为独立的民族国家后，土耳其的团结与进步委员会（Committee for Union and Progress）是如何放弃了哈米德式的（Hamidian）帝国复兴计划，转而拥抱民族国家模式的；以及印度独立是如何启发与鼓舞英帝国内部其他地区民族主义运动的；等等。

　　由于抵抗拿破仑占领的民族主义运动，在伊比利亚半岛上展开了相互竞争的民族国家建设项目，这为周边的扩散效应提供了一个实例。葡萄牙爆发的自由主义革命以及由此诞生的葡萄牙现代民族国家，是为了对抗无法履职的国王（他跑到了巴西）①以及该国的老对手西班牙。西班牙刚刚效仿法国民兵（*peuple en arme*）组建了一支大规模军队，并在世界上的第一次游击战争②中击败了法国——这已经威胁到了葡萄牙的独立。

　　模型5探索了与权力构型理论相关的其他变量在统计检验中的表现。用于测量民族主义运动强度的代理变量——自从第一波国家组织建立以来经历的年份——对模型5中民族国家建立的可能性存在显著的影响。因为我们也纳入了虚拟变量来表示其在第一波国家建立之后的一段时期，这种影响与民族主义本身的存在与否无关。然而，结果表明民族主义的存在是对民族国家建立的非常强有力的预测指标。这契合了权力构型模型的基本理论框架，但不足以表明民族主义力量首先需要在最终接管一个现有国家或建立一个新国家之前出现。[36]

　　与权力构型理论相关的另一个核心假设是：如果帝国的中心遭到了战争的重创，那么民族主义更可能成功——这与斯考切波对革命的分析类似。诚然，过去发生在领土中与发生在帝国内部（排除发生战争的领土）的战争数量显著地影响了民族国家建立的可能性。后者的例子包括了保皇党与玻利瓦尔主义者之间发生的内战，有助于波罗的海国家在第一次世界大战后独立的民族解放战争，以

---

① 1808年，拿破仑大军占领葡萄牙，统治葡萄牙王国的布拉干萨王室逃往殖民地巴西。葡萄牙本土出现了君主缺位的情况。——译者注

② 即半岛战争。——译者注

及让保加利亚在1879年成为独立的民族国家的俄土战争。而就在四年前，奥斯曼帝国刚刚镇压了保加利亚人的起义。

需要指出的是，这一简短的列表包括了民族主义解放战争，例如发生在玻利维亚或者波罗的海的战争，它们是民族国家建立的直接原因——这也是下一章将要讨论的重要机制。但在另一方面，俄罗斯与土耳其之间的战争与保加利亚民族主义者的斗争之间并不存在因果关系。而这正是说明斯考切波笔下"助产士效应"（midwife effect）的最佳例证。即便我们在对战争变量的编码中排除了民族主义解放战争，后者能单独捕获这种助产士效应，排除后的新编码仍然能显著地影响模型5中的民族国家建立（在此并未展示结果）。因此，发生在领土上的战争变量捕获了两种不同的机制：首先，民族主义者通过成功的民族主义独立战争这一特定渠道实现了建立民族国家的目标。其次，在特定地区爆发的战争虽然与民族主义斗争无关，但使得权力的天平向有利于民族主义者的一方倾斜，因此仍然削弱了当权的国家精英，从而有利于民族主义革命的成功。

第一次世界大战重创了哈布斯堡王朝和俄罗斯帝国，这些旧帝国的领土上诞生了一批民族国家，这为说明爆发在帝国内一部分地区的战争如何促进了帝国的其他部分诞生民族国家提供了理想的案例。而其他案例，包括肯尼亚茅茅起义（Mau Mau rebellion）①和马来西亚反殖民的共产主义起义，削弱了英帝国继续保留这些殖民地的意愿，并且加速了加纳的独立——这是非洲大陆上的第一次独立。与之相似的是，阿尔及利亚和法属喀麦隆人民的浴血斗争，同样削弱了法国进一步阻碍其西非属地去殖民化的能力与意愿。[37]

根据我们的构型理论，帝国中心抵制民族主义者挑战的能力取决于它在国际环境中的处境。然而我们发现，"帝国中心的全球性权力"这一效应对于自治地区来说，是不同于帝国属地或殖民地的。模型5中的交互项是显著负相关的，而非交互项的系数则是显著正相关的。那么这种情况下的交互项究竟意味着什么呢？事实上，交互项表示的是一个变量受到另外一个变量取值的影响。在这个例子里，如果"属地"的变量取值是1——换言之，如果我们将目光聚焦到殖民地和帝国属地，那么"帝国中心的全球性权力"就降低了这些地区建立民族国家

---

① 1952—1960年，肯尼亚当地民众反抗英国殖民统治的斗争。——译者注

的可能性。没有交互的"帝国中心的全球性权力"变量指的是这些"属地"变量取值是 0 的领土——这意味着这些领土都是独立的国家。因为"帝国中心的权力"这一变量产生的效应是显著正相关的,它可能意味着,独立国家在国际舞台上的影响力越大,成为民族国家的可能性越小。但是,如果我们使用年份或者线性时间趋势而不是条形图来呈现时间效应,后者的显著性就消失了(这里并没有展示结果);因此,我们并不依赖对这些独立国家的研究发现。

然而,是否为帝国属地和殖民地,这对民族国家形成的作用是稳健的。作为国际舞台上的强大玩家,帝国能更容易地收买、控制或者镇压民族主义运动,防止在它们自己的属地上建立民族国家。当然,我们可以拿西班牙作为反例进行说明。因为自从其主力舰队在著名的特拉法加尔海战中被重创后,西班牙的注意力又因拿破仑大军对其腹地的占领而迅速转移,因而无法吸纳或者收买位于新大陆属地的克里奥尔(Creole)民族主义者,或者干脆将这些独立运动镇压下去。

情境与偶然性

模型 5 为与民族国家建立的权力构型模型有关的不同假设提供了强有力且一致的支持。[38]那么,这些发现对于现代世界中不同时间跨度与不同波次中的民族国家建立来说都成立吗?哈布斯堡帝国崩解的故事与苏联解体的故事不是大不相同吗?我们应该期待,与 20 世纪后期相比,在 19 世纪早期的时候,变量是以不同的方式影响结果吗?表 3.2 是对这些问题作出回答的一些附加检验。

表 3.2 中的模型 4 证明了不同的帝国属地——如奥斯曼帝国、罗曼诺夫王朝或者英帝国的属地——与日本、瑞士等其他 18 个在历史上保持自治的国家之间没有区别。[39]没有哪个年代特别容易建立民族国家(请参见模型 3),但是始于 1956 年的非洲去殖民化年代,以及苏联和南斯拉夫解体的 20 世纪 90 年代除外(更多的分析请见下文)。如果我们只关注 1914 年之前(模型 1)或者之后——它们几乎是我们数据的中间点——的观察值(模型 2),我们会发现结果大同小异。然而第一次世界大战后发生在领土上的战争不再能显著影响民族国家的建立,帝国中心的全球权力所占比重这一变量也只是边缘显著而已。[40]

表 3.2　情境重要吗？对子样本与其他协变量的 logit 回归

	模型 1 1914 年以前	模型 2 1914 年以后	模型 3 年代[a]	模型 4 帝国[b]	
过去五年内在帝国中 建立的民族国家数量	0.297** (0.104)	0.134** (0.037)	0.110** (0.04)	0.135** (0.049)	
过去五年内周边地区 建立的民族国家数量	0.496* (0.232)	0.634** (0.158)	0.486** (0.123)	0.630** (0.124)	
第一波国家组织 建立后的年数	0.025** (0.005)	0.010** (0.003)	0.018** (0.003)	0.019** (0.003)	
中心在全球权力中所占 比重×是否为帝国属地	−0.15* (0.059)	−0.028 (0.017)	−0.056** (0.014)	−0.047 (0.026)	
帝国内部爆发的 战争数量	0.521** (0.097)	0.239** (0.051)	0.289** (0.047)	0.318** (0.043)	
领土上爆发的 战争数量	0.818** (0.230)	0.394 (0.224)	0.661** (0.173)	0.555** (0.183)	
1821—1840 年			1.58 (1.013)	0.65 (0.53)	西班牙
1841—1855 年			0.636 (1.068)	0.08 (0.403)	哈布斯堡 王朝
1856—1870 年			0.414 (1.073)	0.461 (0.4)	罗曼诺夫 王朝
1871—1885 年			0.303 (1.102)	−0.391 (0.513)	奥斯曼帝国
1886—1900 年			−1.084 (1.408)	−0.588 (0.37)	南斯拉夫
1901—1915 年			0.868 (1.062)	−0.777 (0.505)	俄罗斯帝国
1916—1930 年			0.82 (1.041)	0.444 (0.347)	法国
1931—1945 年			−0.153 (1.119)	0.455 (0.458)	英国
1946—1955 年			1.379 (1.025)	0.168 (0.373)	荷兰
1956—1965 年			2.456* (1.008)	−0.732 (0.569)	葡萄牙
1966—1975 年			1.906 (1.032)	0.748 (0.607)	其他帝国

续表

	模型 1 1914 年以前	模型 2 1914 年以后	模型 3 年代[a]	模型 4 帝国[b]	
1976—1985 年			−0.411 (1.409)	0.168 (0.299)	独立国家
1986—1995 年			3.129** (1.026)		
1996—2001 年			2.761* (1.28)		
观察值	11 116	5 372	16 488	16 421	

注:立方样条与常数项并未显示;括号内是稳健标准误;＊表示在 5％的水平上显著;
＊＊表示在 1％的水平上显著。

a. 以 1816—1820 年为参照类别。

b. 以前殖民地区为参照类别。

　　我们进一步关注全球权力所占比重这一变量产生的影响如何随时间发生变化。直到 1970 年,它(让民族国家建立更不可能)的效应都是负的,但是之后就表现出正效应(让民族国家建立更可能)。[41]这是因为在 20 世纪 90 年代时,尽管苏联领土范围内建立了很多民族国家,但是莫斯科在全球的经济与军事权力中仍然占有不可小觑的地位,这与在 20 世纪 90 年代时一直在抵挡民族主义、因此仍然处于风险之中的海湾地区小型君主制国家形成了对比。因此我们需要描述非洲去殖民化与苏联解体的特殊性。

　　按照我们建立的模型与搜集的数据,莫斯科本有能力去镇压或者招安独立运动——但是民族国家却在其领土上如雨后春笋般出现。相似的是,英法帝国在撒哈拉以南非洲殖民统治的崩溃是事先设计好的(关于英属非洲的论述,请参见 Flint 1983),最后也得到了帝国中心的支持而非镇压(关于法属西非的论述,请参见 Chafter 2002)。在 1960 年和 1991 年,在这么多领土上建立了民族国家的现象,能仅从帝国缺乏意愿来维持并守护领土的角度解释,从而使两个相应的十年与模型 3 中的其他年份形成鲜明的对比吗?偶然性在这两波民族国家形成的浪潮中发挥作用了吗?换言之,从权力构型的观点来看,偶然性并不能预见缺乏使用权力的意愿吗?

　　在此,我建议针对数据分析中出现的问题展开讨论,而非解决理论中的缺陷,或者对其中缺乏的经验支持加以弥补。接下来的讨论将聚焦在苏联案例上,但在对待非洲去殖民化这一问题上也可以给出相似的分析论点(请参见 Hiers and Wimmer,in press)。首先,克里姆林宫对内的统治可能太过脆弱,以致不能利用苏联全球性的军事与经济权力来镇压民族独立运动,即便苏联领导人想这么做,也是心有余而力不足。我们没有足够细致的数据来捕捉俄罗斯总统叶利钦和发动政变的苏联将军们[1]之间的权力关系。前者曾引人注目地在成千上万支持者的簇拥下,登上开到莫斯科议会大厦广场前的坦克,后者则想镇压民族独立来重建苏联对帝国境内一切领土的控制,包括对俄罗斯的控制。苏联的将军们很有可能无法再运用帝国全球性的军事与经济权力来镇压民族主义运动。如果我们有更细致、更好的数据,那么我们就能捕捉到苏联对权力资源缺乏有效控制的特点,从而就不会得出 1970 年以来帝国的全球性权力这一变量产生的是相反的效应。

其次,以年为观察单元,并不能捕捉快速变化的扩散效应。波罗的海国家对"主权"的宣称(1988 年)以及之后的全面独立(1991 年 9 月)激发了高加索共和国的领导人在 1991 年 12 月上旬宣布独立。[2]在 12 月中旬,叶利钦引发的俄罗斯民族主义狂飙与俄罗斯宣布独立,推动了苏联的剩余部分土崩瓦解。这样,仅剩的中亚各加盟共和国除了独立建国之外别无选择,它们在同一个月内相继宣布了独立。如果我们数据的观察单元能以每周而不是每年的形式呈现,那么这些快速的扩散过程就能被捕捉到,正如黑尔(Hale 2000)指出的那样。如果我们有更加细致的扩散数据,那么 20 世纪 90 年代与其他年代相比可能就不再那么突出了。

借助更好的数据以及更为细致的分析,我们得以对政治动员、竞争、压制、扩散以及模仿的复杂动态有了更深入的理解,这些变动可以在数天或者数周内改

---

[1]　这里指的是在"八一九事件"中,以苏联副总统根纳季·伊万诺维奇·亚纳耶夫(Gennady Ivanovich Yanayev)为首,由总理瓦连京·谢尔盖耶维奇·帕夫洛夫(Valentin Sergeyevich Pavlov)、国防会议第一副主席奥列格·德米特里耶维奇·巴克拉诺夫(Oleg Dmitriyevich Baklanov)、国防部长德米特里·季莫费耶维奇·亚佐夫(Dmitry Timofeyevich Yazov)、内务部长鲍里斯·卡尔洛维奇·普戈(Boris Karlovich Pugo)、国家安全委员会主席弗拉基米尔·亚历山德罗维奇·克留奇科夫(Vadimir Alexandrovich Kryuchkov)等八人为首组成的国家紧急状态委员会。——译者注

[2]　即 1991 年车臣共和国总统焦哈尔·穆萨耶维奇·杜达耶夫(Djokhar Musayevitch Doudaïev)宣布车臣独立的事件。——译者注

变民族主义者与在位精英之间的权力平衡[请参见贝辛格（Beissinger 2002）对苏联的精彩分析]。我们建立的从拿破仑帝国的崩溃到 21 世纪初的全球数据库虽然不能完全解决这一任务，但是它可以突出这些民族国家形成的浪潮，比如苏联和非洲殖民帝国的解体，都是由这些快速变化的动力所推动的。

结论

过去的比较历史研究已经探索了民族国家形成的不同路径，如：自上而下进行改革的日本；通过渐进方式转向民族国家的瑞典和泰国；通过革命推翻旧制度的俄罗斯或者通过内战推翻旧制度的美国和瑞士；发生民族主义分离冲突的南斯拉夫和墨西哥；以及发生统一运动的德国和也门。我们的分析表明，无论一块领土沿着什么样的路径发展，当权力构型有利于民族主义运动或民族主义者而非帝国中心或者旧制度时，民族国家就会建立起来，这与国内的现代化进程是否为国家建设做好了铺垫无关。当民族主义者有大量的时间去动员追随者并宣传他们自己的意识形态，或者当现有的政权受到了战争的削弱时，权力转移就更有可能发生。民族国家在周边地区或者在同一帝国内部的扩散，通过提供可以效法的模式以及可以依赖的新联盟伙伴，赋予民族主义者以权力。但是从另外一方面来说，当民族主义者面对的帝国拥有强大的全球性军事与经济权力时，他们就处于劣势了。

因此，我们将权力制衡与扩散机制整合进简单的权力构型模型中，这样模型就包括了国内与国际双重维度，并且包括了权力的军事、政治以及象征性等方面。与政治现代化一说相反，这一模型强调了更多近似的政治因素，比如战争或者帝国精英们的政治地位。政治现代化，或者更具体地说，国家的中央集权化，对理解之前章节讨论的诸如法国这样的早期内生国家建设案例来说至关重要。但是它们与随后世界其他地区采用民族国家的形式却没有多大关系。

至于盖尔纳和安德森关于经济与文化现代化的理论，其分析表明，民族国家在世界范围内的兴起与这些缓慢变化的历史力量是脱钩的——或者至少只有间接关系。[42]比起世界政体理论，我们发现在周边国家中和帝国领地上，尽管民族国家的模式在全球范围内的垄断地位日益上升——这当然是值得强调的历史现象——但是它却不能很好地预测民族国家诞生过程中的个体情况。这就揭示了一种可能——正如导论中提到的那样——民族国家的全球性霸权的结果源于全世界兴起的民族国家，而不是相反。

本书最后两章先后探索了第一波民族国家是如何在18世纪兴起的，以及为什么在19世纪和20世纪期间，民族主义与民族国家在全世界扩散开来。我们已经看到，战争是如何以多种方式促成了这些发展的：在早期现代时段，越来越多的民众参与到战争中，这对他们与国家精英形成新的交换关系以及民族主义意识形态对此的表达与巩固而言至关重要。这一新型的全国性契约让国家更具有合法性，甚至在军事能力方面也变得更强——从而使得这一模式在不久后主宰世界其他地区成为可能。这就在全世界催生了一波政治运动，旨在获取民族国家的成功秘诀，并使得效法这一制度结构变得可行。本章论证了，当旧制度遭到往往与民族主义无关的战争削弱时，民族主义运动通常也就出现了（这就是我所指的斯考切波笔下的助产士效应）。我在下一章中将会更加系统地分析民族国家的形成与战争之间的关系。

【注释】

[1] 基斯·达登（Keith Darden 2011）最近的研究证实了安德森的推理线索。在欧亚地区数据的基础上，他展示了一群人在学习了相关语言的字母从而接受了民族主义灌输后，即使后来面对来自其他语言和民族主义计划的同化尝试，他们也仍然忠于国家认同。

[2] 关于对大众进行的民族主义动员如何使拿破仑打败他的王朝对手的论述，请参见 Posen(1993b)；对于民族国家军事优势引发的扩散效应更普遍的论述，请参见 Taliaferro(2009)。

[3] 我很感谢韦斯利·希尔斯提供的研究协助。这些数字建立在威默和闵搜集的1816年到2001年的战争数据库上，下一章将会对此进行介绍。这一数据库包括了164场国家间战争，以及79场民族国家与非民族国家之间的较量。79场战争中有64场战争分出了明显的胜负，其中民族国家赢得了59场胜利。当我们排除了这些征服性战争后，有22场民族国家对非民族国家的战争，其中13场分出了明显胜负，民族国家赢得了其中的9场。

[4] 格林菲尔德（Greefeld 1992）探索了对法国与英国优势地位的不满如何进一步点燃了东欧的民族主义。穆夫提（Mufti 1996）展示了后殖民时代的精英如何在控制自己国家的既得利益后，阻挡了伊拉克和叙利亚的泛阿拉伯主义重塑殖民边界。赫伯斯特（Herbst 2000）就非洲提出了相似的论点。这与战后民族国家是被创造出来的观点形成

了对比,该观点强调,国际体系坚持主权应当建立在殖民边界内(Jackson 1990)。

[5] 我们对这一假设进行了初步分析,将一块领土建立第一个国家性组织的年份作为因变量(编码规则请参见下文)。这一数据只包括了取得成功的民族主义运动,因为大量的民族主义运动从来就没有成功地实现他们的目标,这些情况都没有被纳入考虑。我们发现现代化变量(以工业化、大众识字率的上升以及直接统治等为代理度量)与民族主义之间的相关性并不稳健。但是有证据表明,民族主义在全球范围内的兴起归功于这样的扩散过程:在过去五年内,在周边地区建立的国家组织与在帝国内部其他地区发生的民族主义独立战争激发了民族国家的建立。

[6] 格莱迪奇和沃德(Gleditsch and Ward 2006)在他们对民主化的分析中发现,地区性扩散与本地性赋权之间具有相似的关系。

[7] 我们的理论整合了多宾等人(Dobbin et al. 2007)发现的不同机制。其中,民族主义的扩散对应了建构主义社会学家强调的"跟随领导者"(following the leader)效应。民族国家像帝国主义般的扩散与社会学家提出的"相似国家之间的模仿",或者与政治学家研究的网络行动者之间的"引导学习"(channeled learning)相似。最后,向周边的扩散不仅包含了模仿机制的方面,也包含了经济学家研究的竞争效应。

[8] 他的发现支持了沃勒斯坦(Wallerstein)的霸权周期理论(当出现全球性的霸权统治时,去殖民化更可能发生)、世界政体理论(联合国在 1960 年通过《反殖民主义宣言》后,全世界去殖民化的进程加快了)、权力平衡理论(受到具有强大海军能力的大国统治的殖民地不太可能成为独立国家)以及帝国的扩散效应论。在变量更少但是时段更长,并且包括了伊比利亚殖民地的一项相关研究中,斯特朗(Strang 1991b)得出了相似的发现。第二个研究同样报告了全球扩散效应,这是通过对已经独立的殖民地数量来测算的。

[9] 罗德的研究表明,如果次国家单元是自治的,如果中央精英的力量因内乱和政治动荡而被削弱,如果地方人口被排除在政治参与之外,或者其使用的语言与信仰的宗教均不同于核心地区的人口,或者在被并吞进当下的国家之前,这些地方曾经经历过独立建国,那么这些地方形成民族国家的可能性就越大。

[10] 我们在数据库中排除了阿尔巴尼亚、伯利兹、吉布提、赤道几内亚、格陵兰、冰岛、莱索托以及纳米比亚。然而我们纳入了冈比亚、科威特、塞浦路斯、巴林、卡塔尔和毛里求斯这些领土面积小于 20 000 平方千米的领土。

[11] 对其他五种可能的风险集定义的优缺点进行简要的讨论可能是有必要的。第一,人们可能会选择 1816 年的国家作为观察值,这样就避免了"对历史回溯性编码"的问题。但是,除了德国、意大利和也门是例外,这些单元事实上比它们转向的民族国家更大,这使得我们难以识别单一的事件。第二,人们可以对任何一年存在的国家单元进行编码,而不是对固定的领土单元进行编码。这样做的好处是,所有的自变量都会与有意义的政治实体相关,但同时也会产生这样的问题:结果(民族国家的建立)往往无法归因到实际有过这一经历的单元,就像帝国解体为一系列民族国家的情况。第三种备选的研究设计是选择固定的空间观察单元,如 100×100 平方千米的小格。这将产生一个完全独立于结果的风险集。然后,人们将不得不处理这样一个问题:为构成某一民族国家的所有单元做的事件编码显然不可能相互独立。

第四,人们可以说,今天的联邦制国家(如尼日利亚或印度)中包含的单元有可能独立建成自己的民族国家，特别是对于由少数族群组成的联邦省份/州来说。对此，我们也相应地重新定义了我们使用的风险集［使用克里斯汀和哈格（Christin and Hug 2009）的数据］，但发现结果并无重大差异。这种研究设计显然增加了测量误差，因为我们为所有这些次国家单元的所有自变量分配了相同的值；同时这种做法是基于对哪些国家包含联邦下属单元的事后定义。

最后，人们可以把族群作为分析单元，这将有助于克服我们所使用的方法暗含的潜在选择性偏差。遗憾的是，我们无从得知1816年时世界上的族群构成，因此我们无法对这些不同的风险集进行操作。基于当代族群的固定风险集与我们的研究设计产生了同样的潜在选择偏差。无论是使用变化的还是固定的风险集，要找到1816年以来数以千计的族群的年度数据都是相当有挑战性的。为了说明这一挑战的严重性："民族语"网站（Ethno-logue）列出了近7 000种现存的语言，今天至少还有10万人在使用其中的大约900种语言，这一体量或许足以构成一个微型国家。

［12］20世纪90年代，在瑞士、奥地利、捷克斯洛伐克、南斯拉夫的一些继承国、波罗的海国家、乌克兰、亚美尼亚和摩尔多瓦，以及在芬兰、伯利兹、苏里南、塞浦路斯、冈比亚、塞拉利昂和尼日利亚，这些地方的民族国家建立与民主革命是同时进行的。只有少数几个国家，其中大部分还是英国移民在新大陆建立的国家，在成为完全独立的民族国家时就已经很民主了。

［13］然而，我们并不把那些通过宪法将一部分人口排除在公民之外的国家定义为现代民族国家（比如废除奴隶制之前的美国，或者在授予大多数原住民投票权之前的利比里亚）。此外，当政府取缔一些少数族群的公民权时（如纳粹德国对犹太人的迫害），我们也并不将其编码为倒退回"前民族国家"的状态。事实上，改变这一小部分编码并不影响最后的结果。

［14］有人可能会对偏差感到担忧，这是因为，只有脆弱的民族国家后来才会被帝国重新征服，或者分裂成一系列更小的民族国家。

［15］这些领土包括了一些拉美国家以及摩洛哥、爱尔兰，它们在宪法通过之前就已经取得独立了；此外，还包括了一些在独立后的第一个十年内，在宪制上仍然将治下大部分人口排除在公民之外的独立国家（利比里亚、美国、罗得西亚、南非以及澳大利亚）。

［16］对于哈布斯堡帝国的数据，我们采用了施特拉赫（Strach 1906）、海涅斯道夫（Heinersdoff 1975）以及奥布雷格（Oberegger 2008）的研究；对于南斯拉夫的继承国，我们采用了奥布雷格（Oberegger 2008）的研究；对于罗曼诺夫帝国的数据，我们采用了佩尔（Perl 1872）、罗尔（Roll 1915）以及罗塔维奥里（Rautavuiori 2008）的研究；对于德国的数据，我们采用了罗尔（Roll 1915）的研究；对于苏联各加盟共和国的数据，我们采用了苏联中央统计局（Central Statistical Administration 1957）以及萨卡里和利卡（Sakari and Likka 2003）的数据；对于奥斯曼帝国的数据，我们采用了卡尔卡（Karkar 1972）和博宁（Bonine 1998）的研究。

［17］然而，根据万哈宁（Vanhanen 2000）搜集的196个数据，铁路里程与农业以外的从业人口比例是有相关性的（在1970年之前，其相关系数 r＝0.45 或者 0.65）。

尽管前民族国家只有1 000到2 000个观察值，但是我们还是利用已有的关于能源消费、城市化、钢铁产量以及从事农业以外产业的劳动力占比的历史数据作为替代性测量，在此基础上做了尝试。这些模型(这里并未展示)的结果与使用铁路变量的结果在本质上是相同的。

但是,汽车的出现难道不是让铁路里程作为 20 世纪工业化的代理变量的效果越来越差吗?事实上,那些在第一次世界大战或第二次世界大战后停止修建铁路的国家,大多在开始依赖汽车之前就已经建成了民族国家,这样,潜在的问题便被最小化了。虽然一些殖民地让它们自身的铁路系统性地衰退,但是在第二次世界大战后,更多的国家继续建造铁路,这种情况一直持续到了 20 世纪 70 年代甚至更晚。比如津巴布韦、莫桑比克、南非、安哥拉、孟加拉国、马来西亚、亚美尼亚、斯洛伐克、克罗地亚、乌兹别克斯坦和塔吉克斯坦就是符合这种情况的案例。我们还对第一次世界大战前的模型进行了单独运算,发现结果并没有明显的改变。

[18] 在少数情况下,如果一些领土缺乏早期数据,我们便选择与之最相似的社会的数据:我们给越南和韩国的识字率赋予与 19 世纪初中国相同的数字。我们给老挝和柬埔寨的识字率赋予与泰国识字率相同的数字;此外,突尼斯 20 世纪中期的识字率也被用于摩洛哥、利比亚、阿尔及利亚和马来西亚。我们对奥地利内莱塔尼亚(Cisleithanian)省估算的数据借用的是普鲁士威斯特伐利亚(Westphalia)的数据。对于英国在非洲的几个殖民地来说,我们假设其在 20 世纪的增长率与最佳研究个案加纳的数据相同。在没有本土文字的社会中,所有被殖民前的领土取值都被设为 0。

[19] 我们用以计算西班牙帝国的数据主要来源于克莱恩(Klein 1998);对于奥斯曼帝国的数据,肖(Shaw 1978)和阿卡尔(Akar 1999)提供了政府开支的数据,而杰姆·贝哈尔(Cem Behar 1996)和卡帕特(Karpat 1985)则提供了人口数据;苏联的政府支出数据来自普罗特尼科夫(Plotnikov 1948/1954)和财政部国家预算综合司(不同年份),而人口数据则来自《新世界人口统计》(New World Demographics, 1992)和科兹洛夫(Kozlov 1988)。由于苏联经济的性质,苏联的预算基本上包括整个经济(关于苏联的预算,请参见 Hutchings 1983)。为了让这些数据与其他数据可比,我们排除了省级预算中所有与商品生产和销售有关的费用,包括与养老金、医疗保健等相关的费用。

[20] 名义上是附属国,但事实上在奥斯曼人统治下的自治领土也被我们赋予了适当的取值,或者如果没有,则被编码为缺失数据。我们还对直接统治变量采用了不同的编码方式,以适应不同的可能解释。在一个编码的方法中,我们将所有被殖民前的、前现代的国家都设定为 0,以便将非官僚政权排除在我们的直接统治定义之外,从而有效地将前者解释为"现代的、官僚形式的直接统治"。另一个编码方法将奥斯曼帝国名义上控制、但事实上自治的领土(主要是阿尔及利亚、巴林、埃及、科威特、利比亚、突尼斯和阿联酋)编码为 0,对前现代或前殖民地的国家赋予其数值或将其编码为缺失。这代表了一种不区分现代和前现代形式的直接统治编码。接下来介绍的结果并不取决于使用这些不同的编码方式中的哪一种。

[21] 我们也使用未经调整的数据运行了所有模型,结果发现没有差异。

[22] 很明显,我们对周边地区、帝国内或者全世界的所有领土都进行了编码,包括缺乏其他自变量数据的领土以及因此在剩下的分析中不被纳入的领土。对于帝国的扩散这一变量而言,我们将属于帝国成员的限制放宽到了这一领土独立的五年后。为了计算周边地区这一变量,我们依据战争关联项目提供的毗连矩阵,用最大距离 150 英里来定义被

水域分隔的周边地区(COW 2008),同时排除了同一个帝国的周边地区,以避免混淆帝国内和周边地区各自的效应。

[23] 即便这个变量对所有的属地都赋值为 0,接下来汇报的结果也不会改变。

[24] 大部分信息建立在沃罗诺夫(Woronoff)的多个年份的工作基础上。

[25] 由于数据库中的数据是非平衡的面板数据,因此我们对所有的自变量都采取滞后一年的操作,以此来减小反向因果的问题。

[26] 与世界政体理论相比,英国从 20 世纪 30 年代末以来就已经着手准备去殖民化了(Flint 1983)。相比之下,纳粹德国的帝国扩张目标却在如火如荼地进行。

[27] 这就解释了为什么领土-固定效应模型(在此并未展示)在控制了不同领土上不随时间变化的差异,并且赋予了领土内差异比较以比时间变化更大的权重后,会产生有关铁路里程变量在统计上显著的负相关系数。但是当我们将东欧国家从样本中剔除的时候,统计系数就会变成显著的正相关。而当样本不包括非洲时,统计系数就变得不显著了。

铁路变量的效应在如下两种情况中变得显著:首先,是在不包括一般时间趋势,以及同时通过控制大洲或通过固定效应模型来控制拉丁美洲、非洲、苏联等领土的特异度时(正如前述注释指出的那样,在固定效应模型中,变量是显著的,但是系数却是负的)。其次,铁路对拉丁美洲和苏联领土的影响被第二波民族国家形成(即大哥伦比亚共和国、中美洲联邦共和国以及高加索和波罗的海地区的国家形成)消弭了。然而,只有当指定时间效应与立方样条时,这些结果才会显著。如果不考虑南非和南斯拉夫的最初形成,而只考虑哥伦比亚、委内瑞拉等国时,那么铁路变量又失去了显著性。

对子样本的分析表明,铁路里程只与中东、东欧的民族国家形成有着显著的正相关关系,当且仅当我们将民族国家形成之前的时段设为虚拟变量时。这一系数只对非洲在统计上是显著负相关的。改变铁路里程的长度对民族国家形成的可能性也没有显著的影响。

[28] 这一结果并不取决于我们对变量采取滞后的年数。即便我们将间隔按照平均每 20 年取值,得出的结果仍然是大致相当的。

[29] 只有不在模型中加入作为控制变量的各大洲,并且将线性的时间趋势指定为风险比率基线的设定时,识字率的效应才是显著正相关的(这归因于非洲国家迈向民族国家的时间很晚和它们很低的识字率)。除亚洲以外,对其他所有大洲的子样本来说,识字率的影响都是不显著的。

[30] 或许民族主义想象的涌现才是检验安德森有关大众识字率假说更好的因变量?只要模型中纳入作为虚拟变量的大洲,我们就会发现,识字率水平与国家组织的建立之间没有显著的关系(这里并未展示结果)。铁路里程和政府开支两类变量对国家形成的影响也是如此。然而,正如之前脚注提到的那样,帝国内部与周边的扩散机制似乎又起到了作用。

[31] 对于直接统治的不同编码,我们在模型 3 中仍然采取与之前模型保持大致不变的做法:如现代官僚式的统治(对诸如达荷美或者埃塞俄比亚之类的所有前现代国家都赋值为 0);实施现代直接统治的前现代国家(对无法获得数据的前现代国家编码为缺失值,对于实际自治的则编码为 0,如奥斯曼统治下的突尼斯)。限制发展中国家的观察值并不

会改变结果。在对子样本的分析中,除了对东欧(负相关)和亚洲(正相关)外,直接统治对其他所有大洲的影响都不显著。

只有在"异族直接统治"这项编码下,直接统治假设才能被证实:所有前殖民时代的领土、名义上是属地但事实上是自治的领土,以及所有的自治国家,都被编码为自治的。这些编码规则因此在自治的前殖民领土(它们没有经历过民族国家的诞生)与外国统治的帝国殖民地之间产生对比(后者最终转型为民族国家)。因为前殖民国家大多是族群自治的这一点非常令人怀疑[如祖鲁(Zulu)王国、杜兰尼(Durrani)帝国、本巴(Bemba)帝国],我们认为对自变量的这项编码并不是最可行的。

所有这些政府支出变量的不同版本没有根据地区的发展水平对取值进行标准化。这些结果仍然相近,除了上述讨论的"异族直接统治"在未标准化的版本中是完全不显著的。

[32] 全球扩散效应只与指定线性时间模型呈现出显著的相关关系,然而该模型没有捕捉到1945年后基线风险率上升的趋势。

[33] 与斯特朗相比,我们也没有发现他提到的其他全球层面变量的稳健性效应,即沃勒斯坦提出的霸权周期(这里并未展示结果)。同样与他研究相反的是,民族国家既不更可能在民主宗主国的属地出现,也不更可能在定居的社会中出现。然而,我们的结论确认,民族国家会在帝国内部扩散(请见下文),有足够强大的军事权力的中央也可以防止它们领土内发生民族主义分离运动。

[34] 有人可能指出,日益深化和扩展的世界文化本身就描述了基线事件风险的变迁,因此不需要在有关历史事件的模型中纳入时间趋势,从而避免了共线性问题。然而,扩散的变量从来没有契合过数据以及简单顺序时间(这里并未展示结果)。进一步,我们首先根据由全球扩散变量产生的风险比率,通过离散时间模型(以十年为间隔)回归分析预测了风险发生比率,然后再预测了通过线性时间计算的风险比率。长时间趋势与离散时间风险比率有很强的相关性。因此,全球扩散并不能代替时间的连续性和先后次序。

[35] 但是在帝国以及周边国家的层级中,真的是模仿机制与多米诺效应发挥了作用,而不是地区或者本地受到了全球层面要求采用民族国家模式的压力吗?首先,这些变量对分析1915年之前的子样本来说同样显著,这一时期全球层面要求采用民族国家的压力要小得多(请参见表3.2模型1)。其次,附加的分析表明,帝国内部或者周边领土向民族国家转变的绝对数量同样提升了剩余领土建立民族国家的可能。如果我们仅仅关注全球采用民族国家的压力,那么就无法预期这些累积性效应。因此,我们的发现与民主转型的研究并行不悖,后者已经指出,民主转型是在相关国家网络内部或者地理上相邻国家之间的扩散(Gleditsch and Ward 2006:925f.),而不是在一个单一的全球空间内部完成的。

[36] 自国家建立以来经历的年份这一变量对于小样本的地区分析来说十分敏感。如果我们将虚拟变量排除在模型之外,那么这一敏感性就完全消失了。

[37] 如果我们采用的是对过去五年爆发战争平均数量的编码,那么与战争变量相关的结果都近似。需要指出的是,对帝国战争变量的编码排除了同样在所考量的领土上进行的战争。因此,帝国战争与发生在一块领土上追求独立的斗争并不直接相关。

[38] 我们在模型5中也运行了"领土-固定效应",这考虑了单个领土不随时间变化的特征对民族国家建立的可能性产生影响,而这些特征又没有被我们使用的一系列变量捕捉到。简而言之,固定效应模型比标准模型更重视领土内随时间变化的特征。除却我

们稍后将讨论到的帝国中心的全球权力占比这一变量，所有的变量仍然符合统计显著的预期（结果在此并未展示）。我们在运行模型5时，也没有考虑在同一块领土上民族国家的重复建立。举例来说，我们纳入了捷克斯洛伐克的建立，但是没有纳入捷克和斯洛伐克后来各自的独立建国。这一结果（这里并未展示结果）在本质上是相同的。如果我们只考虑一块领土最近一次的民族国家建立，来防止对民族国家建立的重复计算（即如果我们排除了捷克斯洛伐克的建立，转而分别统计捷克和斯洛伐克的建立），或者如果我们从样本中删除了一整块大陆的所有观察值（这里并未展示结果），结果仍然是相同的。

[39] 也许独立的国家（如瑞士）向民族国家的转型真的不同于帝国属地（如加纳）向民族国家的转型？对这两类领土子样本的分析表明，结果并非如此。然而，中心在全球权力中占比的影响，在独立后建立的民族国家的子样本中就不显著了（这与上文讨论过的发现一致）；领土上爆发的战争只对在帝国之外建立的民族国家这一子样本存在边缘显著的效应。然而，如果我们分析从来没有成为帝国一部分的18块领土，那么唯一能显著影响民族国家建立可能的变量是国家组织建立以来经历的时间。

[40] 在对1880年以后发生在领土上的战争变量进行分析时，全球权力占比的效应就不再显著了。该模型对右截断更为稳健（与左截断相反，右截断不会产生不完整的、从而有问题的风险集）：在排除了1880年以及之后年份的子样本后，所有的协变量仍然是显著的，而当舍掉1850年以后的年份时，只有周边地区扩散这一变量是边缘显著的或者不显著的。

[41] 我们将所有的自变量都与线性时间做了交互，以确定在不同阶段的历史中是否存在因果异质性。对于任何一个自变量来说，除了帝国中心在全球权力中所占的比重，这些都不是问题，原因如下所述。

[42] 这里我们应该提一下另外两个有趣的无意义结果（non-result）。首先，我们检验了最大族群的规模[源自费伦（Fearon 2003）整理的数据]是否对民族国家的形成产生影响，结果发现并非如此。这一变量可以被视为对安东尼·史密斯观点的代理检验。史密斯认为，在拥有丰富的族群历史，并且拥有一个人口上占主导、有潜力构成未来国家的"族群核心"的领土上，民族主义者的动员更容易实现（A.D. Smith 1990：14，11）。这一结果当然是靠不住的，因为存在内生性问题：早期民族国家形成可以通过随后的同化或者种族清洗，来促使一族独大，而不是反过来。另一些作者指出，新教为民族国家提供了最好的培育基础，主要因为它的意识形态与民族主义存在亲和力（Gellner 1983：40f.；Smith 2003）。然而，我们对天主教与民族国家形成之间的稳健关系感到些许意外[巴雷特（Barrett 2001）提供了1900年和20世纪70年代以来人群中宗教信仰分布的数据]。

第四章　民族国家的形成与战争 *

"最近发生的事件再次清楚地表明,全世界还没有为实现永久性的和平做好准备。"(Hintze 1975:215)100年前,奥托·欣策(Otto Hintze)在第一本系统性研究战争的社会科学专著中写下的这句颇具讽刺意味的名言在当下显得多么真实。与此同时,大量研究战争为何发生以及什么时候更可能发生的文献涌现了出来。正如导论部分简要讨论的那样,这些文献在很大程度上忽视了民族主义与民族国家在全球范围内的扩散,而这两者可能正是引发战争的主要原因。本章阐明了国家间的战争与国内的战争更可能在民族国家形成的过程当中或由于民族国家的形成而爆发,从而弥补之前的疏漏。

* 本章改写自我与布莱恩·闵合作的发表在期刊上的论文。
　　我们感谢妮可·布塞(Nicole Busse)、韦斯利·希尔斯、维罗妮卡·勒纳兹(Veronika Lenarz)、阿尼·萨尔基西安(Ani Sarkissian)和努斯拉特·谢赫(Nusrat Sheikh)提供的出色研究协助。英德拉·德·索萨(Indra de Soysa)、约翰·奥尼尔(John O'Neal)、罗伯·迈尔、莉莲·闵(Lillian Min)、陈晓(Xiao Chen,音译)、拉斯-埃里克·塞德曼、克里斯托弗·布拉特曼(Christopher Blattman)、迈克尔·罗斯、哈佛·赫格雷(Harvard Hegre)和菲利克斯·埃尔沃特(Felix Elwert)等人对研究设计和数据编码提出了大量建议。在加州大学洛杉矶分校社会学系的方法论课程中,杰克·凯兹(Jack Katz)和罗伯·迈尔组织了对该方法框架和初步结果的讨论。这篇文章的部分内容在华盛顿大学迈克尔·赫克特召开的主题为"外来统治及其不满"(Alien Rule and Its Discontent)的会议上做过报告。斯塔西斯·卡莱瓦斯(Stathis Kalyvas)邀请我们在耶鲁大学的冲突、秩序和暴力中心(Center for Conflict, Order and Violence)报告了论文的第一个完整版本。我们在所有场合都收到了令人鼓舞的评论和批评。拉斯-埃里克·塞德曼、迈克尔·罗斯、尼古拉斯·萨姆巴尼斯(Nicholas Sambanis)和克里斯托弗·温希普(Christopher Winship)对之后的版本给出了慷慨的评论和有用的建议。

传统战争研究中的盲点

然而，国际关系领域的既有研究始于不同的角度，即世界并不处在一个全球性的政府统治之下，而是分属于相互竞争的主权实体。这样的无政府结构让国家间的战争成为全球历史中反复发生的特征。数十年来，人们为了弄清国家之间确切的军事权力分布与它们内部的决策过程如何更可能引发战争而展开了讨论。冷战期间的两极体系比多极体系更容易发生战争吗（Waltz 1979）？每当一个新兴国家上升为全球的主导力量时，全球性的战争就会爆发吗（Organski and Kugler 1980）？当寻求安全最大化的国家在军事上占据上风时，它们总是会互相攻击吗（Mearsheimer 2001）？或者是，只有当一方崇尚进攻性军事信条，并且在技术上超过防御一方时，就会爆发战争吗（Van Evera 1999）？是不是历史上关系长期剑拔弩张的两国，如印度和巴基斯坦，更可能在战场上兵戎相见（Diehl and Goertz 2000）？哪些国家在哪些议题上更容易陷入战争（Senese and Vasquez 2008）？什么样的信息不对称或者承诺问题，使得追求代价高昂的战争比讨价还价的解决方案更有吸引力（Fearon 1995）？国际规范与制度（Keohane 1984）或者国家间密集的贸易（Polachek 1980）能抵消国际无政府状态导致的后果并防止战争吗？什么样的国内行动者联盟能成功地推进扩张主义战争，他们又是如何把身后庞大的人群团结起来以支持自己呢（Snyder 1991）？此外，与之相关的：为什么民主国家不和民主国家打仗呢（Russet 1993）？

民族主义与民族国家的形成

这些关键的问题在过去数十年的研究中被反复问及［请参见列维和汤普森（Levy and Thompson 2010）的优秀综述］。正如我们所列出的那样，这些研究很少关注不同类型的国家在参与战争上的动机与频率是否不同——唯一例外的是，它们都讨论了为什么民主国家不打仗。[1]除却随着国家数量的增多，全球范围内的战争增多这一相当明显的现象，这些研究对于组成国际体系的政治单元的属性变化是否与战争相关的关注就更少了（有关参考文献请参见 Vasquez

2009:46)。国际关系学科从建立之初到现在,主要的关注点始终是国家间的军事权力和政治权力的分布,或者国家内部决策的逻辑。相应的是,在过去 200 年里,这些组成单位属性的转变——从由王朝国家或帝国组成的世界,转变为由民族国家组成的世界——并不被国际关系研究认为是引发战争的主要原因,也不被认为是国家出现或消失的过程。在这一系列庞大而复杂的文献中,只有一篇文章专门致力于理解在何种条件下新兴国家的建立与发生战争相关(Diehl and Goertz,1991);另一些学者则研究了新兴国家的暴力建立是如何导致其与周边国家发生战争的(Maoz 1989)。

　　相应的是,民族主义在国际关系的战争理论中只占据边缘地位。这些理论有时候认为,国家领导人通常会利用民族主义来证成他们针对周边国家发动战争的合法性,这样就可以转移人们对国内问题的注意力,或在必要时加强国内的政治支持(Snyder 2000)。而接下来将会进一步讨论的其他作者的研究,已经展现出了对生活在跨国边境两边的共同民族能导致周边国家爆发战争的关注。本章在"转移注意力"理论的基础上更进一步,也超越了对共同民族在国家间战争中作用的承认。它将展现民族主义在全球范围内的扩散与民族国家的形成会成为过去 200 年中战争爆发的主要原因。民族主义催生了新兴国家往往充满暴力的建立历程;这些新兴国家经常会与其他国家围绕族群混杂的领土大打出手;而在这些新兴国家独立数十年后,争夺国家控制权的族群民族主义内战仍然时常困扰着它们。

　　我们将自己的视野扩大到民族国家的形成过程之外,从而稍微偏离了本书的主要话题,这样我们也讨论了在过去 200 年间第二波主要转型的特性与数量:19 世纪帝国的扩张吞并了除尼泊尔、不丹、埃塞俄比亚、泰国与中国之外的大部分非西方世界。因此本章关注了现代世界中的两次重大制度转型过程,以及与之相关的战争:从世袭化的王国、部落联盟或村庄社会转向帝国,之后再从帝国转向民族国家。大部分国家与人民——除西欧外——在转型为民族国家之前,都是首次被并入帝国,在此我们关注迄今为止这种最常见的历史轨迹——这也与本书的全球视野一致。

　　因此本章关注了全部论点当中的制度主义部分。它表明,制度转型的阶段比制度稳定的阶段更容易引发战争,这是因为这一阶段的政治斗争格外激烈,以至于更有可能升级为武装冲突。本章的主要目的是从经验的角度出发,一方面展现帝国的扩张与民族国家的形成之间存在系统性关系,另一方面展现民族国家的形成与战争之间的关系。接下来的一章将会聚焦这一整体状况的一面,并且更近距离地研究,一旦民族国家建立,权力构型对内战的催动作用。

长期过程

只有当我们着眼于长期发展的过程时才会注意到,帝国的建设与民族国家的形成是导致战争爆发的主要来源。然而,关于国家间战争与内战的研究已经不再关注变化缓慢的、宏观层面的转型,而转向了对包含关键行动者在内的变化更快的决策过程的详细分析,这种分析通常聚焦在次国家层面。在国际关系文献当中,一度闻名遐迩的战争长波理论试图解释世界大战的周期性重复现象,指出这是长达60年的全球经济周期运行的结果(Goldstein 1991),或者全球霸权兴衰的世纪更替(Modelski and Morgan 1985;Thompson 1988)。毫无疑问,尽管过去200年已经见证了世界主要大国数次卷入全球性战争的历史,但是大部分研究者现在认识到,这些战争并不遵循清晰的周期模式。换言之,在全球战争之间,并没有统一的周期循环,探索这种规律的做法已经基本被放弃了(包括最著名的早期拥护者,请参见Levy and Thompson 2011)。与之相关的议题是,多极世界还是单极世界更容易引发战争。对此,不同"现实主义"流派之间曾经的热烈讨论也同样被抛弃了,这或许是因为,这样从全球体系层级入手进行的分析,其观察值 N 太小,以致不能得出扎实的结论(最近的讨论,请参见 Bennett and Stam 2004)。

因此,国际关系研究中现在的关注点转向了对国家内部的决策过程或者更容易引发战争的国家特征的讨论。尽管许多研究继续使用跨时段的数据,但是它们都只关注短短几年而非数十年的过程。比如在有关新近民主化的国家是否更容易引发战争的讨论中(Mansfield and Snyder 1995),民主化被视为一个短期过程——在操作化中被处理成过去五年的转型过程。或许对于这种短期化趋势,唯一的系统性例外就是竞争理论。该理论指出,过去数十年来国家之间接触和敌对的历史正在以路径依赖的方式形塑当下的国家间关系(Senese and Vasquez 2008)。

在内战研究的文献中,我们可以看到与上文类似的做法,即朝向在更细分的层次对快速变化的过程进行分析。在领域内最著名的量化研究中,围绕独立这一因素的作用的研究仅仅进行了两年（Fearon and Laitin 2003）。其他学者已经开始搜集更精细的数据集，包括详细的内战事件史，将内战分解成不同的战斗时段，对每一场战斗都记录发生的具体日期（Raleigh and Hegre 2005），或者在地区层面研究战争场地，使得对 100 平方千米小格里的战争研究成为可能（Buhaug and Rød 2005；Aas Rustad et al. 2010）。政治发展的长期过程或者国家地位原则的转变只在当代内战的研究中扮演边缘化的角色。

本章通过对数十年时段而非几年或几个月的检视，重振了宏大政治视角。但是，与长期循环理论与经典现实主义理论相比，我既不将全球视为一个整合的体系，也不将其视为一个个单独的观察值，而是将其视为一个制度断续扩散的空间。确切地说，对于主流研究，在战争研究中重振宏大的历史传统代表了一种补充性而非替代性的做法。最近文献中发现的催生战争的因素，对于理解政治冲突在何种条件下发展成全面战争，或者随着时间推移而让位于和平来说十分重要。这些因素包括权力中心的政治不稳定（Fearon and Laitin 2003）、支持武装组织的自然资源的可获得性（Ross 2004）、致使国家兵戎相见的特定竞争的变化（Vasquez and Leskiw 2001）、使得专制政权比民主国家更热衷于参与国家间战争的多样机制（Levy 1998），等等。我们的路径有助于理解，在制度转型的长期历史中，政治紧张会在什么样的时候成形，从而使得其他的战争推动因素发挥作用。

超越方法论层面的民族主义

为了能观察帝国的建设与民族国家的形成带来的冲突后果，我们需要超越已有的数据库。国际关系与比较政治研究的分析单元是现有的独立国家，这些国家一旦进入全球体系，就被当成连续且相对稳定的实体。根据这一观点，是国家之间或者国家内部的权力分布而非它们的制度属性存在差异。相比之下，它们出现或者消失的过程很少受到关注（Maoz 1989）。与之一致的是，标准的国家-年份数据库排除了世界中没有被独立国家统治的领土，这些领土到 1900 年时仍然占到了全球领土面积的一半以上，就像我们在图 1.1 中看到的那样。因此，从这一受限的视角来看，我们无法利用现有的数据库观察到宏观制度转型的后果，就像 19 世纪的世界殖民化，或者 20 世纪世界又向民族国家转变那样。

为了克服这些困难，我们再次建立了一个将地理上固定的领土作为分析单元的数据库,而不论这些领土在国际上是否被公认为独立的国家。通过将每一块领土在过去 200 年间的冲突历史与制度变迁联系起来,我们得以识别一个反复出现的模式:在剧烈地重组了现代世界政治格局的两大制度转型的交汇处,战争爆发的可能性最高。因此,我们将帝国的世界与殖民统治的整个阶段带入量化分析的视野。这样我们就能展示,民族国家的形成本身就是导致过去 200 年间战争发生的主要原因。

内战与国家间战争

本章的最后一大贡献是进一步缩小了内战研究和国际战争研究两大学派间根深蒂固的隔阂。除了现实主义理论断言的,遭到内战重创的国家可能更容易成为敌对国家的猎物,或者为了从"聚旗效应"(rally-round-the-flag effect)中获利,国内的政治战争可能会被转变为国际冲突(Davies 2000)外,这些文献迄今为止仍然忽视了国内冲突和国际冲突之间存在的可能联系[如格莱迪奇(Gleditsch 2007)、列维和汤普森(Levy and Thompson 2010:3,103)指出的那样]。近来,格莱迪奇等人(Gleditsch et al. 2008)的研究已经表明,国内战争是与周边国家发生冲突的风向标。为了报复邻国政府对本国叛军的支持,或者为了影响内战的结果,国家之间会相互干预彼此的内战。因此,它们参与其中不仅仅是出于机会主义的动机,也是转移效应带来的结果。

当我们沿着这一新的研究方向继续努力时,我们也迈出了新的一步,以超越仅仅确认一种事实,即一国关心的是其邻国内部冲突的结果,且对这一结果持利己主义态度。我们接下来的分析将会指出,国家间战争与内战的发生都有着相同的原因:它们都与合法性原则的转变以及国家数量、制度构成与领土扩张的相应变化有关。

从帝国到民族国家:制度主义的观点

通过讨论将帝国建设、民族国家形成与战争联系起来的各种机制,我们将更详细地阐述这一制度主义论点。然而,在此之前,我要先对帝国、民族国家以及其他政体给出简短的定义,并简要地叙述一下它们在过去 200 年间相互取代的历史。这将为本书前几页提供的历史概述增补更多细微差别和具体细节。

帝国扩张与民族国家形成,1816—2001 年

按照艾森施塔特(Eisenstadt 1963:10—24)、豪(Howe 2002:13—20)以及布尔班克和库珀(Burbank and Cooper 2010:8—17)等人的观点,帝国的特征是这样的:有中央集权的官僚制政府,中心地区统治边缘地区,在统治者与被统治者之间存在根据族群或文化界定的等级结构,声称具有普适的合法性——无论是苏联那样的革命意识形态、殖民帝国中的"开化使命"(*mission civilisatrice*)还是西属拉美中的宗教皈依[2]。相比之下,民族国家也建立在中央集权官僚制这一政府形式的基础上,但是民族国家是按照统一的形式进行统治的,在中心和边缘上没有制度化的差别,并且接受公民平等原则(取代等级),以具有明确边界的民族共同体而非某种普适原则进行统治。

王朝国家也是通过中央集权官僚制来进行统治的,但是它缺少中心-边缘的结构与帝国普适的合法性形式。[3]比起民族国家,绝对主义国家也不是建立在所有公民平等的基础上的,它以王朝而非民族的名义进行统治。[4]封建国家、部落邦联[如利比亚萨努西(Sanusi)]、城市国家(如 1848 年前的瑞士)与世袭帝国[如图库洛尔(Tukulor)帝国①或者蒙古帝国]都缺乏中央集权官僚制。

在 1814—1815 年间召开的维也纳和会期间,帝国几乎统治了半个世界。与之相应,诸如部落联盟、城市国家或者王朝王国等"其他"政治体系控制了剩下的另一半世界,正如我们已经在图 1.1 中看到的那样。在 2001 年,现代民族国家几乎统治了全球。这 200 年的历史讲述了在帝国的建设与民族国家的形成之间斗争的故事。在 19 世纪期间,帝国取代了"其他"形式的政府,这主要是由西方殖民帝国在非洲与亚洲的扩张而导致的,但是罗曼诺夫王朝对中亚汗国的吞并也扮演了重要角色。与此同时,在西半球,最重要的是在整个拉美地区,帝国却被民族国家取代了。然而,正如之前章节提到的那样,当民族国家这一形式的传播

---

① 图库洛尔帝国是 19 世纪后半期(1861—1890 年)西非的图库洛尔族建立的帝国,其范围位于今大的塞内加尔和马里地区。——译者注

遍及全球时，帝国在 19 世纪的扩张已经跟不上它们在 20 世纪的迅速衰落。

现代战争的长期、制度化模型

为什么这两大制度的转变——帝国的建设与民族国家的形成——会导致战争的发生呢？在之前的章节中，我们把战争看成一个自变量。它们削弱了前民族式政权，这样民族主义力量就能夺取政权并建立民族国家。我们已经看到，民族主义战争与非民族主义战争均能以这种方式推动民族国家的形成。在本章中，我们将战争当成因变量，并展现民族主义的扩散与民族国家本身导致了战争的发生。在对这一观点详细展开之前，让我们首先描述一下它的大概内容。

按照导论部分介绍的这一理论，我们假设，战争极有可能发生在政治合法性的基本制度原则遭到破坏的时候：非正式和正式的规则决定了谁能合法地掌握政府权力，以及一个政府的合法边界应该是怎样的。因此，这是对战争的一种真正具有政治性的理解，在这种理解中，经济利益或者军事技术上的可行性退居次位。从这一角度来看，战争既不是源自国际体系的无政府属性（像现实主义理论声称的那样），也不是来自霸权的兴衰或者革命性的阶级斗争，而是建立在不同政治合法性原则基础上的有关国家建设的竞争性目标之间的斗争。

但是现实主义者可能会对此提出异议。在他们看来，建立新国家或者将一国并入正在扩张的帝国这一制度转型过程伴随着独立战争，难道不是不言自明的事实吗？对此，我们需要提前澄清这一潜在的误解。首先，当战争与国家建立或者国家裂解一同出现时，这些领土变动是制度转型过程产生的结果，而不是单独的因果机制。我们一会儿将会看到，一个新的政治合法性原则意味着这样一种新的定义：一些领土应该被合法地纳入一个国家当中，而另一些不应该被纳入。建立新国家与摧毁已有国家的努力都是为国家的制度形式展开斗争的必要部分。其次，在过去 200 年间爆发的大部分战争都与国家的建立或者裂解没有多大关系，我们之后将会进行更详细的说明。这对大部分内战以及许多国家间的战争而言都是真实的。最后，相反的是，不是所有的领土扩张与国家间的敌对关系都会自动引发战争。迪尔和格尔茨（Diehl and Goertz 1988：115）的研究指出：在 1816—1980 年间，世界国家体系内部只有 1/4 的领土变动与一些暴力有关。我们虽然在这里没有提供系统性的证据，但是我们认为，与帝国的建设或者民族国家的形成有关的边界变动比其他类型的领土变动更容易引发战争。

帝国的吞并与战争

那么,与帝国的扩张和民族国家的形成导致战争爆发的相关因果机制是什么呢?我们首先简要地讨论帝国的吞并。正如上文讨论的那样,帝国是按照中心-边缘关系、层级化的内部管理以及对普适合法性的宣称来定义的。因此它们没有自然边界,它们可能覆盖了整个世界,给全人类带来文明开化、基督教、伊斯兰教或者革命进步。正如导论部分提到的那样,帝国在通过征服来扩张统治方面表现出了制度化的驱动,不论其面临的军事、政治与经济成本有多高昂,也不论新占领土上人口的族群组成是什么样。对普适合法性的宣称使得帝国统治的扩张成为评价军事-政治精英成功与否的标准。不仅如此,中心-边缘结构使得新近征服的人群被轻而易举地并入帝国。当然这些人仅仅被当作族群政治马赛克拼图上面的一块而已,从今以后受到的也是帝国的间接统治。

地方的政治单元——部落联盟、城市国家联盟、封建王国——可能会抵抗帝国的扩张,并且拒绝接受侵略军和帝国政府带来的"安抚"和"开化"。向帝国统治原则的转变不仅意味着权力的丧失,而且也意味着规范精英间围绕统治权而展开的斗争的制度性规则不再具有合法性。一旦帝国的军队开始建立军事据点,诸如部落中的谢赫失去的就不仅仅是对土地的军事控制权。他们通过具有向心力的宗族联盟获得权力的可能性也被新的行政官僚制破坏了。相似的是,一旦城市国家的政府被帝国并入并且被当作帝国最低一级的行政与政治机构,从而使权力远离精英委员会,那么在城市国家的议会中组织起来的资产阶级精英就丧失了他们的政治地位以及与其他城市国家结盟的可能。

在我们的模型并未指定的条件下(如军事机会、行动者之间给定的资源等),部落或者城市国家可能会选择武装抵抗帝国的扩张。一旦达到了关键转折点,并且一块领土被按照帝国的统治原则来实行统治时,这些部落或者城市国家的腹地仍然会抵抗帝国的扩张。当部落或者城市国家的全部领土都遭到帝国的军事征服或者被帝国"平定"时,帝国的扩张过程也就完成了。这时帝国治下的和平就成为了主流,但偶尔也会出现反对加税、反对侵犯传统权利以及反对不当干涉地方政治事务的叛乱,或者野心勃勃的地方长官试图通过停止向中央进贡来建立属于自己的迷你王国。

民族国家的形成与战争

第二次制度转型始于现代世界中国家建设的主要竞争性目标的扩散:民族主义。之前的章节已经简要地分析了民族主义的扩散,因此我们在这里能将其作为外生的过程。一旦民族主义被政治场域中的重要行动者采用,民族国家形成的过程就进入了第一阶段。我们预期,第一阶段比现代历史中的其他阶段更有可能发生分离主义性质的战争。在民族主义领导人渴望建立的政治秩序中,每一个族群、民族都应该实现自治,政府相应地也应该按照人口中的族群、民族组成代议制政府。帝国的等级制度现在被重新定义为"异族统治"的实例,并且在此之下,无法实现人类进步与个人自由。因此,许多民族主义运动面临着帝国精英的抵制。因为这些精英通常与本地人口的族群背景不同,这使得他们进入新的权力博弈的机会微乎其微。

因此,反对帝国中心的分离主义战争就成了通向民族国家的道路。然而,我们也指出,通往民族国家的道路不止分离主义战争这一条,它还有别的道路。像法国、日本或者泰国这样的绝对主义王朝国家,或者像瑞士这样的城市国家联盟在转型为现代民族国家时,其领土可能不会有大的变化。在这些案例中,围绕国家制度形态的斗争可能导致旧制度的代表与民族主义争夺者之间发生非分离主义性质的内战。这些例子包括法国大革命、带来明治维新的战争或者发生在瑞士的"独立联盟战争"。

一旦达到转折点,民族国家的制度逻辑就进一步激发了新兴国家卷入战争,包括同已经建立的国家进行的战争,以及内部的战争。因为现在的新国家是按照以民族定义的人民的名义进行统治的[用迈内克(Meinecke)著名的术语来说,就是"国家民族"(Staatsnation)],新的政治精英更倾向于优待"国家民族"的成员。换言之,获得公共物品与政治参与的资格仅限于占统治地位的族群成员。这一倾向在现代民族国家中是普遍存在的,其根源在于嵌入合法性原则之中的激励结构:统治者展现了他们能代表"人民"以及关心"人民"。然而在公民社会欠发达的弱国家,族群偏袒的情况尤其明显。这些国家缺乏资源来提供公共物品,也无力建构在更具有包容性的联盟网络基础上的非族群性的政治联盟。这些已经是第二章讨论过的主要内容,并且在接下来的章节还要进一步详细讨论。就当下而言,从被排除在国家与公共物品之外的人来看,基于族群与民族背景的个人差别化的待遇与族群自我统治的基本制度原则相互抵牾。

这就反过来增加了国家间战争与内战的发生概率。为了保护跨境的同胞免遭族群歧视,国家精英可能试图以"民族统一"的名义来吞并相应的领土〔正如韦纳(Weiner 1971)、塞德曼和艾尔斯(Saideman and Ayres 2008)讨论的那样〕。他们这么做是为了向自己的支持者显示,自己关心这些跨境"族群同胞"的命运,从而可以作为整个国家的合法代表。与这一理由一致的是,既有的量化研究显示,如果领土与族群政治冲突出现在一对国家中(Huth 1996;Vasquez and Leskiw 2001),当领土收复主义(Carment and James 1995)或者去殖民化(Mishali-Ram 2006)成为引发外交政策危机时的议题时,或者当族群政治行动者卷入了两个国家之间的冲突时(Ben-Yehuda and Mishali-Ram 2006),那么国家间爆发战争的可能性就会显著升高。

因此,影响在民族国家形成期间发生国家间战争可能性的是当地的族群人口组成。如果新兴国家中包括了大量的少数族群,而这些少数族群又是邻近国家的主体族群,因此他们有一个能代表其利益和愿望的"母国",那么战争就更有可能发生(Brubaker 1996;Miller 2007;关于统计上的证据,请参见 Woodwell 2004)。[5]更准确地说,并且与我们理论一致的是,戴维斯与摩尔(Davis and Moore 1997)在对横截面数据分析的基础上指出,如果一个族群在一个国家内部占据主体地位,并且支配或动员周边国家相同族群发起的反政府抗议活动,那么这两个国家之间就有可能爆发更高层级的冲突(包括战争)。[6]

第二个因素是,如果周边的领土已经卷入了这样的战争,那么国家间爆发战争的可能性就越大。[7]族群的亲缘关系会激励政府保护它们的跨境同胞免于周边国家爆发战争可能带来的权力转移后果。相反,周边政府也不会容忍"外部干涉",因此双方的紧张态势就会升级为另一场国家间战争。遗憾的是,我们并没有跨国的族群亲缘关系数据[8],但是我们至少可以看到假设的溢出效应是否发生。

我们现在来看看将民族国家形成与内战联系起来的机制。当被排斥的精英群体被动员起来并试图通过武力推翻或者取代一族统治,或者分离并建立一个他们将代表主体族群的新国家,或者加入周边的同族国家时,向民族国家的转变就可能会导致内战。下一章提出了对通向族群叛乱或者民族主义分离运动的不同机制的详细描述。在此,我们将仅限于分析强化了分离主义和非分离主义形式叛乱的政治排斥机制。在帝国中,族群政治等级制度通常被视为合法且是神授的,而这一等级制度现在看来违反了民族国家应当依赖的"本族人需由本族人统治"合法性原则。换言之,民族主义的扩散是其他族群发起反对政治支配的叛乱的前提条件[这是赫克特(Hechter 2003)忽视的一点]。在民族主义到来之前,这些叛乱确实很罕见,即便是像法国的一些殖民地那样被直接统治的领土也很少发生此类叛乱。

显然,反对族群政治不平等的政治动员并不总是通向内战。本章的分析指向了三个主要的干预变量,下一章将会提供更多细微的差别。第一,正如第二章讨论的那样,富裕国家的政治排斥特性较为微弱,因为国家精英能向全民提供公共物品,因此能够对族群去政治化,并且实现内生的国家建设过程。但是,即便是族性已经被政治化了,并且一些族群被国家权力排除在外,富有的国家也能通过政策上的权力分享、平权行动或者再分配来轻松地平息族群和民族抗议。而在贫穷的国家,由于国家资源贫乏,且缺乏替代性的收入来源,围绕国家收入的竞争就变成了零和博弈。确实如此,许多经验研究发现人均国内生产总值是预测内战爆发的最稳健变量(Sambanis 2004)。

第二,不同的国家收入来源对政治联盟的结构有着不同的影响,这反过来又影响了战争的倾向。石油资源与内战增加的可能性特别相关(Ross 2004;但请参见 Sambanis 2004)。我们的模型整合了之前文献已经给出的一种解释(Humphreys 2005):与依赖税收或者资源贫乏的国家中的统治精英相比,不依赖税收而依赖石油收益的国家精英更可能纵容恩庇主义。族群恩庇主义又反过来强化了族群排斥与导向族群政治动员竞争的变化,最终导致内战。

第三,一国发生的内战可能影响周边国家中与该国在政治上有关的族群间的关系,从而导致政治紧张升级为全面内战。[9]由于我们同样缺乏有关跨国族群亲缘关系的数据,我们同样限定研究对象,以确定这种溢出效应是否真的会发生。[10]

总而言之,因为原来合法政府的制度性原则已经危如累卵,从帝国向民族国家的转型同时增加了国家间战争与内战爆发的可能性。普适合法性与民族自决的主张相互斗争,族群政治等级制度的合法性被解构,并被描述为对自治原则的违反,而国家领域则被压缩为由民族成员占据的领土。换言之,民族主义改变了政治游戏规则,并对追求权力提供了新的激励与动机,包括采取暴力手段。

　　显然,正如导论中暗示的那样,我们的模型并不试图解释现代世界中的所有战争。革命战争并不是由国家建设与族群排斥的政治所驱动的。因此我们估计,在民族国家的形成过程完成后,战争爆发的可能性就会回落到基准线附近,即一旦围绕国家的族群、民族特征与边界的斗争确定了下来,那么族群政治排斥与等级制度便能被克服。这一情况能通过稳定的、制度化的权力分享安排(如瑞士的例子),或者通过一系列内战中的族群清洗与国家间战争(像东欧那样),或者通过成功的国家建设[同化并且对族群之间的界限进行去政治化从而实现同质化的民族主义梦想(如在法国)]等不同方式加以实现。在民族国家形成的最后阶段,一个拥抱和肯定其人口"多样性"的后霸权主义国家可能最终就出现了。

总结:制度转型与战争

　　总之,我们预计在其他条件不变的情况下,暴力冲突发生的可能性在制度转型阶段的附近达到峰值,此时围绕政府制度性原则的斗争最为激烈。图 4.1 描述了这一预期。根据我们的预期,战争爆发的可能性在帝国建设与民族国家形成过程中的两大转折点达到峰值,并在制度稳定的阶段下降到较低的水平。这呈现出了一个双倒 U 形的结果,就像骆驼背上的驼峰一样。

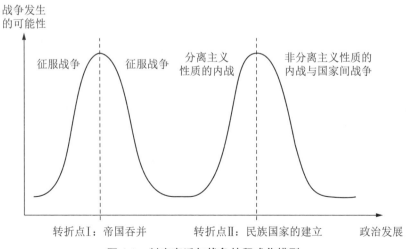

图 4.1　制度变迁与战争的程式化模型

这一模型也预测了在领土的制度转型过程中，什么类型的暴力冲突更可能发生。在领土经历的第一次制度转型过程中，最容易爆发征服战争，正如帝国取代其他的统治形式那样。而在民族国家形成过程的前半段，反对"异族统治"的分离主义内战应该就成了主要的战争类型。在到达转折点后，反对族群政治排斥的非分离主义性质的斗争以及处于相互竞争中的正在进行民族国家化的国家之间的战争将会变得更加频繁。

这一模型对复杂的历史事件链条作了程式化与简化的处理，因此它描述了一个特定的发展模式，而非在历史真空中影响稳定单元的自变量之间的关系（Abbott 1998）。然而，这并不意味着这一模型没有因果性。在转型过程的第一阶段，战争导致制度变迁（因此它是自变量，正如之前章节描述的那样），然而在接下来的过程中，战争则是制度变迁的结果（因而它是因变量）。这一模型能通过标准的方法加以检验。具体来说，我们通过测量独立于战争的制度转型，从而确定它们在时间上的关系是否符合预期的模式。

新的数据库

为了这么做，我们必须建立一个全新的数据库，来记录过去 200 年间发生在世界所有领土上的战争。我们同样使用固定的地理领土作为分析单元，因为只有这么做，才能让我们判断统治的制度形式变迁是否确实与战争的爆发有关。比如，如果我们将独立的国家看成观察值单元，那么这些制度上的转变就不可能被追踪到。如果你只将大不列颠作为你数据库中 19 世纪以及 20 世纪上半段的国家，而对乌干达、肯尼亚这些国家只在其独立后才将它们纳入数据库的记录之中，那么你就不能观察与英帝国在非洲的扩张以及一个世纪后非洲民族国家的建立相关的战争。因此，我们不采用标准的国家-年份数据库的建库方式，而是分别为因变量（爆发战争）与自变量搜集了固定地理单元的数据。这一节将会描述最重要的编码原则。更多的细节可以参见附录 4。

观察单元

与第三章的做法一样，我们将 2001 年时世界上的所有国家作为一个个领土小格。根据战争研究中的传统,超过1 000例战斗死亡的武装冲突才能被定义为战争,因此我们将战争编码成在一块领土上发生的重大战斗。举例来说,如果在今天肯尼亚的范围内,殖民地臣民发生了反对英国女王政府的叛乱,那么战争就被赋值到"肯尼亚"这一块领土上,而不是被赋值到英国,尽管发生叛乱时肯尼亚是英国的一部分。民族国家建立阶段与帝国吞并阶段的战争也被赋值到每一块单独的领土上。

在我们对数据库进行描述之前,我们需要指出对观察值的选择存在的两个潜在问题。这些比我们在前章谈论的更具体,因为它们关系到对于战争的领土路径编码。第一,在一块领土上爆发的战争并不一定与领土内的政治变化有关。日俄战争是我们数据库中最直白的例子,它是发生在中国领土上的战争,因此我们将其赋值到"中国"而不是俄罗斯或者日本。总而言之,在我们的数据库中,因为领土的逻辑导致编码错位的战争数量并不多。

第二个潜在的问题是,我们的观察单元并不独立于我们观察的因果过程。2001年时国家的小格确实在一定程度上源自过去200年间与帝国建设和民族国家形成相关的战争。然而,我们有待解释的对象并非国家的领土形态,而是战争的爆发。只有当未来爆发的战争影响当下的变量时,我们通过对作为未来战争结果的一个小格进行观察才是存疑的。至少根据休谟定义的传统因果关系,这种做法是极不可能的。

战争数据库

有鉴于此,我们投入了大量努力,从而建立了一个相当完全的战争数据库(有关数据库的更详细内容,请参见附录4.1)。这项工程的起点是被广泛使用的由战争关联数据库汇集的战争列表。首先,我们必须找到发生在被战争关联数据库排除在外的领土上的战争并对其进行编码,因为这些领土不是以西方为中心的国际体系的一部分——这与传统国际关系研究对世界的看法保持一致。然而,这一局限几乎被使用战争关联数据的研究者忽视了(关于其他问题的讨论,请参见Sambanis 2004)。战争关联数据库没有覆盖的区域包括了19世纪的拉丁美洲、俄国征服之前的中亚等地。我们建立数据库依托的主要来源是理查森(Richardson 1960)的整理——这也是战争关联数据库中记录战争的基础,以及对现代世界战争的详细编纂史（Clodfelter 2002）和 onwar.com 这样的海量网络资源。除了被殖民前的非洲和中亚的一些地区，我们对自己新建的战争数据库的充分完整性抱有信心。[11]此外，我们还根据格莱迪奇等人（Gleditsch et al. 2002）收录的 2001 年战争列表进行了更新，并且采纳格莱迪奇（Gleditsch 2004）在制作战争关联数据库时所作的一些修正。

然后我们为自己的数据库中所有的战争增加了相应的地点编码，这样每一场战争就可以被指定到固定的领土上。在战争关联数据库中，战争被指定到相应的国家，但可能存在与它们实际的领土扩张分开的问题。举例来说，战争关联数据库将 20 世纪发生在摩洛哥的战争编码为发生在法国的战争，因为那时摩洛哥是帝国主义法国的一部分。[12]这些数据库中大部分关于战争场地的地点信息都是由克劳德菲尔特（Clodfelter 2002）搜集的。

最后，战争关联数据库对战争的分类取决于西方国家体系内部行动者的状态——这又与传统国际关系的世界观相一致。在他们看来，"帝国的战争"发生在公认的国家行动者与不是其体系一部分的行动者（如部落、独立的王国）之间。"殖民战争"则发生在公认的国家行动者与其殖民体系内部的非国家行动者之间。"国家间战争"是发生在独立的体系化行动者之间的战争，"国家内部的战争"则发生在国家行动者与国家内部的非国家行动者之间。

因为我们的观察单元是地理意义上固定的领土而非行动者，我们需要构思出新的战争类型学，以便它能独立于参与的行动者的特征。我们的制度主义模型指出，制度的激励结构提供了不同的合法性原则，因此交战双方的目标可能据此发生改变。因此，我们根据战争目的的简要类型，对战争进行了重新分类（类似的类型学请参见 Holsti 1991：chapter 1 and 12）。

按照这种类型学划分，战争参与者可能是为了国内权力（内战）而发生斗争，或者是为了扩大国家权力而与别的国家大打出手（国家间战争）。其中，内战又被分为：参与者是否试图建立一个新的独立国家（分离主义性质的战争），或者获得/保持对既有权力的控制（非分离主义性质的战争）。不同政权之间的战争进一步被划分为：目的在于永久地吞并敌国领土与人口的征服战争，以及国家间的权力平衡危如累卵，同时参与者并不试图完全吞并敌国的国家间战争。我们对这些不同类型战争的编码取决于战争发起者的意图而非最终的结果。举例来说,当征服被成功地抵制时,这场战争仍然被我们编码为征服战争。因此,我们对战争的分类就独立于哪一方在战争中获胜。我们通过关注最重要的行动者的最初意图,来处理战争目标的变化或冲突这类会给编码造成困难的问题。表 4.1 对这些编码方案给出了整体性的呈现。更多的细节请参见附录 4.1。

表 4.1　新的战争类型学

不同独立政权之间的战争		内　　战	
征服战争	国家间战争	分离主义 性质的内战	非分离主义 性质的内战
国家领土的扩张、对新的领土和人口的永久吞并,以及对上述扩张的抵抗	国家间围绕边界、领土和地区霸权发生的战争(但是目标并非征服战争那样的永久吞并)	反抗政治中心、旨在建立独立国家的战争,政治中心则抵制这种独立追求	不同组织之间的战争,其中至少一方代表中央政府,战争焦点是国内权力关系、省级或族群自治程度、税收负担,以及王朝继承等

应当指出的是,对这些战争类型的定义与我们对政治制度的定义是分开的。诚然,所有的战争都可能发生在前现代国家、帝国,以及民族国家之中,但这并不是说,我们预期战争在这些国家发生的频率都是相等的。[13] 相反,我已经在导论中指出,制度的结构影响了行动者追求的政治目标,包括战争的目标,以及特定类型的战争更有可能发生在特定的政治体系当中。

为了对这一模型加以检验,我们需要确定两大制度变迁过程在日程表上的转折点。对于民族国家的建立而言,我们依赖之前章节给出的相同定义与数据。关于帝国的吞并,我们建立了如下的编码规则(更多的细节,请参见附录 4.2):只要一块领土受到帝国的有效管辖,或者受到帝国驻军的武装控制,或者合法地成为帝国的保护国或殖民地(以先到者为准),那么我们就将这一年编码为遭到帝国吞并的年份。需要注意的是,这块领土可能多次经历帝国的吞并或者民族国家的建立(最后一章将要讨论)。这些例子包括当下波兰的领土,它在历史上经历了多次帝国瓜分和兼并。今天的克罗地亚也是如此,其在过去 100 年内经历了多次民族国家的建立。

我们的数据库最终收录了 484 场不同的战争,其中有 77 场征服战争、111 场国家间战争以及296场内战。在内战中，有109场战争是分离主义性质的战争，有187场是非分离主义性质的战争。这一数据库包括了156块领土单元，其中有140块领土在某一时刻遭到了帝国的吞并（其中有92场发生在1816—2001年内），有150块领土经历了民族国家的建立。我们对这150块领土稍作删减以进行后续分析，这样便有效地将中东的王朝王国排除在研究范围之外。

发现模式：战争比率的时序变动

两次转型前后的战争比率

图4.2表明了对本章主要观点的强烈支持：在两段形塑现代世界的重大制度转型过程中，战争确实变得更加频繁了。我们通过列出发生战争的领土数量相对于保持和平的领土数量的比率，计算了在两大转折点之前、之间以及之后每一场战争爆发的比率。正如导论中的图1.4所示，其中横轴由领土经历帝国吞并或者民族国家建立之前或之后的年份组成。因此它代表了每一块领土的制度转型时间，转折点所在的年份则被设定为0。纵轴表示的则是在两大转型过程中的特定年份以及之前、之后爆发战争的领土比例。我们分别描述了与两大转型相关的战争比率。

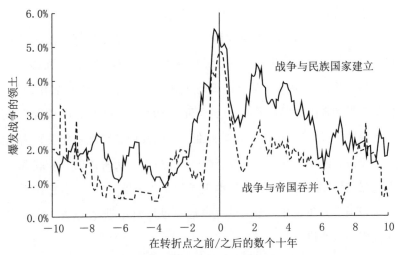

图4.2 相对于帝国吞并与民族国家建立的战争比率（平均间隔十年）

图中的虚线表示的是平均每隔十年与帝国吞并相关的战争比率——这排除了从未沦为帝国一部分的领土。[14]在此,我们预计呈现的波次模式清晰可见:在帝国吞并的阶段,发生战争的比率陡然升高,几乎是转折点后数十年内战争发生比率的两倍。[15]

相应的是,图中的实线展示了在民族国家建立之前、期间以及之后战争发生的可能性,这些时段包括了除2001年仍然没有被作为民族国家统治的六块领土以外的全世界所有领土。这一模式再次与我们的程式化模型相吻合。随着某一块领土越来越接近民族国家建立的时间,战争发生的比率陡然上升。几乎可以说,与民族国家建立之前或之后的几十年相比,在民族国家建立时间前后爆发战争的概率是前者的两倍。即便是在如此高的集聚水平下,这些图表表明,暴力冲突并不随着时间的推移而有着统一的发生概率,这就存在一个时间依赖的系统性模式,它一定是由一些超出概率和随机性的深层机制引起的。

不同类型战争爆发的比率

我们程式化的历史模型也作出了特定的假设:战争的类型与转型过程中的不同阶段相关。我们将关注点限制在向民族国家的转型上,这也是本书关注的核心。[16]对于国家间战争,图4.3符合我们的预期。一块领土一旦受到民族国家的统治,爆发征服性战争的可能性就降低了,因而符合在现代世界中扩散并逐渐没有争议的霸权合法性原则。这一结果与斯特朗(Strang 1991a)的发现相符合:一些国家一旦像民族国家那样组织起来,就很少成为征服战争的受害者。对此,最著名的例外是纳粹德国在东欧建立帝国制度的尝试。

按照我们对"马其顿综合征"(Weiner 1971)的讨论,参照这种对周边国家的领土收复论调,在民族国家建立时间的前后,国家间战争发生的频率急剧地上升,并且在民族国家建立后的一个世纪内缓慢地下降。分离主义战争发生的比率在民族国家形成之前急剧升高,非常完美地契合了我们的模型。一旦民族国家建立起来,民族主义的合法性原则得到确立,那么发生分离主义战争的可能性就变得很小了。[17]

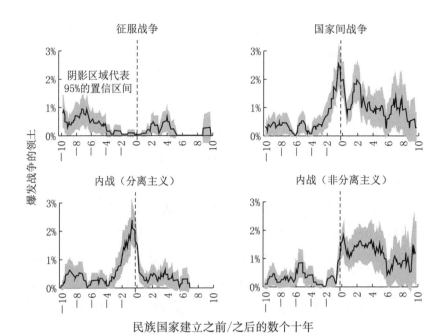

图 4.3　民族国家的建立与战争的类型（平均间隔为十年，95％置信区间）

非分离主义性质内战的模式更加复杂。正如我们预料的那样，非分离主义性质内战的发生比率由民族国家建立前的150年到10年中的0.4％，迅速上升到民族国家建立后的2％。根据我们的模型，这一结果是围绕族群、民族权力分配的斗争而展开的，这正是向现代民族国家的转变所带来的。然而，令我们感到惊讶的是，在民族国家建立后，战争发生的比率并没有急剧地下降。在两代人后，民族国家潜在的冲突就应该为分离、种族清洗或者诸如权力分享、联邦化、保障少数族裔权利的制度调整所化解（McGarry and O'Leary 1993）。进一步检验的结果表明，在民族国家建立后的100年，内战几乎都是拉丁美洲的革命战争［比如，墨西哥的基督徒叛乱（cristero rebellion）①、阿根廷和智利的"肮脏"战争（"dirty" wars）②以及秘鲁"光辉道路"发动的叛乱（sendero luminoso rebellion）③］，正如导

---

① 1917年，墨西哥政府推行世俗主义宪法，遭到西部天主教徒抵制，从1927年开始演变为暴力抗争，直到1929年才结束。——译者注

② 所谓"肮脏"战争，指的是20世纪70年代到80年代初，阿根廷军政府统治期间针对反对派人士和反政府武装的镇压行动。这场镇压得到了邻国智利的支持。——译者注

③ "光辉道路"是秘鲁自20世纪80年代兴起的反政府武装。在其领导人阿维马埃尔·古斯曼（Abimael Guzmán）于1992年被捕后，这一运动便逐渐衰落下去了。——译者注

论部分简要提到的那样。

总的来说,我们的模型并没有很好地解释拉美的内战。在这一片大陆上的许多国家中,大部分人口被排除在以族群为基础的国家权力之外。这便是(现在经常也是如此)秘鲁、玻利维亚、厄瓜多尔、危地马拉与墨西哥的美洲印第安人与前种植园中黑人的经历。但是很少有内战是族群民族主义的叛乱煽动起来的——即便战争中招募了大量被国家权力排斥在外的人口。而通向革命内战的道路——也没有被我们的理论模型覆盖到——发生在拉美似乎比在其他地区要频繁得多,其理由超出了本章的范围。这里需要注意的是,如果我们将拉美地区的国家排除在图 4.3 外,那么战争发生的比率会在民族国家建立 60 年后显著地下降到概率的基线水平,正如我们模型预测的那样。

虽然这一节描述的战争模式基本与模型符合,但它们可能是由其他机制产生的,这些机制与从帝国或王朝转向民族国家的合法性原则没有关系。比如,民族国家建立后的大量内战仅仅是由于新建立的政府军事力量脆弱,没有帝国军队那样的战斗力——这与接下来将会简要介绍的费伦和莱廷(Fearon and Laitin 2003)提出的"叛乱模型"一致。另外,独立可能导致经济危机,进而引发内战,这与新的合法性原则或进行族群政治战争的动机没有任何关系。接下来的两节通过控制之前展示过的能稳健预测战争爆发的原因评估了这种可能性。我们再次将关注点限定在民族国家的形成方面,并且分别考察了内战与国家间战争的爆发。我们首先介绍了统计模型中包含的变量与有关其预期效应的假设。

变量与假设

检验制度主义模型

为了检验战争爆发是否真的与民族国家的建立相关,我们采用了自然立方样条(Beck et al. 1998)。在之前的章节中,这一技术[18]使我们得以捕捉时间顺序可能产生的作用。我们现在使用它来实现不同的目的:确定战争发生的可能性是否系统性地取决于时机相对于民族国家建立的年份。对此,样条提供了理想的实现方式,因为它可以追踪非线性的时间依赖性。因此,我们可以检验距离民族国家建立之前/之后的时间与战争发生可能性之间的关系是否真的是倒U形。

正如上文讨论的那样，其他变量也影响了战争发生的可能性，因此我们需要考虑这些变量，以确保民族国家形成的假设能被正确地评估。首先，富裕国家的政府可能更少具有排斥性的特征，并且在任何情况下都能通过再分配来应对族群政治的抗议活动。我们预设的是，人均国内生产总值与战争发生的可能性存在负相关关系。我们所有的国内生产总值和人口数据都源自麦迪逊（Maddison 2003）的研究，他提供了对19世纪国内生产总值最好的估算值，以及1950年迄今除苏联和南斯拉夫继承国以外所有国家的全部数据。

其次，我们不仅讨论了发展的水平，也讨论了发展的来源。石油资源丰富的领土应该比依赖岁入的国家有着更高的内战风险，这是因为石油资源刺激了寻租行为，从而加强了族群恩庇主义和歧视。为了衡量石油的影响，我们根据历史数据［米切尔（Mitchell）不同年份的文献］生成了一个人均石油产出变量。[19]

最后，我们建构了一个变量，来检验我们模型假设的溢出效应。一块领土上发生的族群内战往往会引发有相似族群居住的周边领土上的紧张局势和内战，领土收复主义性质的战争通常会吸引试图影响它们周边族群权力平衡的其他国家的注意力。我们计算了同一时期或者前三年在任何相邻领土上发生的战争数量，从而建构了一个周边战争的变量。

还有其他的变量——虽然并不与我们的模型相关——但它们已经被不同的作者视为理解战争的重要动力。我们已经纳入了大多数在统计中稳健的（请参见 Hegre and Sambanis 2006）或者在理论上有意义的变量，接下来将分别进行介绍。

其他自变量

根据前面简要介绍的莫德尔斯基和摩根（Modelski and Morgan 1985）提出的霸权周期理论，国家间战争会发生在世界霸权转移的过程中。[20]我们引入了虚拟变量来描述莫德尔斯基和摩根发现的霸权周期阶段，它应当与不同的战争可能性有关。

民主和平论指的是两个国家之间发生战争的风险（Russet 1993）。它假定两个民主国家之间不会发生战争,但是一个专制国家与一个民主国家之间发生战争的可能性却极大。对此,学者们提出不同的具体机制来解释这一关系(如Bueno de Mesquita et al. 1999),但它们都不在本章讨论的范围内。为了能用以领土-年份为观察单元的数据库检验民主和平论的假设,我们建立了有关一块领土的民主指标与同样建立民主制的周边领土比例的交互项。这意味着我们能检验周边民主国家的比例是否影响了一块领土上爆发国家间战争的可能性——当这块领土本身建立了民主制时。

然而民主和平论涉及的对象是两个民主制度巩固的国家,而其他模型则将民主化进程与战争联系起来。正如上文提及的曼斯菲尔德和斯奈德(Mansfield and Snyder 2005a)指出的那样,在民主化的早期,一个社会更可能经历国家间的战争。因为当权力转移到人民手中时,民族主义的精神就被在政治上受到威胁的旧精英们引向了外部。遗憾的是,我们有关政权类型的数据精细度还不够,不足以以完全公正的方式来检验这一理论。[21]然而,所有的民主化政权都不同程度地位于专制与民主之间。因此,这些"无支配体制"(anocracies)应当比周边完全民主的国家或者完全专制的国家更容易发生战争。

另一些学者将民主与内战挂钩。"民主和平论"认为,民主国家应该能通过投票来解决国内争端。另一方面,专制国家则能通过无情的镇压来防止叛乱。因此,内战更不可能发生在民主社会和专制社会当中,而更可能发生在"无支配体制"当中(Müller and Weede 1990)[22]。我们数据库中所有有关政权类型的变量都源自政体Ⅳ(Polity Ⅳ)数据,并且按照被广泛采用的+6和-6的边界进行分类(在-10到+10的区间内区分民主政体、专制政体或者无支配体制)。此外,我们建立了无政府这一类型,用来表示没有中央政府的国家(包括处于过渡期的年份)。[23]因为政体Ⅳ数据库只包括了独立国家的数据,所以我们需要对其附属领土进行新的编码。借助政体编码手册,我们将殖民地编码为专制政体,这是因为很多对单个殖民地编码的检验表明,这些殖民地从来都没有达到无支配体制在编码中的得分。我们将陆权帝国的属地与帝国中心的得分设为一致。此外,如果一块独立的领土没有中央政府,那么它就被编码到"无政府"一类,但是如果它们是诸如埃米尔统治的那样的传统国家,那么它们就被归类到"专制"一类,而像瑞士邦联这样的精英民主政体则被我们归为"无支配体制"。

费伦和莱廷(Fearon and Laitin 2003)讨论过多次的"叛乱模型"指出,战争并非由合法性问题引发,而是受到军事机遇的驱动。如果政府的力量脆弱并且缺乏组织性,同时如果山地地形方便叛乱者隐蔽和撤退,那么野心勃勃的领导人就能组织一场叛乱,无论其名义是民族解放、减税、宗教复兴、消除阶级压迫,还是直截了当地就是为了自肥。有鉴于此,我们在模型中纳入了对山地地形的测量、此前的政权更迭(削弱了政府应对叛乱的能力)以及政府镇压能力的变化作为控制变量。其中山地地形的数据取自费伦和莱廷的数据库。政权更迭被定义为不同政权类型间的变化(如从无支配体制转向专制体制,或者从无政府状态转向民主制),镇压能力则通过政府军队数量相对于前十年平均水平的百分比的变化进行代理度量(它的数据取自战争关联数据库)。按照费伦和莱廷的逻辑,我们应该能预料到,当政府的军事力量下降时,叛军就会离开躲藏的山地,战争就会一触即发——特别是在帝国政府撤离,留下军事真空的时候。

最后,我们将人口规模纳入模型,作为重要的控制变量。更多的人口会产生更多互相攻击的机会,正如接下来的思想实验所要描述的那样。想象一下,如果一个国家只有一个人,那么爆发战争的可能性必然为 0。相应的是,如果全世界只有一个国家,那么发生的所有战争必然都是内战。关于国家间的战争,也可以做类似的思想实验。因此在本章中,人口规模被我们纳入,作为一个简单的控制变量。在接下来关于独立的民族国家当中发生的族群冲突一章,我们将会对人口规模的效应作出更具有实质性意义的解释。

两大回归模型

随着时间前溯,找到 1950 年以前所有这些自变量的数据越来越困难,而对前殖民地或者发展中世界的前殖民区域而言更是格外棘手。即便如此,我们仍然能够建立一个包括世界上所有领土和年份的自变量在内的简化数据库(包括民族国家建立的时间、政权类型、周边的战争以及石油产出)。一旦我们将国内生产总值和人口这两个在与内战有关的量化研究中最稳健的变量纳入方程当中,我们就要舍弃近乎一半的观察值,即排除了 1950 年之前的非洲和中亚、19 世纪的拉美以及 1870 年之前的东欧数据。但是，如下所示，即便我们以这样大胆的方式减少了经验数据，我们的主要发现仍然是相当稳健的。

内战爆发

表 4.2 展示了一系列关于内战爆发的 logit 回归分析结果。[24] 其中因变量是在特定的国家与年份当中是爆发了新的内战（给定的值是 1）还是保持和平（编码为 0）。所有的模型都包括自然立方样条，用来检验当一块领土越接近民族国家建立的年份时，战争是否越可能发生。[25] 对此，我们讨论了三种模型。其中模型 1 纳入了 1816 年到 2001 年间世界上所有领土的数据，而模型 2 比起模型 1 只有一半的观察值，这是因为我们纳入了国内生产总值和人口规模变量。模型 3 的观察值进一步减少了，因为我们只纳入了在民族国家建立前五年有数据的领土，因此避免了下文将要讨论的"截断"问题。

表 4.2　解释内战的爆发（logit 分析）

		模型 1[①]	模型 2[②]	模型 3[③]
民族国家建立 之前/之后的时间	样条 1	0.021 5***	0.014 5***	0.020 2***
		(0.006 1)	(0.004 2)	(0.005 8)
	样条 2	−0.019 4***	−0.020 5***	−0.037 4***
		(0.005 5)	(0.005 7)	(0.012 4)
发生在周边领土上的内战		0.090 2***	0.052 9**	0.054 1**
		(0.017 2)	(0.026 5)	(0.026 1)
政权类型 （相对于专制政权）[a, b]	民主制	−0.344 8	−0.034 9	−0.047 4
		(0.286 0)	(0.238 5)	(0.317 0)
	无支配 体制	0.144 2	0.265 7	0.066 6
		(0.180 1)	(0.211 2)	(0.029 0)
	无政府 状态	1.107 9***	1.211 7***	1.274 9***
		(0.416 6)	(0.377 8)	(0.439 9)
此前的政权更迭[a]		0.693 5***	0.607 7***	0.619 4**
		(0.196 5)	(0.208 2)	(0.256 8)
山地地形（对数）		0.26***	0.332 6***	0.308 1***
		(0.063 3)	(0.076 7)	(0.115 7)
人均石油资源[a, c]		0.031 7	0.146**	0.209 8***
		(0.049 8)	(0.065 2)	(0.067 2)

续表

	模型 1[①]	模型 2[②]	模型 3[③]
人口规模[a, b]		0.302 9***	0.333 5***
		(0.056 6)	(0.087 1)
人均国内生产总值[a, b]		−0.000 3***	−0.000 3**
		(0.000 1)	(0.000 1)
此前军队规模的变化		−0.447 5	−0.223 4
		(0.273 2)	(0.326 4)
观察值数量	24 779	13 707	6 554

注:①所有观察值;②不包括独立前的非洲、19 世纪的拉丁美洲、1870 年前的中欧以及一些小的领土;③排除了在民族国家建立之前五年没有数据的领土。关于大陆的虚拟变量与常数项没有在此显示;括号内是胡伯-怀特(Huber-White)稳健标准误; * 表示在10%的水平上显著; ** 表示在 5%的水平上显著; *** 表示在 1%的水平上显著;a.滞后一年;b.数值需乘以 1 000;c.计量单位为吨。

这些结果表明,即便在控制了一系列重要的自变量并且分析了样本规模的差异后,我们的主要发现仍然是相同的:战争爆发的可能性很明显地取决于民族国家建立之前/之后的时间。然而,单纯看样条变量之间的相关系数,并没有告诉我们这一时间依赖所假设的走向。什么时候战争爆发的可能性最高? 什么时候战争爆发的可能性最低? 为了方便解释,我们绘制了当其他变量保持在平均值或者模态值的条件下,每一年相对于转折点爆发战争的可能性预测。图 4.4A 展现了建立在模型 2 基础上的概率预测曲线以及置信区间。

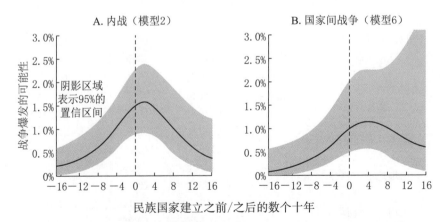

图 4.4　对在民族国家建立前/后数十年爆发内战与国家间战争可能性的预测

该图确认了我们的理论预期与之前小节展示过的描述性结果。在民族国家建立的前后几年,内战爆发的可能性显著增加。在民族国家建立后的第二个十年内,这块领土爆发内战的风险达到了顶峰,新的内战爆发在1.5%的领土上。这一风险比民族国家建立前50年窗口期的平均值要高25%。在高风险的窗口期外,预计发生战争的概率则下降得非常快。[26]

那么这一基本发现是如何与研究内战的既有文献产生联系的呢?这与费伦和莱廷的研究(Fearon and Laitin 2003)当然一致,他们发现在国家独立后的前两年中,内战爆发的比率要比独立后的其他年份高五倍。他们认为,这一结论支持了他们提出的关于内战的叛乱模型,因为他们假定,帝国军队的撤离与后帝国时代的权力真空为起义者提供了武装起来的契机。然而,我们的分析结果却表明,内战的风险在国家独立前就已经变得很高了,当时帝国军队还牢牢地驻扎在这些地方。因此,他们的"新国家"一说只反映了民族国家形成与内战风险两者在时间关系中的很小一部分。进一步而言,政府军队规模的变化并不能显著地影响内战爆发的可能性(如模型2和模型3所示)。因此,内战的爆发与国家的镇压能力似乎不太相关。

为了进一步探索叛乱模型,我额外加入了一些对独立之前的分离主义战争的分析。其结果表明,这些分离主义战争并不会因为帝国军事能力的衰退或者其在全球经济与军事权力中所占比重下降而更有可能爆发(统计结果并未显示)。因此,这些分离主义战争并不能被解释为针对帝国控制权力受到削弱的机会主义行为,而应该被解读为受到民族主义意识形态的推动。更确切地说,帝国精英发起战争与否和民族主义者是否愿意武装起来,取决于他们彼此之间的权力构型,正如一项附加的分析指出的那样:帝国的中心在全球权力中所占的绝对份额越大(这随着时间的推移而发生变化),以及如果一个国家之前已经取得了独立,随后又被帝国吞并了,那么发生争取独立的民族主义战争的可能性就越小。这些都阻碍了民族主义者武装起来。但从另一方面来讲,当民族主义者声讨"异族统治"并且动员大众的时间越长,分离主义战争就越有可能爆发。[27]

现在让我们来看看模型中的其他变量是如何影响内战爆发的吧。在全部的三个模型中,周边领土爆发内战这一变量显著地提高了我们所关注的领土上内战爆发的可能，这与我们提出的"一国的族群和民族斗争经常溢出到周边地区"这一观点相符。更进一步的研究显示，民族主义战争导致了这些溢出效应（统计中并未展现）。这印证了之前章节的分析，即从一国扩散到另一国的民族主义运动导致了一系列反对帝国统治中心的武装冲突。同样与我们的期待相符的是，我们发现石油资源增加了内战的风险。当发现石油之前地区的观察值删掉越多，这一结果就越显著。政权变量没有提供对"民主和平论"这一假说的支持：与专制政权相比，在无支配体制——在三种类型政体比较中容易被忽视的类别——中更不容易发生内战。[28]政权更迭后的无政府状态和不稳定状况是密切相关的，两者在统计上是显著正向的关系，就像费伦和莱廷的叛乱模型预测的那样。

在模型 2 和模型 3 中，我们也控制了人口规模和人均国内生产总值。正如之前提及的那样，我们去掉了 1950 年之前非洲、中亚的许多国家以及 19 世纪拉美和东欧的许多国家，因为这些地区很少有时间序列数据。人口规模的效应在所有模型中都是正向显著的，这与人口规模越大的国家发生内战的风险越高这一结论相符。与研究内战的全部经验文献一致的是，我们发现贫困是预测内战发生的显著变量。我们给出的解释是，因为富裕领土上的政府权力构型具有更少的排斥性，它能通过再分配与吸纳来应对族群政治抗争。

在模型 3 中，我们去掉了模型 2 中在民族国家建立之前的五年中任何自变量存在缺失数据的领土，从而检验我们研究结果的稳健性。通过这种方式，我们确认"左截断"并没有问题：对于许多领土而言，我们只有它们成为现代民族国家之后数十年的数据，却没有它们在成为民族国家之前年份的数据。我们的研究结果本来可能因此是扭曲的，但即便在去掉 73 个在成为民族国家之前缺乏数据的领土的观察值后，统计结果也没有发生大的改变。[29]

国家间战争的爆发

表 4.3 展示了一个相似分析的结果，但是这一分析将国家间的战争处理为因变量。数据库中的国家-年份结构在分析国家间战争时并不十分理想，因为使用二元数据库的研究通常会表明，国家层级的属性并不能像它们描述国家的特征时那样解释战争。对此，我们谨慎地进行了分析，希望借此表明我们的模型是可

取的，也鼓励其他人将来使用二元研究设计来进行进一步的检验。

表 4.3　解释国家间战争的爆发（logit 分析）

		模型 4①	模型 5②	模型 6③
民族国家建立 之前/之后的时间	样条 1	0.016 2***	0.015***	0.012 1
		(0.004 7)	(0.005 6)	(0.007 6)
	样条 2	−0.011 5**	−0.015 7*	−0.008 3
		(0.004 6)	(0.008 7)	(0.010 8)
发生在周边领土上 的国家间战争		0.201 3***	0.155***	0.102 6*
		(0.028 8)	(0.037 9)	(0.060 0)
政权类型 （相对于专制政体）a	民主政体	0.145	0.649 3	0.442 8
		(0.402 0)	(0.356 6)*	(0.415 0)
	无支配体制	0.570 4***	0.425*	0.135 3
		(0.186 8)	(0.251 8)	(0.352 3)
	无政府状态	0.854 7**	1.064 9**	1.393***
		(0.419 6)	(0.541 9)	(0.497 4)
实行民主制的领土×周边 建立民主制的领土比例a		−3.030 7*	−6.814 2***	−8.775 7***
		(1.585 1)	(1.931 0)	(2.867 1)
此前的政权更迭a		0.120 1	0.122 5	0.501 7
		(0.248 7)	(0.261 7)	(0.312 8)
人口规模a, b			0.287 8***	0.321 2***
			(0.071 0)	(0.068 2)
人均国内生产总值a, b			−0.000 2*	−0.000 2*
			(0.000 1)	(0.000 1)
此前军队规模的变化a			0.308 2*	0.460 6**
			(0.172 6)	(0.202 2)
霸权周期阶段 （相对于霸权）	合法性衰退		−0.421 8	0.307 4
			(0.335 5)	(0.413 3)
	去中心化		−0.122	0.110 5
			(0.394 3)	(0.564 6)
	全球战争		0.27	0.779 8
			(0.347 2)	(0.516 3)
观察值数量		26 307	14 511	7 169

注：①所有观察值；②不包括独立前的非洲、19 世纪的拉丁美洲、1870 年前的中欧以及一些小的领土；③排除了在民族国家建立之前五年没有数据的领土。关于大陆的虚拟变量与常数项在此没有显示；括号内是胡伯-怀特稳健标准误差；* 表示在 10% 的水平上显著；** 表示在 5% 的水平上显著；*** 表示在 1% 的水平上显著；a.滞后 1 年；b.数值需乘以 1 000。

为了研究发生国家间战争的可能性是否取决于民族国家形成过程中的阶段，我们同样使用自然立方样条来作为民族国家建立年份的函数。模型4包括了我们搜集的1816年到2001年间覆盖全球的自变量数据。模型5中加入了控制变量，其中再次去掉了包括独立之前的非洲、19世纪的拉丁美洲与1870年的中欧在内的许多观察值。在这两个模型当中，样条相关系数的符号与显著性都符合预期，它表明战争的次数在民族国家快要建立的年份先上升后下降。模型6只包括了民族国家形成之前五年内我们拥有所有自变量数据的76块领土。样条相关系数在标准水平上不再显著，但是符号与相对大小仍然与之前的模型相似，这表明尽管数量更少的观察值包括了太多的噪声，导致时间依赖性更难以出现，但其普遍性模式仍然与我们的观点相符。

为了让样条的相关系数更容易被解释，我们又一次通过预测战争爆发的可能性绘制出了图4.4B，它建立在模型5的预测基础上。样条的相关系数在统计上只有弱显著性，但是其对战争爆发可能性的描绘与我们的模型非常契合。同时，图4.4的两张图表明了相似的历史过程可能导致国家间战争与内战的爆发，而这些通常可能被专业研究忽略。在新兴的民族国家中，围绕族群权力分配的斗争可以引发跨越边界的领土收复主义战争，就像它们可以驱动国家内部的分离主义战争与族群政治冲突一样。与这些广泛的历史观点一致，我们也发现了国家间战争的溢出效应：正如我们对内战的研究一样，围绕国家族群和民族特征的斗争可能会对周边领土上与之有关的族群产生吸引效应。

那么，对于其他有关国家间战争的理论，表4.3中报告的结果告诉了我们什么呢？曼斯菲尔德和斯奈德提出的"危险的民主化"假设（Mansfield and Snyder 2005a），假定无支配体制比民主国家或者专制国家更可能参与到国家间战争中去。表4.3的模型4为这一论点提供了清晰的证据：无支配体制比专制国家更可能爆发国家间战争。当我们在模型5中控制了人均国内生产总值时，这一效应被削弱了，但是仍然显著。然而，当我们将民族国家形成之前的年份中没有数据的领土排除在外后（模型6），这一关系在统计上就不再显著了。对民主化更加动态的测量——而不是使用无支配体制的静态虚拟变量——能更加全面地表达曼斯菲尔德和斯奈德的假设，或许能产生更明显的效果[但请参考纳兰和纳尔逊对该假设的再检验（Narang and Nelson 2009）]。

我们用一块领土上实行的民主制与周边实行民主制的领土的比例组成的交互项检验了民主和平论。这一交互项在三个模型中均是显著的,这表明实行民主制的领土更不可能被民主政权攻击,也更少攻击其他民主政权。与我们关于内战的发现相比,之前的政权更迭并不会增加国家间发生战争的可能性。至于用作基本控制目的的人口变量,则显著地影响了国家间爆发战争的可能性。同样,正如预期的那样,比起贫穷的领土,更富裕的领土更不可能成为国家间爆发战争的场所。之前军事人员数量的增加与国家间爆发战争的风险相关,这与竞争理论的预测一致(Vasquez and Leskiw 2001),这一理论认为,历史上关系剑拔弩张的国家可能在未来爆发战争。

我们在模型 5 和模型 6 中加入有关阶段的虚拟变量,其中每个虚拟变量对应霸权周期四个阶段中的一个阶段,结果并没有发现对莫德尔斯基霸权周期论的支持。我们从回归开始省略了"霸权"阶段,该理论预测这一阶段会维持和平,因此能有效地预测霸权周期的其他三个阶段是否比"霸权"阶段本身更容易发生战争。这一结果表明,即使是"全球战争"阶段也与"霸权"阶段存在显著的差异。比起全球权力体系,国内制度转型似乎更重要,它形塑了政治行动者的激励结构,包括以军事手段追求外交政策目的的动机和机会。

结论

与其他的社会科学研究一样,战争研究一直为一些分析路径所主导,这些路径将独立的民族国家这一制度形式视为给定的,同时又将大多数其他类型的国家排除在分析之外。相应的,既有研究对组成国际体系的单元属性的重大变化并未给予太多关注,只是偶尔提到新兴国家的形成是战争的来源而已(Maoz 1989)。相反,本章论证,民族国家结构的出现为战争解释模型提供了合适的宏观历史情境。从更普遍的意义上来说,从一种政治制度类型向另外一种政治制度类型转变的时段比制度平稳时期更容易引发战争。

这一视角将长期政治发展置于分析的中心位置,并对有关战争与和平的理论提供了重要的补充。国际关系研究中的"现实主义"学派关注国际体系的无政府状态(Waltz 1979)，并分析了这一体系中霸权的兴衰(Gilpin 1981)、军事能力的特定分布(Van Evera 1999；Mearsheimer 2001)以及两国之间的信息(Glaser 1997)如何诱使它们开战。而"自由主义"学派则展示了制度化的合作如何得以克服无政府状态的影响(Keohane 1984)，以及民主国家比专制国家发起战争的动机更少(Russet 1993)。

关注易发生战争的国家间关系的"现实主义"路径，需要通过对国际体系组成单元转变的分析来加以补充。这一转变本身就是引发战争的主要来源——它独立于现有国家的能力分布。进一步来说，帝国时代的政治与当下组成世界的民族国家的政治遵循着不同的逻辑。相应的是，正如导论所说，在过去的 200 年中，国家卷入战争的理由也发生了重大变化(也可参见 Luard 1986)。

关于民主和平论，我们假定，除了不同程度的民主化外，有关合法性的基本原则影响了国家之间发动战争的频率和动机。我们重申这一观点，帝国对其他政体的行为与民族国家相比是不同的，从帝国向民族国家的转型重新定义了国家间二元关系的政治特征，与这些关系是不是按照民主原则来统治的并无关联。对此，有一项发现清楚地说明了这点，即民族国家很少成为其他国家征服战争的对象。

我们的模型也对比较政治中现有的研究作了补充。我们确认了，政治不稳定与石油资源确实更容易让一个国家陷入内战。我们应该得出这样的结论吗？即战争主要受到叛乱在军事上的可行性(Fearon and Laitin 2003)或者对寻租资源的贪婪(Collier and Hoeffler 2000)这两种原因的驱动。我们已经指出，更大的制度转型过程形塑了在军事和经济层面发动战争的激励因素。这些激励因素代表了解释战争时机的间接因素——但是与帝国面临的合法性危机，即民族主义者成功地声讨了异族统治相比，这些因素本身并不是战争的驱动力量。正如上面讨论的那样，民族主义者经常煽动分离主义战争，反对一直保持军事能力以镇压叛乱的帝国中心。随着民族主义意识形态生根发芽，合法性的缺失，而非军事能力不足就成了帝国招架不住分离主义战争的原因。一旦民族国家建立起来，那么引发抗议和叛乱的新的激励，连同在内战与领土收复战争中追求族群民族主义的新目标就出现了。石油资源会按照族群的逻辑分配，并用来巩固族群的恩庇主义，从而进一步推动族群政治的竞争与冲突，但是它们或许并不是主要原因。

　　帝国的建设与民族国家的形成是现代世界中战争的两大重要来源。虽然本章已经在经验层面建立了这层论述,但是并没有对产生这些现象的机制提供很多证据。难道真的像第二章所指出的那样,族群排斥是公民社会脆弱的弱国家在民族国家的形成过程中带来的后果吗?难道真的如我所说的那样,当这些族群的政治排斥越来越明显,以及"本族人需由本族人统治"这一民族主义合法性遭到越来越明显和公然的侵犯时,族群战争就会爆发吗?有鉴于此,我在下一章中试图通过更密切地研究第二次世界大战后族群政治的竞争、不平等与冲突来回答这些问题。

【注释】

　　[1]卢亚德(Luard 1986)提出了一个更宽泛的社会学分析路径,直接关注在过去 500 年间,国家的属性如何影响议题、动机与决策过程,进而导致国家间的战争。本章建立在这一普遍性理论展望的基础上。

　　[2]值得指出的是,我们排除了"非正式帝国"(Mann 2006),如当代美国,或者在我们定义里提到的哈特和内格里(Hardt and Negri 2000)提出的分散性的霸权"帝国",因为这些不是在政治上一致的实体。还需要指出的是,按照分析的区域逻辑,我们对政治制度统治的特定领土而不是整个国家做了编码。这样大不列颠的领土就被归类为民族国家,尽管其是殖民帝国的核心。当代美国的领土也被定义为民族国家,尽管关岛是按照帝国原则被统治的。

　　[3]与艾森施塔特(Eisenstadt 1963:chapter 1)相比,我们与豪(Howe 2002)、布尔班克和库珀(Burbank and Cooper 2010)等人给出的定义保持一致,我们在对帝国进行定义时排除了绝对主义王国与公国(principalities)。因为将俾斯麦统一德意志之前的符腾堡(Württemberg)与加里波第统一意大利之前的教皇国视为同中华帝国和西班牙帝国一类是没有意义的。

　　[4]正如之前章节已经讨论的那样,我们假设,即使民族国家与王朝王国都是实行专制统治,它们之间也是有区别的。诸如乌干达前总统伊迪·阿明(Idi Amin)这样的民族国家独裁者也不能像法王路易十四(Louis XIV)那样进行统治。前者无法诉诸王朝合法性,只能展示他们的治理服务于"人民"的利益,例如,将印度商人诋毁为"寄生虫",从本民族的家园驱逐出去。相反,路易十四撤销《南特敕令》,并不是为了保护大部分信仰天主教的民众,而是他看到了臣民中出现的异教徒对他君权神授的挑战。

　　[5]伍德威尔(Woodwell)同样发现,同一族群占多数的两大邻国也更容易发展成冲突甚至暴力关系。但是,这一发现很可能是他的编码方法带来的产物。大部分拉美国家被描述为有着相同的主体族群,他们说着西班牙语——尽管阿根廷人和智利人会惊讶地发现,在国家建设后的 200 年,他们的国家仍然被认为属于相同的族群。只有将中东的

阿拉伯人编码为这一地区大多数相邻国家的单一主体族群可能才没有多大问题。源自冷战对峙的其他一些相对应的国家也有着相同的主体族群(联邦德国与民主德国、朝鲜与韩国)。

[6] 需要说明的是,与征服战争相比,这些围绕边境与领土的领土收复主义战争性质不同。正如导论部分提及的那样,民族主义信条的逻辑本身阻碍了现代民族国家向远远超出其核心民族群体领域的扩张。但这并不排除民族国家为了自己的核心族群、民族而征服领土的可能性。一个(罕见的)例子是美国的西进扩张以实现其"天命所归"。

[7] 毛兹(Maoz 1989:201—203)对国家间战争扩散的经典文献进行了回顾。但这些既有的国际关系路径都没有考虑到民族主义是导致国家间冲突扩散的主要原因。

[8] 对 1816 年以来所有国家以及它们邻国的族群组成进行编码是一项富有挑战性(但是回报颇丰)的数据工程,我希望有人将来能从事这项研究。

[9] 格莱迪奇(Gleditsch 2003)展示了如果一个族群跨越了两个相邻国家的领土,那么内战爆发的可能性就会随之升高[但是,埃林森(Ellingsen 2000)的研究并不支持这些结论]。

[10] 萨姆巴尼斯(Sambanis 2001)发现,与非族群性质的内战相比,在周边国家中的战争更加显著地提升了爆发族群内战的可能性。有关族群冲突中"传染效应"的进一步统计证据,请参见 Gurr(1993b:181),Lake and Rothchild(1998)。

[11] 我们猜测,下面的这些战争导致的死亡人数已经超过了 1 000 人的门槛:前殖民时期尼日利亚的约鲁巴人居住的州之间发生的战争、19 世纪中期发生在埃塞俄比亚和阿富汗的内战、与前殖民时期布干达在乌干达的扩张有关的战争、在沙俄征服前中亚汗国之间爆发的战争。遗憾的是,我们无法搜集到关于战斗死亡人数的可靠数据,因此并不能将它们纳入当前这个版本的数据库中。

[12] 萨姆巴尼斯(Sambanis 2004)对这一问题进行了讨论,并且提出了另外一个可行的解决方案:将帝国的整个领土作为一个观察值单元。但是,这种做法会导致更多的数据问题,如国内生产总值和其他数据就需要根据帝国的整体情况来作平均化处理。因此在这种情形下,帝国的腹地与殖民地之间生活条件的重要差异——包括人权和民主参与——就被消弭了。

[13] 对于这些可能引发疑问的假设,我们在此简要地加以描述,对不同政权之间的战争可能会比较有用。国家间战争或者平衡权力的战争可能发生在相互竞争的帝国试图抢夺对方的领土时,比如罗曼诺夫王朝与英帝国为争夺对阿富汗的控制而爆发的战争。但是无论是英国还是沙俄,都没有试图通过征服战争来吞并对方的全部领土。同样,国家间战争也会因为城市国家之间相争夺贸易路线而爆发(比如威尼斯与热那亚之间的战争),也会因为民族国家之间、绝对主义国家之间以及部落邦联之间争夺具有争议性的领土而爆发。历史上,帝国之间(比如在第一次世界大战期间,奥斯曼帝国被西方帝国主义列强裂解)、民族国家之间(如美国对多米尼加共和国的征服)、城市国家之间以及部落之间也都发生过征服战争。

[14] 我们也尝试了将时间间隔改为每 20 年、5 年以及 1 年,主要模式并没有发生变化。

[15] 在帝国吞并后的 70—100 年间这第二个战争高峰中,几乎有一半的战争都是分

离主义战争,这与第二次向民族国家的转型有关。这里需要注意的是,我们的数据时间虽然只开始于 1816 年,而许多领土早在一个世纪前就已被帝国吞并,但这一画面并未因此被扭曲。而只包括在 1816 年后首次成为帝国一部分的领土的图表表明了相同的模式(尽管这里并未展现)。

　　[16] 对于帝国吞并的过程来说,观察值的数量太小,以至于不能在大多数战争次类型与年份之间产生显著的模式。然而,爆发战争可能性的巅峰主要与征服战争有关——就像我们模型假设的那样。这在帝国吞并后发生的可能性逐渐变小,在 40 年后不再显著。在我们模型预测的随机模式中,在帝国吞并后,内战与国家间战争会时不时地发生。

　　[17] 与之前章节的分析相比,这一发现只涉及直接使民族国家建立的冲突。在之前的章节中,我指出,爆发在一块领土之外但是在同一帝国中的战争,削弱了帝国抵抗民族主义力量的能力,因此为后者权力的上升提供了助力。我也提及了一块领土上发生的非民族主义战争有利于民族国家的建立。这两大效应与我们在此关注的直接的因果效应明显不同。

　　[18] 自然立方样条由分段三次多项式构成,使得函数、导数和二阶导数在每个指定的节点上都是连续的。此外,样条函数在端点上方被约束为线性,从而简化了计算。样条是预测非线性时间依赖性的有效方法,它可以使用估算的样条系数来轻松地追踪。我们将三个节点分别置于“距民族国家建立的时间”变量的第 10、第 50 以及第 90 三个百分位节点。我们还尝试了另外的节点与地点数值,但是结果并未发生重大改变。

　　[19] 大部分已经发表的研究(例如 Fearon and Laitin 2003)使用了是不是石油出口国这一虚拟变量,或者计算石油出口在国内生产总值中所占比重。然而,人均数据代表了改进后的操作化,因为其不依赖于其他经济变量的强度,比如在国内生产总值中所占比重,并且相比虚拟变量,共线性的风险在很大程度上减少了(对比 Humphreys 2005)。

　　[20] 一开始,霸权周期理论只是为了解释重大的“系统性战争”,如两次世界大战。然而,波林斯(Pollins 1996)已经指出,没有理由认为系统性战争与只有两个国家参加的小规模战争存在原则性的不同。因为霸权是根据其在全球范围内延伸的幅度来定义的,它对冲突行为的影响应当和所有的国家一样。

　　[21] 针对“危险的民主化”假设的经验性批评,请参见纳兰和纳尔逊(Narang and Nelson 2009)的研究。

　　[22] 大量的量化研究都确认了所谓的“民主和平论”(Ellingsen 2000;Hegre et al. 2001)的适用性。雷纳尔-奎罗尔(Reynal-Querol 2002)、萨姆巴尼斯(Sambanis 2001)得出了相似的结论,但是他们认为“民主和平论”只适用于族群战争。然而,所有的这些研究都可能存在偏误,因为它们对“无支配体制”的定义包括了国家崩溃与冲突的阶段,正如弗瑞兰(Vreeland 2008)指出的那样。

　　[23] 这将解决之前注释中提及的编码问题。

　　[24] 因为标准误更可能与领土内部的观察值相关,我们通过稳健性检验与聚类操作来修正标准误。

　　[25] 正如我们在之前章节中对民族国家所作的分析一样,当我们纳入了在内战模型中作为年份函数的样条时,发现它们在统计上并不显著。因此,我们在处理时只关注民族国家建立的潜在时间依赖。然而,有证据表明,国家间战争的爆发存在对日历时间的依赖

性。除却民族国家在建立之前/之后的时间依赖样条,我们还引入了一个用来表示霸权周期四个阶段的虚拟变量,来描述不同时间阶段的影响。

[26] 这一时间依赖模式与其他回归模型(在此并未展现相关图表)中的基本一致。我们也跑了模型 1,在这一模型中,对于在同一时间段成为现代民族国家的不同领土来说,我们并没有明显的缺失数据,这通常是因为它们是从同一帝国中形成的。这一结果(在此并未展示)证明,除却 19 世纪上半期的拉丁美洲案例外(理由在上文已经讨论过),所有国家都表现出明显且稳定的时间依赖模式。

[27] 这些发现同迪尔和格尔茨(Diehl and Goertz 1991)的发现形成了对比。他们认为:如果帝国的中心在近期丧失了一些全球性的权力;帝国的属地独立建国的越多;全世界中独立的国家越多(合法化地去殖民化);对帝国的中心来说,如果属地的经济重要性越来越凸显的话,那么军事冲突就越有可能发生。后一种观点无法通过本章使用的数据库进行检验。在我的模型当中,迪尔和格尔茨识别的其他变量并不能对追求独立的民族主义战争产生影响。这或许是因为他们并没有纳入对时间的控制,这极有可能让世界范围内独立的国家总数变得并不显著。他们还分析了不同的案例,但只提到了成功的分离主义战争,并且没有考虑南斯拉夫与苏联的解体。

[28] 这些发现与很多量化研究形成了鲜明对比。正如我们在之前注释中所提及的那样,这是因为大部分研究将所有政体得分位于中间值的政权归到无支配体制一类,包括处于过渡年份的政权(Vreeland 2008)。为了避免这一问题,我们将处于过渡期的政权归到"无政府"一类。

[29] 应该指出的是,一些右截断数据仍然存在,因为我们没有看到,在新近建立起民族国家的原苏联加盟共和国中,会出现何种战争与和平的模式。

第五章　族群政治与武装冲突 *

本章将研究的焦点从政治合法性原则的斗争转移到使这种斗争更容易引发战争的权力构型上。毕竟,在民族国家形成过程的高峰时期,战争仍然是非常罕见的事件。很多领土转向民族国家的过程是非常和平的(比如在 20 世纪 90 年代独立的波罗的海三国),或者在通过暴力推翻前民族国家政权后维持了和平(如瑞士)。为了从经验层面检验是否确实是排斥性的权力构型解释了暴力与和平转型之间的差异,我们需要在某种程度上对分析进行一定的限制,以使高质量的数据搜集变得可行。本章在时间段上只关注了 1945 年以后,在战争类型上只

* 本章由我与拉斯-艾瑞克·塞德曼、布莱恩·闵合作发表在期刊上的论文改写而成。
　很多人帮助我们搜集了本章依赖的数据库中的数据,我们对此深表感谢。虽然我们无法列出来自所有国家和地区的慷慨地分享了他们见解的专家,但是我们至少可以感谢丹尼斯·阿维莱斯(Dennis Avilés)、尤瓦尔·费恩斯坦、卢克·吉拉丁(Luc Girardin)、迪米特里·戈伦伯格(Dmitry Gorenburg)、韦斯利·希斯、卢兹·克勒伯斯(Lutz Krebs)、帕特里克·库恩(Patrick Kuhn)、阿努普·萨巴希(Anoop Sarbahi)、詹姆斯·斯卡里特(James Scarritt)、曼努埃尔·福格特(Manuel Vogt),朱迪斯·沃拉斯(Judith Vorrath)、于尔格·韦德(Jürg Weder)与克里斯托弗·祖尔彻(Christoph Zürcher)。卢克·吉拉丁运行了在线专业调查的软件。这一数据项目得到了加州大学洛杉矶分校国际问题研究所与瑞士国家科学基金项目"在恶劣社区中使分裂社会民主化"(Democratizing Divided Societies in Bad Neighborhoods)的资金支持。我要感谢迈克尔·罗斯与亚利桑那大学社会学系、埃克塞斯大学举办的"内战与跨国暴力的分解式研究"(Disaggregating the Study of Civil War and Transnational Violence)研讨会、耶鲁大学的"秩序、冲突与暴力项目"(the Program of Order, Conflict and Violence)、曼海姆欧洲社会研究中心(the Mannheim Center for European Social Research)、渥太华大学公共与国际事务研究院(the Graduate School for Public and International Affairs of the University of Ottawa)以及日内瓦国际关系及发展高等学院(Graduate Institute for International and Development Studies)的听众们对本章初稿提出的建设性意见与批评。

检验了内战。本章的结论是，一国族群政治不平等的程度越高，内战就越有可能爆发。与前两章相比，本章对暴力冲突进行了更为细致的编码，甚至纳入了仅仅导致 25 人死亡的武装冲突。得益于此，我们现在既能对小规模的武装冲突进行分析，也能对上一章中已经分析过的全面内战展开分析。

为了检验与政治排斥相关的假设，本章引入了一个全新的数据库，它记录了自第二次世界大战以来全世界所有国家内部的族群权力关系。族群权力关系（EPR）数据库包括了每年所有与政治相关的族群，以及它们对国家行政权的掌握程度——从控制政府到遭遇公开政治歧视与排斥。族群权力关系数据库克服了既有的数据汇编的局限，特别是被广泛使用的高危少数族群（MAR）数据库，它只包含了弱势少数群体的信息，因此不太适合捕捉位于权力中心的族群政治变动。族群权力关系数据库也改进了传统的人口多样性指数，因为这些指数仅仅与新建立的民族国家中的族群政治斗争有些许关联，下文将对此进行更详细的讨论。

与之前的章节相比，这一新的数据库在某种程度上能给族群内战提供更复杂也更精细的分析。迄今为止，我已经指出，在国家能力脆弱且志愿性组织欠发达的新兴民族国家中，族群政治不平等更容易引发内战。现在是时候拓宽这一分析并考虑其他引发战争的权力构型了，因此我们要采用多重因果的分析模型。本章识别了与族群冲突相关的另外两大构型。首先，彼此之间分享权力的族群精英数量越多，他们为在政府中得到"公平的代表"的持续斗争就越可能升级为暴力对抗。处于相互竞争之中的族群精英担心当下的权力分享安排在未来可能会被破坏，这就使这种构型变得特别具有冲突性。其次，帝国统治的长期历史导致居住在边缘的人群对新建立的国家不信任、不认同。遭到排斥的族群与权力分享精英的不满促使他们诉诸分离主义的方式，以避免遭到其他族群的政治统治。这样，建立一个由族群精英自己控制的新国家就变成了一个值得为之奋斗的、富有吸引力的目标。以上三种构型都可以被这样描述：违反了民族主义信条所推崇的"本族人需由本族人统治"的原则，从而导致行动者之间的冲突升级，以决定谁能象征性地拥有，并且在政治上控制民族国家。

这种更细致的分析追随了其他定量研究文献的脚步，这些文献强调战争因不同的原因而起（Sambanis 2001；Buhaug 2006）。并且事实上，人们也不会想到，巴西发生的军事政变会与尼泊尔游击队发起的叛乱、尼日利亚的比夫拉（Biafra）内战或者当代发生在阿富汗的冲突有着相同的根源。本章展示了如何在量化研究设计的框架内考虑这种因果异质性。但在展开分析之前，我将对以前的研究进行更详细的回顾。

研究族群与武装冲突的主要路径

从事族群与内战的量化研究主要面临两方面的问题。首先，大部分的经验研究忽视了因果异质性，它们倾向于假定，存在一套单一的过程能解释所有的族群冲突，乃至所有冲突。其次，更为重要的是，连接族群与武装冲突的机制在理论与经验两方面都存在问题。有鉴于此，我们首先从内战研究的三个主要流派出发，探讨与之相关的机制：贪婪与机会，多样性导致冲突，以及少数族群的不满。[1]

最具影响力且经常被引用的文章指出，内战的动力机制与族群排斥、族群的要求（"不满"）、族群多样性或者族群的其他方面都没有什么关系。与这一观点相一致的是，20世纪中族群冲突的升温——如图1.2所示——并没有被视为一种有意义的趋势。这只是由于一种不幸倾向，即当代学者和反叛者自身都把冲突归咎于原始族群身份——这是一种集体的错觉（Laitin 2007：20—27）。比族群多样性或者沿着族群界限形成的族群认同与政治排斥更重要的是，从物质和组织两方面发动反政府叛乱的动机。

根据费伦和莱廷（Fearon and Laitin 2003）著名的叛乱模型可以得知，当政府脆弱，并且叛军可以在招募失业青年的同时躲避政府军抓捕，那么战争就会一触即发。而对缺乏政治代表性或者公共物品供给不足的"不满"，或者对政府合法性的怀疑等现象都是普遍存在的，因此不太可能有助于解释这些暴力冲突为何如此罕见。更具体地说，毕竟一个常数是不能解释一个结果变量的。相似的是，科利尔和霍夫勒（Collier and Hoeffler 2004）认为内战发生在叛乱可行的地方，而不是行动者遭遇族群政治不平等或者被社会边缘化的地方。可供掠夺的经济资源便利了叛乱团体的组织与生存，从而解释了内战会在何时何地爆发（请参见

Collier et al. 2006)。

对此,第二个流派持恰好相反的观点。这一流派指出,族群对冲突过程的影响至关重要,这是因为族群多样化的国家会经历更多的武装冲突。对此,不同的学者给出了不同的可能机制解释。一些人指出,族群多样性与作为现代民族国家基础的文化同质性假说相抵牾,因此导致了分离主义战争与族群清洗的发生(Gellner 1991;Nairn 1993)。万哈宁(Vanhanen 1999)根据族群裙带关系(ethnic nepotism)的社会生物学理论基础,成为"多样性-冲突"论点的热烈拥护者。根据这一理论,人类倾向于喜爱亲属和同类族群多过其他人群。其结果是,族群异质性更强的国家将出现更多裙带性组织之间的对抗,以及更多由此导致的武装冲突。最终,社会分裂成数量众多的族群组织,面临的族群战争风险也就越来越高。对此,萨姆巴尼斯(Sambanis)指出,这是因为共同的族群降低了建立反政府武装的组织成本(Sambanis 2002:266;也可参见 Easterly and Levine 1997)。

以上两种观点——"贪婪-机会"流派与"多样性-冲突"的路径——都依赖人口多样性的指标来检验它们的核心假设。对此,很多人使用的是语言分化的指标,即随机挑选出两个个体,他们说不同语言的可能性。然而,这一指标很明显与政治变动带来的族群冲突不相干。首先,不是所有的族群都在意政治(Posner 2004;Chandra and Wilkinson 2008)。其次,族群冲突并不是个体之间每天都能遇到的结果,而是源于国家与旨在挑战其权威的族群政治运动之间的互动(Cederman and Girardin 2007)。因此,建立在人口基础上的语言分化指数不能捕捉这些政治关系的本质。

由于这些概念与测量本身就存在问题,因此对于族群多样性与武装冲突之间关系的经验研究之间产生了抵牾就不稀奇了。一些人发现,族群分化并不能解释战争的爆发(按照定义,这里的战争指的是每年造成 1 000 人在战斗中死亡的冲突)(Fearon and Laitin 2003;Collier and Hoeffler 2004)。其他人则展示了,如果因变量包括了低密度的战争(Hegre and Sambanis 2006),或者如果我们完全关注的是族群战争(Sambanis 2001)或者是分离主义性质的武装冲突(Buhaug 2006),那么族群分化仍然是显著的因素。一些人发现,族群分化与内战蔓延之间呈现的是抛物线式的关系(Elbadawi and Sambanis 2000)。还有一些人主张,当两个规模相当的族群极化而不是族群分化,才能更好地解释武装冲突的产生

(Montalvo and Reynal-Querol 2005)。[2]

本章超越了这些人口指标,在对族群在政治实践中如何发挥作用的探索中,这些指标目前被去除了(Chandra and Wilkinson 2008)。本章使用的族群权力关系数据库通过直接记录与政治相关的族群以及他们获得国家行政权力的程度,使得我们能更接近族群政治的真实逻辑。这使得我们能检验族群政治不平等和由此导致的"不满"是否真的具有普遍性(就像"贪婪-机会"学派说的那样),或者族群政治权力构型的变化是否系统性地与族群冲突相关。在纳入对族群排斥与竞争的政治变动的考虑后,本章将会论证,族群人口的多样性与武装冲突之间并没有系统性的关联。

第三条主要路径是专注"少数族群不满"的流派。这一流派的支持者站在不同团体的层次而非国家层面,分析了族群与武装冲突之间的关系。古尔(Gurr 1993a)探索了在何种条件下,少数族群会发起抗议或者叛乱。这些条件包括强烈的公共不满和促进政治动员的政治机会结构。古尔和他的同事在高危少数族群数据库中搜集了全世界的数据。由此,高危少数族群数据库带动族群政治研究实现了巨大的飞跃,为从事政治学(Saideman and Ayres 2000;Toft 2003;Walter 2006;Elkins and Sides 2007)和社会学(Chai 2005;Olzak 2006)的研究人员提供了无比宝贵的资源。

与另外两大学派相比,"少数族群不满"的视角毫无疑问地符合人们通过经验观察到的将族群与武装冲突及内战联系起来的机制。因此,我们将这一见解纳入下文的族群政治模型中。然而,这一范式受到了研究视角的限制——因为它聚焦的完全是处于劣势的少数族群。它将接近国家权力中心的程度"强行"编码到给出的定义中,这样比较的视角就只能关注被排斥的群体,而掌权的族群就被忽视了。这使得我们很难以普遍的方式捕捉政治排斥产生的效应:研究者需要比较被排斥的与被包容的族群,才能有效地论证排斥在多大程度上导致了冲突。不仅如此,在许多权力构型不时出现巨大变动的国家(乍得、阿富汗、利比里亚)中,一个族群的政治地位可能在一个时期从被歧视的少数族群变成另一个时期的统治精英。换言之,从事族群政治研究的学者应该将政府内的代表性作为一个变量而非一个常数。最后,把关注重点放在少数族群人口的研究同样忽视了多数族群——而非少数族群——在政治上遭受不利的可能,南非种族隔离制度下黑人的命运就恰如其分地说明了这一点。

相应地，高危少数族群的编码规则不适用于由少数族群或者族群精英复杂联盟统治的国家，像尼日利亚、印度或者乍得那样，这里的族群冲突将会被冠以造福于遭受排斥的多数族群（而非少数族群）或者分享权力的族群（因此这些族群不处于"风险"之中）的名义。[3]而在我们数据库中，有几乎一半的观察值符合这样的族群政治构型，因此避免了重蹈高危少数族群路径的覆辙。我们减少了对处于弱势的少数族群政治动员的关注——或许用美国的民权运动作为例子说明比较合适——因为少数族群动员模型过度强调了族群导致武装冲突或内战的条件。

因此，我认为这三大流派中没有哪一派就"族群是如何与冲突相关的"这一议题给出了完全令人信服的分析。首先，他们依赖的族群多样性观点与族群政治的逻辑要么不相关，要么对作为少数族群动员的族群冲突定义太过狭隘。第二个问题是，现有的文献认为，作为一种普遍现象的族群冲突是由一个统一的因素引起的。[4]然而，定性比较研究却揭示出考虑不同的族群政治构型的重要性，不同性质的因果路径都导致了暴力。对此，我将用以下四个著名的族群冲突案例说明这一点。

在北爱尔兰，发生在美国的民权运动启发了当地受过教育的、信奉天主教的中产阶层，使他们能被动员起来反抗长期以来在政治上的边缘化待遇。而信奉基督新教的精英控制的北爱尔兰方面作为英帝国的内部殖民地，对此则采取了镇压与恐吓。随后，冲突的升级让曾经试图通过武力将北爱尔兰与爱尔兰合并的爱尔兰民族主义地下武装卷土重来。这反过来又导致了信仰新教的武装和恐怖主义组织反对信仰天主教的爱尔兰人的民族主义目标（Bardon 2001）。

在波斯尼亚①从南斯拉夫社会主义联邦共和国独立出去的前夕，其境内的三块塞尔维亚族聚居领土上的领导人撤出了他们原本参与的与克罗地亚族和波什尼亚克族共同分享权力的联邦政府。战争动员很快在两边展开。其中，塞族的武装得到了旁边南斯拉夫联盟共和国的支持，不久便袭击了克罗地亚族和波什

———————————

① 全称"波斯尼亚和黑塞哥维那"，简称"波黑"，曾是南斯拉夫社会主义联邦共和国的加盟成员。——译者注

尼亚克族聚居的村子,试图将这些领土并入未来的塞尔维亚族共和国[①]当中(Burg and Shoup 1999)。

在1994年1月,经常以标志性装扮[②]示人的"指挥官"(commandante)马科斯(Marcos)带领着一群蒙面追随者来到了圣克里斯托瓦尔-德拉斯卡萨斯市(San Cristóbal de las Casas)[③]的主广场,宣称恰帕斯州的人民和墨西哥土著居民不再接受作为二等公民的命运。他要求全面的宪制、经济以及政治改革。事实上,在他发动起义的几十年前,当地的政治动员就已经开始了,这包括左翼势力和受解放神学启发的低阶教士发起的争取土地改革的抗争。面对这些反政府挑衅,墨西哥中央政府命令军队去占领据信是萨帕塔民族解放军(Zapatista guerilla)成员藏身之处的村庄。在经过一系列的交火后,萨帕塔民族解放军最终撤向了拉坎东丛林(Lacandon jungle)[④](Collier and Lowery Quaratiello 1994;Wimmer 1995a)。

当萨达姆·侯赛因在伊拉克的统治垮台后,前复兴社会党的干部、政府高层官员与来自伊斯兰教逊尼派三方的部落领袖,以及外国的"圣战"分子(jihadists)共同组成了一个脆弱的联盟。这一联盟随后同他们眼里的由什叶派"异端"和库尔德分离主义者控制的政府展开作战。他们反对在全国层面推行任何联邦化和权力分享的措施,他们梦想着恢复曾经由他们主导的族群主义政权。与此同时,什叶派内部错综复杂的派系利用新政府的不受欢迎及其对美国军事权力的依赖,互相钩心斗角。而萨德尔的军队(Sadr Army)[⑤]则利用被边缘化的城市青年的支持,反对与逊尼派以及库尔德政党分享权力,主张建立一个由什叶派控制的强大中央政府(Cole 2003;Wimmer 2003;Bengio 2004)。

---

① 这是现在组成波黑联邦的政治实体,又称"斯普斯卡共和国"(Republika Srpska),简称"塞族共和国"。波黑境内的塞尔维亚族聚居点最初想合并,进而并入旁边的南斯拉夫联盟共和国,但是在波黑内战后期,塞族领导人与南联盟的主体塞尔维亚领导人产生了分歧,而战后的《代顿协定》规定波黑的主权完整不可分割,因此塞族民族主义者退而求其次,以建立本民族的自治共和国为目标。——译者注

② 马科斯在公开场合出现时都半遮住脸,从不以全貌示人,因此这种装扮是标志性的。——译者注

③ 墨西哥恰帕斯州的一座城市。——译者注

④ 位于墨西哥南部。——译者注

⑤ 这是由伊拉克什叶派教士穆克塔达·萨德尔(Muqtada al-Sadr)创建的反美民兵武装,正式名称是"马赫迪军",后改为"和平卫士团",于2017年解散,向中央政府上缴武装。——译者注

影响上述四种冲突历史的因素和机制截然不同。爱尔兰的天主教徒与恰帕斯州的居民代表了已经动员起来反抗国家的被排斥群体，而波黑的塞尔维亚族人与伊拉克的什叶派都是联合政府的参与者。波黑的塞族精英与伊拉克的族群宗教派系面对的是无组织的、族群高度分化的国家，而北爱尔兰的天主教徒与墨西哥的萨帕塔民族解放军反抗的则是强大的国家机器。爱尔兰共和军和波黑的塞族民族主义分子试图将周边的国家连接在一起，然而萨帕塔民族解放军与伊拉克的宗教族群则试图改变现有国家内部的族群权力关系。这样来看，很难有一个单一的指标能准确地把握这些不同的族群政治变动。因为权力构型不同，族群导致武装冲突的相关机制与逻辑也不尽相同。

族群政治与冲突的结构理论

这一部分介绍一个结构路径，它通过不同的因果路径将这些不同的族群政治构型与具体的族群冲突类型联系在了一起。在我们这么做之前，我们需要提醒读者，这些引发战争的不同构型不会在没有前述族群政治化的情况下出现，因此族群政治化是任何类型的族群冲突发生的重要前提。

正如第二章中展示的那样，中央精英控制了大量的公共物品与决策权力，因此可以将国家建设变成对地方精英和大部分人口具有吸引力的选项。因此，有关政治联盟与交换的体系为族群分化与纳入更多阶层的人口嫁接了桥梁，因而导致了成功的国家建设，并且对族群进行了去政治化。[5]相反，在中央精英缺乏资源将所有公民纳入一个共容性联盟体系的弱国家中，政治闭合将会沿着族群而非国家的界限展开。而在志愿性组织网络发展薄弱的国家中，整合政治利益和回馈政治忠诚的非族群式渠道也非常稀缺。

在公民社会脆弱的弱国家中，在位的政府官员在分配公共物品与政府工作时都会偏向同一族群的人；法官在审理同族案件时会比审理他族案件时更加公正地援引法律；警察会为同族提供保护，但是对他族民众提供的保护就比较少；等等。对于族群偏好与歧视的预期同样也以其他的方式发挥作用。选民偏好同族领导的政党，少年犯寄希望于同族的法官，公民偏好同族制定的政策。[6]在这种按照族群划分的国家中,领导人和他的追随者们有很好的理由来避免被异族统治,并且为了自治而斗争,或者至少在国家这块"蛋糕"中分得尽可能大的一块。这些策略偏好加总起来产生的后果,便是各种按族群界定的行动者为争夺国家的控制权而相互斗争——简称族群政治(Rothschild 1981；Esman 1994)。

冲突的族群政治构型

那么在什么样的权力构型下,族群政治更容易升级成暴力冲突呢? 为了回答这个问题,我们需要合适的概念工具来描述不同行动者的构型以及他们之间的权力关系(请参见图 5.1)。在蒂利(Tilly 1978，2000)提出的政体模型基础上,我们区分了控制或者接近中央政府的不同政治化族群(位于内部的灰色圆圈)、遭到政府排斥的国家公民(外围白色的圆圈),以及,最后是超越国家领土边界的政治世界。需要指出的是,这一步骤比第二章的更加复杂。在第二章中,形式模型只包括了两类族群,并且国家边界也被我视为给定的。

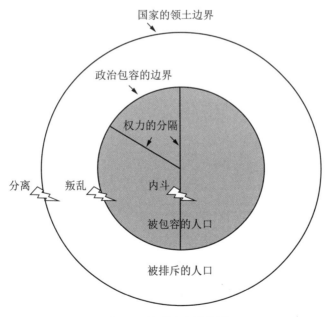

图 5.1　族群冲突的类型

在这个更复杂的世界中,每一个族群政治的权力构型都可以按照三类边界进行描述：(1)国家的领土边界定义了什么样的族群共同体是国家公民的合法组成部分；(2)包容的边界区分了谁应当分享政府的权力，而谁在最高层级的政府中不被代表；(3)最终，在所有被包含的人口中，族群分化的数量描绘了权力中心的结构。

其中，每一个类型的边界都可以成为族群政治冲突的焦点：谁会被国家权力包容进来而谁又会被排斥出去，权力是如何在族群精英和他们的选民之间分享的，什么样的族群社区应该被什么样的国家统治。因此，我们能根据这些边界中处于危险之中的是哪一种，从而区分三类不同的族群冲突。当人群中在政治上被边缘化的阶层通过斗争来改变包容的边界时，我将这些冲突称为"叛乱"。当掌权的少数族群精英为争夺政府中的利益而相互争斗时，我将其称为"内斗"。最后，分离旨在改变一个政权的领土边界，而被排斥的族群与被包容的族群都可以追求这一目标。正如之前所述，所有的武装冲突都与建立的民族国家模型的合法性模式相关。当他们要求建立一个自己能当家作主的国家、在政府中享有公平的代表权或者终止政治排斥时，他们的主角都唤起了"本族人需由本族人统治"的原则和在政府中要有族群代表的信念。

引发战争的构型：假设

根据目前为止已经讨论过的构型观点，我分别对叛乱、内斗和分离提出不同的假设。第一，高强度的族群排斥将会增大叛乱的可能性（假设 1），因为它削弱了国家的政治合法性，从而使得政治领导人能动员他们自身所属族群的支持者，并向违背族群代表性原则的政府发起挑战。[7]这一过程的微观机制已经被其他人分析过，因此在这里就无需关注了。我们也无法详细探讨在何种条件下，通过何种相互作用——如动员和镇压的螺旋上升——历史会走向一场暴力灾难（朝向此类分析迈出第一步的研究，请参见 Sambanis and Zinn 2006）。因此，我们的分析限于简单的族群排斥，这一观点在之前分析民族国家的形成和战争的章节中已经强调过。我们现在可以充分利用族群权力关系数据库，并从经验层面加以检验。我们预期，最可能引发战争的权力构型是一族统治——只拥有小范围支持者来进行统治的精英群体，如当代卢旺达图西族建立的政权、罗得西亚白人定居者建立的政权或者萨达姆·侯赛因的逊尼派统治。

　　第二,我们假设,当有很多行动者分享政府的权力时,也就是当国家出现了多个中心时,将更容易引发内斗。政治伙伴的数量越多,越会形成更严重的可信承诺问题,就越容易让他们担心失去权力,从而促使他们一直为政府利益的分配而斗争。其他学者已经为这一观点提供了微观层面的基础。泽伯利斯(Tsebelis 2002)展示了否决型玩家的数量越多,决策回旋的余地就越小,统治联盟就越难以维持稳定。有关否决型玩家的观点与内战的可信承诺理论相符(相关回顾请参 Walter 2009):因为行动者之间可能组成的联盟随着他们数量的增加而增加,未来行动者权力位置的不确定性也会相应地上升,今后不再占其他联盟伙伴便宜的承诺也因此变得不那么可信了。[8]不同的精英派系更可能预先动员他们的族群追随者,并通过要求得到政府蛋糕中"更公平的"份额而挑战其他的权力分享伙伴。或者,他们可能利用对部分安全机构的控制发动一场暴力政变,来防止未来被逐出权力核心(Roessler 2001)。因此,权力分享的精英数量越多,发生内斗的可能性就越大(假设 2)。

　　第三,我引入了独立于前述权力构型的合法性观点。它指的是对国家及其领土形态理所应当的接受,而非由谁来控制政府的问题。它指出,在有长期遭受帝国间接统治历史的国家,在民族国家形成之前,人群中有一大部分人不习惯被新的政治中心统治,因此他们眼中的新国家作为一个整体就缺乏合法性。正如我在导论部分讨论的那样,国家精英与民众之间的交换关系需要常态化和制度化,以发展出共享的认同与相互忠诚的认知。

　　长期遭受间接统治的边缘组织与新兴的、后殖民时代的中心维持的只是脆弱的制度化联系,因此能被分离主义的目标轻而易举地动员起来。这一主张指出,只有独立才能避免未来被异族统治的危险,才能保证与民族主义理想一致的自治。用更理性的话来说,新兴国家的边缘群体发现,很难相信统治主体不会滥用权力的承诺(Fearon 1998),因此产生了可能导致脱离中心权力分配的预防性分离运动与相应的武装冲突。我在导论中曾经援引格鲁吉亚的例子加以说明,格鲁吉亚在 19 世纪和 20 世纪的大部分时间内都处于罗曼诺夫王朝及后来的苏联统治之下,因此当它成为独立国家后,所获得的公民常态化的忠诚和信任非常少。南奥塞梯与阿布哈兹这两块之前处于莫斯科间接统治下的自治州和共和国,也匆忙地宣布了独立。这样,长期的分离主义战争便接踵而至了。因此,我假设:遭受间接统治历史越长的国家,越有可能爆发分离主义冲突(假设3)。

第四,我假设,在大的国家中更有可能发生分离主义(假设4),这样就给了一个在前一章已经探讨过的变量以实质性解释。过去,大国不太可能渗透到其领土的外部,因此人们更不习惯被政治中心统治,特别是在远离首都的省份。[9]

帝国的历史与人口的规模都是对国家凝聚力的测量,凝聚力是人们对国家的领土边界在何种程度上是理所当然的,以及对国家在何种程度上独立于控制它的政府的认识。[10]声称代表权力分享伙伴或者被排斥人口的分离主义团体更可能向凝聚力不足的国家发起挑战。低国家凝聚力因而强化了排斥和割据的变动,并导致各团体走上分离主义冲突的道路。

还有其他的因素可能会阻止动员、反动员、竞争和升级的螺旋式上升,从而带来局势的缓和与冲突的降级。首先,富裕国家中的政府能更好地通过向公共服务不足的社区提供公共物品,将运动领袖吸纳成权力精英来安抚抗议运动——这是之前章节已经讨论过的手段。[11]美国民权运动后推行的"伟大社会"(Great Society)和"平权行动"(affirmative action)计划就是这么一个例子,它帮助吸纳了越来越激进的城市年轻领导人,从而避免了暴力升级。这对于不满权力分享安排的成员也是如此:他们可以建立新的政府机构来安置追随者,而新的基础设施工程也可以直接使这些族群支持者受益。

因此,国家的发展水平越高,叛乱与内斗发生的概率越小(假设5)。因而我们的模型再次纳入了内战研究文献中最稳健的发现之一(Hegre and Sambanis 2006),即内战发生在贫困国家,并给了它一个新的、更精细的解释。这符合抗争政治理论。[12]

其次,某一特定行动者挑起武装冲突的可能性取决于整个权力构型,而不仅仅取决于该特定行动者在权力构型中的地位。更准确地说,当被排斥的群体发动叛乱的风险高时,我们预期权力分享伙伴更不可能互相攻击。因此,我们假设,随着排斥程度的上升,内斗的可能性降低(假设6);随着国家的规模变大(凝聚力更差),内斗的可能性升高(假设7)。因此,排斥与凝聚对不同的族群冲突具有相反的作用。一族统治将会导致更多的叛乱(假设1),但是权力分享伙伴之间的内斗将会减少(假设6);凝聚力差的国家将会经历更多的分离主义(假设4),但会经历更少的内斗(假设7)。只有执行对不同类型的族群冲突进行区分的分解式研究设计,才能公正地对待这种多重因果关系。

既有的理论传统与经验发现

这些假设与现有关于族群冲突的分析以及与之前量化研究的发现都有什么关系呢?上面介绍的模型包含了两个通常被认为是相互抵牾的观点。围绕究竟是排斥和隔离[如赫克特(Hechter 1975)提出的"内部殖民主义"(internal colonialism)模型或者博纳希奇(Bonacich 1974)提出的"分化的劳动力市场"(split labor market)理论]更容易引发战争,还是与之相反,竞争与增加接触(Bates 1974;Horowitz 1985;Olzak and Nagel 1986)更容易引发战争,已经出现了很多争论。关于冲突的权力构型理论主张,等级化的排斥与纵向的竞争都是导致族群政治暴力化的相关机制。但是这些机制影响的是不同的行动者,这又取决于这些行动者在整个权力构型中所处的位置。

该模型还说明了什么是竞争和排斥:它并不主要是关于住房或工作等个人物品的(正如竞争理论和分裂劳动力市场理论都认为的那样),也不涉及现代化的成果[正如霍洛维茨(Horowitz 1985)指出的那样],也不像很多关于偏见的社会心理学研究(Blalock 1982)那样指出的是一个定义模糊的"相对群体地位"。相反,行动者为国家的控制地位以及由其支配的公共物品和服务而斗争。这种对国家作为族群政治冲突的对象和代理人的关注,与从现代化和多元主义学派衍生出来的一种更古老的思想传统(Geertz 1963;Young 1976;Rothschild 1981)以及我们已经讨论过好几次的赫克特(Hechter 2000)的民族主义理论是一致的。

那么现有的量化研究又是如何讨论上述不同假设的可能性呢?与帝国长期统治的历史导致分离主义的观点相一致,依托高危少数族群数据库的量化研究展示了以往的政治自主性对以群体为分析层级的分离主义发生的可能性(Gurr 1993b;Walter 2006)。[13]根据布豪格(Buhaug 2006)的发现,人口规模只对分离主义冲突产生影响,这就提供了与上述观点不同的解释。

对排斥假设(假设1)的量化研究得出了更多相互抵牾的结果,即使这些研究都使用了相同的数据来源。里根和诺顿(Regan and Norton 2005)以及沃尔特(Walter 2006)利用高危少数族群数据库中的族群层级数据发现,有强烈的证据表明政治歧视激化了叛乱或分离主义性质内战的发生。但是福克斯(Fox 2000)

却没能发现族群宗教群体与武装冲突之间的这种关系。塞德曼和艾尔斯(Saide-
man and Ayres 2000)表明,歧视并不能解释分离主义的发生(但是请参见 Jenne
et al. 2007),而古尔(Gurr 1993b:179)自己对 20 世纪 80 年代族群民族主义叛乱
的研究甚至表明,政治歧视与更少而非更多的武装叛乱有关。

奥尔扎克(Olzak 2006:124)给高危少数族群数据库增加了 1965 年到 1989
年期间国家层级的数据。在某种程度上,她得出了相互抵牾的结论:对族群权利
的正式承认与政治歧视都增加了武装叛乱发生的可能性。威默和闵(Wimmer
and Min 2006)使用了全球数据库,同时也给高危少数族群数据库增加了国家层
级的变量。他们发现,越是存在遭受政治歧视的族群的国家,爆发内战的可能性
就越大[这与贝茨(Bates et al. 1998)得到的结果类似]。借助 1945 年到 2001 年
间覆盖所有国家的数据,费伦和莱廷(Fearon and Laitin 2003:85)发现,少数族群
语言权利的缺乏与对特定宗教团体的宪制性偏好并不会提升高强度内战发生的
可能性。塞德曼和吉拉尔丁(Cederman and Girardin 2007)率先尝试了对欧亚大
陆国家内部的族群获得国家权力进行编码,发现排斥导致了武装冲突。这一发
现与费伦等人(Fearon et al. 2007)的发现相互抵牾。在费伦等人的研究中,他们
使用国家元首的族群背景作为对族群权力构型的代理测量。

我们有充分的理由相信,这些结论的不确定性源自测量难题和数据局限,对
于其中的一些问题,我们之前在讨论高危少数族群数据库时已经作过分析。费
伦和莱廷对排斥的定义太狭隘,他们只关注了少数族群的权利,而不是明确地测
量族群对国家权力的获取。塞德曼和吉拉尔丁(Cederman and Girardin 2007)则
对排斥采用了更宽泛的定义,但是他们的数据受限于地理范围,而且只是横截面
数据,这让分析族群权力关系的变动如何影响冲突发生变得不太可能。因此,在
我们看来,现有的发现还有很大的改进空间。

族群权力关系数据库,1946—2005 年

有鉴于此,族群权力关系数据库就是用来处理上述这些问题的。为了行文
简洁,在此我只介绍该数据库的主要部分。读者如果想要了解更多关于该数据

库的细节,请参见附录5.1。这一数据库包括了两个方面。首先,它列出了1946年到2005年间每个国家每年与政治相关的族群,并记录了这些族群代表获得中央政府权力的程度。其次,它包括了冲突数据库,其建立在奥斯陆和平研究所(Peace Research Institute,Oslo)和乌普萨拉大学(University of Uppsala)合作搜集的、被广泛使用的武装冲突数据库(Armed Conflict Dataset,ACD)的基础上。这一数据库收入了所有在战斗中超过25人死亡的武装冲突。我们对武装冲突数据库进行了新的编码,以区分叛乱是具有族群还是非族群的目标,以及它们的目标是不是从母国当中分离出去。此外,如果叛军在发动叛乱时打的是特定族群的旗号,那么我们就将武装冲突与族群政治联系起来。

与政治相关的族群和权力的获得

根据族群权力关系数据库的编码规则,如果至少一个重要的政治行动者声称其代表的是一个族群在全国政治领域内的利益,或者如果一个族群类别的成员在公共政治领域遭到系统性且故意的歧视,那么这一族群类别就是与政治相关的。我们没有区分政治行动者所宣称的自身对于一个族群组织的代表性程度,也没有为声称代表同一族群的不同领导人在政治立场上的异质性进行编码(Brubaker 2004)。这种编码方案允许我们识别其政治目标、联盟或者争端从未被纳入族群术语框架的国家或者特定时段。这使得我们不用为一个族群并未政治化的地方(如坦桑尼亚或者韩国)套上一个族群的框架。

如果政治权力的获得随时间发生变化,那么编码者就会将1946年到2005年的时段划分为不同子时段,并对其分别进行编码。当与政治相关的类别的清单随年份而变化时,这么做也是十分必要的,因为特定的类别在政治上不再有关联,或者因为它们第一次在政治上产生关联。接着,我们对声称代表特定族群的政治领袖获得权力的程度进行了编码。

我们只关注了行政层面的权力,也就是在总统、内阁、政府以及军队高级职位中的代表性。我们对这些不同机构权重的赋值取决于它们在特定国家中的实际权力。在所有案例中,编码者关注的是对权力的绝对获取,而不是相对于一个族群的人口规模而言是存在代表过度还是代表不足的问题。

为了描述族群获得中央政府权力的不同程度,我们使用了三个基本类别与一些子类别。一些族群的代表对行政权拥有完全的控制,而另一些族群的成员连有意义的参与都无法获得;一些族群代表与其他族群的代表分享权力,而一些族群则被完全排除在决策部门之外。在这三个基本类别之间,编码者对权力的垄断、支配地位、权力分享安排中的高级或初级伙伴、地区自治、无权无势或者被歧视等子类别进行了进一步区分(有关详情请参见附录5.1)。对于本章的分析,我们只区分了权力持有群体(从垄断到初级伙伴)与被排斥的群体(由地区自治、无权无势与被歧视的群体组成)。[14]

这一数据库包括了155个主权国家中的733个政治相关族群。平均来说,每个国家有5—6个政治相关族群(请参见表5.1)。在最常见的政治权力构型中,一个单一的多数群体要么占据垄断地位,要么占据支配地位,而有1—3个群体被排除在权力之外,通常这些被排斥的族群代表了10%到20%的人口。这一构型描述了数据库中7 155个国家-年份观察值中的半数。此外,这些数据库中的340个国家-年份观察值反映了一族统治的极端案例,即代表的是人口占比不足20%的单一族群完全控制了行政权。

表 5.1　冲突数据库

	族群冲突		非族群冲突	总　计
	内　斗	叛　乱		
分离主义	9	48	3	60
非分离主义	11	42	102	155
内斗/叛乱总数	20	90		
总　计		110	105	215

族群权力关系数据库中的这一族群整体与其他数据库相比如何呢?如果我们只包括了政治组织水平最低的群体,那么我们的编码规则会产生有利于政治排斥结论的系统性选择偏差吗?族群权力关系数据库是否系统性地忽视了那些甚至没有出现在政治舞台上,更不用说能够发动武装叛乱的严重被歧视群体?为了缓解这种担忧,我将族群权力关系数据库中的族群列表与费伦收集的知名且经常被使用的族群列表以及高危少数族群数据库中的族群列表进行了比较。

费伦(Fearon 2003)的列表中包括族群权力关系数据库中所覆盖的国家中的

777 个族群。一个国家的"普通公民"也会认为这样的类别是有意义的——独立于它们在政治上的相关性。在族群权力关系数据库的这 777 个族群中,有 563 个或被直接列入或被归入了更高一级类别的族群当中。此外,有 28 个族群被我们从列表中剔除了,因为族群权力关系数据库不关注非公民性质的移民族群,如生活在瑞士的南斯拉夫人和西班牙人,或者生活在柬埔寨的越南人。根据族群权力关系数据库的编码规则,费伦的列表中还有 180 个族群并没有与全国的政治领域发生关联,如加拿大的黑人群体、几内亚比绍的曼丁卡人(Mandinka),以及捷克共和国的摩拉维亚人(Moravians)。如果他们与政治相关,那么他们的权力地位如何呢? 对此,我追踪了这些族群中的 130 个群体。这些群体中有 6％被编码为遭到歧视的群体,54％被编码为无权无势或者有限自治的群体,而剩下的40％则是有权力代表的族群。在族群权力关系数据库中,有 15％是遭到歧视的族群,45％的族群是无权无势或者缺少自治的,40％的族群享有权力代表(请参见附录中的表 5.1)。因此,这样做没有选择性偏差,族群权力关系数据库中的族群列表并没有系统地偏向被包容的或者被排斥的群体。[15]

第四版高危少数族群数据库列出了 340 个族群,其中有 284 个族群仍然处于"风险"之中,其境遇受到了主动追踪。族群权力关系数据库覆盖了这些族群中的 310 个,其中有 30 个族群没有被编码,有 4 个族群是被从族群权力关系数据库中剔除的非公民身份的族群(它们分别是瑞士的移民、在德国的土耳其人、法国的非公民穆斯林以及在柬埔寨的越南人),此外还有 5 个群体,我们不认为它们具有族群身份[如具有强烈地域身份认同的韩国湖南地区①居民(Honamese)或索马里的伊萨克人(Issaq)]。剩下的 21 个族群并没有被族群权力关系数据库收录,因为根据我们的研究主题,它们并没有多大的政治关联性,其中包括美国夏威夷的土著、巴拿马的华人以及加纳的莫西-达贡巴人(Mossi Dagomba)。同样,族群权力关系数据库也不会存在偏向在政治上处于不利境地并且武装起来对抗国家的群体这样的选择性偏差。

战争编码

如前所述,本章接下来的分析都将依赖武装冲突数据库去识别冲突事件。

---

① 按韩国现在的行政区划,"湖南地区"包括全罗南道、全罗北道和光州广域市。——译者注

任何在政府军与叛乱组织之间或者在军队不同派系之间发生的武装起来的、组织化的对抗，并且造成至少 25 人死亡的就是冲突（Gleditsch et al. 2002）。大屠杀与种族灭绝并没有被纳入，因为受害者既不是组织化的，也不是武装起来的；族群暴乱和集体迫害也被排除在外，因为政府并没有直接参与其中。

武装冲突数据库并没有包含每一场武装冲突是否应该被归类为族群冲突的信息。因此，在我们自己研究的基础上，我们按照叛乱的目的和招募的方式，对每一场冲突的性质按照族群冲突或者非族群冲突进行了分类（同样的编码方式，见 Sambanis 2009）。族群和民族自决、在政府中更有利于族群的权力平衡、族群地区自治、终结族群与种族歧视，或者语言以及其他文化权利都被视为"具有族群性质的目标"。为了将冲突编码成族群性质的冲突，叛乱组织也需要在其首脑所属的族群中招募战士，并且在族群相似性的基础上建立联盟。

我们分别关注了每一场冲突中的每一个武装组织的目标和招募方式。在一些复杂的案例中（如阿富汗、缅甸、乌干达、安哥拉和扎伊尔），我们将这些冲突进一步分解为次级的冲突，因为非政府一方的族群主张不尽相同，且行动互相独立。因此，我们的数据库比原始武装冲突数据库包含了数量更多的武装冲突（有关细节请参见附录 5.1）。

然后我们将所有的族群冲突与族群权力关系数据库中与政治相关的族群类别联系起来。为了避免内生性的问题，我们确保对族群权力关系的编码反映了族群冲突爆发之前的权力构型，以防止在冲突发生的同一年出现政治变迁。为了检验族群冲突的构型理论，我们接下来将族群冲突分成：以被中央政府权力排除的族群名义发起的战斗（叛乱）和那些以权力持有者名义发起的战斗（内斗）。

我们也像前一章那样使用相同的分离主义定义，根据叛乱或者内斗是旨在建立分离的、独立的国家还是并入另一个已经存在的国家进行编码。为了处理变化中的或者相互冲突的战争目标这一难题，我们只关注最重要的行动者的初始目标。这样，行动者的类型与战争目标的交叉分类产生了四种类型的族群冲突，分别是：分离主义性质的叛乱、非分离主义性质的叛乱、分离主义性质的内斗、非分离主义性质的内斗。

我们建立的数据库包括了 1946 年到 2005 年间的 215 场武装冲突，其中有 110 场是族群冲突。在 215 场冲突中，有 60 场冲突具有分离主义的目标，它们中的大多数也具有族群特征。在这 110 场族群冲突中,有 20 场发生在掌权组织之间(其中 9 场是分离主义性质的冲突),90 场是由被排斥的群体发起的(其中有 48 场是分离主义性质的冲突;请参见表 5.1)。有一半的武装冲突达到了内战的阈值,即在一年内导致超过 1 000 人在战争中死亡。

变量与数据来源

排斥、中心分裂和国家凝聚力

为了检验假设 1,我们计算了与族群政治相关的被排斥人口占总人口的比率。我们假设,与较高的排斥程度相比,在排斥比率较低时,排斥水平的提升将对发生武装冲突的可能性产生更大的影响,因此我们对这一变量做了对数化处理。[16]假设 2 使用了权力分享精英数量加以检验。在中心分裂最严重的印度,它的取值范围是 1 到 14。根据假设 3,国家在独立前,遭受帝国间接统治的时间越长,那么国家的凝聚力也就越低。我们计算了国家在 1816 年到独立期间处于帝国统治时间所占的比例,包括作为殖民地或者帝国属地(如苏联或哈布斯堡王朝),或者作为陆权帝国的腹地(如奥斯曼帝国的核心地区土耳其),但不包括拥有海上殖民地的帝国“母国”(如葡萄牙)。

其他变量

如同之前章节中的做法,我们再次控制了可能导致暴力或者促成和平的其他变量,特别是这些被赫格雷和萨姆巴尼斯(Hegre and Sambanis 2006)发现的在内战研究中表现最稳健的变量。这些控制变量中的很多已经在之前的章节中讨论过了,这里我们就简单地介绍一下。我们纳入了语言分化(参见费伦和莱廷的数据库),以此来展示,一旦在回归方程中纳入族群政治变量,语言分化的影响就变得有限了。人均国内生产总值[17]和一个国家的人口规模在上述族群冲突的构成模型中发挥着重要作用(假设 4 与假设 5)。“民主和平论”——之前章节简要介绍过——显示,既不是民主国家也不是专制国家,而是无支配体制的国家最有可能爆发内战(Müller and Weede 1990;Ellingsen 2000;Hegre et al. 2001;

Mansfield and Snyder 2005a；但是也请参见 Vreeland 2008)。因此，依托政体Ⅳ数据库，我们也纳入了对应的虚拟变量。我们也考虑了与费伦和莱廷(Fearon and Laitin 2003)的叛乱模型中相关的主要变量，这一模型关注的是，当政府力量被政治动荡削弱时，以及山地地形有利于叛军躲藏和撤退时，会爆发什么样的战争。[18]

接下来，本章追求的分解式分析让我们能更加精确地说出石油与冲突之间的关系。罗斯(Ross 2003)探索了自然资源是如何影响不同类型的暴力冲突的。当叛军能阻碍自然资源的开采(如石油开采)时，那么冲突就将以分离主义的形式爆发(同样可见 Collier and Hoeffler 2004)。另一方面，布豪格(Buhaug 2006)认为，石油促成了非分离主义形式的冲突。他指出，因为油田通常掌握在中央政府的手里。这提供了当地人去俘获国家的激励，而非推动他们从国家分离出去。根据之前章节介绍的观点，石油资源强化了族群庇护与侍从主义。我们现在可以具体说明，增加的庇护关系应该会导致更多针对国家的暴力，而非从中分离出去，这与布豪格的观点异曲同工。为了测量石油可能的影响，这里我们采取的做法和前面章节一样，同样使用了人均石油产出这一变量。

模型与发现

同之前的章节一样，本章接下来的分析使用了同样的建模方法，并在此基础上评估了自变量对二分因变量的影响。在因变量中，武装冲突爆发的第一年编码为 1，否则编码为 0。[19]我们通过纳入一个简单的自然年变量，来控制可能的时间趋势，它应当能捕捉到一个朝向和平或者朝向冲突的可能的全球趋势。[20]

这一分析按照三步展开，每一步都会进行更具细粒度、更具分解性的分析。首先，在预测武装冲突发生的时间和地点方面，我们能确定族群政治是否重要。我们在因变量中纳入了对所有类型冲突的分析——无论这些冲突是不是族群冲突。其次，我们只关注族群冲突，同时坚持我们的全球性视角，并将所有的国家-年份观察值纳入分析。最后，我们关注图 5.1 代表的四种不同类型的族群冲突，以确定分离主义性质的叛乱、分离主义性质的内斗、非分离主义性质的叛乱以及非分离主义性质的内斗是否确实由不同的权力构型引起,正如我在假设部分主张的那样。

解释武装冲突:族群排斥很重要

有关内战的量化研究经常得出互相抵牾的结论,这不仅仅是因为战争本身是一个稀有事件,也是因为如果研究者所关注的战争在范围上存在细微差别,最后的结果也会大相径庭。我们也知道,导致超过 1 000 人在战斗中死亡的高强度冲突与导致 25 人在战斗中死亡的低烈度战争的诱因是不同的(Hegre and Sambanis 2006)。为了调和这两类问题,我们超越常规的做法,纳入了其他研究者整理的战争列表,并在此基础上运行了不同的模型。对分析的第一步而言,我们使用了费伦和莱廷(Fearon and Laitin 2003)建立的闻名遐迩的内战数据库,它包括了对战争是否具有"族群"性质的编码;也使用了同样被广泛使用的萨姆巴尼斯(Sambanis 2004)建立的数据库,但是这一数据库到目前为止还没有收录战争是否具有族群属性的信息。接下来我们将会看到,尽管费伦和莱廷(Fearon and Laitin)、萨姆巴尼斯(Sambanis)各自的数据库只收录了超过 1 000 人死亡的高强度冲突,而我们以武装冲突数据库为基础建立的数据库还纳入了低强度的武装冲突,但是根据这些不同数据库分析得出的结论基本上都是一致的。

表 5.2 中的前三个模型解释了所有类型的武装冲突的爆发,无论这些武装冲突是族群冲突还是非族群冲突,是分离主义性质的还是非分离主义性质的。被排斥的人口百分比,这个我们在族群冲突构型中使用的核心变量,在所有的模型设定中都是显著的:这些模型分别使用了包括致死人数少至 25 人的冲突的武装冲突数据库(模型 1),以及费伦和莱廷、萨姆巴尼斯在对因变量编码时只纳入大规模内战的回归分析(模型 2 和模型 3)。从中可见,族群排斥像人均国内生产总值一样与冲突存在一致的关系,是内战研究中最稳健的解释变量之一(Hegre and Sambanis 2006)。

这些结果挑战了"贪婪-机会"理论,因为按照这一理论,族群,或者更具体地说是族群不满,本不应该在正确理解内战中发挥任何作用。模型 1 和模型 3 也论证了,一旦用合适的变量测量族群政治的变动,语言分化指数的显著性就消失了——这与"多样性冲突"流派的假设形成了鲜明对比。结果表明,导致冲突的是沿着族群界限展开的政治排斥,而不是族群多样性。

表 5.2　整体情况：族群排斥与武装冲突（logit 分析）

	所有冲突			仅族群冲突	
	模型 1	模型 2	模型 3	模型 4	模型 5
	武装冲突数据库中的所有冲突	费伦和莱廷数据库中的所有冲突	萨姆巴尼斯数据库中的所有冲突	武装冲突数据库中的族群冲突	费伦和莱廷数据库中的族群冲突
族群政治变量					
被排斥人口所占比率(%)	0.129 1*	0.256 4**	0.279 2**	0.319 1**	0.366 7**
	(0.055 8)	(0.077 9)	(0.080 8)	(−0.087 5)	(−0.121 4)
权力分享伙伴的数量	0.058 7	0.077 1	0.017 7	0.112 0**	0.096 9
	(0.038 9)	(0.058 6)	(0.049 1)	(−0.037)	(−0.074 7)
帝国统治的持续时间(年数)	0.457 9	0.789 9*	0.593 2	0.930 1*	1.576 1**
	(0.288 6)	(0.356 8)	(0.330 7)	(−0.442 6)	(−0.424 4)
其他变量					
语言分化程度	0.629 8	−0.028 3	0.026 1	1.280 0**	0.599
	(0.322 7)	(0.427 4)	(0.398 9)	(−0.399 7)	(−0.615 6)
人均 GDP	−0.109 3**	−0.126 7**	−0.175 0**	−0.125 6**	−0.155 4**
	(0.027 6)	(0.037 4)	(0.047 2)	(−0.044 8)	(−0.058 5)
人口规模	0.139 7**	0.235 4**	0.213 5**	0.210 2**	0.360 9**
	(0.053 2)	(0.067 2)	(0.061 6)	(−0.065 6)	(−0.089 4)
山地地形	0.124 1*	0.158 1*	0.132 0	0.174 9	0.070 1
	(0.060 1)	(0.079 4)	(0.076 5)	(−0.098 4)	(−0.109)
政治不稳定性	0.345 4	0.269 3	0.265 5	0.154 4	−0.044 1
	(0.176 4)	(0.275 4)	(0.241 2)	(−0.272 6)	(−0.354 9)
无支配体制(与专制政体和民主政体相比)	0.429 2**	0.721 8**	0.647 8**	0.446 9*	0.973 8**
	(0.162 5)	(0.236 9)	(0.186 3)	(−0.226 3)	(−0.261 4)
人均石油产出	0.017 1**	0.005 6	0.017 6*	0.018 0*	0.006 4
	(0.006 3)	(0.016 5)	(0.007 8)	(−0.009 1)	(−0.028 4)
观察值数量	6 865	6 034	5 818	6 865	6 034
冲突发生数	197	97	121	102	66

注：对时间的控制、正在发生的战争这项虚拟变量以及常数项并没有在表中显示；括号内是稳健标准误；* 表示在 5% 的水平上显著；** 表示在 1% 的水平上显著。

这是关于排斥的观点第一次在统计层面得到证实。这一统计分析使用的数据库同高危少数民族数据库一样，是建立在政体层面而非族群层面的，涵盖了全球不同地区、不同时段，对排斥程度进行的直接测量。由于模型 1 到模型 3 分析了不同类型的武装冲突,因此这一发现的稳健性是非常令人瞩目的。然而,很明显,族群冲突的构型不能解释非族群性质的战争,比如萨尔瓦多的革命、巴西的军事政变或者刚果民主共和国的加丹加(Katanga)①冲突——它们都是这些模型中因变量的一部分。

然而,权力分享伙伴的数量(假设 2)对模型 1 到模型 3 中武装冲突和内战的影响都是不稳健的。这一结果并不令人感到意外,因为在数据库中的 200 场冲突中,由代表掌权族群的行动者发起的冲突只有 20 场。因此,我们预期只有在区分叛乱与内斗时,才能看到大量的权力分享伙伴产生的效应。此外,过去被帝国统治的持续时间的影响是正向的,但仅在模型 2 中才显著(假设 3)。接下来,我们将会进一步论证,当对不同类型的族群冲突进行回归分析时,只有国家缺乏凝聚力与分离主义冲突相关。[21]

在这些模型中,其他关于内战的理论又如何呢? 政权更迭与山地地形在叛乱模型中发挥了重要作用,但是在此只得到了有限的支持,尽管山地地形解释了低烈度冲突(模型 1)以及费伦和莱廷数据库中的内战(模型 2)[22]。人均石油产出也与两个模型(模型 1 和模型 3)相关。与此同时,关于民主和平论的变量更加稳健:在所有模型中,无支配体制增加了所有类型武装冲突的风险。然而,随着我们开始对因变量进行分解,这一相关性将很快消失。[23]

解释族群冲突:排斥、分裂与缺乏凝聚力

因为我们数据库中有一半的武装冲突并不与族群政治相关,因此更有针对性的研究就需要排除这些冲突。我们在表 5.2 的模型 4 和模型 5 中就是这么做的。一旦我们只分析族群冲突,其他两个有关族群政治的变量在统计上也就变得显著了。用来测量国家凝聚力的"帝国统治的持续时间"——应该明确地与分离主义性质的冲突相关联——在这两个模型中与冲突都是显著的。在模型 4

---

① 原为刚果民主共和国南部的一个大省,拥有丰富的矿产资源。隆达(Lunda)人军阀莫伊兹·卡奔达·冲伯(Moise Kapenda Tshombe)领导的当地分离主义势力在前殖民宗主国比利时的支持下,于 1960—1963 年间独立建国,后来被击溃。现在已经被拆分成上加丹加(Haut-Katanga)、卢阿拉巴(Lualaba)、上洛马米(Haut-Lomami)与坦噶尼喀(Tanganyika)四个面积较小的省。——译者注

中,权力分享群体数量的效应非常显著,但是在费伦和莱廷对族群间内战的编码回归中却不显著(模型5),后者并没有纳入低强度的冲突。

然而,显著性水平并没有告诉我们一个变量对结果的影响有多大。而且系数本身通常也很难解释。因此,我们计算了一阶差分效应,报告了当我们给一个(只有一个)自变量增加一个标准差时,族群冲突可能会如何变化。正如导论部分介绍的那样,排斥、分裂与缺乏凝聚力以非常具有实质性的方式影响了战争与和平的变化:当被排斥的人口比重从6%上升到32%(在平均值上增加一个标准差)时,会导致族群冲突发生的概率上升25%(根据模型4计算得出)。中心分裂这个变量每增加1个标准差,武装冲突的风险便会升高9%,相似的是,帝国统治这个变量每升高1个标准差,武装冲突发生的概率便会上升13%。人均国内生产总值与人口规模这两项内战文献中最稳健的变量每升高1个标准差,对冲突概率的影响分别是22%和13%。很明显,本质上来讲,族群的权力构型在影响战争与和平的前景这件事上,与众所周知的基本经济与人口变量一样重要。

排斥、分裂、凝聚力等变量的强度与稳健性[24]是非常高的,因为模型4和模型5中的因变量仍然包含着不同类型的族群冲突。然而,我们的理论假设是,内斗、叛乱与分离是由不同的族群政治构型引起的,并且相同的变量对于不同类型的冲突可能有相反的影响(请参见假设1、假设6、假设4与假设7)。接下来,我们对因变量进行了分解,并且使用多类别logit回归来预测不同类型族群冲突的发生。

从非技术的角度来说,多类别logit回归处理的是自变量如何影响给定的国家-年份,它们是和平的,还是会爆发第一类冲突,或者爆发第二类冲突,等等。与单独分析每一类冲突不同,多类别回归可以在单个模型中同时估算所有决定因素。因此这是发现因果异质性的好工具,即展示出不同因素产生相似结果的可能性。

正如前面讨论的那样,数据库中将行动者类型与战争目的相结合,产生了四类不同的族群冲突,这也将是多类别logit回归试图解释的结果:以被排斥群体的名义发起的分离主义战争(简称分离主义叛乱)、非分离主义性质的叛乱、由权力分享群体发动的分离主义冲突(简称分离主义内斗),以及非分离主义性质的内斗。

解释不同类型的族群冲突：一个构型分析

表 5.3 报告了对这四种武装冲突进行多类别回归的结果。让我们首先分析一下叛乱（第一列与第二列中的因变量）与内斗（第三列与第四列中的因变量）之间的差异。与假设 1 一致，排斥仅仅影响叛乱——无论叛乱是否具有分离主义的性质。[25] 与假设 2 一致的是，参与权力分享的伙伴数量越多，分离主义性质（第三列）与非分离主义性质的内斗（第四列）发生的概率都会越大，但是其对叛乱却没有产生显著的影响（第一列与第二列）。假设 6 指出，将人口中大部分群体排除在外的权力分享伙伴能团结起来，避免内斗。排斥变量的系数符号从与叛乱（第一列与第二列）之间的正相关变成了与内斗（第三列与第四列）间的负相关，但是后者却没有达到统计上的标准显著水平。

表 5.3 分解式观点：解释不同类型的族群冲突（多项式 logit 分析）

	涉及被排斥群体的冲突（叛乱）		涉及权力分享伙伴的冲突（内斗）	
		分离主义冲突		
	非分离主义 叛乱（第一列）	分离主义叛乱 （第二列）	分离主义内斗 （第三列）	非分离主义 内斗（第四列）
族群政治变量				
被排斥人口 所占比率（%）	0.750 1**	0.255 4*	−0.203 2	−0.450 4
	(0.127 7)	(0.110 9)	(0.330 6)	(0.315 6)
权力分享伙伴 的数量	0.068 9	0.000 8	0.495 6**	0.317 6**
	(0.100 1)	(0.041 7)	(0.116 4)	(0.096 0)
帝国统治的 持续时间（年数）	−0.804 1	1.952 4*	14.626 9**	1.187 0
	(0.777 7)	(0.815 2)	(2.850 3)	(1.631 1)
其他变量				
语言分化程度	0.979 6	1.999 7**	1.443 3	0.999 1
	(0.870 9)	(0.643 1)	(1.270 7)	(1.611 6)
人均 GDP	−0.183 3*	−0.022 6	−0.601 7	−0.191 4
	(0.081 4)	(0.058 4)	(0.330 2)	(0.175 0)
人口规模	0.249 8	0.483 5**	−0.188 2	−0.732 1**
	(0.132 9)	(0.125 6)	(0.192 5)	(0.184 1)
山地地形	−0.091 3	0.394 3	0.694 8	0.565 6*
	(0.160 8)	(0.221 1)	(0.375 1)	(0.281 5)

	涉及被排斥群体的冲突(叛乱)		涉及权力分享伙伴的冲突(内斗)	
		分离主义冲突		
	非分离主义叛乱(第一列)	分离主义叛乱(第二列)	分离主义内斗(第三列)	非分离主义内斗(第四列)
政治不稳定性	0.029 1	0.365 5	−35.249 7**	1.031 2
	(0.448 5)	(0.512 8)	(0.672 8)	(0.748 7)
无支配体制(与专制政体和民主政体相比)	0.633 3	0.293 1	1.405 0	0.011 5
	(0.363 9)	(0.389 2)	(0.985 4)	(0.712 9)
人均石油产出	0.029 6**	0.001 6	−0.369 2	0.012 6
	(0.008 5)	(0.045 2)	(0.403 1)	(0.008 8)
冲突发生数	42	41	9	10

注:对时间的控制、正在发生的战争这项虚拟变量以及常数项并没有在表中显示;共有 6 865 个观察值;括号内是稳健标准误;* 表示在 5% 的水平上显著;** 表示在 1% 的水平上的显著。

那么我们又该如何解释叛乱和内斗是否演变成了分离主义呢(第二列与第三列)？与假设 3 一致,一个国家在过去遭受帝国统治的时间越长,权力分享者(第三列)就越可能煽动分离主义性质的冲突。对于非分离主义性质的族群冲突(第一列与第四列),帝国统治的持续时间并没有产生作用,这再一次符合了我们的预期。人口越多的国家也越可能受到分离主义冲突的困扰(假设 4)。帝国长期统治的历史和大量的人口意味着许多公民习惯于自治,不会将新建立的民族国家视为一种合法性形式。此外,正如假设 7 预期的那样,人口规模只对叛乱(第二列)起到显著的正向作用,但是其对内斗的影响系数却是负的(对第四列中非分离主义内斗的影响是显著的)。[26]

但是我们对经济发展水平影响的预期尚未得到完全的证实。富裕国家的政府确实能避免非分离主义性质的叛乱(第一列),因为他们可以吸纳族群抗议运动,但是他们却没有经历更少非分离主义性质的内斗(第四列),正如假设 5 指出的那样。这就是说,暴力性的内斗频率是非常低的(只有 9 个分离主义性质的内斗和 10 个非分离主义性质的内斗案例),第三列和第四列中国内生产总值的系数符号至少指向了正确的(负号)方向。

表 5.3 再次纳入了语言分化作为控制变量。这一分解性的视角现在使我们

能够看到,语言的多样性只与分离主义性质的叛乱(第二列)存在显著的相关性。或许语言分化以间接的、粗糙的方式捕捉了国家凝聚力的另一面。它表达了在过去几个世纪中,一个国家的中央政府在多大程度上同化了当地的人口。这提供了一个国家在很长一段时间内在其领土上伸展权力的指标。然而,其他的分析表明,这一发现对其他统计模型的设定并不稳健,我们不应该依赖它们。[27]总之,一旦我们引入对族群政治权力构型的测量,并且能够将其应用在区分导致族群暴力不同路径的多重因果框架内,我们就会发现,族群多样性并不是对武装冲突稳健的预测变量。

在其他的控制变量中,无支配体制和政权更迭并不与四种冲突类型中的任何一种产生关联,尽管山地地形的复杂程度增加了内斗(第四列)而非叛乱发生的概率,这与叛乱模型所预测的恰恰相反。石油资源的丰富程度增加了以被排斥族群名义发起的非分离主义性质的冲突(第一列)的可能性,但是对其他类型的冲突却不起作用。这与布豪格对石油资源的假设一致——根据我们给出的解释,石油资源加强了族群庇护主义——石油资源为他们俘获国家提供了激励。

总之,表 5.3 论证了研究内战的权力构型路径能够为我们提供重要的洞见。对族群政治的测量对不同类型的族群冲突产生了异质性效应,而如人口规模和石油之类的其他关键变量也是如此。权力构型的路径允许我们更好地理解为什么族群冲突与战争会发生在像波斯尼亚、北爱尔兰和墨西哥这些族群政治构型不同的地区——即便统计相关性通常不适用于产生准确的点预测。

波斯尼亚的塞尔维亚族人曾经参与了权力分享的安排,但精英们对新国家控制权的竞争迅速升级为难以调和的立场和要求。从奥斯曼帝国到哈布斯堡王朝再到南斯拉夫,长期间接统治的历史意味着除波什尼亚克族以外的其他人群并不认同这个新国家,这就进一步增大了武装冲突产生并且演变成分离主义冲突的风险。①而在北爱尔兰,当信仰天主教的大量人口被排除在政治权力之外时,冲突就爆发了。爱尔兰岛长期被英国作为内部殖民地进行统治,因此岛上的北

---

① 南斯拉夫社会主义联邦共和国解体前,波黑境内的波什尼亚克、塞尔维亚、克罗地亚三族对国家的前途命运产生了重大分歧,塞族希望同周边的塞尔维亚合并,建立属于塞尔维亚人自己的民族国家,波什尼亚克族则希望建立统一的中央集权国家,而克罗地亚族则希望建立松散的联邦制国家。塞族抵制了 1992 年举行的独立公投,波黑内战随即爆发。——译者注

部地区并不认同英国这个国家，这就增加了分离主义叛乱的可能性。在墨西哥，由于恰帕斯州的土著居民在几个世纪以来长期遭受政治排斥，因此"指挥官"马科斯得以动员一群前农民运动积极分子来反抗当地的统治。与北爱尔兰和波斯尼亚相比，在过去的两个世纪中，墨西哥政府有足够的时间来将自身象征性的政治权力投射到治下的人群当中，因此墨西哥民众认为，他们作为国家的一分子是不言自明、天经地义的。因此，恰帕斯州的叛乱就没有发展出对分离主义的追求和独立建国的目标，即便当地的叛乱组织有大量的机会同危地马拉的玛雅人联合起来。

结论

本章试图确认，在什么样的条件下，民族国家在建立后会爆发族群暴力冲突。当权力的中心被分割成大量的族群精英，或者当国家的大部分人口被排除在权力之外时，冲突更有可能发生。而在统治中心前后不一致的国家中，当人们不习惯被新的政治中心统治时，暴力冲突更可能发生且以分离主义的形式呈现出来。

这些分析结果与"贪婪-机会"理论流派的观点形成了鲜明对比。"贪婪-机会"流派在解释内战的相关因素时，忽略了族群因素，更具体地说，这一理论忽略了族群排斥以及由此引发的不满。可以明确的是，我们的结论并非意在强调，是"身份"与"不满"，而不是"利益"和"贪婪"，驱动了人们建立并加入武装组织。相反，我们指出，在公民社会欠发达的弱国家中，族群将引导人们去追求权力与威望，这样政治派系就会按照不同的族群结成同盟。因此，族群本身并不是目的，而是一个可以感知的透镜。通过这个透镜，个体可以找到可靠的盟友，以及获得国家权力与公共物品的组织手段。我们的研究具体阐释了，在什么样的条件下，族群团结的政治逻辑会发挥作用，以及权力构型何时更有可能引发武装冲突。

本章也超越了"少数族群不满"模型，展示出族群动员与冲突并非仅仅包括那些被歧视的、为权利而斗争的少数族群。族群冲突通常涉及整个权力构型，最重要的是，谁控制了国家以及他们分享了什么。相比之下，我们的结果不仅仅关注了处于风险之中的少数族群人口,而且以更宏大的视角来审视位于国家权力中心的族群政治变化。毕竟,武装叛乱更可能因多数族群而非少数族群被排斥而引发,同时当权者也煽动了大量的武装冲突。

相较于持"多样性-冲突"流派,本章论证了族群冲突发生在更具多元性的国家的可能性并没有变得更大:族群人口多样性的指标很少在统计上与冲突相关,它们只与特定的武装冲突有关联。关于战争与和平的许多理论依赖族群人口指标,测量的是语言和宗教的同质性,但没有将按照族群定义的行动者之间的权力关系纳入考虑,同时也没有分析这些行动者与国家之间的复杂关系。这一观点认为,暴力是在不同的族群之间爆发的——由裙带关系本能或者原始的敌对情绪所引起——只有到那时才会有国家权威的卷入。然而这一派观点忽视了这样一个关键事实:国家既不是中立的行动者,也不是默默接受不同族群互动的场域。相反,国家自身可能被一些族群"俘获"。正是这些俘获造成了现代民族国家中严重的合法性问题,因而成了当今世界战争的主要来源。

通过对当今内战冲突更加细致的分析,我们在本章中开启的学术之旅即将告一段落。这一段学术之旅始于在 250 年前登上世界历史舞台的全新合法性类型——以民族主义之名定义人民。正如本章通篇讨论的那样,族群民族主义仍然是激发所有不同类型族群冲突的核心意识形态原则。而对于这些不同类型的族群冲突,本章已经作了区分:叛乱者谴责对"本族人需由本族人统治"原则的违反,内斗者抱怨政府中的"代表性不足",分离主义者则努力从"异族统治"的桎梏中解放出来。鉴于民族主义形式的合法化与当今世界中竞争性权力的普遍化,加之族群政治不平等的蔓延,冲突是可以避免的吗? 这便是我在下一章中将要回答的核心问题。

【注释】

[1] 这一回顾并没有覆盖现存所有的路径。比如,"横向不平等"一说指出:如果存在族群分裂,那么经济不平等就会升高武装冲突的风险(Stewart 2008)。然而对这一观点的量化研究出现了更多复杂的结果(Cederman et al. 2011)。

[2] 埃林森(Ellingsen 2000)的发现同时支持了冲突与族群分化之间的线性关系,以及随着族群的极化而表现出来的 U 形曲线关系。

[3] 高危少数族群项目试图通过纳入从政治歧视中获益的五大"占优"的少数族群来

解决这些局限。高危少数族群数据库也对一些"公共竞争者"(即与其他族群分享权力,同时也会动员人们参与抗议或者叛乱的族群)进行了编码,这些族群通常位于非洲(Gurr 1993b)。然而,在高危少数族群的数据库中,没有动员选民进行抗议的族群精英就被忽略了。

[4]高危少数族群数据库通过对不同族群类型进行编码使得更为精细的研究视角成为可能。然而,古尔(Gurr 1993b)的分析基本上关注的是和平抗议与暴力叛乱之间的区别,而不是不同族群类型之间的差异。

[5]关于成功的国家建设与良好的公共物品提供的经验研究,请参见 Miguel(2004)。

[6]关于这些在共同族群中策略合作的实验证据,请参见 Habyarimana et al.(2007)。

[7]关于促成成功的族群动员的其他机制的说明,请参见 Hechter and Levi(1979),Gurr(1993b),以及 Wimmer(1997)。

[8]坎宁安(Cunningham 2011)利用否决者理论讨论了内战持续时间的问题。他指出,参战方的数量越多,内战的持续时间越长。利普哈特(1977:55—61)提出了另外一种将权力分享伙伴的数量与冲突联系起来的观点。出于各种原因,他预期,三个或四个参与权力分享的集团是最不容易引发冲突的权力构型。

[9]关于地理层面的经验证据,请参见 Wucherpfennig et al.(2011)。

[10]现有的族群权力构型分类通常指的是排斥、精英分裂以及国家凝聚力。赫克特和列维(Hechter and Levi 1979)、卢斯提克(Lustick 1979)、霍洛维茨(Horowitz 1985)以及威默(Wimmer 2002)在排斥与分裂水平的基础上对不同国家作了区分。在"复杂社会"传统下开展研究的人类学家分析了不同程度的制度多元性(Despres 1968;Smith 1969;Simpson 1995),即凝聚力的多重维度。科恩(Cohen 1978)对凝聚与排斥作了交叉分类,舍默霍恩(Schermerhorn 1970)同样对分裂与排斥作了交叉分类。扬(Young 1976)和罗斯柴尔德(Rothschild 1981)提出了整合以上所有三个方面分裂的最全面分类。

[11]与之前的章节相比,我们现在控制了不同族群政治的权力构型,因而发展水平不再与冲突相关,原因在于它们与排斥程度的关系。因此,我们现在关注其他对经济发展的潜在影响,即贫穷国家政府的能力有限,无法通过再分配的政治来吸纳抗议运动领袖并满足他们的恩庇对象。

[12]请参见 Tarrow and Tilly 2006:145。有关国内生产总值影响这一解释在经验层面的支持,请参见菲耶尔德和德·索萨(Fjelde and de Soysa 2009)的研究。

[13]然而,詹纳等人(Jenne et al. 2007)的研究指出,以前的自治助长了分离主义的主张而非叛乱(他们只分析了 1985—2000 年之间的高危少数族群数据)。我们在自己的理论中并没有纳入两个被认为与分离主义相关的因素。第一,根据古尔(Gurr 1993b)、戴维斯和摩尔(Davis and Moore 1997)、格莱迪奇(Gleditsch 2007)以及福斯伯格(Forsberg 2008)的分析,跨境的亲缘群体增加了分离主义冲突的可能。然而,沃尔特(Walter 2006)却发现了方向完全相反的显著性关系;詹纳等(Jenne et al. 2007)没有发现任何关系;塞德曼等(Cederman et al. 2009)确认了这一机制只适用于规模较大的亲缘族群;塞德曼和艾尔斯(Saideman and Ayres 2000)发现这一机制只适用于亲缘组织本身就是分离主义者的团体。第二个因素是地理上的集中程度与边缘位置,一系列的独立研究都表明其与冲突有着明确的关系,请参见 Saideman and Ayres(2000),Toft(2003),Walter(2006),Jenne

et al.（2007），Buhaug et al.（2008），Cederman et al.（2009）。

〔14〕对于在族群层级使用完整类别进行的更有区分度的分析，请参见 Cederman et al.（2010b）。

〔15〕与此同时，族群权力关系数据库纳入了费伦给出的列表中没有包括的 1995 年的 138 个族群。而这些群体包括俄罗斯的自治区中的许多小族群，以及像印度穆斯林这样在政治上影响突出的大族群。

〔16〕我们假定，比起更具排斥性的一族统治，打破"本族人需由本族人统治"的合法性原则在初期会带来更高的风险。

〔17〕人均国内生产总值按照 2000 年美元不变价格进行计算。其中 5 737 个观察值（占全部观察值的 79%）来自宾夕法尼亚大学世界数据库（Penn World Table）中的表 6.2。我们利用世界银行提供的 229 个额外观察值（占全部观察值的 3%）计算了增长率。我们利用费伦和莱廷的数据，计算了 1946 年迄今的年度增长率与增加值。全部数据覆盖了 7 105 个观察值（99.6%）。

〔18〕我们采用了他们数据库中的山地地形数据，并且将政权更迭定义为，在过去的三年时间内，一个政权得分的变化幅度在 3 分及 3 分以上的情况。

〔19〕我们使用两类不同的因变量测量方式检验了所有模型，这两种方式在现有的文献中都很常见。第一种测量方式的因变量包括了其他战争正在进行的年份，并且为这些正在进行的战争添加虚拟控制项。第二种自变量编码方式是通过将正在爆发的战争的年份编码为缺失值，从而剔除它们，因此删除了在前一次冲突仍在进行时就又开始的战争。这种编码方式导致因变量中大约有 15% 的观察值被剔除。与之前的章节相比，我们这里展现了对正在进行的战争控制后的结果（关于去掉一定数量观察值的模型，请参见附录 5.4 中的表格）。这两类模型的结果非常接近，但是总的来说，当去掉正在进行的战争的年份后，我们假设的检验结果变得更好。

〔20〕因为冲突的过程是路径不同的，我们也纳入了上一次冲突爆发后和平持续的年份，按照贝克等人（Beck et al. 1998）对这些和平年份的立方样条处理。我们使用了之前章节中用过的方法，但是目的却有所不同：我们不再关心民族国家形成与冲突的整体关系，而是关心更可能引发冲突的具体族群政治权力构型。限于篇幅，我们在后面的表中（请参见附录 5.3）并没有展示这些关于时间的控制变量。作为稳健性检验，我们运行了包括大陆虚拟变量和排除时间控制变量的所有模型，发现结果与主要发现并没有多大差异（请参见附录 5.4）。在整个过程中，我们再次按国家一层来对稳健标准误进行聚类，以解释对同一国家观察结果的非独立性。由于武装冲突本身是很罕见的事件，我们也使用了"稀有事件"（rare events）这一 logistic 回归估计量，其结果与我们的主要发现也没有实质性差异（请参见附录 5.4）。

〔21〕在大量的稳健性检验中，为了控制内生性（过去发生的冲突可能决定了未来的冲突）造成的影响，我们运行了包括过去冲突数量这一变量在内的模型，发现并不影响我们的结论（请参见附录 5.3 中的表 5.3c）。

〔22〕萨姆巴尼斯（Sambanis 2004）、科利尔与霍夫勒（Collier and Hoeffler 2004）也发现，山地变量对武装冲突的影响得不到支持——但是在赫格雷和萨姆巴尼斯（Hegre and Sambanis 2006）列出的"25 个最稳健的变量"中却得到了支持，政治不稳定性亦然。我们

也检验了之前章节讨论的费伦和莱廷的"新国家"变量。它对武装冲突的影响不稳健，且对其他的编码方式非常敏感。除了使用萨姆巴尼斯对内战的编码（这是对正在进行的战争进行控制的模型）外，按照其余的编码方式进行分析的结果都不显著。当将"新国家"记录为独立后的头五年而非两年，并将其与族群冲突进行回归时，"新国家"这一变量对按照所有方式进行编码的因变量的影响都不显著。

［23］正如之前的章节提及的那样，无支配体制这一变量纳入了国家崩溃与其他冲突紧张局势的时期，这在一定程度上导致其自身与武装冲突在统计上相关，正如弗里兰（Vreeland 2008）已经论证的那样。在之前的章节中，我将这些时期与情境指定为"无支配体制"来避免内生性。这里，我们并不修改这些变量的编码，以保持与被广泛使用的国内冲突模型的严格可比性。

［24］一系列稳健性检验，请参见附录表 5.3。

［25］对第二列中分离主义叛乱的分析使用了被排斥人口比重的对数。对于未进行对数化的数据，尽管之前表格中的任何结果都没有变化，但是却没有达到标准的显著水平（这里并没有展示结果）。

［26］在对非族群战争的回归分析中，人口规模这一变量在回归模型中的效应是不显著的（这里并没有展示结果），它支持了我们对于用人口规模作为代理测量国家整合性的解释。这与费伦和莱廷的解释相反，费伦和莱廷假定的是，政府从逻辑上和军事上都更难控制大规模的人口。如果舍弃战争爆发的年份变量，或者在运行模型时加入额外的大陆虚拟变量，则会对表 5.3 中的结果产生一些微小的改变（关于这一细节，请参见附录中的表 5.4）。

［27］正如之前注释里解释过的那样，我们用不同的方法运行了不同的模型，来处理有多种冲突的案例。在上述模型中，第二种（与第三种）类型的冲突被纳入其中，并且我们还增加了一个变量——"正在进行的战争"作为控制变量。如果我们将这些其他类型的冲突从分析中拿掉，那么"语言分化"这一变量对表 5.3 中第二列因变量起到的作用将不再显著（请参见附录表 5.4A，模型 4）。

第六章 和平是可以设计的吗？*

在柏林墙坍塌后的头一个十年，在防止世界上出现武装冲突成了西方决策者的当务之急。许多人希望，唯一的超级大国能够开始带领"国际社会"走向和平的未来。"9·11"恐怖袭击将人们的注意力从防止内战转移到了打击和摧毁全世界恐怖分子网络上。

然而，最近两方面的事态发展又让西方决策者把防止内战的想法重新提上了议程。[1]首先，发生在阿富汗和伊拉克的战争导致美国及其盟友在军事和政治上过度扩张。其中，预防需要西方干预的新内战已经成为重中之重。其次，并且更为重要的是，防止恐怖主义的讨论越来越多地集中在了失败国家的角色上，这些失败国家为极端组织的产生和发展提供了土壤。这些国家中的大多数都因内战而走向"失败"。

本书的主要目标不是提供如何避免暴力冲突的洞见。不过，本书到目前为

* 本章的部分内容曾经在美国和平研究所（United States Institute of Peace）做过报告。我感谢金世杰（Jack Goldstone）和菲利普·基普（Philip Keep）的评论，以及尚塔·德容·奥特拉特、伊丽莎白·科尔（Elizabeth Cole）对这次活动的主持。安德烈斯·奥登达尔（Andries Odendaal）、马克·索莫斯（Marc Sommers）、萨拉·辛格·威默提出了颇有帮助的评论与建议。因本·史密斯（Ben Smith）的邀请与格温妮丝·麦克伦登（Gwyneth McClendon）的组织，本章后来的版本分别在美国中西部政治学会（Midwest Political Science Association）年会和西雅图年度政治学会（Annual Political Science Association Meeting）组会上做过报告。我特别感谢我在比较政治领域的朋友与同事：伊曼纽尔·泰特尔鲍姆（Emmanuel Teitelbaum）、帕特里克·库恩、尼古拉斯·萨姆巴尼斯与坎钱·钱德拉（Kanchan Chandra），他们为我这个社会学家在他们研究的核心学科领域中的冒险提供了重要的建议，同时他们对我要使用的数据库提出了颇有帮助的建议，或向我指出要避免的陷阱和论证中的漏洞。

止给出的分析为当下的讨论提供了一些重要经验，本章的其他分析也将对全书的主要观点提供进一步支持[2]；对战争的预防可能促进包容性权力构型的建立，而不是建立民主、去中央集权化以及实行其他普遍被认为是促成和平的主要工具的制度性改革。对此，我将从经验层面展示，正式的政治制度要么不会以任何系统性的方式影响冲突的变化，要么只会与权力分享伙伴之间的内斗有着不稳健且脆弱的联系。正如我们在前面章节中已经看到的那样，这些内斗只解释了战后世界发生的所有族群冲突的 1/5。因此，在国家建设的长期过程中，建立一个鼓励包容性的政府或者对族群进行去政治化，才是制定预防冲突政策的核心关切。

在某种程度上，这一普遍理论与目前决策者和"宪制工程师"（constitutional engineers）之间关于什么样的政治制度能促进和平的争论有些矛盾。[3]对于族群分化的社会来说，防止冲突的"三位一体"式的"工具"是民主、联邦制（如 Lijphart 1977：42—44；Heper et al. 1997；Ghai 1998）以及保障少数民族的权利（Kymlicka 2007）。然而，学术界对于究竟是强总统还是强议会，是根据得票比例分配议席的比例代表制还是"赢者通吃"的多数决制，哪种民主制度才是防止暴力的最佳制度，还存在一些不同的看法。那么，对于民主以及其他政治制度在促进和平方面发挥的效应，量化研究能告诉我们什么样的故事呢？因为民主可能促成政治包容，并防止族群叛乱，因此我首先通过直接效应（"选票代替子弹"）和间接效应两种途径检验民主是否会带来和平。

民主与民主化

民主的直接效应

第四章和第五章均表明了这样一种观点：没有证据表明民主政体比专制政体更加和平。这与整个量化研究的既有文献保持一致。[4]即便是更审慎的说法，即民主政体与专制政体均比介于前两者之间的"无支配体制"更加和平，同样既得不到本书第四章和第五章结果的系统性支持，也得不到近来大多数在这一议题方面研究的支持。之前指出无支配体制更容易引发战争的研究结论（Ellingsen 2000；Hegre et al. 2001）大部分建立在使用政体Ⅳ数据库进行分析的基础之上，它们对"无支配体制"的测量包括了激烈的政治冲突甚至暴力（Vreeland 2008）——因此之前的研究结果归结起来，就是冲突导致了暴力。[5]

然而，一些证据指出，威权政体的民主化经常会引发暴力（Cederman et al. 2010a）。之前的章节提出了一些可能起作用的机制来解释：当引入多党制民主时，共容性的庇护网络从权力中心一直渗入一个个按照族群界线划分的村庄当中，从而形成了具有鲜明族群意涵的政党制度。关于非洲的研究表明，当选举临近并且选情接近时，族群的作用就愈发凸显了（Eifert et al. 2010）。这些在选举中落败的输家，与他们的同族追随者，可能随后就被排除在中央政府的权力之外了，这对和平的前景产生了不言自明的后果（相关案例，请参见 Rothchild 2004）。这与科恩（Cohen 1997）的发现一致。科恩借助高危少数族群数据库对 1945 年到 1989 年间的族群进行了分析并指出，比起多党制，一党制更不容易引发族群叛乱。总而言之，民主化并不是防止武装冲突发生的有效工具。[6]

民主制、议会制、比例代表制与联邦制的间接效应

考虑到少数族群的选票在选举竞争中的重要性，难道不是民主制更倾向于在政治上容纳少数族群吗？正如本书所述，难道政治包容不是应该促进和平，这样民主制就会对武装冲突产生间接性的影响吗？事实上确实如此，民主国家基于族群的平均排斥人数还不到非民主国家的一半。正如表 6.1 中的模型 1 展示的那样，在多元回归分析中，民主制与中央政府排斥的人口比例存在强烈的相关性。[7]这一项关系在国家一级的固定效应模型中也仍然是显著的（这里并未展示）。换言之，即便我们考虑没有被民主制这一变量覆盖的国家之间的差异，这一效应也是显著的。

那么诸如比例代表制、议会制和联邦制这样更具体的制度安排，与族群政治不平等之间又是什么关系呢？协商主义学派指出，与多数决下容易产生缺乏少数族群代表的两党制相比，比例代表制下的议会选举更有利于政治权力的分享（Lijphart 1994，1999）。协商主义学派也指出，议会制应该能产生少数族群代表制。在这样的制度中，行政机构由议会选举产生，并且依赖多数党的支持。协商主义学派还认为，这样的安排通常能使代表少数族群的政党跻身执政联盟，并被回馈以政府高级职位。相反，独立于议会的总统一职则更可能被多数族群占据。

最后,联邦制也被认为有助于更平等的权力分配,这是因为控制各邦的少数族群能利用这一制度,作为获得在中央的代表的筹码。

然而,模型2却揭示出,无论是比例代表制、议会制,还是联邦制,都不与更包容的权力构型有关。这些结果建立在对吉尔林和塞克建立的数据库(World Bank dataset on political institutions)(Gerring and Thacker 2008)进行分析的基础上,该数据库并没有考虑专制政权。无论我们是使用世界银行发布的更加准确但只包括了1975年以来专制政体的政治制度数据库(Thorsten Beck et al. 2001),或者是覆盖面广且具有同等精细度的包含了1972年迄今所有国家的制度与选举工程数据库(Institutions and Elections Project)(Regan and Clark 2011)[8],还是我们基于从战后到1994年间所有政权类型的政体Ⅲ(Polity Ⅲ)数据库对联邦制进行编码,得到的结果都是相同的(这里并未展示结果)。

表6.1 民主与排斥:谁影响谁?

	因变量				
	被排斥人口所占比重			未来在排斥方面的变动	未来五年内发生民主转型
	模型 1	模型 2	模型 3	模型 4	模型 5
民主制,滞后	−0.563 0 ** (0.216)	−0.810 9 ** (0.297)	−0.579 6 * (0.237)	−0.004 8 (0.009)	
完全比例代表制		0.456 1 (0.280)			
完全议会制		0.075 3 (0.358)			
完全的联邦制		−0.300 6 (0.525)			
过去十年内发生民主转型			0.030 3 (0.212)	−0.014 7 (0.012)	
被排斥人口所占比重					−0.967 9 * (0.465)
观察值数量	7 024	3 404	6 819	6 092	4 439
观察值数量备注		剔除专制政体			只包括非民主政体

注:我在模型中控制了最大族群的规模以及群体的数量(模型1到模型4)、国内生产总值和自然年的立方样条;此外,这里并未展示常数;括号内是稳健标准误; * 表示在5%的水平上显著; ** 表示在10%的水平上显著。

因此，民主制看似与更具包容性的权力构型有关，然而协商主义式的制度（联邦制、比例代表制、议会制）却并没有显示出任何这样的效应。那么，模型 1 和模型 2 显示出的民主制与包容性之间的相关性是否具有因果效应？民主制真的会让一个国家变得更具有包容性吗？模型 3 对这一问题进行了检验。它检验了在过去十年内转型为民主制的政权在今天是否建立了更具有包容性的权力结构——但结果并非如此。但是，这或许是因为模型 3 比较了新兴与成熟的民主政权，而新兴的民主政权还没有足够的时间来发挥民主制的包容性潜能？为了评估这种可能性，模型 4 又使用了不同的因变量，即接下来五年排斥性程度的变化。它表明，近期的民主化并不能推动一个国家朝着更具包容性的未来前进（需要指出的是，模型 3 和模型 4 并不基于自变量或因变量滞后的年数）。

这些发现让我们怀疑，高水平的排斥可能抑制了民主化，因此在民主制与包容性之间产生了反向因果关系。这正是模型 5 表明的那种情况。它只涉及非民主政权，并且评估了何种因素会影响民主转型的概率。这一模型使用 logistic 回归来分析二分类因变量。它表明一国中被政府权力排斥的人口比例越高，其在接下来的五年内成为完全民主国家的可能性就越低。而对从 1945 年以来经历民主转型的 72 个国家做国家固定效应模型分析，得出的结果同样如此（这里并未展示结果）。

因此，民主制因为其选择机制而更具有包容性：排斥治下大部分人口的族群主义统治者不会冒着风险去推行民主化，因为民主化很可能意味着他们将不得不交出权力。想想当前的卢旺达是由曾流亡乌干达的一小群图西族精英统治的；或者再想想萨达姆·侯赛因的族群主义统治与其建立的苏丹式政权。这些当然是尝试性的初步发现，与其他指出经济不平等如何阻碍民主化前景的研究是并行不悖的（Boix and Stokes 2003；更细致的研究，可参见 Houle 2009）。[9]

简而言之，这些额外的分析支持了这样的观点：建立包容性的权力构型而非推行民主化，应当是防止冲突发生的优先政策选项。接下来，更具有包容性的权力构型会产生有利于民主制的更好的发展环境。这一观点与本书强调的关于制度变迁的权力构型观点相一致。这一制度主义观点认为，制度反映了行动者联盟之间的特定权力分配，当这些构型转变时，制度就会发生变迁。

比例代表制、议会制与联邦制的直接效应

上述分析已经指出，无论是民主制，还是诸如比例代表制、议会制或者联邦制这样更具体的制度安排，对族群政治的权力构型都没有可以证实的因果效应，因此排除了其对冲突变化的间接效应。相似的是，附录表6.2表明，这些制度中没有任何一种制度——无论是哪一种纳入了它们的数据库——表现出其与之前章节已经分析过的代表权力构型其他方面的权力分享伙伴数量之间存在明确的关联。

我也在前面提到，没有证据表明民主制直接推动了和平。这个机制经常被用吸引人的"押头韵"（alliteration）方式描述为"从子弹到选票"（from bullets to ballots）。还需要检验的是，比例代表制、议会制或者联邦制是否对和平存在直接效应。这些制度可能影响冲突发生的概率，倒不是因为它们让国家变得更具有包容性，而是它们提供了选举以及其他方式的激励，这使得政治竞争能朝着更加和平的方向发展。许多人指出，像美国这样的总统制民主推高了政治竞争的零和性，因而也就助长了暴力冲突的可能（Lijphart 1977；Linz 1990），而议会制则更有利于政治妥协与政治协商。对此，其他人持相反的观点。在他们看来，只有强人总统与议会之间的分权才能避免零和竞争（Saideman et al. 2002；Roeder 2005）。进一步来说，选举总统将推动候选人沿着选举的界限提供公共物品，而不是狭隘地从候选人各自族群的选民出发，因此就有理由避免推高族群的主张，或者沉溺于特殊主义政治（Horowitz 2002；Reilly 2006）。

在讨论联邦制促进和平效应的文献中，支持与反对的观点各半。诺德林格（Nordlinger 1972）和罗德（Roeder 2007）指出，联邦制为地方精英发起分离主义运动提供了一个强有力的制度平台。相反，联邦制的倡导者（Lijphart 1977）对此却加以辩护，他们提出了相反的假设：联邦制通常要求族群在地方层面的自治，因此削弱了中央权力构型的重要性[这与赫克特（Hechter 2004）提出的民族主义暴力理论相一致]。

表 6.2　政治制度与族群冲突

模　型	1	2	3	4	5	6	7	8	9	10	11	12
比例代表制												
比例代表制,1946—2002年,吉尔和塞克	-0.037 2 (0.396)											
比例代表制,1946—2002年,世界银行数据库		-0.000 3 (0.000)										
比例代表制,1946—2002年,制度与选举工程数据库			-0.332 5 (0.332)									
总统制												
总统制,1946—2002年,吉尔和塞克				-0.637 5 (0.327)								
总统制,1946—2002年,世界银行数据库					-0.070 2 (0.288)							
总统制,1946—2002年,制度与选举工程数据库						0.411 5 (0.328)						
联邦制												
联邦制,1946—2002年,吉尔和塞克							0.936 4 (0.485)					

续表

模　型	1	2	3	4	5	6	7	8	9	10	11	12
联邦制，1946—2002年，政体III数据库								−0.189 9 (0.354)				
联邦制（州或加盟国），1972—2005年，制度与选举工程数据库									0.055 4 (0.236)			
地方自治政府，1972—2005年，制度与选举工程数据库										−0.707 4* (0.316)		
由本地选举产生的省级长官，1975—2005年，世界银行数据库											−0.001 3 (0.001)	
自治地区，1975—2005年，世界银行行数据库												−0.000 6 (0.001)
观察值数量	3 369	4 049	3 729	3 366	4 185	4 032	3 366	5 123	4 502	4 408	2 914	3 987
	剔除专制政体			剔除专制政体			剔除专制政体					

注：我在模型中控制了国内生产总值、人口规模、语言分化程度、山地地形、政治不稳定性、无支配体制、石油产出、正在进行的战争、自然年和立方样条；此外，这里并未展示展示常数；括号内是稳健标准误；*表示在5%的水平上显著；**表示在10%的水平上显著；***表示在10%的水平上显著。

最后，比例代表制的支持者指出，如果连一些小党在议会中也有一席之地，少数族群在议会中的代表性就会更好。相反，多数决容易产生两党制。在这种情况下，少数族群背景候选人的表现很难得到伸展（Lijphart 1994，1999）。[10]此外，在比例代表制下，政府中立法机构的代表可以在调和少数族群要求的同时，让多数族群的代表了解少数族群的期望与要求。[11]正如我们在前面分析中已经看到的那样，即便比例代表制对政府中行政机构的权力构成没有影响，但立法机构中的多数族群和少数族群代表的调和作用都能促进和平。

接下来，我将用两步来分别讨论这三种制度安排与武装冲突之间的关系。第一步，我试图确定制度在总体上会不会影响武装冲突。第二步，我将像上一章中采取的做法那样，使用更精细的数据分析来区分内斗和叛乱。这使得我们能判断，这些政治制度能否以不同的方式影响权力分享伙伴与被排斥的群体。对于这两步，我使用了以上提到的所有数据库，它们分别是：吉尔林和塞克对1945年以来非专制国家的编码（简称GT），自1975年开始记录的世界银行数据库（简称WB），政体Ⅲ数据库对1946年到1994年联邦制的编码，以及自1972年以来覆盖所有国家的制度与选举工程数据库（IAEP）。其中，制度与选举工程和世界银行两大数据库包括了有关选举制度与联邦制非常细腻的编码以及，对于这两个变量，我要使用的几种测量方式。政体Ⅲ数据库则具有覆盖面最广的优势。

族群武装冲突

其他的研究者已经表明，如果我们不对族群冲突与非族群冲突作出区分的话，那么比例代表制便不会降低武装冲突的概率（Schneider and Wiesehomeier 2008；Gleditsch et al. 2009）。[12]利用世界银行、制度与选举工程以及吉尔林和塞克数据库中对比例代表制的三种不同编码，我得出了同样的结论（这里并未展示结果）。但是，比例代表制是否像协商主义者指出的那样，会影响特定的族群冲突？表6.2评估了这一主张。同之前章节分析的一样，模型1和模型3使用了同样的模型设定和自变量，并加上了吉尔林和塞克、世界银行和制度与选举工程三个数据库中各自关于比例代表制的编码。然而，这些变量中没有一个能产生统计上显著的结果，即使相关系数至少都指向了同一个（负）方向。[13]

模型4到模型6评估了总统制是更容易还是更不容易引发暴力。之前的研究已经指出，总统制与全面内战或者低烈度的武装冲突都没有什么关联（Bates et al. 1998：207；Gleditsch et al. 2009）。[14]我通过对总统制的三类不同编码进行分析，确认了这些结论（这里并没有展示结果）。但还是那句话，既然族群冲突是宪制工程师争论的核心，难道我们不是只需要关注族群冲突吗？然而，模型4到模型6并没有表明总统制与族群冲突之间存在任何显著关联，无论是用吉尔林和塞克数据库、世界银行数据库还是制度与选举工程数据库，结果都是如此。[15]

最后五个模型（模型7到模型12）则探索了联邦制与族群武装冲突之间可能的关系。从最普遍的层面来说，当没有区分不同类型的武装冲突时，格莱迪奇等人（Gleditsch et al. 2009）已经证实了联邦制与1945年后世界范围内冲突发生的数量并无关联。[16]正如协商主义者主张的那样，或许是联邦制防止了特定的族群冲突？模型7到模型9分别对宪法赋予的不同层级政府的权力分配进行了不同的编码。[17]模型10到模型12依次评估的变量则超出了宪制的视角，分别对次国家单元在多大程度上能够行使政治权力——地方政府是否独立于中央产生（模型10），地方长官是否由本地选举产生（模型11），或者地方是否被授予像自治地区这样的特殊地位（模型12）——进行了编码。

显而易见的是，宪制层面的联邦制对冲突的前景没有产生任何影响（模型7到模型9）。但是，至少一个关于分权的变量确实产生了显著的结果，那就是自主选择地方政府。按照制度与选举工程数据库中的编码，可以发现地方自治与更少的族群冲突相关联（模型10）。然而可惜的是，当使用世界银行数据库对地方自治政府进行类似的编码时，原先的结果就得不到支持了（模型11）。进一步来说，模型10只与1972年后发生的冲突相关，因此我们并不能完全确定在多大程度上可以相信这一发现。其他的分析（结果并未在此展示）进一步坚定了我们这一谨慎的看法：当我们使用费伦和莱廷对族群内战——至少导致1 000人在战斗中死亡的冲突——的编码时，模型10中的发现就消失不见了。

内斗与叛乱

如果我们对因变量进行分解，或许我们可以得到一个关于政治制度与推进和平之间的正相关结论？难道是制度对统治联盟成员和被中央政府排斥的群体的影响不尽相同吗？[18]这一结论逐渐变得更加复杂（请参见表6.3）。比例代表

表 6.3 政治制度与内斗(第一列)、叛乱(第二列)(多项式 logit 分析)

	模型 1		模型 2		模型 3		模型 4		模型 5		模型 6	
	1	2	1	2	1	2	1	2	1	2	1	2
比例代表制												
完全比例代表制,1946—2002 年,吉尔林和塞克	−1.397 0	0.252 3										
	(1.144)	(0.409)										
比例代表制,1946—2002 年,世界银行数据库			0.000 6	−0.000 5								
			(0.001)	(0.000)								
比例代表制,1946—2002 年,制度与选举工程数据库					−0.835 9	−0.224 4						
					(1.164)	(0.353)						
总统制												
完全总统制,1946—2002 年,吉尔林和塞克							−1.079 8	−0.512 6				
							(0.675)	(0.352)				
完全总统制,1946—2002 年,世界银行数据库									−1.543 9**	0.365 1		
									(0.595)	(0.315)		
总统制,1946—2002 年,制度与选举工程数据库											0.441 9	0.390 9
											(0.991)	(0.328)
观察值数量	3 369	3 369	4 049	4 049	3 729	3 729	3 366	3 366	4 185	4 185	4 032	4 032

续表

	模型 7		模型 8		模型 9		模型 10		模型 11		模型 12	
	1	2	1	2	1	2	1	2	1	2	1	2
联邦制												
联邦制,1946—1994年,政体III数据库	2.625 7*** (0.666)	−0.949 2** (0.324)										
完全联邦制,1946—2002年,吉尔林和塞克			1.401 3 (0.886)	0.875 7 (0.560)								
联邦制(州或加盟国),1972—2005年,制度与选举工程数据库					0.439 1 (0.520)	−0.051 7 (0.261)						
地区自治政府,1972—2005年,制度与选举工程数据库							−2.008 2* (0.925)	−0.491 4 (0.330)				
由本地选举产生的省级长官,1975—2005年,世界银行数据库									−0.002 3 (0.001)	−0.000 8 (0.001)		
自治地区,1975—2005年,世界银行数据库											−0.001 8 (0.002)	−0.000 1 (0.001)
观察值数量	5 123	5 123	3 366	3 366	4 502	4 502	4 408	4 408	2 914	2 914	3 987	3 987

注:我在模型中控制了国内生产总值、人口规模、语言分化程度、山地地形、政治不稳定性、无支配体制、石油产出、正在进行的战争、自然年和立方样条;此外,这里并未展示未展示常数;括号内是稳健标准误;* 表示在 5% 的水平上显著;** 表示在 10% 的水平上显著。

制并不会影响内斗或者叛乱的发生概率(请参见模型 1 到模型 3)。[19]此外,只有模型 5 中使用的世界银行数据库对总统制的编码才对冲突产生了显著的影响。在这一模型中,总统制与权力分享伙伴之间内斗可能性较低相关联,但与叛乱并无关系。[20]

这与我对承诺难题导致内斗的分析一致。因为比起需要议会支持的总理,一个强人总统可能会更好地掌控不同派系组成的联盟。相关性分析进一步佐证这个观点,黑尔(Hale 2011)发现,在后苏联时代,总统制产生了以总统为核心的更强有力的整合的、等级化的庇护网络,然而议会制则倾向于产生更加分化的且相互竞争的联盟网络体系。所有这些发现都支持主张强人总统统治的宪制工程师的观点,因为在他们看来,如果总统由全民选举产生,那么总统就不可能只迎合自己的族群支持者,而是会寻求超越族群差异的选民支持。

但是,一旦我们将族群政治的权力构型纳入考虑范畴,那么内斗与总统制之间的关系就消失了——尽管总统制与权力分享伙伴的数量之间也没有关系(请参见附录表 6.2),因此这就排除了制度产生的间接效应。进一步来说,这种关联仍然取决于不同的数据库对总统制的特定编码,并且当采用另外两种编码时,这一结果就消失不见了(模型 4 和模型 6),这样便让人们对该结论的稳健性产生了质疑。

总而言之,无论是比例代表制还是总统制,它们对被排斥群体发动的叛乱都没有任何显著的影响。并且总统制降低内斗概率的结论也是脆弱且不稳健的。那么剩下的联邦制的效应又如何呢? 事实上,关于联邦制影响的研究非常矛盾,这与霍洛维茨(Horowitz 1985)通过质性研究得出的结论一致。在关于联邦制的六个不同编码中,有四个编码都没有发现与冲突之间存在任何的关联(分别是模型 8、模型 9、模型 11 以及模型 12)。但是当使用覆盖了 1946 年到 1994 年期间所有国家的政体Ⅲ数据时(模型 7),一个有趣的现象便出现了:在联邦制国家中,我们能更明显地看到内斗现象的发生,但是与此同时,这些联邦制国家中出现的以被排斥群体的名义发动的叛乱却不那么明显了(这与协商主义者的观点一致)。然而,利用制度与选举工程数据库对联邦制的编码(模型 10)却产生了不一样的结果:自治的地方政府与更少的内斗相关(这与模型 7 的结论恰好相反),但是与叛乱却没有关系。我们已经发现,在回归模型中使用这一数据库的编码时,联邦制对所有族群冲突的发生都是存在抑制效应的(表 6.2 中的模型 10)。既然我们现在已经知道了这一效应仅限于权力分享伙伴之间的冲突,那么接下来便可以让分析变得更加精确。[21]

那么,我们如何看待根据政体和制度与选举工程这两个不同数据库对联邦制的编码所得出的相互冲突的结论呢? 要回答这个问题,我们就需要对实际的编码规则和它们所创造的案例世界进行更详细的分析。就目前来说,需要提及的是,我们有充分的理由更相信基于制度与选举工程数据库而非源自政体数据库的结果。首先,当印度(一个充斥大量内斗冲突的联邦制国家)被排除在分析对象之外时,或者当语言分化程度没有被纳入回归方程当中时,或者通过在回归模型中加入权力分享伙伴数量与被排斥的人口数量来考虑族群政治的权力构型时,基于政体Ⅲ数据库的分析结果就消失了(这里并未展示结果)。当排除印度,或者不控制语言分化程度,或者加入族群政治变量后,基于制度与选举工程的数据分析结果要更为稳健且站得住脚。[22]此外,对地方自治的类似编码(依据省级地区是否有通过本地选举产生的长官)与内斗表现出了类似的关联(模型 11),即便这一影响没有达到标准水平上的统计显著性。

有些人可能会对这些令人警醒的结果表示反对——从宪制工程师的视角来看——针对这些结果,需要逐一检验总统制、联邦制以及比例代表制分别在民主政体和专制政权中的不同效应。当选民确实能改变掌权者时,选举规则可能只会影响冲突的过程。联邦制只能在专制政权中表现出它的安抚作用,在这种政权中,战胜中央是不可能的[像贝尔梅奥(Bermeo 2002)、塞德曼等人(Saideman et al. 2002)报告的那样]。为了检验这种可能性,我运算了表 6.2 和表 6.3 中关于专制政权与非专制政权的所有统计模型。除了关于联邦制的发现变得更加矛盾以外,其他的结果与上述报告仍然相近。[23]

但是,或许只有与比例代表制混合的议会制才会表现出对政治竞争和冲突的调节效应——就像协商主义者说的那样? 诚然,对吉尔林和塞克数据库以及制度与选举工程数据库来说,尽管比例代表制与议会制的混合对叛乱并无影响,但其与更低的内斗风险之间却有着显著相关性。然而,利用世界银行数据库进行分析却产生了截然相反的结果:权力分享伙伴之间的内斗更有可能在协商式政权中发生,尽管其与叛乱之间仍无关联(在此并未展示结果)。我认为,比例代表制或议会制与冲突之间并没有稳健且一致的效应。

包容而非制度设计

总之,联邦制或者总统制可能对权力分享伙伴之间政治竞争的动力机制产生独立的影响,并降低了冲突升级成武装冲突的概率。自治地区可能更不会急切地为了争夺中央政府的利益而战;相比需要向议会精英结成的执政联盟负责的总理,超然的总统可能享有更好的地位来克服执政联盟中的可信承诺问题。以上报告的结果非常明确地显示,无论是总统制、比例代表制、联邦制,还是这些制度的混合,都对被排斥群体引发的叛乱没有影响,这些叛乱是更为普遍的族群冲突类型:在数据库中的 110 场族群冲突中,有 90 场冲突都是以这些群体的名义发起的。

因此,和平并非源自特定的政府形式,而是来自包容性的权力构型——无论维持这些制度的形式是什么。没有普适的制度能保证和平。包容性的权力结构可以在民主政体或非民主政体中出现,可以在协商式政体[24]或者向心式政体中出现,还可以在联邦制国家或单一制国家中生成。它取决于情境、在历史中建立的行动者的构型,以及制度遗产(请参见宪制工程师群体中新现实主义者的观点:Ellis 2003;Horowitz 2004)。除此之外,没有任何制度改革的良方——无论是民主化、选举制度的设计或者去中央集权化——能带来政治包容和持久和平。

避免武装冲突和战争的最佳策略是促成所有与政治相关的族群在最高层级的政府中都有相应的政治代表,或者实行族群去政治化的国家建设策略。因此,有效且长期地防止族群冲突可能需要触及民族国家建设的根本:这其中既包括以人民名义治理国家时对"人民"的定义,也包括族群背景影响获得中央政府权力的程度和方式。如果族群冲突是国家被特定的族群精英以及他们的选民俘获而导致的常见结果,那么只有对这些权力结构进行重新安排才能带来持久的和平。

不幸且充满讽刺意味的是,排斥性的政权通常只能被暴力和战争推翻。掌权的政治精英和与之族群相同的选民因为享有既得的特权而不愿意放弃他们对国家及其制度的垄断。因此,没有任何防止冲突的策略和当地的"和平建设"倡议能使他们信服。举例来说,萨达姆·侯赛因不可能开放他的部落族群统治——并在"国际社会"善意的敦促下——将库尔德和什叶派精英纳入执政联盟当中。与之相似的是，即便遭到了严厉的国际制裁，罗得西亚的白人统治者对允许大多数黑人有更充分的政治代表也是不情愿的。然而，它的邻国南非表明，通过达成协议来从种族统治转型是有可能的，尽管这种案例凤毛麟角。为了提高这种和平转型的可能性，促使统治精英形成分享权力的意愿可能会有所助益，这包括推动统治者的选民给他们施加相应的压力，引导被排斥族群的领导人采取适度的措施，远离最高纲领主义的（maximalist）主张或复仇主义计划。

包容性越多，越可能引发内斗吗？

但是，建立包容性政府的策略存在一个明显的困境：排斥与中心的分裂并不是互相独立的，改变整体权力构型的一方面可能会反过来影响其另一方面。更具体地说，将迄今为止被边缘化的族群整合进权力分享的安排中，意味着这些群体的领导人现在要同既有的当权精英来竞争国家权力的分配。这又会引发由多位玩家组成联盟所带来的承诺难题。此外，有研究利用族群权力关系数据库在群体层面展开分析（Cederman et al. 2010b），发现了与迄今为止被排斥的群体分享权力机制相关的其他问题：近来失去相对权力的族群精英将极有可能卷入暴力内斗之中（与此相关的进一步证据，请参见 Roessler 2011）。与长期被排斥的群体分享权力意味着旧政权维护者的地位会受到相对损失。

如果我们用最犀利的措辞来形容这种困境，即在什么样的条件下，更多的包容性将增加暴力冲突的可能性？所有的一切都取决于已经分享权力的群体数量与新近被纳入的人口规模。接下来的四个例子分别论证了包容性与中心分裂之间的相互关系。在所有这些族群政治的构型中，尽管权力分享伙伴的数量上升，但是更多的包容最终会降低武装冲突发生的总体可能性。

我们在表 5.2 中模型 4 的基础上计算了伊拉克、墨西哥、波斯尼亚以及缅甸发生战争的概率。在全世界的样本中，发生武装冲突的平均概率是 1.5％。对伊拉克来说，回归模型预测到，将逊尼派包含进什叶派与库尔德精英构建的权力分享安排中，那么武装冲突的风险就会从当前的 2.2％下降到 1.0％。[25] 这比萨达姆·侯赛因时期逊尼派主导的族群主义政权引发战争的概率(3.1%)要低得多。事实上,那个时代的特点是库尔德民族主义者和什叶派叛军接二连三地发动一系列叛乱。而在墨西哥,将土著人口整合进权力中心会将本已经较低的武装冲突概率从 0.8% 进一步降到 0.4%。令人并不感到意外的是,在恰帕斯州内发生的萨帕塔民族解放军起义代表了墨西哥战后历史中仅有的族群冲突。在波斯尼亚,波什尼亚克族、塞尔维亚族与克罗地亚族三族在当下的联合安排导致战争发生的概率是 2.2%,比该国其他可能的权力构型引发冲突的概率要低一半。而在缅甸,纳入不是发动分离主义战争反对政府就是在政治上被边缘化的十个与政治相关的族群领导人,只能将当前冲突发生的概率从 3.5% 降低到未来的 3.3%。

当然,这样的计算并不代表对这一议题进行任何有意义的"预测"——因为我们的理论与数据不能覆盖其他的影响因素。[26]然而,这些预测展现出,更多的包容性带来的收益超过了内斗的风险,即便在缅甸这样存在大量与政治相关的族群的极端案例中也是如此。比起排斥性政权引发的冲突风险,对分享政府权力的竞争性族群精英的利益进行平衡所造成的问题不是那么严重。

冲突结束后的权力分享

因此,上述讨论就引向了这样一个问题:如何在暴力冲突结束后保障和平?通过权力分享的制度安排或者民主化就能够防止暴力周而复始地发生吗?或许民主制在冲突后维护和平的作用比其一开始防止暴力的发生更为有效。一个关于内战后和平能持续多久的量化研究展示了推行选举,民主制度的核心,对和平的持续时间并没有产生整体上的效应。更令人不安的是,这些研究也展示出,一些专制政权是(冷)和平的最佳保障(Collier et al. 2008)。与西方决策圈普遍持有的信念相比,这些研究与帕里斯(Paris 1997)对冲突后民主化的量化研究发现相一致,即冲突后的民主化可能进一步导致国家动荡不安,特别是如果立刻推进民主化而不是缓和民主化对冲突的影响。然而,另一方面,托夫特(Toft 2009)在报告中指出,她没有发现民主化水平与和平持续的前景间存在任何关系。穆克吉(Mukherjee 2006)甚至发现,国家越民主,和平持续的时间越长。

因此，对于民主化能否维护和平一说——反映上文关于民主和武装冲突的研究结果——迄今还没有定论。或许权力分享这一安排本身——而不论其民主与否——才是最有效的。因此，许多质性研究者对其持怀疑态度。诚然，战后的许多权力分享安排已经崩溃，或者根本就没有被付诸实施（Downes 2004），导致一些人主张国家分治（Pounds 1964；Kaufmann 1998；Chapman and Roeder 2007）或者让一方获胜，而不进行干预或者给敌对各方强加权力分享安排。这一观点指出，这不仅产生了更持久的和平，而且也能让获胜的一方建设一个有效且自治的国家（Weinstein 2005）。其他人主张，国际社会对权力分享的承诺产生了更严重的道德问题，从而导致非洲出现了更多的武装冲突。这些叛乱都是由当地的领导人煽动的，他们希望通过外国行动者的协调，自身有朝一日能被整合进未来的权力架构中（Tull and Mehler 2005）。

然而，一些量化研究证据指出，权力分享安排——更具包容性的政府——是维持和平的重要组成部分，即便实施起来很难。或许这种说法只有在一方取得军事胜利后实施权力分享时才能奏效。这正是穆克吉（Mukherjee 2006）对 111个后冲突时段的案例进行研究的主要发现。然而这一关系是对称性的：没有权力分享的胜利也不会带来持久的和平。[27]当然，宾宁斯博（Binningsbo 2006）的研究也支持了政治包容性这一观点。她通过对 126 个后冲突时段进行分析，揭示出广泛的执政联盟与领土自治有利于和平的维持，这与是否同胜利一方结合在一起无关。[28]

这些探索性的分析结果与上文概述的主要发现是一致的，即族群统治是导致冲突持续且反复发生的诱因，而建设一个更具包容性的权力架构的努力有助于防止族群统治进一步恶化成暴力冲突。与穆克吉的研究相一致，我指出，即便是获胜的一方也需要着手将失败一方族群的民众——不一定是武装分子的头目——吸纳和整合进新的权力框架之中。换言之，胜利给族群统治带来的只是冷和平。一旦这些威权主义政权的控制有所松动，就又会酝酿未来的暴力。或许，当下在卢旺达执政的爱国阵线政权或者在第一次海湾战争后成功地镇压了什叶派起义的伊拉克萨达姆·侯赛因政权，都是可以用来说明冷和平的案例。

国家建设或主权分享？

到目前为止，我已经指出，建立包容性的政府应该是制定防止冲突的政策时的首要关切，而特定的政治制度不会带来更具有包容性的权力结构，只会影响已经处于权力结构边缘的族群的冲突倾向，并且不会对被排斥的群体发起叛乱的可能性产生影响。现在是时候从这一分析中跳出来，以更长远的目光来审视和平是如何得到保障的了。之前对武装冲突的分析基本上都是理所应当地将政治视为族群权力关系的要义，因此它们关注的都是按照族群定义的联盟网络在多大程度上与中央政府权力保持联系，又在多大程度上被中央政府权力排斥在外。

然而，正如第二章论证的那样，权力斗争可以与族群自治的问题脱钩。族群不必成为政治忠诚的首要关切，也不需由它来决定个人与国家之间的关系。国家精英与民众之间共容性关系的建立无需将公民纳入特定族群共同体。这也就是我在其他地方展示过的由多族群组成的瑞士的例子（Wimmer 2011），并且像布基纳法索或者坦桑尼亚这样的国家也是如此（Miguel 2004）。换言之，国家建设是对族群的去政治化，并且确保政治争论与竞争不会以族群对"占有"国家的争夺而结束。

这就将我们带入了过去 20 年中在政策圈内重新兴起的对"国家建设"的争论当中。[29] 这一争论的核心是如何最好地提升所有公民对国家的忠诚，而不论其族群背景。这使得国家能更少地依赖强制来确保民众的服从性，并在同意统治的基础上提供安全保障。第二章指出，民众将会认同并且忠诚于能提供对己有利的交换关系的国家。相反，如果政府不能提供公共物品，又不能保障民众有意义的政治参与，那就不要指望民众会对政府形成政治忠诚并提供军事支持，更遑论让民众认同整个民族和国家，而不是只认同自身的族群与族群领袖了。从另外一方面来说，当公民不准备向国家缴税并服兵役时，那么民众也不应期待国家精英能维护一个全国性的契约。相反，一个让双方彼此受益的交换关系，需要几代人的时间才能建立，以实现认同、忠诚和支持的常态化和制度化。换言之，国家建设需要几代人的努力，而不是一朝一夕就能实现（关于类似的观点，请参见 Ayoob 2007；Darden and Mylonas 2011)。

第二章讨论过的法国的历史发展为此提供了一个好的佐证。从法国革命者提出民族共同体的概念,到法兰西第三共和国实现并制度化了国家契约,已经过去了整整一个世纪——即便法国已经高度中央集权化且志愿性组织网络发展良好——这两者都有助于促进国家建设,并防止族群差异的政治化。进一步,第五章展示了分离主义更有可能困扰有着长期帝国统治历史的国家。在这些国家中,位于边缘的人群很难被整合进从权力中心伸展开来的联盟网络当中,这就导致了他们对国家难以形成认同,并且对其合法性以及当前的领土形态产生质疑,从而独立于中央的权力构型。正如第二章中指出的那样,只有当公民与国家的交换关系对己有利,并且公民能相信即便政府要员的族群背景在未来发生改变,这种有利的关系仍将保持不变时,公民才会将他们的忠诚转移到国家身上,并且对国家产生认同。

接下来的例子进一步说明了这一点:阿富汗的部落村民需要知道,长远来看,中央政府能保护他们免于肆意的暴力侵害与横征暴敛,而不是期冀未来外国军队提供的帮助。到那时,他们将放下手中的卡拉什尼科夫突击步枪以及过去建立在荣誉基础上的自卫体系,将他们的子孙后代送去国家参军,而不是听命于部落领袖。与之相似的是,这些村民在停止依赖清真寺、乡村共同体、地方强人以及国际非政府组织等有关方面提供的帮助前,也需要确定国家官僚机构能给出可信的承诺,以公平的方式提供公共物品。

因此,不可能依靠外部行动者——他们通过当地的非政府组织或者他们自己在当地设立的机构进行援助——来避免腐败和低能,从而达到国家建设的目的。因为它削弱了而不是增强了他们应该建设的国家的合法性(Wimmer and Schetter 2003；Darden and Mylonas 2011)。[30]不能借助外部力量来转移民众的政治忠诚,让他们认同一个国家,这是几百年来的经验教训。外部行动者能做的仅仅是帮助当地政府强化通过有效且公平的方式提供公共物品的能力,而在诸如阿富汗这种存在大量文盲的社会环境中,可能要耗费数十年的时间才能实现改变。

因此,外部援助的策略导向就应该作出改变:将考虑视角从短期转移到代际,援助最好由联合国或者世界银行这样超然于各国选举周期和安全利益的国际组织进行协调。其次,援助的重点应当是形成国家能力来进行有效的统治,长期提供公共物品,并通过征税来增加收入(Fearon and Laitin 2004),而不是永远依赖国外援助或者腐败贿赂。这将使国家建设的进程持续推进,最终在国家和人民之间形成一种新的契约。总之,对制度脆弱的国家来说,防止冲突的最佳策略是促进一个循序渐进的、内生的、可持续的国家形成过程,这样,国家建设才会使得政治联盟网络跨过族群之间的差别并使族群去政治化。

最近,人们又提出了一个替代方案:主权应该由这些弱国家和域外强权——地区霸权、全球霸权或者国际组织——来"共享"。这可能是适合短期的策略(Krasner 2005)。然而,长期来看,这一系列安排与现代世界的合法性原则相抵牾,现代世界的合法性原则认为,国家应以通过民族来定义的人民的名义,并由人民的代表来进行统治。因此,通过族群他者回归准殖民政府的做法缺乏基本的合法性,而一旦缺乏这种合法性,基于同意的统治就无法建立。换言之,国家建设不仅需要有效的公共物品提供,也需要由正确的人来进行统治。[31]而民族主义的精神正如一头猛兽,一旦被从潘多拉魔盒里释放出来并扩散到全球,就难以被驯服了。

【注释】

[1] 要了解美国对外政策的立场,请参见 Woocher(2009);要了解战略规划的立场,请参见 Stares and Zenko(2009)。

[2] 在接下来的讨论中,我将预防冲突在政治上的可行性,以及其可能与诸如获得自然资源、期待看见友好政权的出现或者平衡国内预算等其他政策目标产生的冲突暂时搁置。我也暂时搁置了对预防冲突政策是如何成为决策者及其选民关注的核心议题的讨论。因为这些人的时间和能力都有限,不会关注除成为西方媒体头条的全面升级的冲突以外的事件。因此,本章的观点将聚焦于识别应当做什么,而非如何在政治上加以实现。

[3] 需要指出的是,这里的"政治制度"指的是对获得权力进行规制的明确且正式的规则,而不是我在之前章节中使用的关于政治合法性原则之类的一系列术语。关于政治学和社会学中对这一概念不同理解的回顾,请参见 Portes and Smith(2010)。

[4] 唯一的例外是塞德曼等人(Saideman et al. 2002)的研究,他们利用高危少数族群数据库建构了因变量,发现在 1985 年到 1998 年之间的 110 国家中,民主政体更容易引发族群叛乱。

[5] 格莱迪奇等人(Gleditsch et al. 2009)利用另外一种测量民主的方式为民主和平论进行辩护。然而,只有在控制其他政治变量时(ibid.;184, model 1),民主与冲突之间才会呈现倒 U 形关系。但是在只有基本协变量的模型中(ibid.:model 2),这种关系就体现

不出来了。根据施耐德和韦瑟霍迈尔(Schneider and Wiesehomeier 2008)的研究,民主政体比专制政体更能保持和平,但仅限于族群同质化的社会。

[6] 曼斯菲尔德和斯奈德(Mansfield and Snyder 2005b)对这一推测在外交政策上的意义进行了讨论。

[7] 模型 1 到模型 4 是具有 logistic 函数关系和分布的广义线性模型,其指定的分布是二项分布。因为因变量是比例的形式,所以使用广义线性模型是最为合适的。当国家的族群同质的时候(如韩国),或者当族群与政治无关的时候(如在坦桑尼亚),因变量表现为 0,从而超出了 logistic 分布预测的 0 的数量。在这两类案例中,它们的权力结构被编码为具有完全包容性质(因此因变量被设为 0)。由于被排除的变量值只能"一块块"地、间断性地改变——这取决于与族群政治相关的群体大小和数量,所有的模型都包括这两大控制变量。

[8] 制度与选举工程数据库中编码的地方自治政府与更少的排斥显著相关——但是世界银行数据库中对自治地区类似的编码却没有显示出这一关联,记录地方长官是否由本地选举产生的变量(同样来自世界银行数据库),或制度与选举工程数据库对宪制层面联邦制的编码,与更少的排斥也没有关系。

[9] 要对族群政治排斥与民主制两者之间的关系进行更详细的分析,还要考虑没有被观测到的变量可能对二者造成的影响。

[10] 然而,雷诺兹(Reynolds 2011:114—116)发现多数决会导致少数族群在议会中得到更好的代表。这一发现建立在对 50 个国家选举结果的分析基础之上。

[11] 雷利(Reily 2006)回顾了向心主义者和协商主义者之间的辩论。向心主义者推崇总统制、多数决以及单一制,而协商主义者则支持议会制、比例代表制以及联邦制。向心主义者提出了很多其他的制度特征,如要求政党在登记时需要跨地区的支持,或者诸如可供选择的选举制度等更复杂的选举规则(请参见 Reilly 2011)。协商主义者也是如此,他们倡导在族群政党的大联盟中相互否决的权利。对这些制度安排更为详细的介绍已经超出了本章的分析范围,这要么是因为无法获取全球的数据,要么因为它们太稀少,以至于不能进行统计分析。

[12] 其他的发现取决于族群人口、冲突强度或者政权类型(比如 Schneider and Wiesehomeier 2008)。

[13] 这一结论似乎与雷纳-奎罗(Reynal-Querol 2002)的发现相左。雷纳-奎罗提出按照比例代表制和议会制定义的"包容性"政治制度更不可能引发族群内战。然而,由于她编码的变量具有跨类别的特征——她用"0"定义"不自由"的政治制度,用"1"指代"自由"、多数决以及总统制这样的制度,用"2"来指代自由的总统制,用"3"来指代自由的比例代表制和议会制度——因此我们很难决定,是什么样的政治制度产生了这种效应。

[14] 其他的研究提出了更有条件性的见解,但是具有相当矛盾的含义:在族群同质的民主政权中,总统制可能增加了族群武装冲突的可能性(Schneider and Wiesehomeier 2008),但是对族群非常异质的民主政体来说,总统制却并无影响。

[15] 这些发现与罗德(Roeder 2005)的发现相反。

[16] 施耐德和韦瑟霍迈尔(Schneider and Wiesehomeier 2008)对联邦制减少民主国家中冲突发生的条件进行了更为细致的评估。在高度派系化的社会中,联邦制与和平相

关,但是在由人口占多数的族群统治的社会中,联邦制却增加了冲突的可能性。

[17] 比如,如果一个国家的立法机关是两院制,并且其中一个院是由代表各个地方的议员组成,那么吉尔林和塞克就将这个国家编码为"联邦制国家"。

[18] 此外,难道制度不也会影响叛乱者或者起内讧者是试图从国家中分离出去,还是征服权力中心吗？我通过将分离主义冲突分离出来,简要地评估了这种可能性,这也是"联邦制促进和平效应"一说的核心。这一分析的结果可以在附录表 6.1 中找到。它包括了六个模型,前三个模型是根据一个国家在宪制上是否联邦制国家进行编码,后三个模型则与这些次国家单元实际享有的自治程度相关。在这些变量中,只有一个与分离主义存在显著的(负)相关关系;这一结论建立在相对较小的观察值数量基础之上(比之前章节使用的全面数据库观察值数量的一半还少)。然而,即便通过在方程中加入被排斥的人口规模以及权力分享同伴的数量来控制族群政治的权力构型,这一效应仍然稳健,因此就排除了制度的间接效应。

[19] 然而,科恩(Cohen 1997)记述道,比例代表制降低了民主政权中发生全面族群叛乱的可能性(尽管其对低水平暴力的爆发并无影响)。他的分析建立在对高危少数族群数据库的分析基础上。如果将专制政权排除考虑,我确实发现了叛乱与比例代表制变量三种编码中的一个(由世界银行数据库提供)存在显著的负相关关系。

[20] 后面的结果得到了塞德曼等人(Saideman et al. 2002)的支持。他们指出,无论是总统制还是议会制,都不会对在政治上被边缘化的族群组织(由高危少数族群数据库定义)的叛乱产生任何影响。

[21] 同样表现出矛盾的是基于族群层级分析的发现。当使用族群权力关系数据库并将族群作为观察单元时,我发现,比起无权的群体或者遭受歧视的群体,掌握一些地方权力的群体更不可能发生叛乱(然而,这一效应仅仅是边缘显著的)。这与罗德(Roeder 2007)的发现相左。罗德是通过自建的从 1955 年到 1999 年 153 个国家中 658 个族群的数据库得出这一结论的。他指出,政治自治可能加剧了族群政治的暴力冲突。

[22] 根据政体Ⅲ数据,权力分享伙伴的数量与联邦制之间呈现显著的正相关关系,但是当使用制度与选举工程或者吉尔林和塞克的编码时,这一相关关系就不存在了——这暗示,地方自治的效应没有间接通过权力构型表现出来。这三个数据库中没有别的政治制度变量展示出与权力分享伙伴数量之间的关系(附录表 6.2 报告了这一结果)。

[23] 在专制政权中,当使用政体数据库的编码时,联邦制降低了内斗与叛乱的风险。当使用制度与选举工程对宪制性联邦制的编码时,联邦制依然能减少内斗。然而,当我们考虑实际情况下的自治时(无论是依据世界银行还是制度与选举工程数据库的编码),联邦制却提升了专制政权中发生内斗的概率。

[24] 很多学者对协商式政权的可能缺点进行了广泛的讨论:它使族群隔阂永久化甚至进一步加深;它们缺乏灵活性,因此不能适应处于变化之中的权力关系和人口结构;它使得更加激进的族群民族主义者能跻身其中;它们依赖共识与包容的文化,但是这种文化却是凤毛麟角(Rothchild and Roeder 2005)。正如上面提到的,如果像黎巴嫩那样有大量的权力分享伙伴,那么协商主义更可能引发问题。当某一个数量众多的族群一直被权力排除在外,那么族群就被永久且不可逆转地政治化了,然而,建立协商式安排——如北爱尔兰那样(O'Leary 1989)——可能是消弭潜在暴力的唯一可行方法。

［25］我们使用了源自全样本的贝塔系数，然后代入 2003 年中对应国家所有自变量的值，不同的只是被排斥人口的规模和权力分享伙伴的数量。

［26］关于预测内战和国家崩溃的杰出尝试，请参见 Goldstone et al.（2010）。

［27］然而，与军事僵局相结合的权力分享更容易导致暴力再度发生。

［28］她也发现政府军的胜利而非叛军的获胜才能防止重回暴力，然而托夫特（Toft 2009）却得出了相反的结论。里克里德尔（Licklider 1995）论证了如果战争因族群而起，那么达成的协议安排——与获胜相对——是非常脆弱的。哈策尔和霍迪（Hartzell and Hoddie 2003）分析了一个包括 38 个经过谈判达成和平解决方案的小样本，这些包括了实现地区自治和将叛军吸纳进政府军的和平谈判，延长了和平的时间，而将政治权力或者经济收益分享吸纳进和平协定，对暴力事件再度发生的可能性没有影响。令人遗憾的是，他们没有考虑和平协定是否被真的付诸实施。

［29］对这一议题的回顾，请参见 Osler Hampson and Mendeloff（2007）。

［30］一项调查显示，阿富汗村民收到外国援助的数量与其对中央政府的信任之间存在负相关关系（Zürcher and Böhnke 2009）。

［31］赫克特（Hechter 2009a）发现了一个在双方同意之下由"外国统治"的近代案例：清末和民国时期中国的海关总税务司。

第七章 结 论

总结

在浏览了不同的学科景观、穿越了数据森林以及运行了一系列统计模型之后，现在我们终于在关于现代世界历史的漫长学术之旅中接近了终点。这一学术之旅始于中世纪法国的卡佩王朝（Capetian kingdom），并在接下来展现了国家的中央集权化与志愿性组织网络的发展如何推动国家精英去扩展联盟关系——以前国家精英的结盟对象只是其他的精英派别，现在则扩展到其余的人群。由此，在人民主权和民族团结两大观念的基础上，政治认同和政治忠诚相应地发生了重组，第一波民族国家也就应运而生了。故事继续扩展到世界上的其他地区是如何逐渐采用这一新的政治合法性模式的。在民族主义者的带领下，这些地区梦想克服迄今为止在帝国内部仍被视为理所当然的族群等级制度，在民族国家中实现自治，像第一批兴起的民族国家那样强大且具有合法性。

在周边民族国家或者帝国内部其他地区的影响下，只要帝国内部或者国际权力的构型允许民族主义者去推翻或者吸收旧制度，那么民族主义者追求的这一梦想就会实现（如对图 7.1 中发现的总结）。然而，实现这一梦想通常要付出战争的代价：许多民族主义者遇到了帝国或者王朝统治者的抵抗，因为这些统治者深知，在以"本族人需由本族人统治"这一原则为基础的新国家秩序中，他们自身是没有立足之地的。

与第一波兴起的民族国家相比，这些新兴国家通常过于脆弱，以致不能将全部人口整合进包容性的交换关系网络，在该网络中，国家提供公共物品和政治影响，以换取民众的军事忠诚和税收。缺乏密集的志愿性组织来建立并稳固这些共容性网络则进一步导致了族群划分的政治化。因此，政治联盟是沿着族群的界限形成的，而国家建设仍然只是国家领导人挂在嘴边的修辞而已，对于促进大部分民众的忠诚和认同并无多大助益。因此，许多缺乏制度能力和公民社会脆弱的国家都未能克服过去帝国时代遗留下来的族群政治等级问题，甚至进一步激化了这一问题。在一些极端的案例中，国家机构——从军队到总统、从内阁到高级文官中的职位——都被主体民族的少数精英紧紧地攥在手中。

然而，根据民族国家的统治原则，"本族人需由本族人统治"，并且统治者应该向全体"人民"而非仅仅向自己所属的族群提供保护、公共物品以及参与途径，因而这些族群-政治上的不平等违背了合法统治特有的原则。这可能带来不同类型的暴力冲突。首先，一个正在民族国家化的国家可能会代表那些跨境生活且正在遭遇周边国家主体民族政治统治命运的同胞，从而干预周边的国家；或者它们可能会试图夺回这些境外同胞生活居住的外国领土，让他们"重返帝国"（Heim ins Reich）①，进而导致国家间发生战争。其次，内部其他族群反对统治的叛乱困扰了很多新建立的民族国家。最后，基于族群的精英竞争可能升级为暴力，特别是大量权力分享者的存在加剧了人们对在国家权力斗争中落败而面临"异族统治"风险的恐惧。只要边缘人群与国家之间的关系还没有正常化，新兴国家的命令就缺乏政治合法性，分离主义引发的暴力也就可能对新兴国家领土的完整性形成挑战。

这一引起叛乱与暴力竞争的动力似乎并不受到政治博弈正式规则的影响：它与一个国家是否实行民主政治、是选举强势总统还是让议会选举总理，以及是向各省下放权力还是建立一个单一制国家等无关。在此，理解和平与战争的关键在于理解中央政府的权力构型而不是制度形式。

---

① Heim ins Reich 是德语，意为"回到帝国的故土"，是希特勒治下的纳粹德国在第二次世界大战时期奉行的对外政策。——译者注

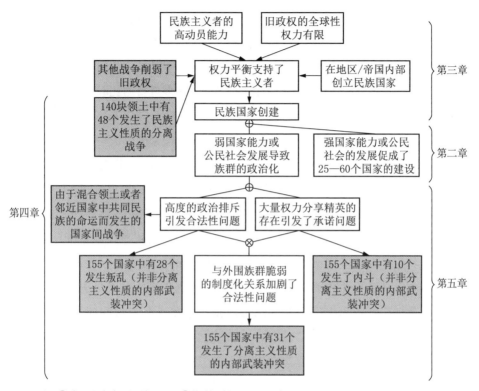

注：⊕表示"或者"的关系，而⊗指的则是"和"的关系。

图7.1　概要：民族国家的形成与战争

诚然，本书讲述的故事并不是全新的。本书中的部分章节在我以前的研究中曾经以这种或那种方式讲述过。毋庸讳言，本书也有局限性：虽然这些分析以概率的方式捕捉到了一般的模式和趋势，但是它并不适合解释个案（如一个帝国内部的省份或一个独立国家）在充满各种可能性的历史海洋中的具体走向。进一步而言，本书突出了现代世界历史的某些方面，却忽视了其他方面。这是一本关于民族主义在全球范围内兴起，引发政治地震并带来暴力破坏的著作，而不是讲述整个现代世界或者在过去200年中发生的每一场战争的著作。这一故事的重要部分——比如强国家或者公民社会是如何形成的——仍然是本书讨论的范围（但请参见Wimmer in preparation）。最后，本书在不同章节的数据分析仍然略显粗糙，它以相当不精确的方式阐述了相关机制。

本书当然也有优点，因为它的叙事建立在对全世界搜集的长时段系统性证据之上。因此，与其他故事相比，本书叙述的故事更具有经验意义，它或许同过去讲述的故事一样合理，或者同样有吸引力。本书也为其他多种路径的叙事提供了参考。许多从事国际关系研究的学者忽视了民族主义在形塑现代国际体系及其组成单位之间的冲突中所发挥的力量，而许多重要的比较政治研究则忽略了合法性的缺位以及争夺政治权力的斗争往往成为内战的导火索。正如本书前面的章节指出的那样，大量的战争都是围绕着国家的合法性形式以及由谁来控制政府而发生的。本书也论证了，在第一批民族国家形成以及其随后在全世界范围内的扩散过程中，哪些政治合法性类型将成为主流，权力构型又是如何对其产生影响的。相反，现代化理论很少对它们试图解释的普遍政治转型所造成的后果给出具体的分析。全球化理论与文化路径经常无法解释，为什么特定的制度类型或者文化框架在一地被采用，却在另一地缺失。除却对这些在现代历史中重要却经常被忽视的方面提供潜在的洞见外，本书还为这些相关的广泛议题提供了新的思考前景。现在我会对这些问题给出简要的讨论。

超越"认同"对"利益"、"贪婪"对"不满"的二分

之前的分析表明，族群与民族主义不应该只与文化"认同"联系在一起，并与政治和经济"利益"形成对照，而这正是很多政治经济学研究采取的做法。相反，族群认同与国家认同源自政治竞争与联盟的变动，又反过来影响这种变动，同时还与争夺国家权力及其政治合法性原则的斗争不可分割地交织在一起。诚然，本书将族群认同和国家认同与其他政治联盟——如大量制度化的、理所当然的联盟——同等对待〔这与贝茨（Bates 1974）、格拉泽和莫伊尼汉（Glazer and Moynihan 1975）的做法一致〕。根据这一理由，族群本身并不是它自身的目的，而是个体通过斗争来获得权力的组织化途径，并且是他们能据以确定自身利益、识别他们认为理所当然的联盟伙伴的感知框架。由此可见，本书第五章的分析可以进一步延伸到其他与政治相关的社会类别当中，比如地区、社会阶级、专业组织等。这些在作为单一民族国家的韩国，或者在族群与政治毫无关联的坦

桑尼亚,都起着重要作用。关于谁来控制民族国家这一政治竞争的变动与我从族群的角度分析联盟网络类似。

　　同时,强调族群现象的政治与策略属性也使我得以避免陷入科利尔和霍夫勒(Collier and Hoeffler 2004)提出的"贪婪"(greed)与"不满"(grievance)的二分框架。在他们看来,"贪婪"与"不满"之间存在着广泛区别。当然科利尔和霍夫勒给出的这种押头韵的方法是很吸引人的,这种二分法与西方将物质世界与思想领域对立起来的传统产生了很好的共鸣,但是这种做法本身并没有多少经验性价值。通过这些章节的叙述,我已经指出,族群政治同时涉及"物质"利益与"理想主义"动机两方面的内容,前者包括获得公共物品的渠道、获取权力的政治目标等,后者则是为政治合法性或者因国家承认族群传统所产生的尊严与自豪感而奋斗。因为其他族群的政治统治会影响一个族群的经济、政治以及象征性地位,因此很难将这些相互交织又彼此增强的因素分开来看。[1]在此,需要回答的关键问题就不再是分辨叛乱者的身份——他们究竟是冷静算计的物质主义者还是为"认同"而斗争的满腔热血的理想主义者——而是什么样的因果关系变化会导致动机复杂的行动者走上诉诸暴力冲突的道路。

　　但是,不正是因为国家和族群认同承载着特殊情感,才使得它们与政治认同分开了吗?确切来说,将族群与民族视为当然的政治联盟本身,并不否认族群与国家认同有时会同强烈的情感与激情联系在一起。正如彼得森(Petersen 2002)指出的那样,这些就是特定的权力构型和政治动员产生的后果,以及由它们引发的冲突。是情感产生自这些权力构型——比如被曾经的下属管辖而生的不满——而不是权力构型产生自情感。进一步来说,这些情感与激情引导了个体在冲突"激烈"的阶段做出举动,但它们在此之后就会消退,并不会持久地主宰个体的理性与感知模式。[2]当然,强烈的情感也不是族群认同和冲突所特有的。相似的恐惧、敌意与不满都与沿着其他断裂线展开的冲突和动员有关,就像伊朗以宗教复兴之名推翻巴列维国王统治的运动①那样。因此,关于族群或国家认同本身并没有特别"深层次的"或者"感性层面"的东西。

---

① 即1978年到1979年间霍梅尼领导的伊朗伊斯兰革命,革命导致世俗的巴列维王朝被推翻,建立起政教合一的神权国家。——译者注

为什么是族群?

诚然,当今如此多的冲突都是沿着族群和民族的界线展开,但是这一事实本身却与族群和民族所拥有的至高的象征性权力或情感深度关系都不大[与康纳(Connor 1972)的发现相反]。相反,正是因为族群与现代国家依赖的民族主义原则如此紧密地交织在一起,族群民族主义对权力的诉求与主张才具有合法性,从而使得它们超过了其他的诉求与主张,导致族群政治的冲突更可能升级成暴力冲突和全面内战(关于这方面的经验证据,请参见 Eck 2009)。

为了说明这一点,我们不妨做个略显夸张的比喻。试想老年、中上阶层的男性律师已经统治了大多数西方国家数十年(如果不是数百年的话)的情况,他们利用自身在漫长的职业生涯中获得的,并且已经通过无数委员会和议事会考验的专业知识来证明自身统治的合法性。相比之下,反对隐蔽的附加约束的暴政、反对父权制或者老人政治的政治动员则相对沉寂。设想一个完全不平等的、沿着族群分界线来结成联盟的权力构型,它该有多么不受欢迎、充满争议:如果美国参议院和总统被原住民或者被赢得美墨战争的墨西哥人控制,那么政治不平等就会违背既定的合法性原则,从而激起民众心中不满的怒火。

其他作者对为什么族群经常政治化,以及为什么当今世界的许多冲突都是以族群为名展开的给出了不同的解释。对此,比较政治学研究中最主要的解释都是围绕族群属性展开的,它为解读庇护政治提供了理想基础。费伦(Fearon 1999)指出,族群标记的高度"黏性"(stickiness)——如果一个人生为图西人,那么他很有可能也是作为图西人而死——防止了太多个体加入联盟进而削弱庇护关系带来的好处。[3]与之相似的是,钱德拉(Chandra 2004)指出,在印度,比起专业、阶级等非族群性的标记,个体的族群背景反而是更"可见"且更容易被识别的,这就使得当关于政客未来行为的信息较为有限时,就会形成以族群为基础的选民群体。

以上这些论点看上去都是有道理的,但是我们不能轻易地将它们推而广之,

因为许多族群分类的体系在局部上都是嵌套的。以当下的美国为例：赫蒙裔
（Hmong）①既是越南裔，也是亚裔美国人，同时还是美国公民（Wimmer 2008b）。
这种分类体系在庇护政治司空见惯的非洲（Bratton and van de Walle 1994）尤其
普遍（Scarritt and Mozaffar 1999）。然而，嵌套的分类并不能对庇护联盟进行清
晰的划界（请参见 Posner 2005）。从另一方面来看，这些显而易见的观点对于从
政客的脸庞或从名字上不容易识别出所属族群身份（南斯拉夫就是这样的例
子），或者庇护政治并不依赖投票运作的地方而言并没有多大意义（请参见 Roth-
child 1986）。

　　有鉴于此，我自己的研究路径是，试图避免像前文介绍的有关"黏性"或者
"可见性"的观点那样从族群属性这一角度切入。在此基础上，我转向了更接近
制度主义的观点。正如我在第二章乃至全书中都认为的那样，当建立并稳固政
治联盟的志愿性组织稀缺时，以及当国家能力过于有限以致不能向整个公民群
体公平地提供公共物品时，政客们就会依赖族群的庇护网络。接下来他们就会
利用族群的共性——而不是其他的社会类别以及关系——来选择追随者，因为
现代民族国家的合法性原则鼓励政客们偏袒与自身相同的族群而非其他族群，
以"照护他们自己的人民"。显而易见的是，尽管这些假设与之前章节的数据分
析一致，但仍然需要合适的经验研究设计来加以检验。

全球化与历史的终结

　　通过这些章节的叙述，我已经强调了在全球不同地区与不同历史时期反复
出现的模式。这些反复出现的模式包括：使得民族国家更有可能产生的扩散和
权力的平衡效应；分离主义性质的战争如何影响民族国家的建立，而民族国家的
建立反过来又影响了国家间收复领土的战争与内部的族群冲突；这些内部武装
冲突大部分是在族群统治的国家（ethnocracies）、不稳定的多族群联盟政权，或者

---

① 赫蒙族是一个跨境族群，在中国被称为"苗族"，在越南、老挝等东南亚国家生活的居民则自称"赫
　　蒙族"。在越南战争结束后以及老挝人民民主共和国成立后，原本生活在当地的大量赫蒙裔难民
　　涌入了美国。——译者注

是在与边缘族群之间的制度化联系脆弱且缺乏凝聚力的国家中发生的。因此,本书重新激活了跨越不同时间段的规律:这也就是蒂利(Tilly 1989)试图通过"大比较"(huge comparisons)的方法来发现的"大结构和大过程"(big structures and large processes)。

如果因果模式是长期重复出现的,那么我们就可以通过对历史的回眸来审视当下的境况,而不是像很多研究全球化的文献那样,强调现在和历史是完全脱钩的。许多研究者指出,自从 20 世纪 70 年代全球化程度不断加深以来(Kaldor 1999;Chua 2004),或者在冷战结束(Huntington 1993)后,内战浪潮席卷全球。相比之下,本书致力于表明,最近数十年来发生的事件可能遵循着一个古老的故事脚本。

历史不会重演,可显而易见的是,在不同的时代和不同的历史情境中,历史也可能存在相同的运作机制。[4]自从拿破仑时代以降,帝国的崩解和民族国家的形成都遵循着相同的逻辑。举例来说,20 世纪 90 年代以来发生在高加索地区和巴尔干半岛的武装冲突同 20 世纪 40 年代发生在印度次大陆、第一次世界大战以后发生在东欧等地的武装冲突类似。正如迈伦·韦纳(Myron Weiner 1971)称为"马其顿综合征"现象的复归那样①,族群冲突和领土收复主义战争的混合,比任何全球化理论的变体都能更好地解释民族国家的形成和战争这种反复出现的模式。当然,将它们看成基本全新的现象可谓流行倾向的一个好例子,这表明,人们普遍认为自己所处的时代与历史上的任何时间段都不相同。[5]

但是现在,民族国家的时代即将走向终结了吗?难道我们迄今还没有跨越后民族国家、后族群时代的门槛吗?围绕这一点的说法最近越来越流行,但是本书对这些说法提出了进一步质疑的理由。比如,"全球治理"学派强调在越来越多的联合国公约中(Soysal 1994)、在人权活动家组成的跨国网络中(Keck and Sikkink 1998),或者在正在浮现的"全球公民社会"中(Lipschutz 1992)表现出来的"跨国公民政权"日益增长的影响力。一些政治理论家满怀激情地相信,这些

---

① 在韦纳看来,巴尔干地区存在跨境族群与边界争端两大现实问题,导致这些地区的国家无论是在国内还是在国际事务中都表现出特定的模式。他将这一现象称为"马其顿综合征"。参见 Weiner, Myron. 1971. "The Macedonian Syndrome: An Historical Model of International Relations and Political Development," *World Politics* 23(4):665—683。——译者注

趋势的发展最终将形成一个"世界性的治理"(cosmopolitan governance)结构,并且在这个结构的影响下,人类最终将不再分裂为相互竞争的国家,转而开始关注这个星球的共同福祉和健康(可参见 Held 1995;Beck and Cronin 2006)。

毫无疑问,20 世纪已经见证了全球合法政权、公共领域以及具有国际联系网络的行动者数量的快速增长。但它们是否会迅速超越并取代民族国家及其带来的族群政治变动仍然有待商榷。民族国家的未来并不是像安东尼·史密斯(Anthony Smith 1995)指出的那样,在于我们对充满历史意义且富有象征性的共同体的归属感。更恰当的是,在历史的地平线上,似乎没有任何一种制度形式能像成功的国家建设所提供的那样,将政治精英和大众的利益捆绑在一起,进而形成一份强有力的契约。[6]从联合国到世界贸易组织,没有哪一个国际组织能享有独立的大众支持与合法性基础。与此同时,也没有全球性的公民社会网络能向超过他们自身成员范围的人群提供公共物品或者有意义的政治参与。[7]如果本书的分析是正确的,即集体认同与政治忠诚需要建立在制度化的交换关系以及相互信任的基础之上,那么无论好坏,民族国家都将会在未来的一段时间内继续存在。

在这些普遍性的叙述中,欧盟似乎成了唯一的例外,许多倾向后民族主义的作者都在热情地拥抱它。难道它不能代表在接下来的几个世纪中将要扩散到世界各地的新型制度形式吗——即便其自身在当下充满不确定性且反复面临危机?然而对欧盟的进一步观察揭示了它的权力与合法性仍然依赖于组成它的民族国家(Milward 2000)。即便是跨国流动性强、受教育程度高的欧洲年轻人也会随着他们在异国他乡生活时间的增加,越来越认同他们自己的母国(Favell 2008),这并不只是因为社会保障制度仍然与在个体成员国中的长期居留紧密相连。如果要取代欧洲人对本国的政治忠诚和认同,那么欧盟需要将自身从一个国家联盟完全转型为具备福利制度、税收体系、武装部队等要件的超民族国家,这样才能取代公民与他们自己所属的民族国家间进行的资源交换。如果这些条件都能实现,那么欧盟的国家建设便会得到长足的进步,人们最终可能接受布鲁塞尔的官僚们一直致力于推动的欧洲人认同。[8]

因此,本书并没有预测民族国家即将走向终结。但是,从另一方面来说,本书也不意在表明当前由民族国家组成的世界秩序已经代表历史的终点,这乍一看似乎很有道理：因为许多已经建立的民族国家确实不太可能像苏联、大英帝国或者奥斯曼帝国那样再分裂成一个个民族国家。但是从已经建立的民族国家中成功分离出来的事件仍将会发生，就像东帝汶、黑山以及南苏丹从原来的国家中分离出去那样。而中东那些仍然存在的前民族国家式的王朝国家可能终究也要经历属于它们各自版本的"阿拉伯之春"，并且在将来的某些时候被革命荡涤一空。撇开这些未来可能产生的新兴民族国家不论，借用欧内斯特·盖尔纳的一句比喻来说，那就是民族主义者将一系列通过民族定义人民身份的国家组织成世界的梦想的的确确正在成为现实。但是历史永远不会终结。过去历史走过的轨迹也并非决定未来发展方向的指南针。未来的几代人当然能设想除民族国家以外的其他共同体类型，并且能根据我们今天难以想象的建构原则来重塑世界政治格局。

【注释】

［1］请参见 Tarrow and Tilly(2006)。

［2］请参见费恩斯坦(Feinstein 2011)对"聚旗效应"现象的分析。

［3］有关支持这一观点的基于代理的模型(agent-based model)的讨论，请参见 Laitin and van der Veen(forthcoming)。

［4］请参见科利尔和马祖卡(Collier and Mazzuca 2006)的讨论。

［5］关于"时间中心主义"(chronocentrism)的说法，请参见 Fowles(1974)。

［6］对此还可参见 Calhoun(2007)；规范意义的讨论请参见 Miller(1995)。

［7］请参见汉森(Hansen 2009)严厉的批评。

［8］尽管这种情况对欧洲而言可能是有的(Pierson 1996)，但是形成超民族国家的概率仍然是微乎其微的(Mann 1993a)。

附　录

第二章附录

附录 2.1 关于法国和奥斯曼帝国的历史数据

为了校正本书第二章中建立的模型,我们需要估算每一类行动者掌握了多少税收能力、政治决策权力,提供了多少公共服务以及军事支持。我们可以对这四类资源中的三类进行估算。诚然,其中的困难难以克服,但是判断行动者对政治决策权的控制程度,即对整个政治架构与不同职位权力大小进行概述,对于实现合理准确的估计而言也是必要的。附录对其他三种资源的估计作了解释,而正文部分则论证了我们关于政治决策的假设。

第一步是定义什么样的时段对应的是前现代、弱中央集权的国家,而什么样的时段对应的则是中央集权化的现代领土国家。对于法国而言,我们认为需要关注三个时间节点。所谓"前现代"情形对应的是 14 世纪,即国家有能力进行直接征税并且维持常备军的查理五世(Charles Ⅴ)在位时期。法国现代领土国家的形成伴随着绝对主义的兴起:反抗税收的叛乱("投石党运动",1648—1653 年)被成功镇压,征税的中央集权化(Kiser and Linton 2002),16 世纪中期军事革命的制度化,以及国王控制下的常备军的强化。但是,17 世纪兴起的绝对主义国家仍然建立在包税制(tax farming)的基础上,大部分官职(包括军队职务)都是可以买卖的。接下来,我们关注了 19 世纪后期,即普法战争后的资源分布。在这一时期,包税制被废除了,同时征兵制被引入。对奥斯曼帝国而言,其在 1360 年建立常备军之后以及坦齐马特改革之前的任何数据点都适合用来表示前现代的状况。而苏丹阿卜杜勒·哈米德治下19世纪后期的奥斯曼帝国则是现代领土国家的例子（以普遍征兵制为基础的军队、不依赖包税制的中央集权的税收制度，等等）。

对税收的控制的分布

与对军事支持和公共物品控制的分布相比，我们决定经验性地校正交换后的税收分布，而不是交换前的税收分布。估算不同的行动者贡献了国家全部税收中的多少有些棘手，但是经过了汲取和再拨款，决定谁得到了多少岁入却要简单许多。

1. 法国。

对前现代法国来说，即使是估算交换后的税收分布，也是一项艰巨的挑战。这是因为领主税捐、地方税、间接税，以及更为复杂的豁免、特权和税收分享协议五花八门，并且以上这些税种在各地差异很大，取决于国王、贵族、城市以及农民群体之间的权力平衡。

（1）14—15世纪的法国。

当谈及前现代的法国时，它对应的是1360—1450年的税收型政权，或者更精确地说，这一时期对应的是查理七世（Charles Ⅶ，1422—1461年在位）①推行改革之前的政权。查理七世废除了地租（向封建精英缴纳的领主税捐），由国王垄断直接征税的权力。[1]在此之前，约翰二世（King John）②在1360年引入了间接税[销售税和葡萄酒税，合称"商业税"（aides），以及最早于1341年建立的盐税（gabelles）]，查理五世（Charles Ⅴ，1364—1380年在位）③建立了向国王永久缴纳赋税的制度，推广了之前已存在的个人可以通过支付全部赋税而免除为国王服兵役的制度，以及从1363年起向居住在王室领地上的居民征收壁炉税[fouage，之后叫做"人头税"（tailles），而贵族是被豁免的]的做法。过去还有用于为基础设施项目筹款的市政税（socquet和barrage，有时也叫"人头税"），其最

① 法国图瓦卢王朝（House of Valois）的第五位国王，又称"胜利者"。——译者注
② 法国图瓦卢王朝的第二位国王，1350—1364年在位，又称"好人约翰"。——译者注
③ 法国图瓦卢王朝的第三位国王，又称"明智者"。——译者注

重要的目的是防御。在这些常规税收之上,国王还时不时地以个人名目设立特种税(*tailles générales*,如为国王女儿筹集嫁妆,或者为十字军东征及防御战争筹集资金),或者针对教士征收所得税(*décimes*)。然而,对于分析而言,我们并不纳入时有时无的特种税和教士所得税。

除了这些类似于现代意义上的税收的岁入外,在国王自己的领地(视为自己的财产)和其他贵族的领地上,还存在众多的领主特权、税捐、贡赋以及义务。在这些封建税捐中,最重要的是年贡(*cens*,即领主每年收取出租土地的税)和田租(*champart*,农民将作物收成中的 1/8 上交给领主),另有使用领主的磨坊和葡萄酒榨汁机所需缴纳的杂税(*banalités*),等等。

我们将封建领地的收入及商业税列入税收计算。为了计算从属精英在其中所占的比重,我们采用了王室领地产出岁入的数据,并假设在国王控制之外的其他领主领地上也有类似的岁入。我们从雷(Rey 1965:45)的分析那里得知,在查理六世(Charles VI)在位期间(1388—1413 年),王室领地的面积占据了法国全部领土的 33%。

为了计算王室领地的收入,我们可以依托雷(Rey 1965:96ff.)列出的王室金库每五年内的收入与支出(数据来源同 Fawtier 1930)。根据他的整理,王室平均每年的收入是 816 000 里弗尔[1],其中平均有 52% 来自王室领地的收入,另外 9% 的收入主要是前几年领地的欠款[以"接受市镇还款"(recepte communes)为名]。[2] 因此,我们可以推算出,王室领地的平均收入是 500 000 里弗尔。我们假设,封建贵族的收获源自王国 2/3 的土地,且这些土地并不属于王室,其总收入为 1 000 000 里弗尔(即国王收入的两倍)。

雷(Rey 1965:260ff.)估算了王室金库中来自间接税的总收入(*aides*,即所有商品的销售税以及盐税)可以达到 2 000 000 法郎。这些总收入中有超过 1/3 或者说总价为 700 000 法郎的税收,是允许贵族、地方官员以及城市使用其中一部分或全部的。这 700 000 法郎不会进入王室账目。我们建议将它们分成分别属于从属精英(350 000 法郎)和代表大众的城市(125 000 法郎)的两部分。

剩下的 1 300 000 法郎则被王室用来补贴自己的金库、支付雇员的薪水、维

---

① 当时法国的货币单位之一。14 世纪法国规定,1 里弗尔等于 1 法郎。——译者注

持王室和王子的家产、赏赐贵族以津贴和礼物，以及为战争筹集资金。两项对消费税收入开支的描述（其中一项是 1398 年的，另一项是 1411 年的，参见 Rey 1965：266）使得我们能估算领主和从属精英在其中的占比：在这两个年份中，在不考虑"王室储蓄"的情况下，国王和他的家族一共收获了 271 000 里弗尔，而贵族们则得到了 220 000 里弗尔。用于战争的金库平均收获了 365 000 里弗尔——我们将其归为国王所有，因为它们为国王发起由他指挥的战争筹集了资金。

市政当局也被允许筹集自己的税收，大多数用于重建城市城墙和防御工事。掌握市政当局在地方征收的其他税收数据是很难的——但是根据里戈迪埃（Rigaudière 1993：chapter 10）的研究，修建防御工事是国王允许城镇自己筹集税收而开展的主要工程。根据我们下面将要讨论的对防御工事开支的估算（见"公共物品和基础设施"部分），我们对领主和从属大众的收入估算额外增加了 160 000 里弗尔。

总结

支配精英：816 000 里弗尔来自王室领地，636 000 里弗尔来自商业税，共计 1 452 000 里弗尔（42%）。

从属精英：1 000 000 里弗尔来自封建领主，570 000 里弗尔来自商业税，共计 1 570 000 里弗尔（46%）。

主体大众：125 000 里弗尔来自商业税，80 000 来自特种税，共计 205 000 里弗尔（6%）。

从属大众：125 000 里弗尔来自商业税，80 000 里弗尔来自特种税，共计 205 000 里弗尔（6%）。

合计：3 427 000 里弗尔。

（2）18 世纪后期的法国。

到 18 世纪后期，法国大幅度地提高了包括直接税和间接税两方面税收在内的汲取能力。其中直接税指的是财产税（*vingtième*）、所得税（*taille*），以及每个人对所有项目需要缴纳的普遍税（"人头税"）。而间接税基本上是对不同种类商品的销售进行征税。法国通过自己的行政管理机构征收了众多的税，而其他则是通过包税人（tax farmers）收取的税（Matthews 1958：3—33）。戈德史密斯（Goldsmith 1832：85）给出了自 1785 年以来的详细预算。中央政府的税收收入总计达 5.359 亿法郎。

为了判断从属精英在税收收入中所占的份额,我们必须考虑在旧制度下存在两种形态的省,以及这两种不同形态的省分别对应两种不同类型的税收制度这一历史事实。其中,财政区省(*pays d'élection*)没有收税的权力,但是三级会议省(*pays d'état*)却有这种权力(Matthews 1958:23—24;Kwass 2000:95)。然而,财政区省确实收取了省内的一部分税收。正如马修斯(Matthews 1958:29)解释的那样,这一款项在财政区省的"一般性收入"(general receipts)上列作"收费"。由于这些钱并不进入中央国库,因而也就不被算作收入。因此,它们也没有被戈德史密斯(Goldsmith 1832)算入自己给出的预算当中。然而内克尔(Necker 1781:107)对 1780 年预算的分析提供了这一信息。这一"收入"构成了财政区省总税收的 19.6%,我们假定这一数据在 1785 年也是成立的。但是,为了将这一假设应用到分析之中,第一步有必要确定 1785 年财政区省征收的直接税的数额。对此,戈德史密斯(Goldsmith 1832)并没有提供相应的数据,但是内克尔(Necker 1781:123)却提供了。在 1780 年,直接税中的 94.8% 是由财政区省支付的。我们假定,这一数据在 1785 年也是如此,那么,在 2.09 亿法郎的直接税中便有 1.981 3 亿法郎的收入来自财政区省。因为 1.981 3 亿法郎占 2.464 3 亿法郎中的 80.4%,我们推测,财政区省中的从属精英获得了税收收入中的 4 830 万法郎。

判断三级会议省中从属精英的税收收入则更加困难。对此,我们选用了勃艮第和朗格多克两个省 1700 年左右的数据。斯万(Swann 2003:179—184)提供了 1689—1691 年与 1706—1708 年之间勃艮第省的信息。其中,平均有 53.5% 的支出花在了国王身上,而 61% 的收入则来源于税收。将这些数据合并,勃艮第保留了税收的 12.5%(即[61−53.5]/61)。贝克(Beik 1985:262—263)提供了 1677 年朗格多克税收分布的信息。其中有 75% 的税收流向了王室,这也意味着从属精英可以保留 25% 的税收。通过将勃艮第和朗格多克两省的数据平均,我们估算出三级会议省可以保留税收收入的 18.7%。假定这一比例一直保持到 18 世纪,那么我们就能将这一比例应用到戈德史密斯(Goldsmith 1832:85)给出的 1785 年预算数据中。在我们先前计算的基础上,有 1 087 万法郎的直接税来自三级会议省,占 1 337 万法郎中的 81.3%。因此,我们估算三级会议省中的从属官员能保留 250 万法郎的税收收入。将这一数据与对财政区省的估算合并,我们可以估算出，从属精英大约可以获得 5 080 万法郎的税收收入。

对大众来说，作为货物入市税（*octroi*）的一系列间接税（主要是销售税和关税）是市政当局筹集资金的主要来源。根据 1647 年王室颁发的、直到大革命前还有效的法令，市政当局需要上缴一半的货物入市税给中央政府（Matthews 1958：166）。根据戈德史密斯（Goldsmith 1832）的研究，在 1785 年，中央政府有 2 700 万法郎的收入来自货物入市税。因此，我们估算，大众控制了 2 700 万法郎的税收。

总结

支配精英：5.359 亿法郎（87.3%）。

从属精英：5 080 万法郎（8.3%）。

大众：2 700 万法郎（4.4%）。

合计：6.137 亿法郎。

（3）19 世纪后期的法国。

为了判断 19 世纪后期法国税收收入的分布状况，我们将三个不同层级的政府和四个行动者联系起来，它们分别是中央政府（支配精英）、省（从属精英）以及市镇（主体大众和从属大众）。但我们也给出了一个例外：我们不仅将支配精英与中央政府挂钩，而且将其与这一时期的首都巴黎市以及巴黎市所处的塞纳省联系起来。

比起旧制度，19 世纪后期法国的税收制度要更为中央集权化。[3] 中央政府规定了每个省应缴的税收额度，而每个省则规定了不同市镇所要承担的税收。但是，并不是各地收来的所有款项都会上缴到中央政府。附加税（*centimes additionnels*）——同样由中央决定——用于省或者市镇筹集资金（Le Comte de Franqueville 1875：299；Leacock 1906：326）。这些"附加税"是各省筹集资金的唯一来源（Scott 1871：311）。但是，除了征收直接税外，市镇也被允许收取一定量的间接税，比如公路和主要干道的路费，以及对不同货物进入市镇征收的税，即货物入市税（Scott 1871：311；Leacock 1906：323）。此外，中央政府也征收间接税——事实上，比市镇征收的间接税范围还要大。

公共教育部（Ministry of Public Instruction, 1889）发布的中央政府预算提供了分配给所有行动者的直接税数据，以及中央政府收取的间接税，而弗朗克维尔伯爵(Le Comte de Franqueville)提供了地方行政区收取间接税的数据。因为后者的数据是针对 1871 年的,所以 1871 年也成为其他所有数据的参照年。在 1871 年,中央政府和地方行政区在直接税(即附加税)上的分配分别是 1.939 亿法郎和 1.20 亿法郎(Ministry of Public Instruction 1889:50)。由于我们采用了中心-边缘模型来识别不同的行动者,因此有必要推算这些税收中有 26.7% 的比例属于巴黎市和塞纳省,去掉这一比例后还剩下 8 800 万法郎。[4]此外,这个数字还必须加上市镇征收的所有间接税。正如前述提到的那样,弗朗克维尔伯爵给出了 1871 年的数据(Le Comte de Franqueville 1875:306—307)。对间接税而言,货物入市税是最重要的组成部分(Scott 1871;Leacock 1906),其总值为 8 640 万法郎,加上通行税和关税(2 630 万法郎)以及"狗税"(dog tax)(470 万法郎),共计 1.174 亿法郎。我们将市镇与大众挂钩,它征收的直接税和间接税共计达 2.054 亿法郎。

对省征收的直接税采取类似的调整也是必要的。参考这一时期巴黎市与塞纳省的比例,我们对市镇作出了同样的假设,即市镇的税收收入在各省的税收收入中占比为 26.7%。这意味着,在减去 5 180 万法郎后,剩下 1.421 亿法郎属于从属精英。就间接税而言,正如之前提到的那样,省不被允许收取间接税。

在减去巴黎市和塞纳省的数字后,归属到支配精英头上的数字是 8 380 万法郎。我们还加上了中央政府在直接税中所占的 3.232 亿法郎份额,这样,支配精英在 1871 年一共收取了 4.07 亿法郎的直接税。但是中央政府最多的收入来自间接税(Ministry of Public Instruction 1889:8—19,22—30)。这些间接税总共达到了 27.769 亿法郎。[5]再加上直接税,支配精英一共控制了 31.839 亿法郎的税收。

此外,还有一项间接税需要加到支配精英控制的数目那里。如前所述,1871 年市镇收取的间接税是 1.174 亿法郎。这与我们之前讨论的估算结果一致,我们假设巴黎市的税收在这些税收中的占比是 26.7%。但是,1.174 亿法郎这个数字并不是总数,因为弗朗克维尔伯爵(Le Comte de Franqueville 1875:307)排除了塞纳省中的市镇数据。因为 1.174 亿法郎占 160 163 711 法郎的 73.3%,而差值(160 163 711－117 400 000)即 42 763 711 法郎便是估算的巴黎在间接税中所占的份额,这也需要被加入支配精英控制的税收总和当中。这样,总和便为 3 226 663 711 法郎。[6]

总结

支配精英:3 226 663 711 法郎(90.3%)。

从属精英:1.421 亿法郎(4.0%)。

大众:2.054 亿法郎(5.7%),或 2.85%/2.85%①。

合计:3 574 163 711 法郎。

2. 奥斯曼帝国。

(1) 16 世纪的奥斯曼帝国。

奥斯曼帝国是一个更简单的案例,这是因为它从来没有发展出像西欧那样的封建制度。奥斯曼帝国的税收制度更加中央集权化、更加统一,尽管也存在各地区间差异极大的情况(帝国的许多部分仍然处在奥斯曼帝国中央政府有效的征税能力之外)。考斯格尔和米塞利(Cosgel and Miceli 2005:815)详细地列出了16 世纪在中央政府、行省、地区政府以及采邑领主之间税收分布的具体情况。他们列出了在 1521 年到 1596 年之间,帝国这五类区域内每 1—3 年的税收分布变化。中央政府税收所占的比重在 0.26 到 0.5 之间,平均占比是 36%;省和地区政府的税收占比则处于 0.04 到 0.29 之间,平均占比是 13%;采邑领主税收收入的占比是 29%;"其他"(私人地主、宗教基金会以及部落长老)则占到了总税收比重的 9% 到 39%(平均占比是 21%)。将这些数据对应到本研究的行动者上,结果依次是:支配精英控制了全部税收的 36%,而从属精英则控制了税收的 63%。我们假设部落长老也是从属精英的一部分,但是私人地主以及宗教基金会代表着富裕的非精英群体。我们因此将在税收收入中占比为 21% 的"其他"划出 1/3 给部落长老(将 7% 划给从属精英),剩下的 14% 划给大众。

总结

支配精英:36%。

从属精英:48%。

大众:14%。

(2) 19 世纪后期的奥斯曼帝国。

那么,在坦齐马特改革完成后,税收收入的分布是如何变化的呢? 根据斯坦

---

① 原文如此。——译者注

福·肖(Stanford Shaw 1975)的研究,到 1870 年,所有的税收和费用都由中央政府的财政部或专门机构来收取,包税制已经被彻底废除。地方收入只占财产税的一小部分:"市镇……就像它们最后被组织起来的那样,可以保留税收的一小部分以供已用。"(Shaw 1975:427)因此,在坦齐马特改革结束时,中央政府控制了绝大多数的税收收入。我们估算,市镇控制的"小份额"在每部分大众中占5%,剩下的部分(90%)则完全由支配精英控制。

总结

支配精英:90%。

从属精英:0%。

大众:10%。

对军事支持的控制

与税收分布相比,我们估算了在行动者们互相交换资源之前,行动者们能分到多少军事能力——因为很显然,所有交换后的军事控制权都掌握在中央精英手中(兵变期间除外)。我们将通过观察作战部队的背景,来确定这四类行动者各自提供了全部军事机器中的多少部队。因此,我们假设"控制"并不指战场上的指挥线,而是指对武装人员的提供。相应的是,我们也纳入了没有被整合进军事指挥结构的民兵和其他作战单元,但是没有考虑警察部队,或者用于特定战役以及总动员时期招募的军人。

1. 法国。

法国的军事是逐渐发展起来的。我们再次关注这些发展过程中的三个节点:中世纪鼎盛时期的前中央集权化军队(腓力二世及其继任者在位期间,至百年战争前),即已经建立一批服务于国王的常任武士,但军队仍然多按照封建忠诚的原则进行招募;绝对主义君主路易十四治下的军队;在普法战争后重新组织起来的现代军队。

(1) 12—13 世纪的法国。

充分动员起来的军队,如参加 1285 年、1327 年、1329 年以及 1330 年间战斗的军队,平均参与人数是 20 000 人。根据孔塔米纳(Contamine 1992)提供的信息,其组成部分如下:

由国王提供的军队：

- 一个由通过家族纽带和"骑士勋位"（*chevaliers de l'hotel*）与国王保持密切联系的、由高级贵族组成的"王室"私人部队，他们围绕在国王身边，并且组成了王室卫队的一部分。关于其绝对规模大小一直没有明确数据，我们假设其与 15 世纪时有相同的规模（见下文）：200 人。
- 由国王出资的专业卫戍部队，1 250—1 450 人，平均数量为 1 350 人。
- 由国王长期雇佣的弩兵（*Arbatalières*）：70—150 人，平均数量为 110 人。
- 王室领地上城市的民兵：2 040 人。
- 共计 3 700 人。

由贵族提供的军队：

- 封建军队（或者"被动员令召集起来的封臣"），战时按照封建忠诚原则组织。包括：
- 高级骑士：550 人。
- 由骑士动员的贵族武士（平均每个骑士麾下有 50 人的部队）：27 500 人。
- 共计 28 050 人。

由"大众"提供的军队：

- 平民（*Roturier*），即非武装的且未受过训练的农民民兵：300 人。
- 骑乘武士，即头衔较低或者出身平民的全副武装的骑乘武士：2 400 人。
- 共计 2 700 人。

我们假设，在基于上述信息计算的理论上有 34 450 人的军事力量，与在不同战斗中的平均有效战斗力量（20 000 人）两者之间存在差异，因为并不是所有的"封建军队"都是由战争动员而来的，只有 13 600 人（而非理论数据中的 28 050 人）才是。如果我们将有效的战争数据作为对军事支持控制的计算，那么我们得出，支配精英的占比是 18.5％，从属精英的占比是 68％，而两类大众的占比则是 13.5％。

总结

支配精英：18.5％。

从属精英：68％。

大众：13.5％。

(2) 17 世纪的法国。

根据孔塔米纳［Contamine 1992:435,基于贝洛梅（Belhomme）的研究］,1690 年的正规军和非正规军（路易十四在位期间）规模如下所示：

- 正规军 342 000 人,包括：
- 步兵 277 000 人,其中包括大约 37 000 名军官。[7]
- 骑兵 65 000 人［包括王家卫队（*maison militaire du roi*）10 000 人,这些人是由高级别的贵族和王室家族组成的精英部队,此外还有大约 3 000 名瑞士卫队,以及 4 000 名没有贵族头衔的法国卫兵（*gardes françaises*）,参见 Rowlands 1999］,其中有军官 7 333 人。
- 在正规军 342 000 人中,有 74 000 名雇佣兵[8]（包括一些来自阿尔萨斯和鲁西永的法国人）以及 27 000 名贵族（*régnicoles*）（出生在法国的国王臣民）。
- 民兵（*miliciens*）92 000 人（包括隶属王室的民兵 25 000 人,剩下的是地方民兵）。
- 封建军队,在 1694 年被废除,不再沿用。
- 宪兵（*archers de la maréchaussée*）3 500—4 000 人,即元帅麾下的军事警察。

路易十四在位期间,这一职位向地方公民出售。

- 海军 70 000 人,最初由让-巴蒂斯特·科尔贝（Jean-Baptiste Colbert）①通过征兵制招募而来［根据孔塔米纳（Contamine 1992:504f.）的研究,这是军事史上的第一次实践］,由 9 333 名海军军官指挥。
- 海岸警卫 100 000 人,由国王出资（Hippeau 1863:148）。

包括这些民兵在内,有 678 000 人是武装人员。问题在于判断封建精英控制了多大比例的正规军。按照布劳法布（Blaufarb 2000）的研究,我们可以假设陆军和海军的全部军官都由贵族组成（只有大约 200 个非贵族出身的家族,他们能够从 1750 年起通过服兵役而被授予贵族头衔）。但是我们排除了通过封臣征召的军队。这样,有 53 666 名军官是贵族身份,占全部武装力量总数的 8%。

---

① 路易十四时期的财政大臣和海军大臣,著名的重商主义者。——译者注

我们可以假设雇佣兵和王室卫队一样受到国王的直接控制,但是 4 000 名法国卫兵(*gardes francaises*)——这是一支由平民组成的精锐步兵部队——除外。这 74 000 名雇佣兵组成了法国全部武装力量的 11%,此外还有代表另外 0.5%的既不是瑞士雇佣兵,也不是法国卫兵的王室卫队 3 000 人。因此,王室精英控制了全部武装力量的 11.5%。剩下的 80%则都归入大众群体。

总结

支配精英:11.5%。

从属精英:8.5%。

大众:80%。

(3) 19 世纪后期的法国。

在 1870 年,法国军队共计有 367 850 人,其中有军官 16 869 人,所占比重是 4.6%(Adriance 1987:23)。这些军官或者属于支配精英,或者是从属精英。瑟曼(Serman 1979)提供了这一时期军官来源的地理信息,其中有 8.6%的军官来自塞纳省。因此,我们将军队中 0.4%的军官算为支配精英,将 4.2%的军官算为从属精英。而剩下的 95.4%军人则被均匀地分到支配精英和从属精英麾下的大众之中。

总结

支配精英:0.4%。

从属精英:4.2%。

大众:95.4%。

2. 奥斯曼帝国。

(1) 16 世纪的奥斯曼帝国。

15 世纪和 16 世纪代表着奥斯曼帝国的"前现代"时期。我们有这两个世纪的军队组成信息,可以使用这两个时间点的数据来计算平均数值。伊纳尔契克(İnalcik 1994:88ff.)提供了 1528 年的详细数据。当时的军队组成包括:

- 由苏丹直接统率的正规军(因此他们属于支配精英):领取薪水的士兵如耶尼切里军团(*Janissaries*)[①](他们是苏丹合法的"奴隶",从基督徒群体

---

① 苏丹亲兵、宫廷禁军。——译者注

和帝国境内的其他少数民族招募而来）、各行省的要塞警卫、西帕希骑兵（*sipahis*）①、内廷侍从，以及海军，总计 50 000 人。

- 各行省内的哈斯（*hass*）②、齐亚美特（*ziamet*）③以及提马尔（*timar*）④等封地的受益人。这些受封的军官被授予对当地人口征税的权力，并向苏丹提供军事支持，他们代表了从属精英，总计 37 741 人。

- 辅助性军队如穆塞勒姆骑兵（*müsellems*）⑤、坎巴兹人（*canbaz*）、巴兹达尔人（*bazdars*）、尤鲁克人（*yorüks*）⑥，以及最重要的是，由在家庭成员之间轮流服役的农民群体组成的亚亚（*yayas*）⑦。亚亚起先是土库曼游牧部族，他们曾经同苏丹并肩作战。在征服安纳托利亚中部后，他们被苏丹授予当地的土地。在政治方面，这些部落认为自己是帝国精英的一部分，因为他们帮助建立了帝国，并从那时起一直保卫着它。因此，我们将亚亚算作从属精英。这些辅助部队的建制在 1582 年被废除，总计 15 180 人。

- 基督教士兵（他们代表从属大众），他们是领有薪水的民兵，总计 3 000 人。

- 阿金吉（*Akincis*）⑧，即若登记在册则领有薪水的游骑兵，他们是从驻军点周边的人群中招募而来的（我们认为他们代表了主体大众）：12 000 人。

1473 年奥斯曼帝国军队的信息更加稀少。根据伊纳尔契克（*ibid.*）提供的数据，奥斯曼帝国军队的构成如下：

- 正规军（耶尼切里军团与西帕希骑兵）：19 500 人。

- 提马尔封地的受益人：64 000 人。

- 阿泽布（*Azebs*）⑨，即从全体人群中招募而来的普通军队（其中有半数的军队招募自信仰基督教的鲁米利亚行省）：20 000 人。[9]

---

① 一种世袭采邑的精锐封建骑士。——译者注
② 能提供 10 万及以上阿斯波税收的封地。——译者注
③ 能提供 2 万到 10 万阿斯波税收的封地。——译者注
④ 能提供 0.3 万到 2 万阿斯波税收的封地。——译者注
⑤ 意为"免税的"。——译者注
⑥ 奥斯曼帝国内部的游牧部族。——译者注
⑦ 步兵。——译者注
⑧ 游骑兵。作为奥斯曼帝国军种的一支，其在战争期间主要担负对敌人快速侵扰与打击的任务。——译者注
⑨ 自由农组成的民兵。——译者注

我们省略了阿泽布的数据，因为他们是由于特定的任务而被招募的。我们仍然按照四类行动者划分，并且对 1473 年和 1528 年两年的数据取了平均值，得到了下面的 16 世纪早期帝国的数据（请参见附录表 2.1）。

（2）19 世纪后期的奥斯曼帝国。

帝国最后一个苏丹阿卜杜勒·哈米德麾下的军队看起来与众不同。在此之前，帝国已经引入了普遍征兵制（包括法律上对基督徒服兵役的规定）。尽管如此，服兵役实际上仍然由抽签决定，并且可以通过支付费用（在改革前，服兵役对基督徒来说是强制性的，现在对每个人来说都是如此）来免除服役。而对想逃避兵役的人来说，通过另外一个人来顶替的做法变得不再可行。军队中的封建成分也被废除了，阿卜杜勒·哈米德在位期间，建立了一个培养职业军官的军事学院（Akmese 2005：23）。

祖尔彻（Zürcher）描述了奥斯曼帝国在 1843 年和 1869 年改革后的军队组成，其受到了普鲁士模式深远的影响：210 000 人的常备军（其中有 60 000 人是活跃预备队）、190 000 人的后备军（redif，即奥斯曼帝国版的 *Landwehr*①），以及 300 000 人的非战斗预备队（即奥斯曼帝国版的 *Landsturm*②）（Zürcher 1998）。这样，战斗部队的总人数达到了 400 000 人。唯一不受这种征兵制要求的武装组织是阿卜杜勒·哈米德在 1892 年推动制度化的库尔德部落兵团（这一次是受到俄罗斯帝国哥萨克骑兵的启发）。到 19 世纪末，这些部落战士在库尔德阿迦（*aghas*③）的麾下，保持在 27 500 人到 63 250 人的规模（van Bruinessen 1999）。因此，从属精英（部落领袖）控制的武装部队占比约为 6％到 14％，平均下来为 10％。

我们如何将军队指挥官与士兵归入我们模型环境内的不同行动者当中呢？很明显，所有的军官都是穆斯林农民出身（Zürcher 1998），因此他们可以被归入主体大众。军队在帝国全境内为自身建立的初级学校与中级学校为不属于中心官僚-军事精英的地方家庭提供了巨大的上升渠道（Hale 1994：24）。对这些精英

---

① 德语，即德国预备役军人，年龄在 27 岁到 39 岁。——译者注
② 德语，即德国预备役国民军，年龄在 39 岁到 45 岁，是 1813 年到 1815 年间普鲁士为反抗拿破仑入侵而组建的民兵组织。——译者注
③ 对库尔德部落酋长的敬称。——译者注

学校学生的职业轨迹进行详细的研究[10]，我们可以猜出，在和平时期，军队中有4％的军官（Erickson 2000:7），大约有1 920人（也就是战士总人数的0.5％）出身支配精英，以及有9 600人（占到战士总人数的2.5％）出自我们归类为从属精英的家庭。

附录表2.1　1473年和1528年的奥斯曼帝国军队组成

	1528年	占比（％）	1473年	占比（％）	占比平均值（％）
支配精英	50 000	42	19 500	23	32.5
从属精英	52 921	45	64 000	77	61
主体大众	12 000	10	0	0	5
从属大众	3 000	3	0	0	1.5
总计	117 921		83 500		

总结

支配精英:0.5％。

从属精英:12％。

大众:87.5％。

对提供公共物品的控制

这里我们感兴趣的公共物品包括福利支出，比如抚恤金（包括对士兵与他们家庭的慰问）、失业补助等，以及公共安全的提供（不包括国防，但是包括修建城墙之类的基础设施），诸如教授写作与数学等通用技能的非宗教性教育，还有对公共基础设施的维护（如城墙、公共道路、喷水池等）。这些公共服务有多少是中央政府的精英（支配精英）提供的，有多少是掌管区域、次国家实体的从属精英提供的，又有多少是市政当局和行会等机构的地方精英（大众）提供的？所谓"控制"，指的是用于提供公共服务的货币流通所经过的最高制度层级"控制"着这些资源。比如，中央政府收税，再将收上来的税转移支付给市政当局或者宗教兄弟会用来照护穷人，那我们便假设是中央政府"控制了"这些资源。我们也假设，如果更高层级的政府有义务来提供公共物品，并且在这些领域有介入和任命的权力，那么更高层级的政府就"控制了"这些资源。或许并不令人惊讶的是，计算谁在全部公共服务中提供了多少比例比计算税收与军事支持更加棘手。因此，全面的历史研究对得出有意义的估算而言是必要的。

1. 法国。

(1) 14 世纪的法国。

为了估算 14 世纪上半叶时支配精英在公共物品提供中的贡献,我们充分利用了 1322—1325 年王室的账目以及由佛蒂尔重新整理的账目(Fawtier 1930: LIX—LXI, LXIV)。这些账目并不代表收入或支出的预算,因为地方行政管理的费用以及管理王室财产的费用都没有被计算在内。然而,它们确实提供了一幅关于国王可支配的资金,以及他对这些资金使用情况的画卷。在此有两个与之相关的开支类别,分别是:工程(*opera*),涉及诸如道路和桥梁等公共工程;以及救济金(*elemosine*),指的是在住房、食物和衣服方面的支出。通过对五本账目的检验,我们可以算出,国王平均每年在公共工程和救济金方面的支出是 14 930 里弗尔(略小于王室总支出的 3%)。

有关从属精英与大众的可获得的最好数据是 14 世纪上半叶阿维尼翁的数据。我们采用了这一数据,并将其推广到对法国全国的分析。此时的阿维尼翁是"伪"教宗势力的所在地,我们并不考虑它为穷人服务的特殊体系的发展,因为它是特殊的。然而,我们考虑了该市在其他方面的支出。教廷派发的资金用于诸如桥梁、谷仓、城门(同样称之为"工程")等不同类型的公共工程项目。教宗若望二十二世(Jean XXII)①的总支出是 420 万弗罗林(*florins*)②,其中的 2.9%(12.18 万弗罗林)用于这些工程的开支。教宗本笃十二世(Benoît XII)支出的 73 万弗罗林中有 18%用于这些工程(因此对应的开支是 13.14 万弗罗林)。教宗克莱芒六世(Clément VI)170 万弗罗林的支出中有 12.2%(20.74 万弗罗林)用于公共工程(Le Blévec 2000:575, 579)。这样算下来,38 年来三任教宗一共支出了 46.06 万弗罗林用于这些项目,平均每年的支出是 1.21 万弗罗林。此外,我们还考虑了 14 世纪上半叶在阿维尼翁的四个十字军骑士团提供的服务。它们中的一个骑士团在照护穷人、为朝圣者提供住宿等方面花费了 38 里弗尔(Le Blévec 2000:109)。假设其他三个十字军骑士团具有相当的开支,那么总支出就是 152

---

① 此处和下文的 Benoît XII 都采用了法语写法。——译者注
② 中世纪欧洲的货币单位,起源于佛罗伦萨共和国。——译者注

里弗尔,或者约 150 里弗尔。其次,正如接下来将要详细解释的,从属精英控制着每年 330 弗罗林用于救济所的资金。将这些数据全部加总,我们便可得到,从属精英的总支出是 12 580 里弗尔。再根据谢瓦利埃(Chevalier 1982:207)对 14 世纪法国城镇数量的统计(即 226 个城镇),我们便可以估算法国全境的开支。将两项数字相乘,便得到了总开支数 273 万里弗尔①。

为了估算大众在公共服务方面的开支,我们关注了救济所、治安以及防御工事三项。救济所是我们分析的各个时期法国社会的核心机构。它们对大量有需要的个人——不仅是体弱者(包括生理上和精神上),也包括孤儿和穷人——提供照护。在一些情况中(特别是 18 世纪),"照护"穷人等于将他们关起来(McCloy 1946;Fairchilds 1976;Jones 1982;McHugh 2007)。救济所非常重要,以至于从 16 世纪开始国王就一直寻求控制它们(Hickey 1997)。在革命后,国民公会(Convention)转让了给救济所的所有捐赠(尽管后来督政府改变了方向)(Ramsey 1988:91)。

为了估算城镇对救济所开支所做出的贡献,我们再一次使用了 14 世纪上半叶阿维尼翁的数据(Le Blévec 2000)。到 1350 年为止,阿维尼翁有 22 家救济所(Le Blévec 2000:603)。在这一时期,运营一座救济所在法律层面需要花费 20 弗罗林(Le Blévec 2000:683)。假设平均每座花费 30 弗罗林,那么每年阿维尼翁在救济所上的开支便是 660 弗罗林。在所有保有记录的救济所中,有 48% 的救济所是由贵族或者教士(属于从属精英)来运营的。剩下 52% 的救济所则由市政当局或者兄弟会掌管,换言之,它们是由大众建立的。因此,这些开支中有一半,也就是 330 弗罗林,是由大众控制的。按照上述估算方法,我们将这一数字乘以 14 世纪法国的城镇数量(即 226 个),可以计算出大众的开支一共是 74 580 弗罗林。

为了估算城镇在公共安全与保障方面的支出,我们首先对已经成为新近专业化的城市政府中的一部分警士(*sergents*②)的薪水进行了计算。除其他事项外,这些警士负责城市夜晚的治安,以及将罪犯押送至法庭或者监狱等。像图尔

①　原文数字似乎有误,应为 2 843 080 里弗尔(12 580×226)。——译者注
②　法语,警察的旧称。此外,还有中士、执达吏之意。——译者注

这样的小城市，雇用了 4 名警士；而在波尔多，市政当局则雇用了 24 名警士（Chevalier 1982：207）。他们代表了这些城市中几乎一半从事行政管理的人员。在普罗万这个小城镇里，其在 1451 年的预算 545 里弗尔中，有 8% 是用来支付政府雇员的薪水（Chevalier 1982：213）。因此我们假设这些薪水的一半，或者说 22 里弗尔是支付警士所必需的开支。那么我们如何从这些估算中得出全国的数据呢？根据同样的数据出处（Chevalier 1982：41），我们可以知道法国在 1330 年有 226 个市镇。其中有 21 个市镇大小与波尔多相当（即它们有 4 座修士会的修道院），此外有 13 个中型规模和 192 个小规模的市镇（它们有 1—2 座修道院）。如果我们假设普罗万代表了这些小城镇，我们可以假设每一个城镇在警士薪水开支方面花费了 22 里弗尔（换言之，这些小城镇总共花费了 4 224 里弗尔）。然而大城镇花费的数字是小城镇的 6 倍，即每座大城镇在警士方面的开支是 132 里弗尔（总共支出 2 727 里弗尔）。每座中型城镇在警士方面的支出是 77 里弗尔（总计是 1 001 里弗尔）。将这些数字加总，我们便可得出，总开支是 7 952 里弗尔。

在公共安全方面更大的投入是为城镇和乡村修筑防御工事。自 1340 年以来（直到城墙在 15 世纪或者 16 世纪的某一天失去了其军事功能），重建城墙便花费了市政当局的大量资源。在当地征税、管理市政债券以及监督这些工作是新的地方行政当局面临的主要任务，而这些管理的权力也是刚从统治的领主那里下放而来的。里戈迪埃（Rigaudière 1993：488—496）提供了详细的市政预算，并列出了市政当局在防御工事一项上的花费。对于马赛来说，在 1361 年到 1411 年之间，15 份账目表明这一项的平均开支是 728 里弗尔。对于圣弗卢尔这座位于卢瓦尔河谷的小城镇来说，根据从 1378 年到 1467 年间的 43 份账目，我们可以计算出，当地平均每年在该项上的开支是 280 里弗尔。而根据 1355 年到 1380 年间第戎的 25 份账目，我们可以得出，当地平均每年在这一方面列出的开支是 880 里弗尔。同样，我们根据利雪的 11 份账目估算出平均开支是 945 里弗尔。这些数据令人惊讶地保持一致。因为小城市可以像大一点的城市那样在城墙与防御塔上进行相当的投资，因此最好的办法或许是对这些数字进行简单的平均，这样我们可以得出每一座城市的开支是 708 里弗尔，而 14 世纪法国所有城市的开支是 160 000 里弗尔。将贫困救济、公共安全和防御工事上的花费相加，我们估算的总支出是 242 530 弗罗林。

总结

支配精英:14 930(0.5%)。

从属精英:2 730 000(91.4%)。

大众:242 530(8.1%)。

(2) 18 世纪的法国。

戈德史密斯(Goldsmith 1832:85)提供了 1785 年时法国详细的中央预算数据,这就为我们提供了考察 18 世纪法国支配精英在公共服务提供方面投入的依据。这些支出是用于治安、邮政服务、建筑与修建工程以及教育的资金。这些支出的总数一共是 9 030 万里弗尔。

在中央政府的这些支出中,有 2 600 万里弗尔用于救济所事业(Goldsmith 1832)。1791 年的一份政府报告估算,在革命爆发的前夜,救济所收到的年拨款为 2 900 万里弗尔(McCloy 1946:189)。而这些资金中只有 300 万里弗尔可以归入从属精英与大众。我们沿用对前现代行动者持有份额的估计方法,估计从属精英和大众各自控制这些资金中的 150 万里弗尔。

为了估算从属精英额外提供的服务价值,我们充分使用了 17 世纪后期法国两个省的预算数据,它们分别是勃艮第省(Swann 2003)与朗格多克省(Beik 1985)。在这一时期,勃艮第在公共福利方面支出了预算的 2.8%(Swann 2003:179—180),而朗格多克在这一方面的支出则是 1.4%(Beik 1985:262—263),两者平均下来是 2.1%。我们估算了曾经是三级会议省(*pays d'etat*)[11] 省份的绝对数字:17 世纪后期勃艮第的预算表明,其所有开支中平均有 58.5% 的资金是上交给国王的。假定这一数字在 18 世纪也是如此,那么我们便可以得出省份的总开支。根据之前内克尔(Necker 1781)和戈德史密斯(Goldsmith 1832)的计算(请参见"税收"部分),在 1785 年的时候,三级会议省一共向国王上交了 1 087 万里弗尔,这一数字占到了我们对三级会议省中总估值 1 860 万里弗尔中的 58.5%。按照这一数字,以及这些省份在公共福利上 2.1% 的开支假设,我们估算从属精英在公共服务上一共支付了 40 万里弗尔。将这些数字与救济所的资金相加便可得出,从属精英一共贡献了 190 万里弗尔。

为了计算大众除救济所贡献以外的公共服务支出,我们使用了城镇的预算数据。普谢诺(Pouchenot 1910:55—93)提供了 1690 年、1705 年与 1710 年三年贝桑松的详细城镇预算数据。这一拥有 11 500 名居民(1708 年数据)的乡镇在道路维护、供水、救济贫困人群以及其他公共服务方面有所花费。平均来说，这些支出占总支出的 6.7%。这与 18 世纪中叶的 50 年内昂热的情况相当。[12] 对这三年的预算取平均数，那么贝桑松为其 11 500 位居民平均每年的开支是 6 867 里弗尔。这一数量摊到每个人的身上还不到 0.6 里弗尔。[13] 为了能将这一数据推广到全法国，我们假设这些公共服务一般无法覆盖到偏远地区的大众。在 18 世纪初，只有 20% 的法国人口居住在 2 000 人或以上规模的城镇中。[14] 因此，我们将 0.6 里弗尔这一人均开支额度乘以 1700 年时法国总人口 1 930 万人的 1/5 (Babuscio and Minta Dunn 1984：335)，这样便得出公共服务的总支出是 231.6 万里弗尔。但是，这只是对 1700 年左右的估算，而其他数据覆盖的时间则是 18 世纪后半期。因此，我们需要对这些数据作出相应的调整。我们假设中央政府的收入与城镇公共服务支出的增长率相当。比较 1695 年与 1785 年两年中央政府的收入，后者是前者的 4.6 倍。[15] 考虑到这一因素，再来估算 18 世纪城市当局的公共服务支出，我们可以计算出其结果为 1 070 万里弗尔。将这一数字与对救济所基金的估算相加，我们可以得出总支出是 1 220 万里弗尔。

总结

支配精英：9 030 万里弗尔(86.5%)。

从属精英：190 万里弗尔(1.8%)。

大众：1 220 万里弗尔(11.7%)。

合计：1.044 0 亿里弗尔。

(3) 19 世纪后期的法国。

我们使用了同样的方法来确定 19 世纪后期法国的行动者"对税收的控制"。其中，支配精英与中央政府有关，从属精英与各省相关，大众则与城镇相关。对于分析税收控制而言，巴黎和塞纳省被我们认为是支配精英的一部分。虽然大部分数据都是 19 世纪 70 年代早期的，但是依据 19 世纪 90 年代存在的法律和规章，我们将这些数据在行动者之间进行了划分。

弗朗克维尔伯爵(Le Comte de Franqueville 1875：298，307)提供了 1871 年几乎所有城镇、1869 年几乎所有省在公共服务方面的开支数据。对于城镇来说，这些开支用来维护治安、公共礼拜、基础教育、修建街道与公路以及贫困救济。

这些花费共计 2.256 85 亿法郎。然而,大部分的这些开支不能归到大众类别。首先,这些资金的大部分是由中央政府收取的,再由它分配到城镇。在 1871 年,直接税(请参见"税收"部分)贡献了城镇财政收入中的 1.199 9 亿法郎(Ministry of Public Instruction 1889:50)。因为我们是将塞纳省中的城镇分开来看的,因此有必要从这些数据中再减去它们所占的大约 26.7% 的比重(请参见"税收"部分的讨论),这样便剩下了 8 795 万法郎。城镇开支(排除塞纳省)总共达到了 4.013 8 亿法郎(排除了用于战争开支的 1.238 1 亿法郎;Le Comte de Franqueville 1875:307)。由于直接税(8 795 万法郎)在总开支(3.966 9 亿法郎)中所占比重是 22.2%,我们从城镇公共服务的总支出中减去这一比例(5 076.8 万法郎),这样还剩下 1.749 17 亿法郎。这一被核减的数据之后被归到中央政府,因为中央政府是这些资金的最终来源。

其他的城镇开支则处于支配精英的"控制之下",因为中央政府授权并任命了这些领域中的公务员。此外,在治安、修建公路、教育、照护穷人与病人方面都是如此(Le Comte de Franqueville 1875:305;Chapman 1955:46;Imbert and Mollat 1982:301,313)。这些开支共计是 1.623 8 亿法郎,这必须从上述总数中减去,并将其归入支配精英。这样,剩下的 1 253.7 万法郎处于大众的控制之下。

各省的开支集中在道路与公路、救济贫困人口与照护精神病患、公共礼拜、教育以及地方铁路等方面。这些开支共计 9 620.7 万法郎。但是,各省不再具有独立的税收权力。因此,所有的这些资金都源于中央政府,应当被归入支配精英。

为了确定支配精英在公共服务方面的支出,首先应该统计一下被归到他们头上的资金:直接税中有 5 076.8 万法郎被归入城镇;1.623 8 亿法郎是在中央政府任命相应机构人员的情况下,由城镇提供的授权服务;再加上所有由地方支出的公共服务(9 620.7 万法郎),共计 3.093 55 亿法郎。其次,我们估算了巴黎在公共服务方面的支出,这一数字并没有被弗朗克维尔伯爵(Le Comte de Franqueville 1875)收录。我们仍然假设(请参见"税收"部分)巴黎的支出在所有的城镇支出中占到了 26.7%。这样,我们计算出,巴黎在公共服务上的花费是 8 220.8 万法郎,我们将这一数字归入支配精英。

最后,有一大部分公共服务是由中央政府直接提供的。为了维持各省与各城镇数据的一致性,我们使用了公共教育部(Ministry of Public Instruction 1889:

32—52)1870 年的预算数据。中央政府在各种公共服务上开支巨大,包括:公务员与军人薪水、邮政与电报服务、公共礼拜、教育、治安、济贫与紧急救济、道路与桥梁的建设与维护,以及对巴黎的补贴。这些开支在 1870 年达到了 3.01 亿法郎。

总结

支配精英:5 076.8 万＋1.623 8 亿＋9 620.7 万＋8 220.8 万＋3.01 亿 ＝ 6.925 63 亿法郎(98.2%)。

从属精英:0(0%)。

主体大众与从属大众:1 253.7 万法郎(1.8%)。

合计:7.051 亿法郎。

2. 奥斯曼帝国。

(1) 17 世纪的奥斯曼帝国。

法罗基(Faroqhi 1997:541)提供了 1669—1670 年间有关中央政府预算的详细信息。[16]他写道,苏丹花了 1.892 亿阿克切(akçes)①,用以维护他的宫殿,这一数目占到了他总支出的 29.5%。据此,我们可以推断出苏丹的总支出是 641 355 932 阿克切。军事行动耗费了苏丹预算的 2/3,因此留给其他项目的资金便很少了。其中,建筑工程占据了预算的 2%,而 0.5% 则用于麦加朝觐(Hajj)与麦地那的民众服务。②因此,公共服务占到了苏丹开支的 2.5%,共计 16 033 898 阿克切。此外,对于这一数据还必须加入支配精英在瓦合甫(waqfs)③开支中的占比(下文将会给予解释)——4 629 阿克切,这样,四舍五入后的开支总数为 1 603.9 万。

这一时期关于帝国行省支出的详细数据很少,这使得估计从属精英在其中的贡献变得棘手起来。然而,多亏了斯坦福·肖(Shaw 1958)已经做的艰苦卓绝的工作,我们才有了当时还处于奥斯曼帝国控制之下的埃及在支出方面的具体信息。肖提供了 1669—1670 年这一在上文分析的中央财政数据的参照年前后

---

① 奥斯曼帝国的货币。——译者注
② 麦加与麦地那是伊斯兰教的两大圣城。在奥斯曼帝国统治时期,帝国苏丹是两大圣城的监护者。——译者注
③ 这是伊斯兰教规定的宗教奉献,一般是穆斯林为公益事业捐献出的建筑与田地。——译者注

几十年的总支出(Shaw 1958:399)与公共服务支出(Shaw 1958:225—268)。我们根据 1669—1670 年前后 40 年的数据计算了开支的平均值。[17]而这些年份的大部分公共服务支出数据都是可以获得的。平均总支出则是我们根据三年及其对应的数据计算得出的。[18]公共服务(如向穷人提供衣食、修建运河与维修清真寺、储水、朝圣、维护圣城)的年平均支出是 9 971 340 帕拉(paras)①,占总支出的 13.8%。[19]

假设埃及代表了这一时期奥斯曼帝国的行省,如果我们知道所有行省的总开支,那么我们就能据此计算出从属精英提供了多少公共服务支出。然而,总支出必须要进行估算。对此,我们利用了 1527—1528 年行省支出与帝国的中央收入之间的关系。在这一时期,行省的支出占到了中央政府收入的 75%(İnalcik 1994:82—83)。[20]假设这一关系在 1669—1670 年间依然如此,彼时中央政府的收入是 596 655 932 阿克切,那么当年行省的总开支大约是 447 491 949 阿克切。[21]因为埃及的公共服务提供占到当地开支的比重是 13.8%,因此在 17 世纪后期,奥斯曼帝国的全部从属精英在公共服务提供方面总共贡献了 61 753 889 阿克切。

当然,从属精英的贡献并非只限于他们在所管理的省级政府内做出的贡献。从属精英同样控制了很多瓦合甫,这是几个世纪以来伊斯兰社会的重要慈善制度。瓦合甫的建立者为特定目的留出一些可以产生收入的资源(通常是建筑物或土地),往往是宗教或者慈善性质的。瓦合甫一旦建立,就会永远存在(不能以任何方式出售或转让),而且它的净收入会被分配给"捐赠对象"(Barnes 1987:1)——比如用于慈善目的。在过去的几个世纪里,瓦合甫捐助了多种公共服务,包括救济穷人、公共基础设施工程、救济所以及教育(Barnes 1987;Hoexter 1998;Yüksel 1998;Leeuwen 1999)。

对 17 世纪 300 多个瓦合甫的研究(Yüksel 1998:220)以及对 18 世纪 6 000 个瓦合甫的研究(Yedıyıldiz 1975,为 Barnes 1987:43 所引用)确认,从属精英——如行省政府的军事等级官员、乌里玛宗教阶层——提供了大部分捐赠[于克塞尔(Yüksel)估算的比例是 89%,而耶德耶尔德兹(Yedıyıldiz)估算的则是 90%]。从

---

① 奥斯曼帝国的货币。——译者注

另外一方面来看，格伯(Gerber 1983:29)估算有 2％的瓦合甫是被苏丹及其家族控制的。将这两部分的信息合并，我们便可以得出瓦合甫中的公共服务开支分配如下：2％属于支配精英，89.5％属于从属精英，剩下的(8.5％)则属于大众。[22]

为了确定瓦合甫中用于公共服务支出的比例，我们参考了于克塞尔对 1585—1683 年间瓦合甫预算的主要研究(伊斯兰历 993—1095 年)。在这近 100 年时间内，瓦合甫的总支出是 18 936 073 阿克切，平均每年的支出是 186 000 阿克切(Yüksel 1998:266)。但是这些数字对应的是现代土耳其的地理范围，相比之下，奥斯曼帝国的疆域则大得多。根据卡帕特(Karpat 1985:25)提供的 1867 年的人口数据，现代土耳其的范围包括了当时奥斯曼帝国一半的人口。假设在现代土耳其范围内外，帝国的人均支出是相当的，那么我们将平均每年的支出乘以 2，得出 372 000 阿克切即可。总支出中的相当一部分，即 63.5％，用于诸如教育、为穷人提供食物与住处，以及维护用于宗教服务的基础设施等公共服务(Yüksel 1998:266)。因此，我们估计在 1670 年的时候，用于公共服务的瓦合甫开支共计是 231 496 阿克切。再加上从属精英在这一领域的开支——207 189 阿切克——这样计算出的总支出约为 6 196.1 万阿克切。

大众用于公共服务的瓦合甫开支份额共计是 19 677 阿克切。治安维护是大众提供的另外一种公共服务(然而奥斯曼帝国的工事修筑从来没有像欧洲中世纪后期那样重要)。埃梅岑(Emecen)提供了 1572—1573 年马尼萨这个规模处于平均水平的城市在警卫与守夜人方面支出的详细数据(Emecen 1989:54 n270;Erder and Faroqhi 1980:273)。每一个警卫的工资都是由城镇居民直接提供的。比如在 1575 年的时候，该市共有 8 245 人(Emecen 1989:55)。当地市民为警卫提供了 55 608 阿克切的薪水，平均每位居民支出了 6.74 阿克切。那么如何通过这一数字来推断整个帝国的数字呢？在 16 世纪后期，奥斯曼帝国的总人口达到了 1 500 万(Kinross 1977:206)。但是，我们假设公共服务只特定地给予奥斯曼帝国的城市人口，就像我们计算法国为警士支付的开支一样。按照奎泰尔特(Quaetaert 2001:94)的说法，"从立国到灭亡"，奥斯曼帝国自始至终"就是一个农业帝国、农业经济体"，其治下有 3/4 的居民生活在乡村，依靠与土地、农业相关的活动来谋生。因此，我们估算在 16 世纪后期，奥斯曼帝国的城市人口有 375 万人，他们在公共安全方面的支出达到了 27 275 000 阿克切。将这一数据与瓦合甫相加,可以得出大众提供的公共服务开支是 2 729.5 万阿克切。

总结

支配精英:1 603.9 万阿克切(15.2%)。

从属性精英:6 196.1 万阿克切(58.8%)。

大众:2 729.5 万阿克切(26%)。

合计:1.052 95 亿阿克切。

(2) 19 世纪的奥斯曼帝国。

为了计算支配精英在公共服务提供中所做的贡献,我们使用了肖(Shaw 1978)给出的在 1874 年到 1898 年间中央政府的预算。与前现代的相应预算相比,现代国家在公共福利上的投入更广泛。它投资公共工作,提供教育、对穆斯林群体[通过伊尔米耶办公室(Ilmiye Office)]与非穆斯林群体[通过司法与教派部(Ministry of Justice and Sects)]的司法行政管理、治安、政府退休雇员的薪金、邮政与电报服务,资助圣城和为朝觐者建设的基础设施。下面报告了每一项服务的年度平均支出数据[以库鲁斯(*kuruş*)①为计量单位]:

圣城与朝觐:3 650 万。[23]

薪水:6 170 万。[24]

邮政与电报服务:3 910 万。[25]

警察与宪兵部:1.202 亿。[26]

司法与教派部:4 010 万。[27]

伊尔米耶办公室:2 140 万。[28]

教育:1 320 万。[29]

公共工作:640 万。[30]

在 1874 年到 1898 年期间,平均每年的公共服务支出是 3.386 亿库鲁斯。再加上支配精英在公共服务支出中瓦合甫的比例——659 220 库鲁斯,共计是 3.392 59 亿库鲁斯。对此,我们还需要加入在行省层级的开支,因为自 19 世纪坦齐马特改革以来,所有的税收都是以中央政府的名义收取的,在上交到财政部后再根据中央政府批准的预算返还给地方政府(O'Meara 1894:291;Shaw 1975)。

---

① 奥斯曼帝国货币单位。——译者注

为了确定行省的支出有多少需要归入中央精英,我们分别检验了1874年到1898年间五个行省的开支。下面列出了这些省份以及对应的年度预算数据:锡瓦斯(1898年)、许达文迪加尔(1895年)、安卡拉(1882年)、叙利亚(1878年)以及阿勒颇(1874年)。其中,前三个行省的数据来自基利亚(Kilia 2000)的研究,而阿勒颇省和叙利亚省的预算数据则分别由阿库斯(Akkuss 2008)和萨利巴(Saliba 1978:311)提供。根据这些预算,行省政府的出资项目包括医院、治安、教育、法庭、邮政服务以及基础设施工程。这些开支共计2 880万库鲁斯。根据卡帕特(Karpat 1985:160—161)的研究,在1897年的时候,这五个行省的人口之和一共占到帝国总人口的25%。如果我们假设帝国内部的每个人在这些方面的开支是相等的,即上述数据乘4,那么在1874年到1898年间,行省平均每年提供的公共服务支出总计达1.152亿库鲁斯。因为是中央政府资助了这些活动,因此我们将这一总数归入支配精英。

从另外一方面来说,大部分瓦合甫的资金都可以归入从属精英。德米雷尔(Demirel 2000)提供了1835年锡瓦斯省的瓦合甫总支出。其中用于诸如教育、图书馆建设、清真寺维修以及公共水池修建之类的公共服务共计480 000库鲁斯。根据卡帕特(Karpat 1985:160—161)的研究,在19世纪时,锡瓦斯省的人口总数占到帝国总人口的5%,而用于公共服务的瓦合甫开支达到了960万库鲁斯。

此外,第二个数据来源让我们避免了只根据19世纪30年代单一省份的数据进行推断。厄兹图尔克(Öztürk 1995:49—56)提供了19世纪60个瓦合甫的数据(更严谨地说,是1802—1911年间的数据),其中有38个瓦合甫的数据是1868年及其后的数据(Öztürk 1995:49)。所有这些瓦合甫都位于安纳托利亚。对于所有60个瓦合甫来说,平均每个瓦合甫每个月在相关服务范围内(宗教、教育与社会,后者包括市政服务与福利)的支出共计8 046库鲁斯,一年下来便是96 552库鲁斯。这样每个瓦合甫平均每年的支出便是1 609.2库鲁斯。因为厄兹图尔克(Öztürk 1995:56)提供了瓦合甫的总数量——35 000个,所以我们现在可以计算整个帝国在这一项上的支出。因此,在19世纪的一个典型年份中,瓦合甫中用于公共服务开支的总数可能达到56 322 000库鲁斯。由于两类数据的来源不同,推断的方法也不同,因此产生的估计结果也不同。有鉴于此,我们对两者的估值取平均数,得出的结果约为 3 296.1 万库鲁斯。我们将这些数字中的 89.5%——29 500 092 库鲁斯——归入从属精英,这样,从属精英一共支出了 1.447 亿库鲁斯。大众则控制了全部瓦合甫支出中的 8.5%,也即 280.2 万库鲁斯。

总结

支配精英:4.544 59 亿库鲁斯(93.4%)。

从属精英:2 950 万库鲁斯(6.0%)。

大众:280.2 万库鲁斯。

合计:4.867 61 亿库鲁斯。

附录表 2.2 对附录中描述的估计作了总结。它展示了在法国和奥斯曼帝国这两个社会中,中央精英们越来越能够垄断公共服务的提供,同时也能汲取越来越多的税收。另一方面,大众取代了从属精英,成为军事支持的主要来源。

附录 2.2　帝国中的行动者联盟

为了理解通向政治现代化的不同道路,进一步细致地分析前现代的均衡(或者,简而言之就是“帝国的场景”)是行之有效的做法。附录表 2.3 描述了模型假设,以及根据附录 2.1 中概述的历史研究得出的帝国中哪些行动者控制哪些资源的经验数据。正如可以看到的那样,因为在 17 世纪奥斯曼帝国的苏丹比法国国王享有更多的税收能力与军事权力,所以我们建模中的“帝国场景”更贴近法国的数据(对比 Barkey 1991:704)。

历史数据表明的结果与关注帝国的历史社会学家们所研究的结论相一致(Eisenstadt 1963;Hechter 2000;Howe 2002;Barkey 2008),即这两类社会中的支配精英都依赖于一套间接统治与税收的制度。他们只能直接提高税收的 10%,剩下全部税收总量的 3/4 都由从属精英提供(包括庄园领地上的收入)。主要的公共物品也是由从属精英提供的,如由法国贵族或者十字军骑士团建立或者资助的救济所,或者奥斯曼帝国内的宗教基金,或者奥斯曼帝国行省长官的福利开支。剩下的公共服务则是由支配精英提供的。一方面,他们为穷人提供生活费(在法国),为麦加的朝圣者提供基础设施保障与食物供应(在奥斯曼帝

附录表 2.2 对法国与奥斯曼帝国的行动者控制资源数据的描述（百分比）

	税收（交换后）					军事支持（交换前）						公共服务提供（交换前）			
	法国，1360—1380年	奥斯曼帝国，1521—1596年	法国，18世纪80年代	奥斯曼帝国，1870—1908年	法国，1870—1900年	法国，1180—1330年	奥斯曼帝国，1470—1530年	法国，1690年	奥斯曼帝国，1870—1908年	法国，1870—1900年	法国，1322—1350年	奥斯曼帝国，1669/1670年	法国，18世纪	奥斯曼帝国，1870—1908年	法国，1870—1900年
支配精英	42	36	87.3	90	90.3	18.5	32.5	11.5	0.5	0.4	0.5	15.2	86.5	93.4	98.2
从属精英	46	49	8.3	0	4	68	61	8.5	12	4.2	91.4	58.8	1.8	6.0	0
主体大众	6	7	2.2	5	2.85	6.75	5	40	44	47.7	4.05	13	5.85	0.3	0.9
从属大众	6	7	2.2	5	2.85	6.75	1.5	40	43.5	47.7	4.05	13	5.85	0.3	0.9

附录表 2.3　帝国内部的控制与兴趣

模型假设

	控制					兴趣			
	政治决策	公共物品提供	军事支持	税收		支配精英	从属精英	主体大众	从属大众
支配精英	0.6	0.05	0.20	0.42	政治决策	0.20	0.45	0	0
从属精英	0.4	0.85	0.70	0.48	公共物品提供	0.01	0.10	0.15	0.15
主体大众	0	0.05	0.05	0.05	军事支持	0.20	0.15	0	0
从属大众	0	0.05	0.05	0.05	税收	0.59	0.30	0.85	0.85

经验数据

法国,1280—1350 年

	政治决策	公共物品提供	军事支持	税收
支配精英	—	0.005	0.185	0.42
从属精英	—	0.915	0.68	0.46
主体大众	—	0.04	0.067 5	0.06
从属大众	—	0.04	0.067 5	0.06

奥斯曼帝国,1470—1670 年

支配精英	—	0.152	0.325	0.36
从属精英	—	0.588	0.61	0.49
主体大众	—	0.13	0.05	0.07
从属大众	—	0.13	0.015	0.07

注:控制矩阵描述的是每一类资源在交换前的控制分布,而兴趣矩阵表示的则是每一类行动者兴趣的分布。对于税收的控制,我们计算的是其在交换后的值。

国),以及主要道路的修建与维护。另一方面,大众也通过城镇居民建立的救济所与宗教基金来提供公共物品,比如由当地城镇担负组建治安巡逻队,或像文艺复兴时期的法国那样修筑城镇防御工事。

由于上述两个帝国的大众都被排除在超地方层级的政治之外,因此他们对政治决策并没有多少控制权。大部分的政治权力为支配精英所掌控(0.6)。然而,在中央集权官僚制取代间接统治之前,从属精英在区域以及本地层级中掌握了相当大的权力(0.4)(关于帝国的政治社会学研究,请同样参见 Eisenstadt

1963；Hechter 2000；Howe 2002；Barkey 2008）。大部分的军事支持是由从属精英提供的(0.70)，中央依靠他们提供的部队来进行大规模的战争。在法国，国王的军队是按照封建忠诚来进行动员的；而在奥斯曼帝国，享有对当地居民征税权利的受益者需要向苏丹提供军事支持。在文艺复兴时期的法国，中央掌握的军队规模仍然很小(0.20)，只能保障国王的安全而已。相比之下，正如之前所述，在奥斯曼帝国，中央掌握的军队规模则要大得多。在那里，闻名遐迩的西帕希骑兵与禁军构成了强大的战斗力量。此外，对于大众来说，在普遍征兵制实行之前，法国的大众只提供了小规模且无纪律性的民兵，或者小规模的骑兵，而奥斯曼帝国的大众也只是在驻军城镇周围担负边境袭扰的任务（大众在两国的军事支持占比均是 0.05）。

我们现在来看看行动者兴趣的分布。正如正文部分讨论的那样，由于无法依据量化经验数据来进行估值，因此我们便依靠可行的观点加以分析。由于在本地层次外，大众并没有被组织起来，因此他们很少提出与整个政权有关的政治要求[请参见盖尔纳(Gellner 1983:9—11)和曼(Mann 1993:chapter 4)所说的"横向隔绝"(lateral insulation)]，他们对这一层级的政治决策也不感兴趣(0)。此外，考虑到战争在很大程度上仍然是精英(与雇佣兵)的事务，并没有动员大众或者将他们包括进来(Rogers 1995；关于法国，请参见 Lynn 1997)，因此大众也不会对在军事事务中扩大指挥权感兴趣。相反，他们主要的兴趣点在于税收(0.85)，即尽可能多地保留他们的经济收入，从而确保他们的收入不会低于他们认为的在道德上可接受的生活水平(Scott 1976)。前现代国家与早期现代国家中特有的频繁的反抗税收的叛乱就鲜明地证实了这一点(Mousnier 1970；Kiser and Linton 2002)。我们进一步假设，大众也对提供公共服务感兴趣，但是他们感兴趣的程度相当低(0.15)，因为他们倚赖家庭、行会、村庄或地方精英来提供基本形式的社会保障、治安以及教育[关于对中世纪欧洲乡村生活的介绍，请参见 Duby 1998(1961)；关于对阿拉伯世界行会的介绍，请参见 Lewis 1937]。

正如比较历史社会学中的一支长线研究所表明的那样[从蒂利(Tilly 1975)到凯泽与林顿(Kiser and Linton 2001)]，在直接统治的制度下，为了筹措资金打仗，支配精英的最大关切是增加他们的税收收入(0.59)。除此之外，我们假设他们对决策与军事支持这两项能够扩展他们势力范围与权力的重要来源感兴趣

（每一项都是 0.20）。因为中心发动的战争规模比从属精英发动的战争规模要大，后者对盟友提供军事支持的兴趣稍低（0.15）。我们假设从属精英主要感兴趣的是税收（0.30）和政治权力（0.45）。考虑到下列这些情况，上述做法就显得合理了：法国国王与不同派别的地方精英围绕税收权与官职展开的持续政治竞争与频繁战争（Lachmann 1989）；苏丹与地方总督以及军事企业家之间激烈的拉锯战（İnalcik 1980）；奥斯曼帝国的中心与中央集权化政策下的受损者之间频繁的斗争，后者随后聚集在苏菲教团（Sufi Orders）的旗帜下，要求对腐败的帝国中心按照教义进行革新（Barkey 2008：chapter 5）。对于从属精英来说，能够提供公共服务也是他们的部分兴趣所在（0.10），这是因为，他们统治的稳定与否取决于他们与依附者之间恩庇－侍从关系的作用（简而言之，对于农业社会的介绍，请参见 Scott 1976；对于法国的案例研究，请参见 Le Blévec 2000；对于对奥斯曼帝国瓦合甫的介绍，请参见 Barnes 1987）。

考虑到兴趣与控制权的取值，并且假定行动者在组建联盟时并不关心文化特征或者符号，那么旧的等级秩序便达到了均衡。为了让这一结果易于理解，我们描述了为什么行动者要么没有动机，要么没有能力单方面偏离这一均衡。特别是，我们思考了为什么支配精英和从属精英不愿意与大众交换资源——相比之下，他们在更加中央集权的政体中却会这么做。对此，我们首先指出，如果所有的精英都会互相交换资源（国家建设），那么从属精英会做得最好。这其中的原因在于他们的征税权力（他们因为间接统治的原则而掌握的权力）也是其他所有的行动者强烈要求的。大众希望从属精英放弃自身对征税的一些强制性控制权力。而支配精英也想从从属精英的征税权力那里分得一杯羹。

如果支配精英不是为了税收而与大众展开竞争，那么支配精英会做得更好。支配精英利用他们的先发优势提出了等级秩序。从属精英会接受这一提议（而不是试图与大众保持一致），因为他们反过来也需要倚赖与支配精英的交换关系来获取足够的政治决策权，以巩固他们自己的统治。面对支配精英建立一个排除大众的联盟的提议，如果从属精英想最终加入支配精英组建的联盟当中，那么他们就不得不同意。他们甚至不能提出针锋相对的方案，因而等级秩序就形成了稳定的状态。在这一体系中，作为对从属精英提供军事支持与税收的回报，支配精英给予从属精英特定的政治地位与权利。

考虑到模型假设存在不确定性，我们继续系统性地改变这些假设，来看这些等级秩序是否依然能形成均衡的结果。与正文图 2.2 相似的是，附录图 2.1 描绘了在不同水平的中央集权与大众动员下，以及不同文化分化模式下的均衡结果。上述分析的帝国场景对应的是左图的中央。它展示了在没有文化分化，或者行动者对其没有兴趣的情况下的分类结果。中间图表示的则是按照文化分化产生的均衡结果，而右图描述的则是按照族群分布产生的均衡。从图中可以看出，在三种不同形式的文化分化下，等级秩序都能成为主导性的均衡。当文化特征与阶级协调一致时，它们便构成了所有 25 个模型运行出的均衡。在族群-文化差异下，其中运行的六个模型形成了一个扩展的等级秩序，作为第二种可能的均衡。扩展的等级秩序可以被视为等级秩序的一个变种。在其中一个模型中，大众被允许进入现有的精英联盟，这仍然符合联盟体系的定义性特征（想象一下大不列颠近代早期的君主立宪制，或者路易·菲利普治下的法国，当时王室和贵族精英授予了资产阶级或中产阶级有限的投票权）。如果行动者不关心文化之间的相似性或者差异，那么有三种结果产生出第三个均衡，即国家建设。然而，需要指出的是，这些民族主义的均衡与图中间部分描述的情况相去甚远，而中间部分与我们根据附录 2.1 的历史研究得出的有关帝国场景的实际假设相一致。

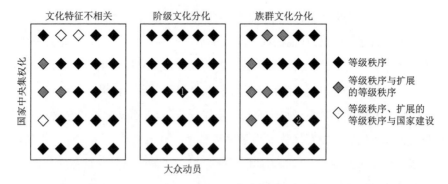

附录图 2.1　不同文化分化模式下的"帝国情景"中的均衡点

不管怎样，这些经验数据完全将文艺复兴时期的法国与古典时期的奥斯曼帝国置于图中央，我们的模型在此生成作为均衡结果的等级秩序。正如正文中讨论的那样，出于历史原因，这样假设是保险的：文艺复兴时期的法国普遍存在阶级-文化分化,而作为"分化的帝国"的奥斯曼帝国(Barkey 2008)则以制度性方式维持不同族群-宗教社群之间的文化分化。附录图2.1表明在这两个社会中,精英的结盟与对大众的排斥是这个正在进行的谈判过程中相当稳定的结果,它能在国家集权程度(也许是由外部战争带来的)或人口的军事动员的巨大变化中得到保持。

附录 2.3　敏感性分析

这一部分的附录展示的是敏感性分析的结果,其目的是确保推论没有建立在脆弱的假设基础上(Saltelli et al. 2008:34)。我们集中讨论了主要结论,即更大程度的国家集权化会带来国家建设,从而更不可能形成族群封闭或产生民粹民族主义。这一结果是在对兴趣和控制权的具体分布做假设的情况下得出的。在可能的情况下,我们使用历史数据来坐实有关哪些行动者控制哪些资源的假设。然而,鉴于我们的模型本身是抽象的,精确的参数取值必然牵涉一定程度的任意性。这一点在行动者的兴趣方面更是如此,因为这些假设必须单独建立在历史的合理性基础之上。

敏感性分析指的是,随机改变用来描述中央集权化从弱到强的控制与兴趣两类矩阵中的具体数值。然后我们记录了其产生的均衡是否与我们的主要预期结果相一致。[31]每当国家更多的中央集权化偏离了国家建设,并转向族群封闭或者民粹民族主义时,我们就不得不担心我们的主要发现是否稳健。我们假设存在一个充分发展的志愿性组织网络($U^{meaning} = 0$),这是因为这一个维度的影响因素已经得到了充分理解。我们也分别将大众动员设置在中等水平以及高水平(随机改变具体的值)上。根据正文中讨论的结果,我们知道这一因素只对结果产生了微弱的影响。

自变量是定义国家中央集权化强弱程度的参数。对于这些表示控制与兴趣矩阵的参数而言,我们定义了可能的取值区间Δ(包括在主分析中使用过的)。这些区间定义了输入参数的多维空间。由于参数的数量很多,因此我们不可能得出完整的多维"响应面"(response surface),也即全面了解因变量是如何作为输入参数的函数而发生变化的(Oliver 1993；Oliver and Myers 2002)。面对这样复杂的情况，最广泛使用的方法是关注参数值的特定组合，或者每次改变一个变量(OAT)(Saltelli et al. 2006)。然而，这两种方法都无法有效解释非线性的效应与交互项(Oliver 1993；Oliver and Myers 2002)。有鉴于此，我们使用莫里斯(Morris 1991)发明并经过坎波隆戈等人(Campolongo et al. 2007)扩展的基本效应检验(Elementary Effect Test)，这种检验可以处理大量的输入因子，并且以高效的方式计算，同时还能关注可能的非线性效应以及交互项(Saltelli et al. 2008)。

在基本效应检验中，k 个输入自变量中的每一个，即 $X_i (i=1, \cdots, k)$ 是允许在选定的层级 p 里变化的。而对于给定的向量 $\boldsymbol{X} = (X_1, X_2, \cdots, X_k)$，第 i 个输入因子的基本效应是如下定义的：

$$EE_i(\boldsymbol{X}) = \frac{[Y(X_1, X_2, \cdots, X_{i-1}, X_i + \Delta, \cdots, X_k) - Y(\boldsymbol{X})]}{\Delta}$$

其中，Δ 是每个因子在区间 $[0, 1]$ 内被重新调整后，在其中抽样步长的大小(Saltelli et al. 2008：110, 120)。[32] 尽管这种方法每次改变一个变量，但是却计算出了输入空间中每个变量在不同时间点上的基本效应。对这些基本效应进行平均化，可以让我们得到越来越独立于计算基本效应的特定点的敏感度。因此，在探索输入空间中几个区域的意义上，它是一种全局性方法。这也确保了输入因子中可能的交互性能被检测到。

因为不可能计算出所有的基本效应，所以特殊的方法就应运而生，以对这些基本效应进行有效的抽样(Morris 1991；Campolongo et al. 2007)。我们用 k 来表示输入因子的数量，其方法核心在于建立"对于输入空间中 $k+1$ 个点的 r 轨迹来说，每个 r 轨迹提供 k 个基本效应，每个输入因子对应 1 个基本效应，这样总共有 $r(k+1)$ 个样本点"(Saltelli et al. 2008：110, 120)。因此，通过在一个时间点改变一个因素的多维输入空间，一条轨迹就组成了一条特定路径。按照坎波隆戈等人(Campolongo et al. 2007)开发出的抽样方法，我们选取了 r 轨迹，使其在输入空间中的分布最大化(Saltelli et al. 2008：110, 120)。根据文献中给出的建议，我们选择了一组满足这一标准的 10 条(从 500 条轨迹中随机生成的)轨迹。

为了将基本效应模型应用到对模型结果的分析当中，我们需要考虑两个特征。首先,无论是对中央集权脆弱还是对中央集权强大的国家来说,控制与兴趣两方面的矩阵(每一个矩阵有 4×4 个单元)一共有 64 个输入参数。然而,有效的数字要小一些,这是因为不随国家中央集权化而变的参数本身是需要保持不变的。它们分别是支配精英的利益、从属精英对税收的兴趣、大众对军事支持的兴趣,以及大众对政治决策以及公共物品提供的控制。敏感性分析的对象是这些参数保持不变的具体数值。此外,我们还保留了简化的假设,即主体大众与从属大众在控制与兴趣方面具有相同的比重。

其次,科尔曼交换模型中的一般属性要求每个行动者的兴趣之和为 1,正如对每种资源的控制的相对比重那样。这类限制意味着,每一类行动者都不能单独改变参数的取值。取而代之地,参数在不同的分组间作出相应的改变,以便在随机给定参数值时满足所有的限制条件。这样就产生了 8 组参数。在附录表 2.4 中,属于同一组的参数都用方括号框起来。该表列出了敏感性分析中输入参数的区间。这些区间大体上步长是 0.1,并且以正文中分析的值为中心。随机取值可以选择三个水平中的任意一个:平均值、区间的下限或上限。每当一组参数在轨迹内移动时,就会随机抽取一些满足其内部限制的参数。总之,这意味着单个参数的变化要么是 0.05,要么是 0.10,要么是根本没有发生变化。这些参数取值规则的少数例外已经接近了极端值。比如,在相对兴趣被假定为 0 的情况下,研究将兴趣取值改变 0.05 是否会产生相同的结果这一假设似乎也是充分的。

因为有 8 组参数,每组参数移动 1 次的轨迹就包含了 9 个不同的参数列表。每一个参数列表对应的则是国家中央集权化不足或者中央集权化充分的不同指定值(在附录表 2.4 中给定的区间内)。正如正文部分(请参见图 2.2)描述的那样,6 个模型估计是用来分析从一个场景到另一个场景的转变的。因此,总而言之,敏感性分析建立在 90 个参数列表(10 条最大传播轨迹,每一条轨迹都由 9 个参数列表组成)与 540 个模型估计的基础上。

它们之中没有一个形成了联盟体系,从而与“更多的国家中央集权导致国家建设并远离族群封闭与民粹民族主义”的结论相抵牾。敏感性分析确认了这一结果的稳健性,至少在附录表 2.4 展现的区间中是稳健的。其中的原因很简单:如果我们进一步扩大区间,那么终会遇到同我们结论相抵牾的均衡。然而,我们的目标是表明,即便在我们将主分析使用的模型参数改变 0.10 后,这些结果仍然

附录表 2.4　敏感性分析的参数区间，国家中央集权化的影响由此确认

	政治决策				公共物品提供				军事集权*				税收			
	dE	sE	dM	sM	dE	sE	dM	sM	dE	sE	dM	sM	dE	sE	dM	sM
C弱	[0.7 0.8] (0.75)	[0.2 0.3] (0.25)	[0 0.05] (0)	与dM取值一致	[0.5 0.6] (0.56)	[0.35 0.45] (0.38)	[0 0.05] (0.03)	与dM取值一致	[0.05 0.15] (0.13)	[0.05 0.15] (0.38)	[0.35 0.45] (0.25)	与dM取值一致	[0.15 0.25] (0.20)	[0.15 0.25] (0.20)	[0.25 0.35] (0.30)	与dM取值一致
C强	[0.85 0.95] (0.90)	[0.05 0.15] (0.10)	与C弱取值一致	与dM取值一致	[0.85 0.95] (0.91)	[0 0.1] (0.03)	与C弱取值一致	取值一致	[0 0.05] (0.05)	保持不变 (0.05)	(0.45)	值一致	[0.45 0.55] (0.50)	[0.05 0.15] (0.10)	[0.15 0.25] (0.20)	值一致

	政治决策		公共物品提供		军事支持		税收		
dE									
X弱	[0.15 0.25] (0.20)	[0 0.05] (0.01)	与X弱取值一致		[0.15 0.25] (0.20)		[0.55 0.65] (0.59)	sM	与dM取值一致
X强									
sE									
X弱	[0.05 0.15] (0.10)	[0.25 0.35] (0.30)	[0.1 0.2] (0.15)a	[0.15 0.25] (0.20)a	[0.4 0.5] (0.50)	[0.2 0.3] (0.25)a	[0.2 0.3] (0.25)	税收	与C弱取值一致
X强							(0.25)		
dM									
政治决策*	[0.45 0.55] (0.20)	保持不变 [0.35 0.45] (0.50)	公共物品品提供 [0.15 0.25] (0.20)	(0.40)	军事支持 [0 0.05] (0)	(0)	税收 [0.15 0.4] (0.60)b	[0 0.2] (0.10)b	sM 与dM取值一致
sM									
政治决策*	[0.15 0.25] (0.20)	[0.45 0.55] (0.50)	公共物品品提供 [0.15 0.25] (0.20)	[0.05 0.15] (0.10)	军事支持 与dM取值一致		税收		

注：正文中使用的参数值位于敏感性分析中使用的区间下方的括号内。* 在每一条轨迹中，大众动员的指标一起变化，随后保持不变。a. 限制：在中央集权化程度高的国家中，从属精英对提供公共物品的兴趣至少与其在中央集权化不足的国家中一样高。b. 在计算出其他三项兴趣参数后，剩余的比重就是大众对税收的相对兴趣。

是稳健的。对参数增减 0.10 的做法产生的影响是实质性的,这是因为参数的取值范围是从 0 到 1,并且构成了行动者的相对兴趣或者控制的比重,这样,0.10 的改变表明,其他行动者的兴趣或者控制比重会产生相同幅度的变化。

【注释】

[1] 对法国税收制度演变的讨论,请参见 Collins(1988)。沃尔夫(Wolfe 1972)对中世纪后期法国税收制度作了详细描述。埃内曼(Henneman 1971)描述了查理五世在位之前法国的税收状况。

[2] 其中的 4% 来自铸币权,5% 来自掌玺大臣公署[chancellerie,或拉丁语中的"emu-lumentum"和"emende",这显然是对在文件上盖皇家印章进行征税(Rey 1965:155)],10% 来自"罚款"("由罚款等收入组成")——主要是领主贡献的诉讼和罚款(包括某些地方的壁炉税,以及直到该世纪末还有对犹太社区征收 6 000 里弗尔作为高利贷税的做法)——最后的 18% 不仅包括封臣支付给国王的各种"补贴",还有从一般销售税中转移到王室财政的收入(见下文)。

[3] 中央政府征收四种类型的直接税,它们分别是不动产税(*la contribution foncière*)、门窗税(*la contribution des portes et fênetres*)、个人税(*la contribution person-nelle-mobilière*)以及专利税(*la contribution des patentes*)(Scott 1871:311;Le Comte de Franqueville 1875:289;Ministry of Public Instruction 1889:6—7;Leacock 1906:324)。其中,第四种税也被描述为"商业税"(Leacock 1906:324),以及"对所有贸易和行业征收的税"(Scott 1871:311)。

[4] 多亏了弗朗克维尔伯爵(Le Comte de Franqueville 1875:307)的研究,我们才得以了解在 1871 年巴黎市开支占其他所有市镇开支的比例。在这一时期,巴黎市的开支达到了 2 亿法郎,而其他市镇的开支总和为 5.2 亿法郎。如果我们假设巴黎市与其他市镇在直接税中享有类似的占比,那么上述市镇的数字(即 1.200 0 亿法郎)则需要减少 26.7%(即 8 800 万法郎)。

[5] 这一数字通过汇总公共教育部(Ministry of Public Instruction 1889:8—19, 22—30)统计的数据计算得出。以下页码中的数据并没有被纳入:第 20—21 页的全部内容;第 24 页中的第 3 列和第 4 列("年份"是第 0 列);以及第 25 页中的第 2—4 列。

[6] 诚然,在 19 世纪,巴黎并不是塞纳省唯一的市镇。但是巴黎的人口在全省中占有相当的比例——在 1880 年初,全省 279.932 9 万的人口中有 222.602 3 万人住在巴黎[Ministry of Commerce and Industry 1968(1886):31, 624, 627]。

[7] 每个连(*compagnie*,由 50 名士兵组成)中军官(中士、上尉、中尉、少尉)的比例为 5%。因为 5 个连组成了一个团,而每个团中有 8 名军官,因此每名军官麾下大约有 7.5 名士兵。①

[8] 林恩(Lynn 1997)估算,路易十四在位期间,外国的雇佣兵在军队总数中的占比

---

① 原文如此。——译者注

是 15%—25%。

[9] 遗憾的是,我们无法获得 1528 年关于阿泽布的募兵数据。在 1389 年,有 40 000 名阿泽布与塞尔维亚人在科索沃地区激战。在 1473 年,军队中有 18 000 名阿泽布。在 1492 年,有 9 000 名阿泽布是从鲁米利亚招募而来的,而苏莱曼一世(Suleiman Ⅰ)也在鲁米利亚招募了 20 000 人,很可能是为了一场特定的军事行动。

[10] 此处提及的学校(Mulkiye)是阿卜杜勒·哈米德进行改革,用来训练公务员的。希廖维奇(Szyliowicz 1971)研究了 475 名学生的样本。对当前的目标而言,我们只关注这些学生中的"成功"一类,即后来在职业生涯中达到总干事(general director)或更高级别(即副部长、助理副部长、大使、省长等)的人,他们占全部学生的 26%。这 109 名成功的学生中,有 13 名具有"精英"的家庭背景:他们的父亲具有帕夏(pasha)、埃芬迪(effendi)或贝伊(bey)的头衔,并担任高级职务(Szyliowicz 1971:396)。因此,这些精英占据了全部人口的 9%;而 63% 的学生来自"官员"背景的家庭,即来自属于军事-行政等级的家庭;另有 22% 的人不出自这些家庭(ibid:393)。如果我们假设,非中央精英家庭出身的学生中有相同的"成功"比例,我们可以估算出有 67 名成功学生属于从属精英,而有 29 名成功学生属于支配以及从属地位的大众。按照百分比算,有 12% 的成功学生出生自支配精英家庭,有 61% 出自从属精英家庭,而有 27% 出自非精英背景。

[11] 三级会议省的数字不足以普遍化,这是因为它们没有独立的财政权力,并且获得的所有资金都来源于中央政府。

[12] 1720 年、1760 年与 1780 年这三年的公共服务支出分别占据了昂热对应年份总支出的 5.5%、2.5% 与 9.2%(Maillard 2000:175)。这些差异在贝桑松的预算中也非常明显(1690 年是 9.5%;1705 年是 3.4%;1710 年是 5.9%)。

[13] 需要指出的是,1690 年预算条目的单位是法郎而非里弗尔(Pouchenot 1910:55—78)。然而,这在事实上很有可能就是里弗尔:因为法郎在 17 世纪就不再流通了,因此这个词本身就是里弗尔的同义词。请参见 http://www.britannica.com/EBchecked/topic/215751/franc(访问日期:2008 年 5 月 6 日)。

[14] 这些数据可以从以下网址获取:http://chnm.gmu.edu/revolution/chap1a.html(访问日期:2008 年 6 月 24 日)。这个网站代表了在弗洛伦斯·古尔德基金会(Florence Gould Foundation)与国家人文基金会(National Endowment for the Humanities)的支持下,乔治·梅森大学(George Mason University)历史与新媒体中心(the Center for History and New Media)、纽约城市大学(City University of New York)美国社会史项目(American Social History Project)的共同努力成果。网站内容的图书版可以从宾夕法尼亚州立大学出版社(Penn State University Press)处获得。

[15] 1785 年的收入可从戈德史密斯(Goldsmith 1832)的研究中获得。1695 年中央政府收入的数据来源于欧洲国家财政数据库(European State Finance Database n.d.)。

[16] 因为这一时段奥斯曼帝国中央政府使用的核算方法,只有 1527—1528 年、1660—1661 年以及 1669—1670 年期间中央政府的预算包括了明确的收入和支出信息。然而,这三项预算没有一项包括提马尔的数据(Sahillioğlu 1999:67,note 3)。

[17] 肖制作的大部分表格(Shaw 1958)报告了在 1669—1670 年前后很多年的信息。比如,许多表格包括了 1020—1082 年的条目(即 1611—1671 年,请参见 pp.xxvii—xxviii)

的条目。然而,由于这些时段的年度开支是连续的,因此确定我们关注的 20 年时间段的平均值是可能的。从表中很难看出这些条目与年度开支的相关性,但是肖(Shaw 1958)在文中的讨论也表明了这一点(请参见 Shaw 1958:90—91)。

[18] 在这一时期,平均 1 帕拉=1.2 阿克切(İnalcik 1994:87)。然而这种换算是不必要的,因为我们使用了在支出中所占的百分比来表示公共服务提供,并将其推广到整个帝国的支出层面。

[19] 这些都是我们输入的数字。所有这些数字都来自肖(Shaw 1958)一书中的第 225—238 页,除了最后一个涉及朝圣和圣城的开支数字是来自书中的第 268 页。

[20] 5.379 0 亿阿克切中的 4.033 7 亿阿克切。

[21] 为了计算中央政府的收入,我们减去了法罗基(Faroqhi 1997:541)给出的中央政府支出数据中 4 470 万阿克切的赤字。

[22] 对大众占比的估算明显是有多余的,但是这也与耶德耶尔德兹(Yedıyıldiz 1975)的估计一致,他估计有 10% 的瓦合甫是由被统治者(reaya)——农民、工匠或者商人——创造的。于克塞尔(Yüksel 1998)只将 1% 的瓦合甫归入被统治者,而将其中的 10% 归入"不明"。

[23] 从 1868 年开始,这一项目被移至苏丹国库。因此,1874—1898 年的数据是根据其单独列出的年份,即 1860—1867 年的平均值计算的。

[24] 因为在 1881 年后,这一项目被移至财政部,不再单独列出,因此报告的这一数据是 1874—1881 年数据的平均值。

[25] 这一平均值根据 1874—1875 年、1877—1878 年与 1887—1898 年这些年份的数字算出。

[26] 这一平均值根据 1887—1898 年的数字算出。在这之前,大部分的治安费用并没有在内政部的总预算中单独列出。

[27] 这一平均值根据 1874—1875 年、1877—1881 年与 1887—1898 年这些年份的数字算出。

[28] 这一平均值根据 1887—1898 年这些年份的数字算出。

[29] 这一项目在 1878 年被移至内政部后便不再单独列出。因此,这一平均值根据 1874—1875 年与 1877—1878 年这些年份的数字算出。

[30] 这一项目在 1878 年被移至内政部后便不再单独列出。因此,这一平均值根据 1868—1878 年这些年份的数字算出。

[31] 需要指出的是,我们关注的是兴趣与控制构型的转变对形成的联盟体系的影响,而非像我们对上图所作的分析那样,探索这些点预测的敏感性。

[32] 更具体地说,Δ 是 $\{1/(p-1), \cdots, 1-1/(p-1)\}$ 中的值,因为抽样步长发生在 p 级小格 Ω 内,输入空间已经在其中被离散化了。此外,当我们把 $(X_1, X_2, \cdots, X_k)$ 中的一个因子减去 Δ 时,我们得到的点仍然位于 Ω 中(Saltelli et al. 2008:110, 120)。

第三章附录

附录 3.1　民主与民族国家的建立

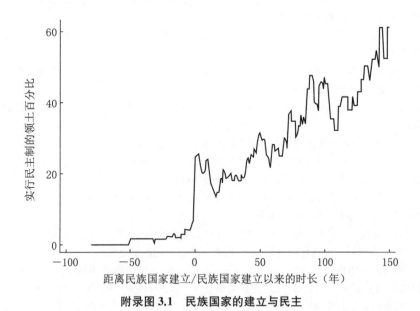

附录图 3.1　民族国家的建立与民主

附录3.2 民族国家建立的年份

国家或地区	民族国家的 第一次建立	民族国家的 第二次建立	民族国家的 第三次建立
阿富汗	1964		
阿尔及利亚	1963		
安哥拉	1975		
阿根廷	1824		
亚美尼亚	1918	1991	
澳大利亚	1948		
奥地利	1918		
阿塞拜疆	1917	1991	
巴林			
孟加拉国	1972		
白俄罗斯	1991		
比利时	1831		
贝宁	1960		
不丹	1998		
玻利维亚	1825		
波斯尼亚和黑塞哥维那	1921	1992	
博茨瓦纳	1966		
巴西	1889		
保加利亚	1879		
布基纳法索	1960		
布隆迪	1962		
柬埔寨	1953		
喀麦隆	1960		
加拿大	1867		
中非共和国	1960		
乍得	1960		
智利	1828		
哥伦比亚	1821	1831	

国家或地区	民族国家的 第一次建立	民族国家的 第二次建立	民族国家的 第三次建立
刚果民主共和国	1960		
刚果共和国	1960		
哥斯达黎加	1823	1839	
克罗地亚	1921	1991	
古巴	1902		
塞浦路斯	1960		
捷克共和国	1918	1993	
丹麦	1849		
多米尼加共和国	1844		
厄瓜多尔	1821	1830	
埃及	1923		
萨尔瓦多	1823	1841	
厄立特里亚	1993		
爱沙尼亚	1918	1991	
埃塞俄比亚	1974		
芬兰	1917		
加蓬	1960		
冈比亚	1965		
格鲁吉亚	1918	1991	
德国	1871		
加纳	1957		
希腊	1844		
危地马拉	1823	1839	
几内亚	1958		
几内亚比绍	1974		
圭亚那	1970		
洪都拉斯	1823	1839	
匈牙利	1918		
印度	1947		
印度尼西亚	1950		
伊朗	1906		

国家或地区	民族国家的 第一次建立	民族国家的 第二次建立	民族国家的 第三次建立
伊拉克	1932		
爱尔兰	1931		
以色列	1948		
意大利	1861		
科特迪瓦	1960		
日本	1868		
约旦	1946		
哈萨克斯坦	1991		
肯尼亚	1963		
科威特			
吉尔吉斯斯坦	1991		
老挝	1954		
拉脱维亚	1918	1991	
莱索托	1966		
利比里亚	1944		
利比亚			
立陶宛	1918	1991	
马其顿①	1921	1991	
马达加斯加	1960		
马拉维	1964		
马来西亚	1957		
马里	1960		
毛里塔尼亚	1960		
毛里求斯	1968		
墨西哥	1824		

---

① 原为南斯拉夫社会主义联邦共和国的一部分,于1991年独立,国名"马其顿共和国"。由于其邻国希腊认为,马其顿为希腊重要的历史文化概念,因此不同意其以"马其顿"为国名。该国于2019年先后举行全民公决和议会投票,最终改国名为"北马其顿",这一长期悬而未决的问题才得以最终解决。——译者注

国家或地区	民族国家的第一次建立	民族国家的第二次建立	民族国家的第三次建立
摩尔多瓦	1991		
蒙古	1924		
摩洛哥	1996		
莫桑比克	1975		
缅甸	1948		
尼泊尔	1990		
荷兰	1848		
新西兰	1907		
尼加拉瓜	1823	1839	
尼日尔	1960		
尼日利亚	1960		
朝鲜	1948		
挪威	1905		
阿曼			
巴基斯坦	1947		
巴拿马	1821	1831	1903
巴布亚新几内亚	1975		
秘鲁	1824		
菲律宾	1946		
波兰	1921		
葡萄牙	1822		
卡塔尔	1971		
罗马尼亚	1878		
俄罗斯	1905		
卢旺达	1962		
沙特阿拉伯			
塞内加尔	1960		
塞拉利昂	1961		
斯洛伐克	1918	1993	

国家或地区	民族国家的 第一次建立	民族国家的 第二次建立	民族国家的 第三次建立
斯洛文尼亚	1921	1991	
索马里	1960		
南非	1994		
韩国	1948		
西班牙	1820		
斯里兰卡	1948		
苏丹	1956		
苏里南	1975		
瑞典	1866		
瑞士	1848		
叙利亚	1946		
塔吉克斯坦	1991		
坦桑尼亚	1961		
泰国	1932		
多哥	1960		
突尼斯	1956		
土耳其	1924		
土库曼斯坦	1992		
乌干达	1962		
乌克兰	1918	1991	
阿拉伯联合酋长国			
乌拉圭	1830		
美国	1868		
乌兹别克斯坦	1991		
委内瑞拉	1821	1829	
越南	1954		
也门	1962	1967	1990
南斯拉夫	1878	1921	
赞比亚	1964		
津巴布韦	1980		

附录 3.3　识字率估算的来源

对跨大洲的多个领土使用相同的来源

Banks，Arthur. 1976. *Cross-National Time Series*，*1815—1973*. Ann Arbor：Inter-University Consortium for Political and Social Research.

（1963 年的阿尔及利亚，1972 年的孟加拉国，1960 年的贝宁，1960 年的布基纳法索，1953 年的柬埔寨，1960 年、1962 年的喀麦隆，1960 年的乍得，1960 年的刚果民主共和国，1960 年的刚果共和国，1960 年的塞浦路斯，1960 年的埃塞俄比亚，1960 年的加蓬，1965 年的冈比亚，1958 年的几内亚，1970 年的圭亚那，1947 年的印度，1946 年的约旦，1963 年的肯尼亚，1961 年的科威特，1954 年的老挝，1946 年的利比里亚，1952 年的利比亚，1964 年的马拉维，1960 年的毛里塔尼亚，1858 年的墨西哥，1956 年的摩洛哥，1960 年的尼日尔，1960 年的尼日利亚，1947 年的巴基斯坦，1919 年、1921 年的波兰，1971 年的卡塔尔，1879 年、1905 年的俄罗斯，1946 年、1954 年的沙特阿拉伯，1960 年的塞内加尔，1961 年的塞拉利昂，1960 年的索马里，1968 年的瑞士，1866 年、1869 年的瑞典，1961 年的坦桑尼亚，1936 年、1946 年的泰国，1956 年的突尼斯，1962 年的乌干达，1971 年的阿拉伯联合酋长国，1962 年的也门，1964 年的赞比亚。）

Darden，Keith and Anna Grzymala-Busse. 2006. "The Great Divide：Literacy，Nationalism，and the Communist Collapse，" *World Politics* 59（1）：83—115.

（1920 年的亚美尼亚，1918 年的阿塞拜疆，1920 年的波斯尼亚和黑塞哥维纳，1920 年的克罗地亚，1918 年的捷克共和国，1918 年的爱沙尼亚，1918 年的拉脱维亚。）

Meyers Konversationslexikon 1885—1892. Vienna and Leipzig：Verlag des Bibliographischen Instituts.

（1880 年的美国，1874 年的塞尔维亚，1878 年的葡萄牙。）

UNESCO. 1977. *Statistics of Educational Attainment and Illiteracy 1945—*

1974. Paris：UNESCO.

（1971 年的巴林，1961 年的孟加拉国，1964 年的博茨瓦纳，1962 年的布隆迪，1964 年的塞浦路斯，1962 年的几内亚比绍，1946 年的圭亚那，1962 年的科特迪瓦，1962 年的肯尼亚，1960 年的马里，1965 年的毛里塔尼亚，1956 年的苏丹。）

UNESCO. 2005. *Education for All, Literacy for Life*. Paris：UNESCO. Available online at：http：//portal. unesco. org/education/en/ev. php-URL_ID＝43283&URL_DO＝DO_TOPIC&URL_SECTION＝201.html.

（1950 年的印度尼西亚，1950 年的马拉维，1950 年的莫桑比克，1950 年的尼日利亚，1920 年的斯里兰卡，1950 年的乌干达。）

UNESCO Institute for Statistics. 2002. *Literacy and Non Formal Education Sector：Estimates and Projections of Adult Illiteracy for Population Aged 15 Years and Above, by Country and by Gender, 1970—2015*. Available online at：www.uis.unesco.org/en/stats/statistics/literacy2000.htm.

（1990 年的白俄罗斯，1990 年的哈萨克斯坦，1990 年的摩尔多瓦，1975 年的莫桑比克，1970 年的阿曼，1990 年的塔吉克斯坦，1995 年的土库曼斯坦，1990 年的乌兹别克斯坦，1980 年的津巴布韦。）

Vanhanen, Tatu. 2000. "A New Dataset for Measuring Democracy, 1810—1998," *Journal of Peace Research* 37(2)：251—265.

（1928 年的阿富汗，1858 年的阿根廷，1928 年的奥地利，1858 年、1878 年的玻利维亚，1858 年、1888 年的巴西，1858 年的智利，1858 年的哥伦比亚，1858 年、1888 年的哥斯达黎加，1998 年的捷克共和国，1858 年的丹麦，1988 年的吉布提，1858 年、1868 年的多米尼加共和国，1858 年的厄瓜多尔，1868 年、1918 年的萨尔瓦多，1978 年的埃塞俄比亚，1868 年的危地马拉，1988 年的几内亚比绍，1858 年、1888 年的洪都拉斯，1908 年的伊朗，1938 年的伊拉克，1938 年的爱尔兰，1948 年的以色列，1968 年的科威特，1998 年的吉尔吉斯斯坦，1908 年的利比里亚，1938 年的尼泊尔，1858 年的荷兰，1858 年、1898 年的尼加拉瓜，1888 年、1908 年的挪威，1908 年、1928 年的巴拿马，1858 年、1878 年的巴拉圭，1858 年的秘鲁，1918 年、1998 年的南非，1988 年的苏里南，1858 年的瑞士，1858 年的乌拉圭，1858 年的委内瑞拉。）

奥斯曼帝国行省

Behar，Cem. 1986. *Review of Ottoman Population*，*1830—1914* by Kemal H. Karpat，in *Population Studies* 40(2):322—323

［1904 年伊斯坦布尔有 40％的男性识字,这支持了芬德利(Findley)的估算,反驳了凯玛尔·卡帕特的人口普查数据。］

Bergaoui，Sami. 1996. "Distribution des notaires dans la régence de Tunis en 1874," *Arabica* 43(3):422—436.

［1816 年的突尼斯、利比亚、阿尔及利亚、摩洛哥和马来西亚。在 1874 年的突尼斯,所有识字的男性都可以注册成为公证人,村庄、部落和城市中的许多人都这么做了。正如贝尔加维(Bergaoui)指出,大多数乌理玛也被注册为公证人。他认为,这一比例占到男性人口的 0.4％,这一比例相当低。我们估算识字率有 1％,假设所有的女性都是文盲,但是有 2％的男性可以读写。我们使用 1816 年利比亚、阿尔及利亚、摩洛哥和马来西亚的数据。］

Cole，Juan Ricardo. 2000. *Colonialism and Revolution in the Middle East：Social and Cultural Origins of Egypt's Urabi Movement*. American University in Cairo Press.

（书中的第 114 页估算,在 1800 年和 1880 年,开罗的报纸阅读率分别是 1％和 4.5％。这支持了芬德利的估算。）

Daskalova，Krassimira. 1997. *Literacy and Reading in Nineteenth-Century Bulgaria*. University of Washington.

（1887 年及之后的保加利亚。）

Findley，Carter W. 1989. *Ottoman Civil Officialdom*. Princeton University Press.

（1800 年和 1900 年的奥斯曼帝国。）

Gordon，Jr.，Raymond. 2005. *Ethnologue：Languages of the World*，*15th Edition*. Dallas：SIL International.

（1993 年的奥斯曼帝国。）

Hanna，Nelly. 2007. "Literacy and the 'Great Divide' in the Islamic World,

1300—1800," *Journal of Global history* 2:175—193.

（在 18 世纪后期的开罗，有 1/3 的男性上过小学。在 18 世纪早期的大马士革，20％的家庭有藏书。我们并没有使用这些数据，但是它支持了在 19 世纪初期奥斯曼帝国的边缘识字率较低这一事实。）

Khalidi, Rashid. 2006. *The Iron Cage：The Story of the Palestinian Struggle for Statehood*. Boston：Beacon Press.

［书中的第 14 页分别是巴勒斯坦犹太人和阿拉伯人的识字率。综合麦卡锡（McCarthy）对人口的统计，计算整体识字率。］

McCarthy, Justin. 1988. *The Population of Palestine：Population History and Statistics of the Late Ottoman Period and the Mandate*. New York：Columbia University Press.

（书中的第 31 页是关于以色列的人口数据。）

Roudometof, Victor. 2000. "The Social Origins of Balkan Politics：Nationalism, Underdevelopment, and the Nation-state in Greece, Serbia, and Bulgaria, 1880—1920," *Mediterranean Quarterly* 11(3):144—163.

（1840 年的希腊。）

Simon, Reeva. 1986. *Iraq Between the Two World Wars：The Implementation of Nationalist Ideology*. New York：Columbia University Press.

（书中的第 81 页是 1918 年伊拉克的数据；该书支持了芬德利的估算。）

Somel, Selcuk Aksin. 2001. *The Modernization of Public Education in the Ottoman Empire：1839—1908*. Leiden：Brill.

（书中的第 19 页指出，根据 16—17 世纪的游记对教授《古兰经》的学校数量的记载，"至少"有 1/4 的城市人口可以用土耳其语读写。我们假设这一记载只表明男性可以这么做。这一数据支持了芬德利的有关估算。）

南亚和东南亚

Basu, Aparna. 1981. *Essays in the History of Indian Education*. New Delhi：Concep Publishers.

（1821 年孟买、古吉拉特和孟加拉的数据；用来计算印度的全部数据。）

Bayly，C. A. 2008. "Indigenous and Colonial Origins of Comparative Economic Development：The Case of Colonial India and Africa," *BMPI Working Paper* 59.

[1800 年印度的数据，对应了巴苏（Basu）的计算结果。]

Cheesman, Nick. 2003. "State and Sangha in Burma," *Comparative Education* 39(1)：45—63.

（1872 年缅甸的数据；根据英国殖民当局的人口普查数字，男性的识字率是 32%，监狱中的年长的男性识字率是 60%，我们用它来估算缅甸被殖民前的识字率。）

Myrdal，Gunnar. 1968. *Asian Drama：An Inquiry into the Poverty of Nations*，*Volume iii*. New York：Pantheon.

[包括了缅甸、斯里兰卡、马来西亚和菲律宾在 1901 年和 1931 年的数据。印度、缅甸和斯里兰卡的数据源自联合国教科文组织《各国识字率的进步》（*Progress of Literacy in Various Countries*）；菲律宾的数字源自"人类关系领域档案"（*Human Relations Area Files*），马来西亚的数据来自联合国教科文组织《中世纪的世界识字率》（*World Illiteracy at Mid-Century*）。]

Nederlandsch-Indie. 1922. *Uitkomsten der in de Maand November 1920 Gehouden Volkstelling*. Batavia：Drukkerijen Ruygrok.

（1920 年的印度尼西亚。）

Reid，Anthony. 1990. *Southeast Asia in the Age of Commerce*，*1450—1680：Volume One：The Lands below the Winds*. New Haven：Yale University Press.

（用于对 1920 年印度尼西亚数据的解释。关于 19 世纪下半叶暹罗的数据，法国传教士报告，当时只有 10% 的入学男孩可以读写。马来西亚的教育体系主要是针对精英阶层，教会他们使用阿拉伯语，而不是教大众白话文，这就证明了 1800 年马格里布国家的数字是合理的。）

Statesman's Year-Book. 1885. Entry for "India." Basingstoke：Palgrave.

（1881 年的印度。）

Tambiah，Stanley. 1975. "Literacy in a Buddhist village in north-east Thailand," in Jack Goody, ed., *Literacy in Traditional Societies*. Cambridge University Press. 85—131.

［1800 年的泰国、柬埔寨和老挝；我们对泰国前现代偏远乡村地区识字率的估算建立在对佛教学校数量的统计基础上，得出当时男性的识字率是 20％，但是一些人在离开学校后丧失了阅读能力，正如传教士雷德(Reid)在 19 世纪下半叶说的那样；因此，我们对 1800 年的泰国、柬埔寨和老挝识字率的估算都是 10％。］

欧洲

Crafts, N. 2002. "The Human Development Index, 1870—1999: Some Revised Estimates," *European Review of Economic History* 6:395—405.

（1870 年的奥地利、比利时、加拿大、丹麦、芬兰、挪威、西班牙、瑞典和瑞士。）

Grunder, Hans-Ulrich. 1998. "Alphabetisierung," in *Historisches Lexikon der Schweiz*. Bern: Swiss Academy of Humanities and Social Sciences.

（关于 18 世纪后期瑞士的其他数据。）

Johansson, Egil. 1988. "Literacy Campaigns in Sweden," *Interchange* 19 (3):135—162.

（1880 年和 1920 年的芬兰。）

Markussen, Ingrid. 1990. "The Development of Writing Ability in the Nordic Countries in the Eighteenth and Nineteenth Century," *Scandinavian Journal of History* 15:37—63.

（对丹麦人口中完全识字率增长幅度的计算，建立在农民会写名字的比例以及监狱囚犯识字率的增长这一基础上，用以回溯性地推断丹麦人口普查数据。）

Messerli, Alfred. 2002. *Lesen un Schreiben 1700 bis 1900*. Tübingen: Niemeyer.

（18 世纪的瑞士。）

Myers, Martha. 1977. *The Early Development of the Serbian and Romanian National Movements: 1800—1866*. Paper given at the Department of History and the Honors College at the University of Oregon.

（1866 年的塞尔维亚。）

Reis, Jaime. 2005. "Economic Growth, Human Capital Formation and Consumption in Western Europe Before 1800," in Robert C. Allen，Tommy Bengtsson，and Martin Dribe，eds.，*Living Standards in the Past*. Oxford University Press. 195—225.

（1800 年的比利时、匈牙利、荷兰、挪威、葡萄牙和瑞典。）

Soubeyroux，Jacques. 1985. "Niveles de alfabetización en la España del siglo XVIII. Primeros resultados de una encuesta en curso," *Revista de Historia Moderna* 5：159—172.

（18 世纪后期的西班牙。）

Statesman's Year-Book. 1885. Entry for "Serbia." Basingstoke：Palgrave.

（1884 年的塞尔维亚）

Tortella，Gabriel. 1994. "Patterns of Economic Retardation and Recovery in South-western Europe in the Nineteenth and Twentieth Centuries," *The Economic History Review* 47(1)：1—21.

（1860 年的比利时、葡萄牙和西班牙。）

Toth，Istvan György. 1996. *Literacy and Written Culture in Early Modern Central Europe*. Budapest：CEU Press.

［第 53 页是 19 世纪上半叶匈牙利地区的数据，建立在能写名字的基础上，并非代表完全识字，对应了雷斯（Reis）的数据。］

哈布斯堡王朝的领地

Hickman，Anton. 1909. *Geographisch-statistischer Taschen-Atlas von Oesterreich-Ungarn*. Wien：Freytag & Berndt.

（1880 年的奥地利继承国，奥地利帝国控制下的克罗地亚部分。）

Toth，Istvan György. 1996. *Literacy and Written Culture in Early Modern Central Europe*. Budapest：CEU Press.

［该书第 36—46 页比较了普鲁士和奥地利在有效实施学校改革方面的相似之处，以及 19 世纪早期两地小学的入学率。第 196 页是根据人口普查数据统计的 1870 年到 1890 年匈牙利王国内部匈牙利、斯洛伐克、克罗地亚和罗马尼亚各部的识字率。克罗地亚数据则合并了希克曼（Hickman）对奥地利帝国治下克罗

地亚的统计数据。]

van Horn Melton，James. 1988. *Absolutism and Eighteenth-Century Origins of Compulsory Schooling in Prussia and Austria*. Cambridge：Cambridge University Press.

（有关 18 世纪末普鲁士和奥地利在发展"启蒙"学校体系方面的并行努力。）

Vardy，Bela. 2001. "Image and self-image Among Hungarian Americans," *East Europe Quarterly* 35(3)：309—345.

（1910 年的斯洛伐克。）

Winnige，Norbert. 2001. "Alphabetisierung in Brandenbug-Preussen 1600—1850. Zu den Grundlagen von Kommunikation und Rezeption," in Ralf Pröve and Norbert Winnige，eds.，*Wissen ist Macht. Herrschaft und Kommunikation in Brandenburg-Preussen 1600—1850*. Berlin：Spitz. 49—67.

［关于普鲁士各省的数据,建立在征兵数据和已婚夫妇能书写名字的数据基础上。我们同样使用在 1800—1814 年间威斯特伐利亚省中夫妇能写名字的数据(45%),作为奥地利、斯洛文尼亚与捷克的数据起始点。正如征兵数据显示的那样,与萨克森或莱茵兰两地相比,威斯特伐利亚省的识字率更接近普鲁士-勃兰登堡地区。]

俄罗斯帝国

Bogdanov，Ivan Mikhailovich. 1964. *Gramotnost I obrazovanie v dorevoliutsionnoi Rossii I v USSR；Istoriko-statisticheskii ocherki*. Moscow：Statistika.

（我们使用 1883 年和 1897 年比萨拉比亚的数据来表示同时期的摩尔多瓦数据。）

Cipolla，Carlo M. 1969. *Literacy and Development in the West*. Baltimore：Pelican.

［1871 年的普鲁士、波兹南和波美拉尼亚①的数据,同时合并了特罗伊尼茨基(Trointskii)给出的 1897 年俄罗斯欧洲部分的数据,用以计算波兰的数据。]

---

① 欧洲地理名称,位于现今德国和波兰的北部。——译者注

Dickens，Mark. 1988. *Soviet Language Policy in Central Asia*. Available online at：www.oxuscom.com/lang-policy.htm.

（1897 年的中亚各国。）

Hughes，Lindsey. 2006. "Russian Culture in the Eighteenth Century," in Maureen Perrie，ed.，*The Cambridge History of Russia：Imperial Russia，1691—1917*. Cambridge University Press. 67—91.

（1797 年的俄罗斯。）

Liber，George. 1982. "Language，Literacy，and Book Publishing in the Ukrainian SSR，1923—1928," *Slavic Review* 41(4)：673—685.

（1897 年的乌克兰。）

Raun，Toivo U. 1979. "The Development of Estonian Literacy in the 18th and 19th Centuries," *Journal of Baltic Studies* 10(2)：115—126.

［1816 年波罗的海国家的数据是根据后来人口普查中年龄较老的一组计算得出的,此外还加上了 1881 年爱沙尼亚和利夫兰（Livland）①的人口普查数据。］

StateUniversity. com. 2009. *Belarus-History and Background*. Available online at：http://education. stateuniversity. com/pages/139/Belarus-HISTORY-BACKGROUND.html.

（1894 年的白俄罗斯,1894 年的立陶宛。）

Troinitskii，N. A. 1905. *Obshtii Svod po Imperii Rezultatov Razrabotki Dannuih Pervoi Vseobshtei Perepisi Nasalenia，Proizvedennoi 28 Yanvarya 1897 Goda*. Saint Petersburg：Tsentralny statisticheskii komitet.

［1897 年的高加索国家。使用俄罗斯的欧洲部分数据来计算波兰的数据。遗憾的是,根据劳恩（Raun）的说法,这些数据似乎指的仅是识字率,而不是读写率。］

Yudina，P. F. and F. N. Petrova. 1946. *Strany Mira*. Moscow：Gosudarstvenii Nauchnii Institute "Sovetskaya Entsiklopediya".

---

① 欧洲东北部的历史地区,此处为德语,英文为 Livonia。——译者注

（1926 年和 1939 年的俄罗斯、乌克兰、白俄罗斯、阿塞拜疆、格鲁吉亚、亚美尼亚、土库曼斯坦、乌兹别克斯坦、塔吉克斯坦、哈萨克斯坦、吉尔吉斯斯坦。）

美洲与太平洋地区的定居社会

Commonwealth Bureau of Census and Statistics and Chas H. Wickens. 1921. *Census of the Commonwealth of Australia*, *Taken for the Night between the 3rd and 4th April*, *1921*. Melbourne：H. J. Green, Government Printer.

（1901 年、1911 年和 1921 年的澳大利亚，不包括原住民。）

Korotayey, Andrey, Artemy Malkov and Daria Khaltourina. 2006. *Introduction to Social Macrodynamics. Compact Macro-models of the World System Growth*. Moscow：Editorial URSS.

（1800 年的墨西哥，第 87 页及之后若干页。）

Leigh，Edwin. 1870. "Illiteracy in the United States,"*American Journal of Education* 19：801—835.

（1850 年和 1860 年的美国。）

Lloyd Prichard，Muriel F. 1970. *An Economic History of New Zealand to 1939*. Auckland：Collins.

（1896 年和 1911 年的新西兰。）

Seecharan，Clem. 1997. *Tiger in the Stars*：*The Anatomy of Indian Achievement in British Guiana 1919—1929*. London：Macmillan.

（1931 年的圭亚那。）

Sinclair，Keith. 1990. *The Oxford Illustrated History of New Zealand*. Auckland：Oxford University Press.

（1871 年和 1886 年的新西兰。）

Soltow，Lee. 1981. *The Rise of Literacy and the Common School in the United States*：*A Socioeconomic Analysis to 1870*. University of Chicago Press.

［我们使用雷（Leigh）给出的白人与非白人的识字比率，根据 1800 年白人的数据计算了当年总人口的识字率。］

非洲

Campbell, Gwyn. 1991. "The State and Pre-colonial Demographic History: The Case of Nineteenth-century Madagascar," *The Journal of African History* 32(3):415—445.

（19 世纪的马达加斯加人口数据。）

Census Office of the Cape of Good Hope. 1875. *Census of the Colony of the Cape of Good hope*. Cape Town: Saul Solomon and Company.

［1875 年的莱索托/巴苏陀兰(Basutoland)①。］

Central Intelligence Agency. 2009. "Eritrea," in *World Factbook*. Available online at: www.cia.gov/library/publications/the-world-factbook/print/er.html.

（2003 年的厄立特里亚。）

Gogue, Anne Marie. 2006. *Aux origins du mai malgache: désir d'école et competition sociale, 1951—1972*. Paris: Karthala.

（被殖民前的马达加斯加。）

Hizen, H. and V. H. Hundsdörfer. 1979. *The Tanzanian Experience: Education for Liberation and Development*. Hamburg: UNESCO Institute for Education.

（1967 年的坦桑尼亚。）

Lange, Matthew. 2003. "Embedding the Colonial State: A Comparative Analysis of State Building and Broad-based Development in Mauritius," *Social Science History* 27(3):397—423.

［毛里求斯在 1931 年、1944 年、1952 年的数据，以及对 1830 年数据的估算，都假定所有的奴隶以及曾为奴隶的混血儿都是文盲，而有 50％的白人和自由民是识字的，即根据齐波拉(Cipolla)的说法，其程度与 1830 年的法国相同。］

Moradi, A. n.d. *Men under Arms in Colonial Africa: Gold Coast Regiment*. University of Sussex, Department of Economics, unpublished manuscript.

---

① 莱索托独立前的旧称。——译者注

（1916 年和 1942 年的加纳数据，建立在对世界大战中新兵识字率的检验基础上，这以前是用来计算英国在非洲其他殖民地相应的数据增长的。）

Smith，Michael G. 1975. *Corporations and Society：On the Social Anthropology of Collective Action*. New Brunswick：Aldine.

（1946 年的圭亚那[①]。）

Snelson，Peter. 1974. *Educational Development in Northern Rhodesia，1883—1945*. Lusaka：National Educational Company of Zambia.

（1945 年的赞比亚。）

State University. com. *Angola-Constitutional and Legal Foundations*. Available online at：http://education. stateuniversity. com/pages/33/Angola-CONSTITU-TIONAL-LEGAL-FOUNDATIONS. html.

（1975 年的安哥拉。）

UNESCO. 1957. *World Illiteracy at Mid-Century：A Statistical Study*. Paris：UNESCO.

（1950 年的厄里特尼亚和冈比亚。）

东亚

Cooke，Nola. 1995. "The Composition of the Nineteenth-century Political Elite of Pre-colonial Nguyen Vietnam（1802—1883），" *Modern Asian Studies* 29 (4)：741—764.

（书中第 201 页支持了被殖民前的越南普遍存在最低限度的识字率一说，尽管儒家的科举考试是高度精英化的。）

Dore，Ronald P. 1992. *Education in Tokugawa Japan*. Berkeley：University of California Press.

［附录 1 中的估算是，在 1868 年，有 26.5％的学龄儿童进入了三年制到四年制教授读写的学校；我们的数据建立在平浩二（Taira）对多尔（Dore）数据的解读基础上。］

---

① 圭亚那为南美洲国家，作者将其放入非洲国家的类别中似乎有误。——译者注

Kim，Chong-Soi. 2001. *Han'guk munhae kyoyuk yoine'gu*. Seoul：Kyoyuk Kwahaksa.

（1930 年朝鲜的数据建立在其人口普查的基础上：15.5％的人能读朝鲜文字的文本；有 7.6％的人能同时读朝鲜语与日语；有 0.03％的人只认识日语；平均有 22.3％的人会朝鲜语或者日语。）

Rawski，Evelyn S. 1979. *Education and Popular Literacy in Ch'ing China*. Ann Arbor：University of Michigan Press.

（1850—1900 年的中国数据，源自该书中第七章；我们也使用这一数据来表示被殖民前的越南与朝鲜。）

Rubinger，Richard. 2007. *Popular Literacy in Early Modern Japan*. Honolulu：University of Hawaii Press.

（1881 年偏远乡村的完全识字率：有 8.2％的男性识字，这一比例在几代人中基本稳定；在 1889 年，20 岁入伍的新兵中能够写下自己名字加上受过"一些教育"的比例是 53％；在 1876 年到 1885 年之间：三个国家居民中在能写下自己名字的能力方面的性别差异是 34％；将性别差异与军队招募数据合并，我们可以得到 1889 年 20 岁居民的识字率为 36％；当然，所有这些数据我们都没有使用，我们采用的是平浩二的数据。）

Simpson，Andrew. 2007. *Language and National Identity in Asia*. Oxford University Press.

（书中的第 210 页提到，被殖民前的朝鲜人的识字率并不比殖民时代高，这与用中国数据代表被殖民前的朝鲜相一致。）

Taira，Koji. 1971. "Education and Literacy in Meiji Japan：An Interpretation," *Explorations in Economic history* 8(4)：371—394.

（1816 年、1868 年和 1910 年的日本数据：前两个年份的数据估算建立在多尔的研究基础上，第三个年份的数据基于根据征兵数据与工厂调查得出的入学率。）

Woodside，Alexander. 1983. "The Triumphs and Failures of Mass Education in Vietnam," *Pacific Affairs* 56(3)：401—427.

（反驳了联合国教科文组织文件中越南的重申，即在 1945 年时越南全国有 95％的人口都是文盲。支持了越南识字率高的说法。）

附录 3.4 相关系数矩阵、平均值与标准差

附录表 3.1 变量的平均值、标准差与相关性

	R	L	Y	E	S_1	S_2	I	NS_W	NS_E	NS_N	P	W_E	W_T
R:每平方千米内的铁路里程		0.514	0.553	0.025	0.346	0.273	0.229	0.279	−0.005	0.065	0.085	0.057	−0.001
L:成年人中的识字率百分比			0.711	0.292	0.563	0.588	0.336	0.597	0.012	0.088	0.267	0.017	0.002
Y:第一次民族国家建立以来的年份				0.218	0.602	0.667	0.445	0.654	0.071	0.118	0.141	0.011	0.068
E:中央政府对该领土的开支					0.419	0.494	0.299	0.502	0.084	0.053	−0.005	0.011	0.041
S_1:年份的第一次立方样条						0.912	0.810	0.911	0.244	0.167	0.053	0.129	0.049
S_2:年份的第二次立方样条							0.786	0.960	0.240	0.145	0.029	0.060	0.048
I:中心在政府间组织中的成员资格								0.713	0.443	0.150	0.025	0.227	0.066
NS_W:全世界民族国家的数量									0.208	0.143	0.044	0.004	0.033
NS_E:过去五年内在帝国内建立的民族国家数量										0.264	−0.040	0.180	0.088
NS_N:过去五年内在周边建立的民族国家数量											−0.053	0.074	0.179
P:中心在全球权力中所占比重												0.244	0.028
W_E:在帝国内爆发的战争数量													0.165
W_T:在领土上爆发的战争数量													
平均值	5.671	20.563	11.655	0.447	1 888.442	21.581	15.202	40.360	0.252	0.087	0.074	0.539	0.056
标准差	16.044	27.161	24.185	1.249	46.625	30.221	20.805	26.898	1.076	0.361	0.080	1.134	0.252
样本量	17 500	17 667	17 667	9 821	17 667	17 667	17 518	17 667	17 667	17 667	16 488	17 522	17 522

第四章附录

附录 4.1　战争数据库

威默和闵的世界冲突数据库是一种以领土-年份为基本构成的数据库,它覆盖了 1816 年到 2001 年间长达 186 年内、发生在 150 块领土上的相关冲突信息。它收录了 28 162 个领土-年份观察值,其中包括大量在民族国家出现之前的时段内的观察值。[1]数据库的观察单元是领土,这是一种不同于国家或者政府在任何时间点内治下领土的地理单元。我们使用 2001 年时的世界各国作为领土小格,然后根据这些固定的地理单元回溯到我们数据库记录的起始年份 1816 年。该数据库对发生在 619 块领土上的 484 场不同类型的战争进行了编码。在这 484 场战争中,有 77 场征服战争、111 场国家间战争、187 场非分离主义内战,以及 109 场分离主义内战。为了对战争何时爆发以及它们会持续多长时间进行编码,我们首先回顾了被广泛使用的战争关联数据库所列的战争,并且对这份战争列表进行实质性的修改与扩展。接下来我们将详细描述这些扩展工作。

新增的战争

战争关联数据库只包括了在 1920 年之前与英国或者法国有着外交关系的国家,以及在此之后国际联盟或联合国的成员。为了克服战争关联数据库中以西方为中心的偏误,我们增加了在没有被西方强权承认的国家所控制的领土上发生的战争。这就纳入了 19 世纪的拉丁美洲,以及在被战争关联数据库识别为殖民地或独立国家之前年份的亚洲与非洲的领土,从而扩展了研究视野。战争关联数据库的第二个偏误是,在殖民地领土上,只有涉及殖民国家的战争才被纳入数据库中。相比之下,我们通过关注殖民统治期间的内战,克服了这种殖民中心主义造成的偏误。

为了给新增的战争和领土进行编码,我们转向了战争关联数据库建库时依靠的原始数据,以及过去几十年中发表的其他量化研究。根据理查森所著的《致命争端的统计数据》(*Statistics of Deadly Quarrels*)一书(Richardson 1960),我们增录了 9 场战争。我们在克劳德菲尔特(Clodfelter 2002)所著的《战争与武装冲突》(*Warfare and Armed Conflict*)一书中发现了另外 24 场战争。我们还查阅了 OnWar.com 这个业余的在线网站,它列出了大量的战争,虽然没有系统性,但有时却蕴含着丰富的信息。我们对网站上所列的战争列表进行了逐一判读,并至少根据一个额外的独立来源(通常可以在互联网上找到)来核实战争爆发的日期和死亡信息。这样,我们又增加了 18 场新的战争。最后,依托格莱迪奇等人(Gleditsch et al. 2002)的研究,并且在采纳了格莱迪奇(Gleditsch 2004)作出的一些修订后,我们将战争列表更新到了 2001 年,增加了 7 场战争。总而言之,通过对这些不同资源的检索,我们总共增录了 58 场新的战争。

此外,为了判定是否应当从纷繁复杂的资料来源中收录一场战争,我们使用战争关联数据库给定的战争死亡阈值——每年 1 000 人——作为判断依据。对于所有新识别的战争,如果其导致的死亡人数无法确认,那么最终会被我们排除在收录的列表之外[这是一个相当大的数字,特别是理查森(Richardson 1960)所列的战争]。我们还对照其他资源,对我们收录的战争列表进行了交叉检验。这些资源包括了《世界军事与社会开支》(*World Military and Social Expenditures* 1987:29—31)、巴特沃斯(Butterworth 1976)搜集的第二次世界大战后的战争列表,以及一些全面性不足的战争列表(Miall 1992;Licklider 1995),这些资源都没有提供新的信息。

虽然我们已经尽力列出了最全面的冲突列表,但列表的覆盖面仍然存在潜在的空白。其中,最值得关注的是前殖民时代的战争。由于缺乏书面的历史记载和/或历史研究,我们的数据库可能错误地评估了被殖民前的非洲和亚洲的部分地区发生战争的频率。我们猜测以下一些战争可能已经达到了 1 000 人战死的阈值，但我们对此却无法通过多种渠道加以证实，它们分别是：被殖民前的尼日利亚的约鲁巴国家间的战争；19 世纪中叶分别发生在埃塞俄比亚与阿富汗的内战；在乌干达被殖民前，与布干达（Buganda）①有关的扩张战争；以及在被俄罗斯征服之前，中亚各汗国之间发生的战争。

此外，一些征服战争可能也被遗漏了，这是因为缺少反殖民力量伤亡人数的数据。战争关联数据库的第一版只收录了殖民帝国军队的伤亡人数。之后的版本收录了殖民地士兵的伤亡人数，但是我们仍然不清楚这是不是意味着之前被排除的战争重新被收录进来了（Sambanis 2004）。在我们的印象中，这些新增的数据并不是被系统性地收录的，只有当我们遇到有据可查的案例时，才相应增录了少数这种类别的战争。

对战争地点的新的编码

战争关联数据库提供了卷入战争的国家信息，但是并没有提供它们的地理信息。为了能将整理汇总出的战争列表与我们设计的以领土–年份为基本构成的数据库相匹配，我们以当前全球国家的划分作为一个固定的领土小格，在此基础上为所有的战争增加了地点编码。对此，我们将 OnWar.com 数据库与克劳德菲尔特（Clodfelter 2002）的列表作为确定战争地点的主要资料来源；在必要的时候，我们还会通过另外的网络搜索，来查找有关主要战斗发生的地理位置的信息。如果战斗发生的地点不止一个（如俄罗斯革命），那么我们就对多个地点进行编码。按照战争关联数据库采用的确定战争参与者的编码规则，我们将每一块爆发过至少造成 100 人死亡或者有 1 000 名军人参与的战争的领土编码为战争发生的地点。

需要说明的是，有一些案例并不符合我们的编码规则：在一些内战中，旨在

---

① 布干达原是非洲大湖地区具有较长历史的王国，后遭受英国殖民统治，连同周边的国家被英国合并成乌干达保护国。乌干达独立后，布干达王国一度因总理阿波罗·米尔顿·奥博特（Apollo Milton Obote）和总统伊迪·阿明·达达（Idi Amin Dada）的先后独裁统治而长期遭到废除，直到 1993 年由总统约韦里·卡古塔·穆塞韦尼（Yoweri Kaguta Museveni）加以恢复。现作为乌干达共和国的联邦成员，实行君主立宪制。——译者注

推翻政府的武装力量可能将行动基地设置在当事国的领土之外。这些基地可能会遭到政府军跨境行动的攻击。对于这些跨境行动,我们认为并不需要增加战争的第二个地点(这些案例包括尼加拉瓜、安哥拉、津巴布韦与土耳其的内战)。

当然,按照这种方式进行的地理编码也产生了一些奇怪的情形,这主要是因为不断扩张的帝国之间在其核心领土之外的某个地区相撞,对该地区的控制权展开争夺,并且当地也没有足够强大的力量参与战斗。根据领土编码的逻辑,这些战争并不发生在两大帝国的领土上,而是与战斗发生的领土相关。这些例子包括 1904 年的日俄战争,其地理编码是中国(而非俄国或者日本的任何一方);1826 年的俄国-波斯战争,地点被分别编码到亚美尼亚、阿富汗与土耳其(地点既不是俄国也不是波斯);1887 年意大利与埃塞俄比亚的战争,其战场在厄立特里亚(并非埃塞俄比亚);1931 年在苏联中亚地区领土上爆发的叛乱,地点被标记在了中国。为了保持编码的一致性,我们保留了这种严格的地区编码。

新的战争类型学

战争关联数据库按照战争参与的行动者类型,而非他们各自的政治目标来给战争进行归类。按照战争关联数据库的定义,国家间的战争包括了两个作为行动者的主权国家,而内战则是主权国家与其内部非国家行动者之间的战争。如果两个国家行动者的其中一个不在国际承认的国家体系当中,那么战争就被编码为帝国战争。当内战中的国家行动者不是国际承认的独立国家,而是特定国家的属地时,那么战争就被编码为"殖民战争"。从我们从事的项目目的来说,我们对战争参与方在国际体系中的地位并不感兴趣,相反,对它们追求的政治目标更感兴趣。这些目标包括了建立民族国家、扩大帝国的统治范围,以及在现有的国家中获得权力等。

在我们建立的新的类型学中,不同政体间的战争被分成了征服战争和国家间战争两类。而内战既可以是非分离主义性质的,也可以是分离主义性质的。分离主义性质的战争被我们进一步分成非民族主义性质的与民族主义性质的这两大类。此外,我们还采用了与费伦和莱廷(Fearon and Laitin 2003)相同的标准,将非分离主义性质的内战进一步细分成族群性质的与非族群性质的这两种子类型。在第四章中,我们并没有充分区分族群性质的内战与非族群性质的内战，因此在这里我将不会详细描述基本的编码规则。

附录表 4.1 展示了新的战争类型与战争关联数据库给出的旧的战争类型之间的关联性。按照下列编码规则，战争关联数据库中收录的大多数战争都需要被重新分类。首先，我们将非殖民性的帝国［奥斯曼帝国、哈布斯堡王朝、中华帝国、罗曼诺夫王朝、阿比西尼亚（Abyssinian）帝国①］、苏联与殖民帝国（法国、葡萄牙、英国、荷兰）同等对待。因此，如在巴尔干半岛反对奥斯曼帝国统治的叛乱（希腊、塞尔维亚等发动的"解放战争"），与阿尔及利亚或安哥拉反对殖民统治的战争都被我们归为一类。相比之下，战争关联数据库将克里特人反对奥斯曼帝国统治的起义归类为内战，将阿尔及利亚的民族解放战争归类为战争。

其次，根据不同行动者追求的不同政治目标，我们用民族主义性质的分离主义战争与非民族主义性质的分离主义战争间的区别取代了战争关联数据库中殖民战争与帝国战争间的区别。"民族主义性质的分离主义战争"被定义为反对政治中心的叛乱（帝国的中心或者已经建立的民族国家），其明确目标是建立一个代表了按照民族定义的人民的独立国家，因此符合现代民族国家的理念。如果这种分离主义性质的运动没有受到民族主义理念的驱动，而是受到前现代政治合法性原则的驱动，那么我们就将其归类为非民族主义性质的分离战争。然而，如果叛乱是为了抵抗政治中心制定的侵犯传统权利的法律，或者是加税，或者是直接统治，而非挑战现有国家的边界，那么我们就将其归入非分离主义性质的内战当中。

在分离主义性质与非分离主义性质的内战之间还存在着细微的差别，因为许多反抗加税的叛乱最终演变成了民族解放战争，而许多反帝运动的参与者则由各自怀着不同目的的群体组成。1925 年到 1927 年间发生在黎巴嫩的反对法国殖民统治的德鲁兹人（Druze）②起义就是鲜明的例子。这场起义最初由德鲁兹山地部落发起，目的是反抗法国殖民当局的直接统治，他们之后加入了阿拉伯叙利亚民族主义者的阵营。与之相似的是，判断建立一个新国家的诉求是民族主

---

① 即今天埃塞俄比亚联邦民主共和国的前身。——译者注

② 归属伊斯兰教德鲁兹派的阿拉伯人，主要生活在黎巴嫩、叙利亚等地。——译者注

附录表 4.1　战争类型学

主要类型	政权间的战争		内战			
子类型	征服战争	国家间的战争	分离主义性质的内战		非分离主义性质的内战	
子类型的定义	国家领土的扩张，对新领土和人口的永久吞并；对此类扩张的反抗	国家间围绕边界、领土以及地区霸权的斗争（但目标不是永久吞并）	反对政治中心，旨在建立独立国家的战争		不同群体之间围绕国内权力关系、地方或族群自治程度、税负以及王朝继承等议题的战争，其中至少有一方代表中央政府	
子类型的子类型			民族主义性质的分离主义战争	非民族主义性质的分离主义战争	族群内战	非族群内战
子类型的子类型的定义			旨在建立独立的现代国家（独立的阿富汗国、苏丹国、王国、部落联盟等）的战争	旨在建立前现代独立国家的殖民战争；一些本属于内战的战争被添加到此处	以族群定义冲突边界，且/或大量基于族群网络进行招募的战争	不以族群定义冲突边界，且不基于族群网络进行招募的战争
最接近战争关联数据库中的类别	帝国战争	国家间战争，但是如果目标是永久吞并领土，则重新归为征服战争	如果目标是建立独立民族国家，而不是减轻税负，改变行政管理结构，及重建特权等的殖民战争，添入一些目标为建立于独立民族国家的内战		内战，不过添入一些降低税负、恢复特权原则、改变行政管理原则，及殖民战争	

义性质的还是非民族主义性质的也很困难。比如在 1836 年，信仰基督教的叛乱分子向奥斯曼帝国的苏丹提出，要求建立一个在波斯尼亚总督领导下的半独立的波斯尼亚省，这是一个现代民族国家吗？在 19 世纪的印度重建莫卧儿帝国的构想代表了民族主义理想吗？通过对历史更深入的分析，我们再判断在这些案例和其他一些边缘案例中，民族主义因素是否在其中占据了主导地位。此外，我们也需要区分要求独立是策略性的［克伦族（Karen）①以独立建国相威胁］还是代表了长期战略目标这两种情况。

最后，我们区分了征服战争与国家间战争。国家发动的征服战争旨在将作为独立实体的领土永久地并入其治下。因此，试图"平定"腹地叛乱的战争［如 20世纪 20 年代意大利在利比亚针对萨努西（Sanusi）部落的战争］也被我们编码为帝国征服战争。由此，被战争关联数据库定义为超国家战争的 54 场战争被我们归入帝国征服战争这一新的类别。此外，我们也将被战争关联数据库归类为国家间战争的 9 场战争纳入帝国征服战争这一类别当中，因为这些战争是因反对帝国侵占而起，除了阿富汗等少数个例，其余最终都是以独立的王国或者部落联盟被击败，随后被永久并入帝国治下而告终。需要指出的是，由于我们的观察单元是领土，两次世界大战因而被我们处理成一系列不同的战争阶段，然后我们将每一阶段分别归入最合适的类别当中。例如，与希特勒对东欧实施占领相关的战争被编码为征服战争，而其与英国之间的战争则被编码为国家间战争，因为德军总参谋部（*Generalstab*）的目标并不是将英国永久地并入新的第三帝国。通过对以上战争的重新分类与补充，我们一共收录了 484 场战争，其中包括 77 场征服战争、111 场国家间战争、187 场非分离主义性质的内战以及 109 场分离主义性质的内战。

战争发生率的计算

我们将战争爆发的年份设置为 a1，其他年份则赋值为 a0。此外，我们对正在发生的战争变量进行了编码，我们将所有爆发战争的年份都赋值为 1，而将所有和平的年份赋值为 0。正文第四章的所有分析关注的都是战争爆发的变量而不

---

① 缅甸的少数民族。——译者注

是正在发生的战争变量。为了计算图 1.4、图 4.2 与图 4.3 中的战争爆发概率,所有爆发的战争都需要与特定的帝国吞并或者民族国家建立事件存在相关性。比如,阿尔及利亚在 1848 年被法兰西帝国吞并,直到 1963 年才成为独立的民族国家。而 1954 年法国和阿尔及利亚的战争发生在阿尔及利亚民族国家建立的 9 年前,也发生在其被吞并的 106 年后。然而,在一些情况中,一些领土经历了不止一次帝国吞并与民族国家的建立。比如,1961 年爆发的伊拉克-库尔德人战争,从时间顺序来看,它既发生在 1914—1932 年间伊拉克被纳入英帝国统治范围之后,也发生在 1531—1913 年伊拉克被奥斯曼帝国吞并之后。在这种情况下,按照一般性的处理规则①,战争与最近的制度转型事件有关,因此我们将这场战争的爆发时间归为伊拉克被英帝国纳入后的第 47 年。只有当战争带来转型时,才构成例外情况。在这种情况下,我们才将战争归入后者,即使另有一场转型发生在战前仅仅数年内。一些征服战争和民族解放战争都是如此,前者导致了帝国的吞并,后者则推动了民族国家的建立。

附录 4.2　制度性统治数据库与其他自变量

帝国吞并与民族国家建立的日期

为了理解不同类型的战争是如何与模型中的两大制度转型——帝国吞并与民族国家建立——产生联系的,我们需要了解帝国吞并与民族国家建立的准确日期(它们有时不同于宣布独立的法定日期)。在数据库中的 156 块领土中,有 140 块领土被并入了帝国(其中有 92 块领土被吞并的时间正好位于数据库覆盖的时间范围 1816—2001 年之内),有 150 块领土至少经历了一次民族国家的建立。

为了确定一块领土在哪一年成为更大的政治实体(通常是帝国)的一部分,我们按照以下所列证据之一进行检索,并按照最先被吞并的年份进行编码:

● 领土受到占领力量的有效管辖;

- 派遣驻军，目的是扩展对整个领土的军事控制；

- 领土成为保护国或者殖民地。

然而，如果建立军事据点只是为了向外国贸易者提供军事保护，那么这种情况并不被我们视为帝国的吞并。持续三年及更短时间的军事占领，只要不是旨在永久地将占领的领土"吸收"到国家中，使之成为其中一部分，就不被我们编码为帝国的吞并，但是会被我们单独编码为"军事占领"。此外，一些领土被多个帝国征服；一些领土曾在同一时期内被好几个帝国统治。对于这些复杂的情形，我们需要在制度历史数据库中记录下来。

我们对民族国家建立进行编码的年份，是独立的国家开始以通过民族来界定的人民的名义来实行自治，而不再按照王朝或者宗教的原则进行统治的年份。更准确地说：（1）民族国家具有成文宪法，这一宪法（a）将国家定义为主权国家，（b）宣布国家的全体成员在法律面前平等，以及（c）为国家提供一些制度性的代表（如选举出来的代表）；（2）民族国家对外交决策有着实际控制权。只有同时满足这些特征，一个政权才能被定义为现代民族国家。

因为第二章第二节已经全面讨论了民族国家的定义，在此我仅仅补充一些编码的细节。"对外交政策的控制"特征是最难编码的。要确定一个国家对其外交政策有多大的控制权才能被归类为主权国家，这是一个关于历史判断和精确定义的问题，因为历史上存在各种形式的共享主权，比如英帝国内部加拿大的自治地位、津巴布韦的准自治地位，或者是在形式上还是奥斯曼帝国一部分但实际却处于英国保护下的埃及，其在制定对外政策上几乎取得了独立。许多去殖民化的国家在转型阶段也分享了主权，这就引发了更多的歧义。比如，我们是根据法国从1950年以后保证柬埔寨"50％的独立"来将柬埔寨归类为主权国家，还是将柬埔寨在法定层面宣布民族国家建立的1953年归为民族国家建立之年呢？我们决定以自治地位（或者准自治地位）作为"自主"控制对外政策的证据，但是我们也认为，在去殖民化进程中取得完全独立的地位是认定一国具有完全主权的必要条件。

正如在正文中讨论的那样，一些国家已经经历了数轮的民族国家建立，然后又为新一轮的殖民化所打断（如海地、多米尼加共和国，以及波罗的海和高加索国家）。如果一个现代民族国家分裂成两个或者更多的民族国家（如捷克斯洛伐

克、巴基斯坦①与中美洲联邦共和国），且分离出去的部分占到了原国家总人口的
1/3，那么我们就将这些领土都编码成新成立的民族国家。重新统一后人口至少
增加 1/3 也被认为是民族国家建立的新阶段（也门、德国与越南），因此我们只对
成功的民族国家，也即存在了三年以上并且至少获得了两个国家的国际承认的
国家进行了编码，这就排除了西乌克兰人民共和国（West Ukrainian National Re-
public）②、伊朗的马哈巴德库尔德共和国（the Kurdish republic of Mahabad）③。
这是一个合理的筛选原则，否则我们在处理一些鼓吹独立但是处于边缘位置、从
来没有实际控制任何一块领土的政治运动时将面临困境。

对领土进行制度性统治的类型

为了重新还原在1816年到2001年间每一块领土上制度性统治的全面历史，
我们利用其他一些政治统治类型，完成了对帝国吞并与民族国家建立的编码。
正文第四章使用的制度历史档案（institutional history file）与据此绘制出的
图1.1，展示了世界上被不同类型政体统治的领土分布比例。与图1.1使用的数
据库相比，制度历史数据库（institutional history dataset）提供了更加细腻的类别
分类。我们对统治领土的制度类型（民族国家、帝国、军事占领与"其他"）与领土
的政治地位，即领土是自治还是作为属地被统治，建立了交叉列表。我们在正文
中已经讨论了帝国、民族国家与按照"其他"原则统治的领土间的区别。在此还
需要提醒一下读者，"其他"政体包括了绝对主义王国、城市国家、部落联盟以及
世袭的帝国等类型。正如附录表 4.2 展示的那样，在我们建立的交叉列表中，一
共有 16 个可能的分类，但只有 7 个类型能被用来分析。从经验上来看，没有（或
者只有很少的）政权类型符合剩下的 9 种类型。

---

① 这里作者指的是，巴基斯坦独立后，由于其本部与东巴基斯坦长期存在难以调和的矛盾，1971
年，东巴基斯坦内部的民族主义首领宣布独立，成立孟加拉人民共和国临时政府。独立运动随即
遭到巴基斯坦镇压，东巴基斯坦陷入内战，独立运动得到了印度的军事支持。印巴再次交恶，第
三次印巴战争随即爆发。印军最终攻入达卡，驻东巴基斯坦的守军投降，东巴基斯坦正式独立建
国，并改国号为孟加拉人民共和国。——译者注
② 1918 年 10 月到 1919 年 7 月间短暂存在于现乌克兰西部的政权。——译者注
③ 1946 年伊朗库尔德族短暂建立的民族主义政权。——译者注

附录表 4.2　制度性统治的类型

政治地位 / 制度原则		民族国家	帝国	其他	军事占领
自治		自治的民族国家（如法国）	帝国中心（如奥斯曼治下的土耳其）	其他自治国家（如不丹、沙特阿拉伯）	—
属地	处于民族国家中心统治下	"内部殖民地"（如苏联治下的格鲁吉亚）	殖民地（如法属阿尔及利亚）	—a	军事占领的领土
	处于帝国中心统治下	—b	帝国属地（如奥斯曼治下的波斯尼亚）		
	处于依据"其他原则"统治的中央政府之下	—c			

注：a. 在这个类别中，我们把民族国家、帝国或者其他传统政体归入其中。我们避免使用这一类别，因为我们很难确定，在什么时刻，强国家与弱国家之间的政治联盟让这些弱国家成为强国家的附属国（如李氏朝鲜同中华帝国的关系）。

b. 成为像民族国家那样被统治的帝国属地部分。

c. 成为"其他"类型中心的属地，这些中心根据民族国家的原则、帝国的原则或者"其他"原则统治领土（如蒙古治下的中亚、威尼斯人统治下的克里特岛）。

政权的类型（民主对专制）

数据库包括了四种政体类型变量：民主政体、专制政体、无支配体制与无政府体制。我们主要依靠政体Ⅳ数据库的 20 分量表，使用标准的从＋6 到－6 的量表来区分民主政体和专制政体。为了识别一块领土在独立前的政体类型，我们并没有参照费伦和莱廷（Fearon and Laitin 2003）的做法，而是将所有的殖民属地都编码为专制国家。按照政体Ⅳ的编码规则，在通过一系列的编码测试后，我们发现殖民地从来就不能被编码为民主政体或者无支配体制。因此，我们在对哈布斯堡王朝、奥斯曼帝国等典型的陆权帝国属地的政体进行分类时，将它们与帝国的中心保持一致。我们在对加拿大、新西兰与澳大利亚的殖民定居点进行分类时也采用了这一编码规则,它们很快也成了英帝国的一部分。

此外,所有既不是帝国一部分,也不是独立的民族国家的领土则被单独编码,在民主制、无政府体制(根本没有中央政府或者国家,即政体编码为－77)、专制(诸如汗国、埃米尔国等传统国家)或者无支配体制(如1848年前瑞士各州的精英民主制)之间作出相应的选择。对于被殖民前的非洲领土来说,我们倚赖穆勒(Müller 1999)编纂的前殖民文化地图集,这本地图集在国家一级的层面汇总了族群数据与被殖民前的政治制度数据。其中,所有"没有社会阶级的简单国家""封建国家"与"复杂国家"都被归类为专制国家,而政治集权化程度较低的领土则被归类为无政府状态。我们将军事占领(政体编码为－66)下的领土定义为专制政体,这与我们对殖民地的编码一致。对转型年份(政体编码为－88)而言,我们还对政体分数进行了插值处理。

军事人员的变化

军事人员的变化这一变量测量的是在特定年份中军事人员的数量相较于前五年平均值的变化。我们根据战争关联数据库中的国家物质能力数据库建立了相应的测量方式。遗憾的是,战争关联数据并不包括殖民地军队的数据,比如英属印度军队的数据,它只计算了处于宗主国直接控制下的军队数量。然而,这一数据对于测量帝国中心镇压属地的叛乱已然够用了。对于独立的民族国家而言,这一变量测量了国家内部军事力量的变化。而对于殖民地和帝国属地来说,我们计算了这一领土上帝国中心军事力量的变化。

国内生产总值与人口规模

有关收入与人口,最全面且最可靠的历史数据来源于麦迪逊(Maddison 2003)。对于苏联和南斯拉夫的继承国、捷克和斯洛伐克,以及巴基斯坦和孟加拉国的数据,我们均采用了最早的可获得数据,计算出它们在原属国家未分裂之前的国内生产总值和人口中的所占份额,然后再倒推出原属国家在分裂之前的数据。我们排除了土耳其在1923年前的国内生产总值数据,因为它们似乎与整个奥斯曼帝国有关。德国的数据折射出不同时期边界的变化;此外,有关德国在1990年后的边界，并没有连续的数据。

【注释】

　　[1] 在 150×186 个标准观察值之外，我们纳入了另外 262 个领土-年份观察值，来解释发生不止一次战争的年份。

第五章附录

附录5.1 族群权力关系数据库

族群权力关系数据库建立在近 100 名从事族群政治研究的专家对 1945 年以来世界上所有国家内部族群政治给出的信息这一基础之上,他们评价了正式和非正式地依照族群界线进行政治参与和排斥的程度。[1]除却成本并不昂贵以及较为可行外,专家调查的优势还在于能提供潜在的族群政治权力结构这一情境性知识,而这是更机械的方法(如判断主要政治家的族群背景)所无法做到的。[2]专家调查这种方法已经应用于社会科学研究中的广泛议题,其中最突出的是对党纲的界定(Benoit and Laver 2006)。

与政治相关的族群

按照韦伯式研究传统,我们将族群定义为基于对共同祖先与共享文化的信念,在共同体中有着主观感知的成员。可以用不同的标记来表明这种共同的祖先和文化:共同的语言、相似的外表特征、对同一信仰的坚持,等等。因此,我们对族群的定义包括族群语言、族群身体(或"种族")以及族群宗教团体,但不包括以族谱定义祖先关系的部落和宗族,也不包括不以共同祖先观念为基础的地区性身份。族群类别可能是分层嵌套的,存在几个不同层次,并不是所有的层次都与政治有关(请参见 Wimmer 2008)。

在我们看来,如果至少存在一个重要的政治行动者宣称自己代表了其所属群体在全国政治场域中的利益,或者一个族群在公共政治领域中遭到了系统性且有意的歧视,那么这一族群类别就与政治相关。所谓"重要的"政治行动者指的是政治组织(不一定是政党)在全国的政治场域中活跃且知名。我们将歧视定义为针对族群共同体成员直接的政治排斥——因此不考虑基于以下原因的间接歧视,比如基于教育劣势,以及劳动力或信贷市场的歧视问题。编码方案让我们得以识别哪些国家或者特定时段的政治目标、联盟或者争端从来没有被纳入族群框架,因此避免了使用族群政治视角来标记没有族群特征的国家,如坦桑尼亚与韩国。编码规则反映了高危少数族群数据库对政治相关性的定义,但不会把案例的范围局限在被排斥的少数族群中,而是包括了多数族群与支配族群。

我们并没有区分声称为所处族群发声的政治行动者的代表性,也没有考虑声称代表同一族群的不同领导人之间的政治立场可能存在实质性的差异(Bowen 1996;Brubaker 2004;Zartman 2004)。这些细节问题都超出了族群权力关系项目的范围,需要以政治组织为观察单元的编码方案。因此,我们假设,只要有最小程度的政治动员或者基于族群的有意政治歧视,那么族群类别就会与政治产生关联。无论对一个族群的政治目标的支持程度如何,也无论以一个群体的名义表达的立场存在多大差异,都会发生这种情况。当然,我们的数据库并没有提供有关这些族群动员是如何发生的信息,只是记录了它们的影响——一个特定的族群类别已经成为在国家政治中有意义的参照点了。

如果一国与政治相关的族群类型与他们获得政治权力的程度不时地发生变化,那么该国的专家就对1946年到2005年这一时间段进行划分,并为每一个分阶段进行单独的编码。当与政治相关的族群列表在下一年发生变化时,前述的这种做法也是必要的。在第二步,我们对声称代表不同族群的政治领导人获得的权力多寡进行了编码。

对权力获得进行编码

我们关注的是行政层级的权力,也就是总统、内阁以及包括军队在内的高级行政官员的代表性。对这些机构的权重赋值取决于相关国家内部的实际权力构型。在实行军事独裁的国家中,我们根据军队来决定族群政治的权力构型;在总统制国家中,我们关注的是内阁中的高级官员。当然,我们主要感兴趣的是重大权力的转移,而非日复一日的内阁重组或者部队中的军官晋升。此外,专家们还被告知,某一族群代表人数相对于其人口规模而言无论是不足还是过多,他们都要对这些族群获得权力的绝对程度进行编码。

我们使用一系列定序变量来给获得中央政府权力的程度进行编码。因为一些族群的代表完全控制了行政机构,导致其他族群的成员无法有意义地参与其中;而一些族群与其他族群分享权力;此外,还有一些群体被全部排除在决策机构之外。对于这三种主要类型,我们进一步区分了它们的子类型,编码方案如下所示。

绝对权力。声称代表一个族群的政治精英并不显著地与其他政治领导人分享权力。在此分为垄断与支配这两类类型。

垄断。一个族群内部的精英成员完全垄断了行政层面的权力,并排除了其他族群的参与。危地马拉的拉迪诺人(Ladino)就是个很好的例子。在内战结束前,他们完全排除了全国人口当中原住民群体有意义的参与。

支配。一个族群的精英成员支配了行政机构,其他族群在行政机构中的代表性有限。他们包括了在内阁中不同族群背景的、只有象征地位的成员,如萨达姆·侯赛因统治时期的外交部长就是基督徒而非逊尼派穆斯林。①象征性成员并不能作为非支配性群体的代表,也无法提倡符合该族群其他领导人诉求的政策。

权力分享政权。所谓权力分享,指的是将行政权力分配给声称代表不同族群领导人的任何安排。这些安排可以是正式的,如黎巴嫩;也可以是非正式的,如瑞士。尽管协商主义描述了这一类型的权力结构,但是我们对权力分享的定义并不受制于协商式政权的定义本身。在我们看来,族群类型的代表既可以在实行权力分享的政府中扮演初级伙伴的角色,也可以扮演高级伙伴的角色。

高级伙伴。其代表在正式或者非正式的权力分享安排中有着更大权力。

初级伙伴。其代表在政府中权力更小。[3]

被中央政府排斥。即声称代表特定族群类别的政治领导人被排斥在中央政府之外,我们进一步区分了地方自治与无权或者被歧视等情况的差别。

---

① 即塔里克·阿齐兹(Tariq Aziz, 1936—2015年),他在萨达姆统治时期曾长期担任副总理及外交部长,但并不在萨达姆政权的权力核心之内。——译者注

区域自治。一个群体中的精英成员在中央权力机构中没有影响力，但是在次国家层面具有一定的影响力（通过控制省级或地区级的政府）。[4] 地方政府被分离主义团体控制，如位于独立的主权国家格鲁吉亚中的阿布哈兹人就是一个特殊的例子。我们将这种情况另外编码为"分离性自治"。[5]

无权：精英代表在全国或地方层面没有政治权力，但是也没有遭遇明显的歧视。

被歧视：群体成员遭到主动的、有意的并且具有针对性的歧视，目的是将他们排除在地区和全国性的权力之外。这些例子包括直到民权运动开始前的非裔美国人，以及直到内战结束前危地马拉国内印第安人的遭遇。这些主动的歧视既可以是正式的，也可以是非正式的。正式的歧视在法律层面限制了说特定母语、有特定外表特征或者坚持特定信仰的公民获得政府职位的权利。而非正式的歧视则是积极且有意地阻碍政府内部有特定族群背景的个体的职级晋升。[6]

描述性统计[7]

族群权力关系数据库搜集了 1946 年到 2005 年期间 155 个主权国家内部 733 个与政治相关的族群。平均每个国家有 5—6 个与政治产生关联的族群。政治权力最常见的一种构型是一个单一主体族群在国家的行政权中占据垄断或者支配的地位，而有 1/3 的族群被排除在权力之外，后者一般代表了 10%—20% 的人口。在我们数据库的 7 155 个国家-年份观察值中，有将近一半的观察值符合这一权力构型。其中有 340 个国家-年份的观察值反映了极端的族群统治案例，在这些案例中，少于 20% 人口的族群代表控制了行政权。[8]

相比之下，在 1/3 的国家-年份的观察值中存在着权力分享安排。在这些案例中，平均有 3/4 的群体分享了行政权力，他们代表了 80% 的人口。随着时间的变化，权力分享安排已经变得更加常见。在当今世界，已经有 40% 的国家采取了这一类型的权力安排，而这一比例在 20 世纪 60 年代和 70 年代时则是 30%。此外，还存在一些罕见的由少数族群主导权力分享的政权案例（在国家-年份的观察值中有 66 个），这些权力分享的伙伴代表了不到 20% 的人口。[9]

在绝大多数国家中，族群权力关系远远不是稳定的。平均来说，我们发现每个国家经历了族群权力关系的 3 个不同阶段，反映的是与政治相关的群体的改变或者权力分配的变动。其中，21 个国家经历了 6 个阶段，而 6 个国家更是经历了 8

个甚至更多的阶段(贝宁、乍得、刚果共和国、印度尼西亚、尼日利亚与泰国)。

附录表5.1也提供了群体层面而非国家层面的描述性统计,表明的是世界不同国家中群体间政治权力分配的实质性差异。"垄断"或者"支配"行政权力的族群精英鲜明地代表了西方民主国家、东欧、拉美,或者在较小程度上代表了亚洲大多

附录表5.1　对与政治相关的族群的描述性统计

	西方与日本	东欧	亚洲	北非与中东	撒哈拉以南非洲	拉丁美洲与加勒比地区	世界
国家数	22	29	22	19	41	22	155
群体数	50	177	171	59	221	55	733
群体/国家	2.3	6.1	7.8	3.1	5.4	2.5	4.7
平均阶段数	1.8	1.7	3.8	2.0	3.8	1.9	2.7
按族群地位区分的观察值(族群-国家-年份观察值中所占百分比)							
被纳入的群体	51.3	20.0	30.4	49.1	56.3	39.5	39.3
垄断	13.2	4.1	1.2	6.2	2.5	21.8	5.7
支配	3.9	4.2	5.9	5.8	5.2	12.0	5.8
高级伙伴	16.2	6.7	5.5	15.2	15.0	2.8	9.7
初级伙伴	18.0	5.0	17.8	21.9	33.6	2.8	18.1
被排斥的群体	48.7	80.0	69.6	50.9	43.7	60.5	60.7
地区自治	8.9	37.6	25.1	2.4	2.7	26.8	18.6
分离主义自治	0.0	1.3	4.7	1.1	0.1	0.0	1.6
无权	29.6	23.2	28.6	27.7	27.3	9.2	25.3
被歧视	10.1	18.0	11.2	19.7	13.7	24.5	15.2
总数	100	100	100	100	100	100	100
	(n=2 585)	(n=6 051)	(n=7 783)	(n=2 882)	(n=7 422)	(n=2 856)	(N=29 579)
按照地位划分的群体平均规模(占人口总数的百分比)							
被纳入的群体							
垄断	88.9	90.0	60.5	50.3	37.3	81.0	74.6
支配	78.0	81.2	67.7	60.1	21.7	63.8	58.5
高级伙伴	70.2	42.2	47.6	30.0	22.1	71.5	38.3
初级伙伴	13.6	15.2	10.7	19.2	15.6	26.3	14.7
被排斥的群体							
地区自治	4.1	0.8	2.2	5.0	7.4	9.1	2.9
分离主义自治	—	6.0	4.0	17.0	7.0	—	5.2
无权	3.7	2.1	2.6	12.3	12.5	22.0	7.0
被歧视	2.2	3.2	5.2	16.5	17.7	8.7	9.3
所有群体	30.3	12.1	11.3	22.3	16.6	34.7	17.8

数国家。但是在非洲或者中东,掌握绝对权力的政治精英通常代表的是不足一半的人口。在非洲、中东以及西方国家中,在高级伙伴与初级伙伴之间的权力分享安排十分盛行,但是在拉美和东欧却很罕见。从全球范围来看,仍有几乎 1/3 的群体是无权无势的,他们在行政机构中缺乏代表性。然而,在拉丁美洲,无权无势的群体虽然比较少,但是却有很多遭到歧视的族群,包括居住在山地的大量土著人群。与传统看法不同的是,在撒哈拉以南非洲遭到歧视的族群所占比例要低于世界上多数地区。尽管遭到歧视的群体规模很小,但是这一比例在非洲与中东远高于其他地区,平均占到各国全部人口的 1/6。

战争编码

我们对内战的编码建立在乌普萨拉冲突数据项目(UCDP)/奥斯陆和平研究所的武装冲突数据库(Gleditsch et al. 2002)的基础上。武装冲突数据库将冲突定义为政府军与叛军之间,或者不同军队派系之间的武装冲突与有组织的对抗,并且达到阈值,即在一年内至少有 25 人因战斗死亡。但是屠杀与种族灭绝并不包括在内,这是因为罹难者既没有被组织起来,也没有被武装起来。同时族群暴乱与大屠杀也被排除在外,因为政府并没有直接参与其中。我们主要借鉴了武装冲突数据库第 3-2005b 版的编码,该版数据库提供了两个层次的冲突编码,其中一个层次是较为笼统的战争编码,另一个层次是在叛乱组织构型完全改变或者暴力事件发生的间隔超过 10 年的情况下进行识别的冲突子类型的编号。[10]我们感兴趣的是被分解的因变量,因为这能使我们区分声称代表不同族群的行动者们发起的冲突,我们依托这些子编号来构建我们自己数据库中的冲突列表。因此,我们编码的武装冲突数量要比武装冲突数据库的多。为了保持与其他内战研究的可比性,我们将高强度的冲突标准阈值定义为在一年内至少造成 1 000 人在战斗中死亡。此外,对于每一场冲突,我们对行动者是否追求族群民族主义的目标以及/或者分离主义的目标都进行了编码。

族群冲突与其他冲突的区别在于武装组织的目标、招募方式以及联盟策略不同,这与其他正在进行的编码项目一致(Sambanis 2009)。族群战争围绕族群民族自决、政府中族群权力的平衡、族群区域自治、族群与种族歧视(无论是名义上的还是实际上的)以及语言及其他文化权利的冲突等方面展开。我们将其他所有战争的目标定义为非族群性的。非族群性冲突的例子包括在阿根廷发生的不同类型的军事政变,以及发生在中国、希腊与阿尔及利亚的内战。族群叛乱分子主要在本族群中招募武装人员,并在族群亲和力的基础上与其他组织组建联盟。对于被归类为族群性质的冲突,武装组织需要有清晰的族群民族主义目标、动机与利益,并且按照族群的逻辑招募战斗人员、组成联盟。我们分别关注了每一个武装组织的目标及招募方式。在一些复杂的案例中(如阿富汗、缅甸、乍得、乌干达、安哥拉以及扎伊尔等国),我们依据不同组织的不同声明,将冲突分解成数个战场,比如,这些战线中的其中一个可能与族群冲突相关,而其他战线代表的则是非族群性质的冲突。此外,当叛乱组织的构成随时间改变后,对冲突这样分解有时也是必要的。

分离主义冲突是武装组织发起的旨在建立分开的、独立的、被国际承认的国家,或者希望加入另外一个已经存在的国家的战争(即领土收复主义)。我们评估了武装组织在战争爆发前夕的意图,这是因为我们将战争的爆发作为因变量。我们也区分了将独立作为策略(如克伦人威胁独立建国),或者独立代表长期战略目标(如在南苏丹)这两类案例之间的区别。

附录5.2 对核心变量的描述性统计

附录表5.2是对数据库中核心变量的描述性统计。它覆盖了1946年到2005年期间156个主权国家在独立后的7155个观察值。

附录表5.2 对核心变量的描述性统计

变 量	观察值	平均值	标准差	最小值	最大值
被排斥人群所占百分比(取对数)	7 138	1.864	1.589	0	4.595
权力分享伙伴的数量	7 138	1.638	1.856	0	14
过去遭受帝国统治的持续时间	7 155	0.475	0.314	0	1
语言分化程度	7 151	0.381	0.284	0.001	0.925
人均GDP(按1 000美元计)	6 990	5.968	7.292	0.028	110.315
人口(取对数)	7 060	9.188	1.390	5.581	14.076
山地地形(取对数)	7 155	2.204	1.391	0	4.421
人均士兵数量	6 489	7.719	9.432	0	211.297
政治不稳定	7 155	0.122	0.327	0	1
无支配体制	6 986	0.224	0.417	0	1
人均石油产出(按桶计)	7 060	2.072	13.087	0	272.403

附录表 5.3A 对表 5.2 中模型 1 到模型 3 的稳健性检验和其他模型（包括/剔除正在进行的战争的年份模型比较）

	包括正在进行的战争的年份					剔除正在进行的战争的年份				
	对表 5.2 中模型 1 到模型 3 的复现			剔除正在进行的战争的年份，并增加其他模型						
	1	2	3	4	5	6	7	8	9	10
	武装冲突数据库	武装冲突数据库	武装冲突数据库中的高强度战争	费伦和莱廷	萨姆巴尼斯	武装冲突数据库	武装冲突数据库	武装冲突数据库中的高强度战争	费伦和莱廷	萨姆巴尼斯
族群政治变量										
被排斥人口所占比率	0.188 7** (0.051 3)	0.129 1* (0.055 8)	0.285 9** (0.083 4)	0.256 4** (0.077 9)	0.279 2** (0.080 8)	0.188 0** (0.056 9)	0.144 1* (0.060 6)	0.324 8** (0.089 3)	0.277 4** (0.080 5)	0.321 3** (0.080 7)
权力分享伙伴的数量	0.086 2** (0.029 5)	0.058 7 (0.038 9)	0.056 2 (0.045 5)	0.077 1 (0.058 6)	0.017 7 (0.049 1)	0.056 7 (0.038 0)	0.029 6 (0.051 3)	0.073 5 (0.060 5)	0.117 2 (0.088 8)	0.006 8 (0.050 0)
帝国统治的持续时间（年数）	0.207 5 (0.261 4)	0.457 9 (0.288 6)	0.728 5 (0.444 1)	0.789 9* (0.356 8)	0.593 2 (0.330 7)	0.210 4 (0.291 0)	0.432 1 (0.324 4)	0.689 3 (0.495 8)	0.679 9 (0.355 0)	0.689 0 (0.363 7)
其他变量										
语言分化程度		0.629 8 (0.322 7)	0.124 4 (0.459 7)	-0.028 3 (0.427 4)	0.026 1 (0.398 9)		0.565 0 (0.389 1)	-0.177 8 (0.540 1)	-0.068 5 (0.473 6)	-0.227 8 (0.489 3)
人均 GDP	-0.123 9** (0.027 1)	-0.109 3** (0.027 6)	-0.190 2** (0.054 6)	-0.126 7** (0.037 4)	-0.175 0** (0.047 2)	-0.120 3** (0.027 7)	-0.104 4** (0.027 5)	-0.164 0** (0.053 9)	-0.124 5** (0.037 2)	-0.159 8** (0.049 2)
人口规模	0.155 6** (0.055 9)	0.139 7** (0.053 2)	0.086 5 (0.063 6)	0.235 4** (0.067 2)	0.213 5** (0.061 6)	0.127 8* (0.057 3)	0.088 4 (0.063 1)	0.050 4 (0.080 1)	0.254 1** (0.078 1)	0.140 0* (0.070 2)

续表

	包括正在进行的战争的年份					剔除正在进行的战争的年份				
	对表 5.2 中模型 1 到模型 3 的复现,并增加其他模型									
	1	2	3	4	5	6	7	8	9	10
	武装冲突数据库	武装冲突数据库	武装冲突数据库中的高强度战争	费伦和莱廷	萨姆巴尼斯	武装冲突数据库	武装冲突数据库	武装冲突数据库中的高强度战争	费伦和莱廷	萨姆巴尼斯
山地地形		0.124 1* (0.060 1)	0.190 1 (0.111 7)	0.158 1* (0.079 4)	0.132 0 (0.076 5)		0.092 6 (0.063 0)	0.179 6 (0.108 6)	0.166 2* (0.079 9)	0.139 1 (0.087 1)
政治不稳定		0.345 4 (0.176 4)	0.455 5 (0.285 2)	0.269 3 (0.275 4)	0.265 5 (0.241 2)		0.484 6* (0.195 1)	0.571 4 (0.297 2)	0.186 6 (0.294 4)	0.242 0 (0.259 8)
无支配体制		0.429 2** (0.162 5)	0.401 4 (0.251 1)	0.721 8** (0.236 9)	0.647 8** (0.186 3)		0.452 7* (0.176 0)	0.299 1 (0.298 7)	0.647 4** (0.248 5)	0.681 0** (0.219 6)
人均石油产出		0.017 1** (0.006 3)	0.005 1 (0.016 2)	0.005 6 (0.016 5)	0.017 6* (0.007 8)		0.015 8* (0.006 3)	0.006 2 (0.013 7)	0.004 2 (0.018 3)	0.010 1 (0.013 4)
正在进行的战争	-0.983 2** (0.362 0)	-0.967 8** (0.373 3)	-1.273 2** (0.469 0)	-2.165 5** (0.427 7)	-1.404 5 (0.443 5)					
观察值数量	6 938	6 865	6 865	6 034	5 818	5 980	5 923	6 204	5 268	5 076

注：这里并未展示自然年份、上一次冲突以来的和平年数、立方样条以及常数项。
括号内是稳健标准误；** $p<0.01$；* $p<0.05$。

301

附录表 5.3B 对表 5.2 中模型 1 到模型 3 的稳健性检验（采用大洲的虚拟变量）

| | 包括正在进行的战争的年份 | | | | | 剔除正在进行的战争的年份 | | | | |
| | 11 | 12 | 13 | 14 | 15 | 16 | 17 | 18 | 19 | 20 |
	武装冲突数据库	武装冲突数据库	武装冲突数据库中的高强度战争	费伦和莱廷	萨姆巴尼斯	武装冲突数据库	武装冲突数据库	武装冲突数据库中的高强度战争	费伦和莱廷	萨姆巴尼斯
被排斥人口所占比率	0.172 4 ** (0.053 1)	0.107 6 (0.059 0)	0.289 6 ** (0.092 4)	0.240 2 ** (0.078 4)	0.253 8 * (0.076 9)	0.169 6 ** (0.056 0)	0.116 4 (0.061 8)	0.311 9 ** (0.094 4)	0.266 2 ** (0.079 5)	0.287 0 ** (0.075 8)
权力分享伙伴的数量	0.083 7 ** (0.026 7)	0.050 5 (0.034 2)	0.054 9 (0.044 9)	0.073 1 (0.054 9)	0.015 8 (0.050 4)	0.057 0 (0.035 5)	0.024 0 (0.047 9)	0.069 2 (0.059 8)	0.114 5 (0.084 9)	−0.002 1 (0.048 4)
帝国统治的持续时间（年数）	0.178 2 (0.293 5)	0.488 1 (0.331 0)	0.472 4 (0.517 4)	0.913 4 * (0.448 2)	0.474 9 (0.394 8)	0.375 5 (0.342 3)	0.648 5 (0.375 4)	0.555 8 (0.606 5)	0.880 9 (0.486 5)	0.722 6 (0.431 0)
语言分化程度		0.817 4 * (0.363 8)	0.214 2 (0.504 2)	0.024 1 (0.544 1)	−0.225 1 (0.456 4)		0.779 8 (0.453 2)	−0.008 5 (0.591 6)	−0.042 4 (0.587 4)	−0.458 5 (0.557 4)
人均 GDP	−0.077 6 * (0.031 0)	−0.078 4 * (0.032 5)	−0.155 5 * (0.071 8)	−0.079 3 (0.050 3)	−0.099 4 * (0.050 3)	−0.076 8 * (0.031 6)	−0.076 9 * (0.033 2)	−0.145 0 * (0.072 4)	−0.065 3 (0.048 2)	−0.078 4 (0.058 1)
人口规模	0.155 7 * (0.060 4)	0.144 0 * (0.057 4)	0.050 7 (0.074 6)	0.242 4 ** (0.072 3)	0.223 2 ** (0.064 2)	0.151 1 * (0.064 0)	0.116 7 (0.067 2)	0.037 7 (0.087 1)	0.254 9 * (0.081 0)	0.180 2 * (0.076 0)
山地地形		0.096 6 (0.068 2)	0.131 8 (0.119 7)	0.148 1 (0.090 0)	0.148 9 (0.078 8)		0.079 2 (0.077 4)	0.147 5 (0.124 9)	0.154 4 (0.090 8)	0.175 1 (0.091 2)
政治不稳定		0.332 8 (0.174 0)	0.473 4 (0.280 3)	0.253 3 (0.273 3)	0.262 6 (0.238 7)		0.459 0 * (0.193 7)	0.565 1 (0.290 3)	0.138 1 (0.295 4)	0.227 1 (0.259 6)
无支配体制		0.394 5 * (0.157 8)	0.398 3 (0.252 6)	0.671 2 ** (0.239 3)	0.655 8 ** (0.187 3)		0.396 1 * (0.170 9)	0.285 5 (0.294 0)	0.605 9 ** (0.256 5)	0.693 8 ** (0.221 7)

续表

| | 包括正在进行的战争的年份 | | | | | 剔除正在进行的战争的年份 | | | | |
| | 11 | 12 | 13 | 14 | 15 | 16 | 17 | 18 | 19 | 20 |
	武装冲突数据库	武装冲突数据库	武装冲突数据库中的高强度战争	费伦和莱廷	萨姆巴尼斯	武装冲突数据库	武装冲突数据库	武装冲突数据库中的高强度战争	费伦和莱廷	萨姆巴尼斯
人均石油产出		0.011 9 (0.006 6)	−0.007 4 (0.028 5)	−0.010 2 (0.029 6)	0.008 5 (0.011 1)		0.010 6 (0.006 9)	−0.002 3 (0.023 9)	−0.016 7 (0.033 8)	−0.009 7 (0.034 0)
正在进行的战争	−1.029 3** (0.362 1)	−0.999 5* (0.371 1)	−1.356 1** (0.467 5)	−2.293 7** (0.419 2)	−1.531 2** (0.449 3)					
拉丁美洲	2.004 1* (0.682 8)	1.817 4* (0.694 6)	14.387 1 (14.278 0)	1.620 0 (1.074 1)	1.430 1 (1.080 1)	1.678 2** (0.606 6)	1.459 3* (0.607 8)	0.726 2 (1.174 3)	1.734 0 (1.087 5)	1.587 2 (1.125 6)
东欧	1.696 3* (0.736 7)	1.497 6* (0.747 0)	14.487 8 (14.288 2)	0.871 0 (1.142 3)	0.581 0 (1.241 3)	0.984 0 (0.682 6)	0.793 9 (0.690 4)	0.575 2 (1.201 6)	0.716 9 (1.175 7)	0.577 1 (1.278 2)
北非与中东	1.914 6** (0.699 5)	1.706 4* (0.704 6)	14.680 9 (14.268 5)	1.487 7 (1.104 8)	1.803 4 (1.086 7)	1.489 9* (0.647 5)	1.279 2* (0.650 6)	0.957 3 (1.205 7)	1.517 2 (1.130 3)	1.821 9 (1.132 4)
撒哈拉以南非洲	1.885 0* (0.729 6)	1.502 1 (0.767 3)	14.302 6 (14.318 9)	1.414 8 (1.180 3)	1.980 4 (1.156 3)	1.458 8* (0.669 4)	1.064 5 (0.701 8)	0.569 3 (1.261 1)	1.480 5 (1.191 7)	2.100 8 (1.224 2)
亚洲	2.029 0* (0.718 5)	1.656 4* (0.744 4)	14.786 9 (14.232 9)	1.462 7 (1.163 7)	1.761 2 (1.126 6)	1.454 5* (0.670 9)	1.052 4 (0.688 9)	0.870 8 (1.311 1)	1.581 8 (1.196 2)	1.610 5 (1.206 0)
观察值数量	6 938	6 865	6 865	6 034	5 818	5 980	5 923	6 204	5 268	5 076

注:这里并未展示自然年份、上一次冲突以来的和平年数、立方样条以及常数项。

括号内是稳健标准误;*** $p<0.01$;* $p<0.05$。

附录表 5.3C　对表 5.2 中模型 1 到模型 3 的稳健性检验（包括过去冲突数）

	包括正在进行的战争的年份					剔除正在进行的战争的年份				
	21 武装冲突数据库	22 武装冲突数据库	23 武装冲突数据库中的高强度战争	24 费伦和莱廷	25 萨姆巴尼斯	26 武装冲突数据库	27 武装冲突数据库	28 武装冲突数据库中的高强度战争	29 费伦和莱廷	30 萨姆巴尼斯
族群政治变量										
被排斥人口所占比率	0.1878** (0.0510)	0.1261* (0.0551)	0.2842** (0.0831)	0.2464** (0.0773)	0.2734** (0.0771)	0.1838** (0.0551)	0.1369* (0.0594)	0.3166** (0.0898)	0.2507** (0.0821)	0.3091** (0.0799)
权力分享伙伴的数量	0.0832* (0.0334)	0.0505 (0.0386)	0.0488 (0.0462)	0.0479 (0.0552)	-0.0231 (0.0424)	0.0523 (0.0371)	0.0237 (0.0492)	0.0578 (0.0605)	0.0915 (0.0808)	-0.0237 (0.0476)
帝国统治的持续时间（年数）	0.2178 (0.2658)	0.4864 (0.2851)	0.7564 (0.4591)	0.8978* (0.3599)	0.7341* (0.3307)	0.2413 (0.2934)	0.4716 (0.3210)	0.7596 (0.4824)	0.8049* (0.3529)	0.8278* (0.3524)
其他变量										
过去冲突数	0.0184 (0.0621)	0.0501 (0.0630)	0.0460 (0.1035)	0.1793* (0.0843)	0.2288** (0.0831)	0.0745 (0.0977)	0.0910 (0.0987)	0.1353 (0.1221)	0.2809** (0.0940)	0.2782** (0.1012)
语言分化程度		0.6404* (0.3153)	0.1193 (0.4582)	-0.0384 (0.4168)	-0.0212 (0.3736)		0.5984 (0.3875)	-0.1656 (0.5313)	-0.0590 (0.4620)	-0.2299 (0.4908)
人均GDP	-0.1232** (0.0271)	-0.1075** (0.0274)	-0.1878** (0.0558)	-0.1154** (0.0375)	-0.1604** (0.0471)	-0.1184** (0.0274)	-0.1021** (0.0272)	-0.1597** (0.0539)	-0.1059** (0.0372)	-0.1453** (0.0501)
人口规模	0.1478* (0.0603)	0.1186* (0.0588)	0.0657 (0.0772)	0.1577 (0.0728)	0.1088 (0.0610)	0.1049 (0.0622)	0.0613 (0.0716)	-0.0004 (0.0887)	0.1379 (0.0790)	0.0288 (0.0822)
山地地形		0.1242* (0.0595)	0.1923 (0.1122)	0.1674* (0.0809)	0.1316 (0.0792)		0.0941 (0.0623)	0.1824 (0.1085)	0.1858* (0.0832)	0.1470 (0.0920)
政治不稳定		0.3556* (0.1772)	0.4639 (0.2889)	0.2947 (0.2752)	0.3115 (0.2432)		0.4879* (0.1948)	0.5745 (0.2960)	0.1972 (0.2903)	0.2571 (0.2643)

续表

	包括正在进行的战争的年份					剔除正在进行的战争的年份				
	21	22	23	24	25	26	27	28	29	30
	武装冲突数据库	武装冲突数据库	武装冲突数据库中的高强度战争	费伦和莱廷	萨姆巴尼斯	武装冲突数据库	武装冲突数据库	武装冲突数据库中的高强度战争	费伦和莱廷	萨姆巴尼斯
无支配体制		0.435 7**	0.403 5	0.727 1**	0.680 1**		0.450 7*	0.284 9	0.637 4*	0.690 1**
		(0.162 1)	(0.251 2)	(0.238 8)	(0.190 0)		(0.177 3)	(0.300 1)	(0.254 1)	(0.224 0)
人均石油产出		0.016 7**	0.004 4	−0.000 4	0.014 8		0.015 4*	0.005 0	−0.008 8	0.005 2
		(0.006 3)	(0.016 7)	(0.023 1)	(0.008 1)		(0.006 3)	(0.014 3)	(0.032 3)	(0.017 0)
正在进行的战争	−1.000 4**	−1.014 4**	−1.322 6**	−2.326 6**	−1.526 3**					
	(0.376 7)	(0.384 5)	(0.506 0)	(0.445 2)	(0.456 5)					
自然年	0.005 4	0.003 0	0.000 2	0.015 2	0.012 1	0.006 8	0.004 7	−0.001 1	0.015 4	0.010 5
	(0.005 8)	(0.005 9)	(0.008 5)	(0.008 2)	(0.008 3)	(0.005 6)	(0.006 0)	(0.009 1)	(0.008 3)	(0.008 9)
上一次冲突以来的和平年数	−0.243 0	−0.216 9	−0.337 9*	−0.286 8*	−0.247 4	−0.189 4	−0.151 4	−0.346 2**	−0.349 7**	−0.079 9
	(0.142 3)	(0.143 0)	(0.121 0)	(0.140 7)	(0.130 6)	(0.115 5)	(0.111 2)	(0.099 4)	(0.099 3)	(0.104 0)
和平年份的样条 1	−0.003 7	−0.003 3	−0.002 5	−0.003 7	−0.003 0	−0.002 4	−0.001 7	−0.002 5*	−0.004 6*	−0.000 3
	(0.004 0)	(0.004 1)	(0.001 4)	(0.002 5)	(0.002 5)	(0.003 4)	(0.003 3)	(0.001 2)	(0.001 9)	(0.002 1)
和平年份的样条 2	0.000 4	0.000 3	0.000 7	0.000 9	0.000 6	0.000 1	−0.000 1	0.000 7	0.001 2	−0.000 2
	(0.001 0)	(0.001 0)	(0.000 7)	(0.000 9)	(0.000 9)	(0.000 9)	(0.000 8)	(0.000 7)	(0.000 7)	(0.000 8)
和平年份的样条 3	0.000 2	0.000 2	0.000 2	−0.000 0	0.000 1	0.000 2	0.000 2	0.000 2	−0.000 1	0.000 2
	(0.000 2)	(0.000 2)	(0.000 2)	(0.000 2)	(0.000 2)	(0.000 2)	(0.000 2)	(0.000 2)	(0.000 2)	(0.000 2)
常数项	−14.853 0	−10.869 4	−5.544 3	−35.965 7*	−29.067 9	−17.345 5	−13.701 3	−2.356 4	−36.045 4*	−25.956 8
	(11.531 2)	(11.870 1)	(16.966 0)	(16.161 9)	(16.361 5)	(11.165 4)	(11.957 1)	(18.067 9)	(16.246 9)	(17.463 2)
观察值数量	6 938	6 865	6 865	6 034	5 818	5 980	5 923	6 204	5 268	5 076

注：括号内为稳健标准误；*** $p<0.01$；* $p<0.05$。

附录表 5.3D 对表 5.2 中模型 1 到型 3 的稳健性检验（使用罕见事件逻辑回归）

	包括正在进行的战争的年份					剔除正在进行的战争的年份				
	31	32	33	34	35	36	37	38	39	40
	武装冲突数据库	武装冲突数据库	武装冲突数据库中的高强度战争	费伦和莱廷	萨姆巴尼斯	武装冲突数据库	武装冲突数据库	武装冲突数据库中的高强度战争	费伦和莱廷	萨姆巴尼斯
族群政治变量										
被排斥人口所占比率	0.187 6** (0.051 3)	0.127 5* (0.055 6)	0.270 5** (0.083 2)	0.245 9** (0.077 7)	0.273 4** (0.080 6)	0.186 5** (0.056 7)	0.142 0* (0.060 4)	0.314 3** (0.089 1)	0.265 4** (0.080 3)	0.311 9** (0.080 4)
权力分享伙伴的数量	0.087 3** (0.029 5)	0.060 0 (0.038 8)	0.063 6 (0.045 4)	0.081 7 (0.058 4)	0.023 1 (0.048 9)	0.059 4 (0.037 9)	0.032 2 (0.051 1)	0.082 5 (0.060 3)	0.118 3 (0.088 5)	0.014 7 (0.049 8)
帝国统治的持续时间（年数）	0.207 9 (0.260 9)	0.454 0 (0.287 8)	0.691 6 (0.443 0)	0.759 4* (0.355 8)	0.582 1 (0.329 8)	0.209 8 (0.290 5)	0.426 9 (0.323 5)	0.644 4 (0.494 5)	0.653 1 (0.354 0)	0.665 4 (0.362 5)
其他变量										
语言分化程度		0.624 1 (0.322 0)	0.122 5 (0.458 6)	−0.030 9 (0.426 2)	0.017 9 (0.397 7)		0.561 8 (0.388 0)	−0.196 5 (0.538 7)	−0.064 9 (0.472 1)	−0.231 1 (0.487 8)
人均 GDP	−0.121 3** (0.027 1)	−0.108 1** (0.027 6)	−0.199 8** (0.054 5)	−0.132 4** (0.037 3)	−0.172 9** (0.047 0)	−0.117 5** (0.027 7)	−0.103 2** (0.027 4)	−0.171 4** (0.053 7)	−0.131 4** (0.037 1)	−0.162 3** (0.049 1)
人口规模	0.156 1** (0.055 8)	0.140 6** (0.053 0)	0.090 9 (0.063 5)	0.237 2** (0.067 0)	0.215 6** (0.061 4)	0.129 0* (0.057 2)	0.090 1 (0.062 9)	0.056 0 (0.079 9)	0.252 5** (0.077 8)	0.143 4* (0.070 0)
山地地形		0.123 0* (0.060 0)	0.195 8 (0.111 4)	0.157 4* (0.079 1)	0.130 4 (0.076 3)		0.092 0 (0.062 9)	0.177 7 (0.108 3)	0.166 1* (0.079 7)	0.138 5 (0.086 8)
政治不稳定		0.350 3* (0.176 0)	0.473 7 (0.284 5)	0.281 7 (0.274 6)	0.272 8 (0.240 5)		0.487 6* (0.194 6)	0.580 2 (0.296 5)	0.200 6 (0.293 5)	0.254 2 (0.259 0)
无支配体制		0.430 1** (0.162 1)	0.398 9 (0.250 5)	0.723 0** (0.236 2)	0.646 4** (0.185 7)		0.453 5** (0.175 6)	0.296 9 (0.297 9)	0.651 0** (0.247 7)	0.681 6** (0.218 9)

续表

	包括正在进行的战争的年份					剔除正在进行的战争的年份				
	31 武装冲突数据库	32 武装冲突数据库	33 武装冲突数据库中的高强度战争	34 费伦和莱廷	35 萨姆巴尼斯	36 武装冲突数据库	37 武装冲突数据库	38 武装冲突数据库中的高强度战争	39 费伦和莱廷	40 萨姆巴尼斯
人均石油产出		0.022 6** (0.006 3)	0.113 2** (0.016 2)	0.067 1** (0.016 4)	0.035 5** (0.007 8)		0.021 4** (0.006 3)	0.096 5** (0.013 6)	0.071 9** (0.018 3)	0.051 3** (0.013 4)
正在进行的战争	−0.998 9** (0.361 3)	−0.984 7** (0.372 4)	−1.324 7** (0.467 8)	−2.165 2** (0.426 5)	−1.415 7** (0.442 2)					
自然年	0.005 9 (0.005 2)	0.004 6 (0.005 3)	0.001 9 (0.006 8)	0.021 5** (0.007 5)	0.020 2** (0.007 5)	0.009 1 (0.005 1)	0.007 5 (0.005 2)	0.003 9 (0.006 9)	0.025 4** (0.006 8)	0.020 2** (0.007 6)
上一次冲突以来的和平年数	−0.250 4 (0.142 2)	−0.227 0 (0.143 1)	−0.343 2** (0.120 7)	−0.297 6* (0.139 6)	−0.267 9* (0.127 0)	−0.202 6 (0.112 8)	−0.167 4 (0.110 2)	−0.357 0** (0.100 0)	−0.377 1** (0.097 6)	−0.107 6 (0.097 2)
和平年份的样条 1	−0.003 9 (0.004 0)	−0.003 5 (0.004 1)	−0.002 5 (0.001 4)	−0.003 8 (0.002 5)	−0.003 2 (0.002 5)	−0.002 7 (0.003 3)	−0.002 0 (0.003 3)	−0.002 6* (0.001 2)	−0.005 0** (0.001 9)	−0.000 6 (0.002 0)
和平年份的样条 2	0.000 4 (0.001 0)	0.000 4 (0.001 0)	0.000 7 (0.000 7)	0.001 0 (0.000 9)	0.000 6 (0.000 9)	0.000 2 (0.000 8)	0.000 0 (0.000 8)	0.000 8 (0.000 7)	0.001 3 (0.000 7)	−0.000 1 (0.000 8)
和平年份的样条 3	0.000 2 (0.000 2)	0.000 2 (0.000 2)	0.000 1 (0.000 2)	−0.000 1 (0.000 3)	0.000 1 (0.000 2)	0.000 2 (0.000 2)	0.000 2 (0.000 2)	0.000 1 (0.000 2)	−0.000 1 (0.000 2)	0.000 2 (0.000 2)
常数项	−16.013 8 (10.246 9)	−14.149 9 (10.490 0)	−8.772 8 (13.510 0)	−48.866 2** (14.638 6)	−45.697 5** (14.769 8)	−22.035 1* (10.125 0)	−19.298 1 (10.288 4)	−12.480 7 (13.450 7)	−56.390 6** (13.384 1)	−45.641 8** (14.869 0)
观察值数量	6 938	6 865	6 865	6 034	5 818	5 980	5 923	6 204	5 268	5 076

注：括号内为稳健标准误；*** $p<0.01$; * $p<0.05$。

附录表 5.3E 对表 5.2 中模型 4 和模型 5 的稳健性检验以及附加模型（与包括/剔除正在进行战争的年份的模型做比较）

	包括正在进行的战争的年份				剔除正在进行的战争的年份			
	1	2	3	4	5	6	7	8
	武装冲突数据库	武装冲突数据库	武装冲突数据库中的高强度战争	费伦和莱廷	武装冲突数据库	武装冲突数据库	武装冲突数据库中的高强度战争	费伦和莱廷
族群政治变量								
被排斥人口所占比率	0.419 2** (0.086 2)	0.319 1** (0.087 5)	0.534 7** (0.135 1)	0.366 7** (0.121 4)	0.455 9** (0.099 4)	0.381 0** (0.099 4)	0.680 9** (0.152 5)	0.348 2** (0.114 3)
权力分享伙伴的数量	0.155 4** (0.031 2)	0.112 0** (0.037 0)	0.127 2* (0.053 0)	0.096 9 (0.074 7)	0.185 2** (0.041 1)	0.149 8** (0.057 1)	0.204 7** (0.071 3)	0.068 2 (0.064 5)
帝国统治的持续时间(年数)	0.640 1 (0.447 7)	0.930 1* (0.442 6)	1.179 3 (0.630 4)	1.576 1** (0.424 4)	1.148 0 (0.601 2)	1.301 6* (0.592 1)	1.443 9 (0.779 7)	1.620 6** (0.426 2)
其他变量								
语言分化程度		1.280 0** (0.399 7)	0.256 3 (0.497 4)	0.599 0 (0.615 6)		1.011 1 (0.600 3)	-0.486 9 (0.662 1)	0.561 4 (0.566 1)
人均 GDP	-0.144 6** (0.041 5)	-0.125 6** (0.044 8)	-0.192 1** (0.074 6)	-0.155 4** (0.058 5)	-0.108 9** (0.040 0)	-0.093 0* (0.042 2)	-0.149 4* (0.071 1)	-0.152 9* (0.061 1)
人口规模	0.217 1** (0.071 4)	0.210 2** (0.065 6)	0.188 4* (0.075 7)	0.360 9** (0.089 4)	0.171 0* (0.086 3)	0.174 0* (0.087 6)	0.156 1 (0.104 0)	0.346 1** (0.088 7)
山地地形	0.174 9 (0.098 4)	0.325 8* (0.148 3)		0.070 1 (0.109 0)		0.076 5 (0.110 8)	0.228 9 (0.163 4)	0.069 5 (0.110 4)
政治不稳定	0.154 4 (0.272 6)	0.297 9 (0.395 8)		-0.044 1 (0.354 9)	0.331 3 (0.282 5)	0.331 3 (0.282 5)	0.455 6 (0.415 2)	-0.070 2 (0.335 9)

续表

	包括正在进行的战争的年份				剔除正在进行的战争的年份			
	1 武装冲突数据库	2 武装冲突数据库	3 武装冲突数据库中的高强度战争	4 费伦和莱廷	5 武装冲突数据库	6 武装冲突数据库	7 武装冲突数据库中的高强度战争	8 费伦和莱廷
无支配体制		0.446 9* (0.226 3)	0.568 1 (0.292 9)	0.973 8** (0.261 4)		0.572 0* (0.286 9)	0.564 0 (0.423 2)	1.018 3** (0.261 4)
人均石油产出		0.018 0* (0.009 1)	0.027 7** (0.008 3)	0.006 4 (0.028 4)		0.016 9 (0.009 7)	0.027 2** (0.009 3)	0.003 8 (0.038 1)
正在进行的战争	0.035 9 (0.612 3)	−0.069 7 (0.616 6)	−0.763 6 (0.627 1)	−2.286 1** (0.555 1)				
自然年	0.015 0* (0.007 3)	0.012 2 (0.007 7)	0.009 1 (0.009 1)	0.036 3** (0.009 0)	0.023 1** (0.007 0)	0.019 9* (0.007 8)	0.011 7 (0.010 4)	0.030 7** (0.010 0)
上一次冲突以来的和平年数	0.076 1 (0.229 9)	0.055 3 (0.235 7)	−0.146 7 (0.168 5)	−0.242 6 (0.182 5)	0.137 2 (0.149 7)	0.156 3 (0.142 2)	0.013 7 (0.118 6)	0.266 4* (0.115 3)
和平年份的样条 1	0.005 1 (0.006 5)	0.004 6 (0.006 7)	0.000 4 (0.001 9)	−0.003 1 (0.003 2)	0.006 6 (0.004 6)	0.007 0 (0.004 4)	0.001 9 (0.001 6)	0.004 3 (0.002 4)
和平年份的样条 2	−0.001 7 (0.001 6)	−0.001 6 (0.001 6)	−0.000 8 (0.001 0)	0.000 8 (0.001 1)	−0.002 0 (0.001 2)	−0.002 1 (0.001 2)	−0.001 5 (0.000 9)	−0.001 3 (0.000 9)
和平年份的样条 3	0.000 4 (0.000 3)	0.000 4 (0.000 3)	0.000 5 (0.000 3)	−0.000 1 (0.000 3)	0.000 5* (0.000 2)	0.000 5* (0.000 2)	0.000 7 (0.000 3)	0.000 3 (0.000 3)
常数项	−37.129 6* (14.629 1)	−32.639 3* (15.179 8)	−26.785 5 (17.957 3)	−80.780 9** (17.427 9)	−53.446 2** (13.903 3)	−48.118 0** (15.294 4)	−32.600 2 (20.203 7)	−71.191 4** (19.328 9)
观察值数量	6 938	6 865	6 865	6 034	6 262	6 191	6 415	6 034

注：括号内为内稳健标准误；** $p<0.01$；* $p<0.05$。

附录表 5.3F 对表 5.2 中模型 4 和模型 5 的稳健性检验（包括大洲的虚拟变量）

	包括正在进行的战争的年份				剔除正在进行的战争的年份			
	9	10	11	12	13	14	15	16
	武装冲突数据库	武装冲突数据库	武装冲突数据库中的高强度战争	费伦和莱廷	武装冲突数据库	武装冲突数据库	武装冲突数据库中的高强度战争	费伦和莱廷
族群政治变量								
被排斥人口所占比率	0.428 3** (0.097 6)	0.343 0** (0.098 0)	0.544 3** (0.152 8)	0.361 2** (0.112 2)	0.426 6** (0.101 3)	0.366 3** (0.103 2)	0.648 6** (0.162 9)	0.333 7** (0.108 0)
权力分享伙伴的数量	0.156 4** (0.029 7)	0.115 3** (0.037 0)	0.129 2* (0.056 4)	0.108 6 (0.079 9)	0.172 2** (0.042 8)	0.145 0* (0.057 1)	0.194 4* (0.077 2)	0.080 6 (0.069 1)
帝国统治的持续时间（年数）	0.254 0 (0.528 7)	0.586 4 (0.549 2)	0.589 2 (0.735 1)	1.225 2* (0.506 7)	1.096 8 (0.822 8)	1.319 9 (0.794 9)	0.980 2 (0.936 4)	1.180 1* (0.476 6)
其他变量								
语言分化程度		1.382 0* (0.559 5)	0.224 9 (0.553 3)	−0.064 4 (0.767 3)		1.161 2 (0.924 8)	−0.563 1 (0.780 5)	−0.029 4 (0.728 0)
人均 GDP	−0.129 5** (0.040 4)	−0.137 5** (0.043 3)	−0.169 1* (0.086 2)	−0.096 0 (0.056 5)	−0.110 7* (0.042 3)	−0.118 6** (0.045 7)	−0.139 4 (0.077 4)	−0.106 1 (0.060 6)
人口规模	0.191 3* (0.076 7)	0.186 7* (0.072 7)	0.193 8* (0.086 5)	0.371 7** (0.090 3)	0.233 9** (0.085 4)	0.214 4* (0.088 6)	0.225 0* (0.105 8)	0.367 4** (0.087 2)
山地地形		0.141 7 (0.107 2)	0.281 2 (0.145 0)	0.121 3 (0.106 1)		0.111 0 (0.146 0)	0.250 2 (0.181 8)	0.118 6 (0.109 4)

续表

| | 包括正在进行的战争的年份 | | | | 剔除正在进行的战争的年份 | | | |
	9	10	11	12	13	14	15	16
	武装冲突数据库	武装冲突数据库	武装冲突数据库中的高强度战争	费伦和莱廷	武装冲突数据库	武装冲突数据库	武装冲突数据库中的高强度战争	费伦和莱廷
政治不稳定		0.172 6 (0.267 6)	0.334 3 (0.387 1)	−0.039 8 (0.358 5)		0.334 2 (0.283 1)	0.484 2 (0.412 4)	−0.066 5 (0.336 0)
无支配体制		0.476 8* (0.222 4)	0.607 5* (0.304 7)	1.033 9** (0.261 8)		0.563 6 (0.289 2)	0.576 4 (0.448 0)	1.076 8** (0.263 5)
人均石油产出		0.017 2* (0.008 0)	0.023 0* (0.009 2)	0.008 2 (0.018 8)		0.017 8* (0.008 8)	0.024 5* (0.011 1)	0.008 7 (0.023 6)
正在进行的战争	0.037 0 (0.607 0)	−0.055 3 (0.614 0)	−0.725 5 (0.636 7)	−2.341 4** (0.541 1)				
自然年	0.013 3 (0.007 4)	0.011 5 (0.007 6)	0.004 5 (0.009 9)	0.032 3** (0.009 0)	0.020 5** (0.007 6)	0.018 7* (0.008 2)	0.004 6 (0.010 3)	0.024 6** (0.009 2)
上一次冲突以来的和平年数	0.071 6 (0.231 4)	0.050 4 (0.236 9)	−0.151 3 (0.168 2)	−0.261 7 (0.180 9)	0.118 7 (0.152 1)	0.142 1 (0.147 0)	−0.024 4 (0.120 1)	0.248 7* (0.119 4)
和平年份的样条 1	0.005 0 (0.006 6)	0.004 5 (0.006 7)	0.000 2 (0.001 9)	−0.003 4 (0.003 2)	0.006 2 (0.004 7)	0.006 7 (0.004 6)	0.001 4 (0.001 7)	0.004 0 (0.002 5)
和平年份的样条 2	−0.001 7 (0.001 6)	−0.001 6 (0.001 6)	−0.000 7 (0.001 0)	0.001 0 (0.001 1)	−0.001 9 (0.001 2)	−0.002 1 (0.001 2)	−0.001 3 (0.000 9)	−0.001 2 (0.000 9)

续表

| | 包括正在进行的战争的年份 | | | | 剔除正在进行的战争的年份 | | | |
	9	10	11	12	13	14	15	16
	武装冲突数据库	武装冲突数据库	武装冲突数据库中的高强度战争	费伦和莱廷	武装冲突数据库	武装冲突数据库	武装冲突数据库中的高强度战争	费伦和莱廷
和平年份的样条 3	0.000 4 (0.000 3)	0.000 4 (0.000 3)	0.000 5 (0.000 3)	−0.000 2 (0.000 3)	0.000 5* (0.000 2)	0.000 5* (0.000 2)	0.000 6 (0.000 3)	0.000 2 (0.000 3)
拉丁美洲	−0.712 2 (0.767 7)	−1.046 2 (0.786 2)	12.566 2** (0.796 3)	−1.421 7 (1.365 4)	−0.536 8 (0.846 8)	−0.851 4 (0.860 4)	12.956 3 (20.066 2)	−1.484 0 (1.350 8)
东欧	0.357 8 (0.770 3)	0.011 7 (0.777 7)	14.114 0 (0.000 0)	0.026 9 (1.161 5)	−0.136 8 (0.983 6)	−0.461 3 (1.002 7)	14.314 6 (20.108 5)	0.270 5 (1.146 7)
北非和中东	0.090 2 (0.817 6)	−0.181 4 (0.757 6)	13.888 1** (0.410 1)	0.104 5 (1.133 3)	0.055 2 (1.056 0)	−0.256 1 (1.028 8)	14.084 2 (20.052 6)	0.134 3 (1.116 7)
撒哈拉以南非洲	0.116 5 (0.764 9)	−0.484 9 (0.834 7)	13.613 8** (0.485 4)	0.805 1 (1.264 4)	0.034 6 (0.933 0)	−0.583 3 (1.055 2)	14.048 4 (20.056 7)	0.771 3 (1.276 3)
亚洲	0.285 7 (0.776 6)	−0.224 2 (0.806 1)	13.698 8** (0.462 4)	0.351 4 (1.189 0)	−0.532 7 (0.974 3)	−1.007 1 (0.977 7)	13.472 0 (19.945 1)	0.280 5 (1.172 2)
常数项	−33.518 3* (14.675 5)	−30.489 1* (14.951 1)	−31.053 1 (19.490 8)	−73.023 8** (17.429 7)	−48.489 9** (14.718 4)	−45.517 1** (15.965 1)	−32.505 8 (0.000 0)	−59.299 4** (17.870 4)
观察值数量	6 938	6 865	6 865	6 034	6 262	6 191	6 415	6 034

注：括号内为稳健标准误；** $p < 0.01$；* $p < 0.05$。

附录表 5.3G 对表 5.2 中模型 4 和模型 5 的稳健性检验（包括过去的冲突数量）

	包括正在进行的战争的年份				剔除正在进行的战争的年份			
	17	18	19	20	21	22	23	24
	武装冲突数据库	武装冲突数据库	武装冲突数据库中的高强度战争	费伦和莱廷	武装冲突数据库	武装冲突数据库	武装冲突数据库中的高强度战争	费伦和莱廷
族群政治变量								
被排斥人口所占比率	0.423 2** (0.087 2)	0.321 7** (0.089 1)	0.536 4** (0.135 4)	0.357 5** (0.120 5)	0.461 3** (0.098 2)	0.385 7** (0.100 8)	0.680 1* (0.152 4)	0.344 9** (0.113 4)
权力分享伙伴的数量	0.163 1** (0.039 7)	0.116 6** (0.044 1)	0.132 8* (0.058 3)	0.075 9 (0.078 2)	0.190 8** (0.044 1)	0.154 4* (0.061 7)	0.203 7* (0.075 5)	0.056 3 (0.067 8)
帝国统治的持续时间（年数）	0.614 2 (0.458 2)	0.912 5* (0.450 6)	1.158 9 (0.659 7)	1.656 7** (0.445 0)	1.124 1 (0.613 6)	1.279 8* (0.608 0)	1.447 4 (0.775 7)	1.669 8** (0.442 9)
其他变量								
过去冲突的数量	−0.035 6 (0.083 0)	−0.023 1 (0.087 2)	−0.026 8 (0.131 4)	0.102 7 (0.106 0)	−0.051 6 (0.157 0)	−0.042 3 (0.165 6)	0.006 9 (0.163 9)	0.059 9 (0.099 7)
语言分化程度		1.277 0** (0.399 3)	0.261 3 (0.502 1)	0.589 3 (0.603 0)		0.998 8 (0.616 3)	−0.486 6 (0.662 8)	0.545 8 (0.557 8)
人均 GDP	−0.146 3** (0.041 2)	−0.126 6** (0.044 6)	−0.194 0* (0.077 1)	−0.147 1* (0.058 2)	−0.111 2** (0.039 8)	−0.094 9* (0.042 3)	−0.148 9* (0.072 9)	−0.148 1* (0.060 4)
人口规模	0.235 3** (0.077 7)	0.222 2** (0.081 4)	0.202 2* (0.095 2)	0.308 4** (0.104 6)	0.191 3 (0.106 7)	0.191 1 (0.119 8)	0.153 3 (0.114 6)	0.316 6** (0.101 3)
山地地形		0.174 0 (0.098 1)	0.322 4* (0.145 3)	0.078 5 (0.113 0)		0.073 9 (0.112 6)	0.229 4 (0.163 5)	0.073 3 (0.113 2)

续表

| | 包括正在进行的战争的年份 | | | | 剔除正在进行的战争的年份 | | | |
| | 17 | 18 | 19 | 20 | 21 | 22 | 23 | 24 |
	武装冲突数据库	武装冲突数据库	武装冲突数据库中的高强度战争	费伦和莱廷	武装冲突数据库	武装冲突数据库	武装冲突数据库中的高强度战争	费伦和莱廷
政治不稳定		0.148 3 (0.272 3)	0.290 1 (0.404 6)	−0.022 7 (0.358 5)		0.323 9 (0.283 8)	0.457 2 (0.415 3)	−0.056 8 (0.340 5)
无支配体制	0.442 3* (0.221 2)	0.565 5 (0.292 8)	0.977 1** (0.261 1)		0.574 7* (0.289 6)	0.563 0 (0.423 6)	1.023 3** (0.260 9)
人均石油产出	0.018 3* (0.009 1)	0.028 0** (0.008 4)	−0.000 2 (0.040 0)		0.017 4 (0.009 4)	0.027 1* (0.009 2)	−0.000 2 (0.043 6)
正在进行的战争	0.064 0 (0.623 2)	−0.050 3 (0.625 2)	−0.736 8 (0.655 5)	−2.363 5** (0.559 8)				
自然年	0.016 5 (0.008 7)	0.013 1 (0.008 8)	0.010 2 (0.011 9)	0.032 2** (0.010 0)	0.024 7** (0.007 4)	0.021 2** (0.008 1)	0.011 5 (0.013 8)	0.028 3* (0.011 0)
上一次冲突以来的和平年数	0.073 1 (0.229 3)	0.052 8 (0.234 7)	−0.147 9 (0.168 5)	−0.236 5 (0.182 9)	0.130 1 (0.153 5)	0.148 1 (0.147 5)	0.014 4 (0.118 1)	0.279 7* (0.116 3)
和平年份的样条 1	0.005 1 (0.006 5)	0.004 6 (0.006 7)	0.000 3 (0.001 9)	−0.003 0 (0.003 2)	0.006 5 (0.004 7)	0.006 9 (0.004 5)	0.001 9 (0.001 6)	0.004 5 (0.002 4)
和平年份的样条 2	−0.001 7 (0.001 6)	−0.001 6 (0.001 6)	−0.000 8 (0.001 0)	0.000 8 (0.001 1)	−0.002 0 (0.001 2)	−0.002 1 (0.001 2)	−0.001 5 (0.000 9)	−0.001 4 (0.000 9)
和平年份的样条 3	0.000 4 (0.000 3)	0.000 4 (0.000 3)	0.000 5 (0.000 3)	−0.000 1 (0.000 3)	0.000 5* (0.000 2)	0.000 5* (0.000 2)	0.000 7 (0.000 3)	0.000 3 (0.000 3)
常数项	−40.184 3* (17.570 9)	−34.533 3 (17.756 4)	−29.072 1 (23.608 7)	−72.283 6** (19.581 8)	−56.764 9** (14.751 1)	−50.684 8** (16.092 6)	−32.066 3 (27.187 2)	−66.246 8** (21.497 9)
观察值数量	6 938	6 865	6 865	6 034	6 262	6 191	6 415	6 034

注：括号内为稳健标准误；** p<0.01；* p<0.05。

附录表 5.3H 对表 5.2 中模型 4 和模型 5 的稳健性检验（使用罕见事件逻辑回归）

	包括正在进行的战争的年份				剔除正在进行的战争的年份			
	25	26	27	28	29	30	31	32
	武装冲突数据库	武装冲突数据库	武装冲突数据库中的高强度战争	费伦和莱廷	武装冲突数据库	武装冲突数据库	武装冲突数据库中的高强度战争	费伦和莱廷
族群政治变量								
被排斥人口所占比率	0.414 2**	0.308 2**	0.510 8**	0.337 6*	0.449 4**	0.367 2**	0.650 0**	0.322 24**
	(0.086 1)	(0.087 3)	(0.134 8)	(0.121 1)	(0.099 2)	(0.099 2)	(0.152 1)	(0.114 0)
权力分享伙伴的数量	0.155 6**	0.111 3**	0.132 1*	0.099 0	0.188 1**	0.148 9**	0.210 7*	0.070 8
	(0.031 1)	(0.036 9)	(0.052 9)	(0.074 5)	(0.041 0)	(0.056 9)	(0.071 1)	(0.064 4)
帝国统治的持续时间（年数）	0.635 2	0.911 3*	1.145 4	1.511 2**	1.129 5	1.272 2*	1.371 1	1.554 5**
	(0.446 9)	(0.441 5)	(0.628 9)	(0.423 2)	(0.600 1)	(0.590 6)	(0.777 8)	(0.425 1)
其他变量								
语言分化程度		1.273 0**	0.233 2	0.622 3		1.013 9	−0.501 0	0.565 6
		(0.398 7)	(0.496 2)	(0.613 9)		(0.598 8)	(0.660 5)	(0.564 6)
人均 GDP	−0.138 2**	−0.129 0**	−0.188 3*	−0.171 4**	−0.102 1*	−0.098 9*	−0.149 5*	−0.162 3**
	(0.041 5)	(0.044 7)	(0.074 4)	(0.058 4)	(0.039 9)	(0.042 1)	(0.070 9)	(0.060 9)
人口规模	0.217 1**	0.211 3**	0.190 9*	0.358 7*	0.173 1*	0.177 8*	0.162 3	0.346 3**
	(0.071 3)	(0.065 4)	(0.075 5)	(0.089 2)	(0.086 2)	(0.087 4)	(0.103 8)	(0.085 0)
山地地形		0.175 8	0.322 6*	0.078 7		0.078 9	0.219 9	0.075 7
		(0.098 2)	(0.147 9)	(0.108 7)		(0.110 5)	(0.163 0)	(0.110 1)
政治不稳定		0.169 6	0.320 6	−0.023 9		0.339 1	0.468 6	−0.050 1
		(0.272 0)	(0.394 9)	(0.353 9)		(0.281 8)	(0.414 2)	(0.335 0)
无支配体制		0.451 5*	0.569 0	0.977 3*		0.574 8*	0.562 1	1.018 3**
		(0.225 7)	(0.292 1)	(0.260 7)		(0.286 2)	(0.422 1)	(0.260 7)

续表

	包括正在进行的战争的年份				剔除正在进行的战争的年份			
	25	26	27	28	29	30	31	32
	武装冲突数据库	武装冲突数据库	武装冲突数据库中的高强度战争	费伦和莱廷	武装冲突数据库	武装冲突数据库	武装冲突数据库中的高强度战争	费伦和莱廷
人均石油产出		0.062 0** (0.009 0)	0.077 1** (0.008 2)	0.171 2** (0.028 3)		0.055 5** (0.009 7)	0.083 0** (0.009 2)	0.139 8** (0.038 0)
正在进行的战争	-0.033 3 (0.611 3)	-0.155 0 (0.615 1)	-0.837 4 (0.625 5)	-2.298 7** (0.553 6)				
自然年	0.014 8* (0.007 3)	0.011 9 (0.007 6)	0.008 9 (0.009 1)	0.035 1** (0.009 0)	0.022 6** (0.007 0)	0.019 3* (0.007 8)	0.011 1 (0.010 4)	0.029 6** (0.009 9)
上一次冲突以来的和平年数	0.053 5 (0.229 5)	0.032 9 (0.235 1)	-0.160 4 (0.168 1)	-0.253 4 (0.182 0)	0.126 3 (0.149 5)	0.148 8 (0.141 8)	0.004 9 (0.118 3)	0.262 1* (0.115 0)
和平年份的样条 1	0.004 4 (0.006 5)	0.004 0 (0.006 7)	0.000 1 (0.001 9)	-0.003 3 (0.003 2)	0.006 1 (0.004 6)	0.006 7 (0.004 4)	0.001 7 (0.001 6)	0.004 2 (0.002 4)
和平年份的样条 2	-0.001 5 (0.001 6)	-0.001 4 (0.001 6)	-0.000 6 (0.001 0)	0.000 9 (0.001 1)	-0.001 9 (0.001 2)	-0.002 0 (0.001 2)	-0.001 3 (0.000 9)	-0.001 3 (0.000 9)
和平年份的样条 3	0.000 4 (0.000 3)	0.000 4 (0.000 3)	0.000 4 (0.000 3)	-0.000 1 (0.000 3)	0.000 4 (0.000 2)	0.000 4 (0.000 2)	0.000 6 (0.000 3)	0.000 2 (0.000 3)
常数项	-36.481 8* (14.603 9)	-31.872 6* (15.142 3)	-26.124 6 (17.912 9)	-78.101 2** (17.378 9)	-52.469 7** (13.878 9)	-46.758 4** (15.255 0)	-31.143 5 (20.153 5)	-68.873 8** (19.277 8)
观察值数量	6 938	6 865	6 865	6 034	6 262	6 191	6 415	6 034

注:括号内为稳健标准误;** $p<0.01$; * $p<0.05$。

附录表 5.4A　表 5.3 的稳健性检验（比较包括/剔除正在进行战争的年份的模型）

包括正在进行的战争的年份

	1				2（复现表 5.3）			
	权力拥有者发动的分离主义冲突	被排斥群体发动的分离主义冲突	权力拥有者挑起的内斗	被排斥群体发动的叛乱	权力拥有者发动的分离主义冲突	被排斥群体发动的分离主义冲突	权力拥有者挑起的内斗	被排斥群体发动的叛乱
族群政治变量								
被排斥人口所占比率	0.257 6	0.313 6**	−0.154 1	0.720 7**	−0.203 2	0.255 4*	−0.450 4	0.750 1**
	(0.310 0)	(0.111 9)	(0.221 7)	(0.130 3)	(0.330 6)	(0.110 9)	(0.315 6)	(0.127 7)
权力分享伙伴的数量	0.574 5**	−0.012 0	0.312 9**	0.052 6	0.495 6**	0.000 8	0.317 6**	0.068 9
	(0.138 6)	(0.036 4)	(0.095 8)	(0.096 2)	(0.116 4)	(0.041 7)	(0.096 0)	(0.100 1)
帝国统治的持续时间（年数）	13.211 1**	1.556 3	0.691 3	−0.613 7	14.626 9**	1.952 4*	1.187 0	−0.804 1
	(3.893 4)	(0.997 6)	(1.283 8)	(0.721 5)	(2.850 3)	(0.815 2)	(1.631 1)	(0.777 7)
其他变量								
语言分化程度	−0.825 6	1.765 7**	−1.087 5	1.268 8	1.443 3	1.999 7**	0.999 1	0.979 6
	(1.808 2)	(0.679 1)	(1.696 1)	(0.877 2)	(1.270 7)	(0.643 1)	(1.611 6)	(0.870 9)
人均 GDP	−0.467 2*	−0.033 4	−0.283 2	−0.170 5*	−0.601 7	−0.022 6	−0.191 4	−0.183 3*
	(0.215 1)	(0.047 4)	(0.249 0)	(0.081 5)	(0.330 2)	(0.058 4)	(0.175 0)	(0.081 4)
人口规模	−0.210 8	0.548 3**	−0.430 6*	0.193 7	−0.188 2	0.483 5**	−0.732 1**	0.249 8
	(0.174 6)	(0.114 4)	(0.184 8)	(0.117 3)	(0.192 5)	(0.125 6)	(0.184 1)	(0.132 9)
山地地形					0.694 8	0.394 3	0.565 6*	−0.091 3
					(0.375 1)	(0.221 1)	(0.281 5)	(0.160 8)
政治不稳定					−35.249 7**	0.365 5	1.031 2	0.029 1
					(0.672 8)	(0.512 8)	(0.748 7)	(0.448 5)
无文配体制					1.405 0	0.293 1	0.011 5	0.633 3
					(0.985 4)	(0.389 2)	(0.712 9)	(0.363 9)

续表

	包括正在进行的战争的年份							
	1				2(复现表 5.3)			
	权力拥有者发动的分离主义冲突	被排斥群体发动的分离主义冲突	权力拥有者挑起的内斗	被排斥群体发动的叛乱	权力拥有者发动的分离主义冲突	被排斥群体发动的分离主义冲突	权力拥有者挑起的内斗	被排斥群体发动的叛乱
人均石油产出	3.197 4 (2.658 1)	−0.148 6 (1.098 0)	−0.453 7 (1.684 9)	−0.067 2 (0.879 7)	−0.369 2 (0.403 1)	0.001 6 (0.045 2)	0.012 6 (0.008 8)	0.029 6** (0.008 5)
正在进行的战争					2.687 9 (2.977 6)	−0.166 4 (1.092 3)	−0.597 2 (1.781 4)	−0.050 2 (0.906 8)
自然年	0.122 8** (0.019 8)	−0.001 1 (0.012 0)	0.019 3 (0.029 4)	0.021 0* (0.010 7)	0.134 7** (0.019 6)	0.001 2 (0.011 3)	−0.007 2 (0.034 7)	0.018 1 (0.011 9)
上一次冲突以来的和平年数	1.033 7 (0.827 8)	−0.110 4 (0.449 6)	0.195 0 (0.445 0)	0.156 2 (0.327 4)	0.972 1 (1.036 7)	−0.106 3 (0.453 0)	−0.157 3 (0.432 6)	0.195 3 (0.326 3)
和平年份的样条 1	0.023 0 (0.022 9)	−0.000 3 (0.012 1)	0.009 2 (0.013 7)	0.008 0 (0.009 5)	0.020 2 (0.029 9)	−0.000 2 (0.012 3)	−0.000 4 (0.014 5)	0.009 1 (0.009 4)
和平年份的样条 2	−0.005 2 (0.005 7)	−0.000 3 (0.002 9)	−0.003 1 (0.003 6)	−0.002 4 (0.002 4)	−0.004 5 (0.007 3)	−0.000 4 (0.002 9)	−0.001 0 (0.003 9)	−0.002 7 (0.002 3)
和平年份的样条 3	0.000 6 (0.000 9)	0.000 2 (0.000 4)	0.000 8 (0.000 8)	0.000 5 (0.000 4)	0.000 5 (0.001 0)	0.000 3 (0.000 4)	0.000 7 (0.000 8)	0.000 5 (0.000 4)
常数项	−263.53** (42.96)	−10.26 (23.64)	−40.61 (58.49)	−50.42* (20.84)	−290.34** (41.44)	−15.66 (22.44)	12.10 (68.21)	−45.22 (23.18)
观察值数量	6 935	6 935	6 935	6 935	6 865	6 865	6 865	6 865

续表

剔除正在进行的战争的年份

	3				4			
	权力拥有者发动的分离主义冲突	被排斥群体发动的分离主义冲突	权力拥有者挑起的内斗	被排斥群体发动的叛乱	权力拥有者发动的分离主义冲突	被排斥群体发动的分离主义冲突	权力拥有者挑起的内斗	被排斥群体发动的叛乱
族群政治变量								
被排斥人口所占比率	0.233 8 (0.318 1)	0.335 8** (0.127 0)	−0.201 0 (0.255 1)	0.708 0** (0.141 3)	0.015 5 (0.271 6)	0.348 1* (0.139 2)	−0.558 5 (0.432 5)	0.766 5** (0.144 1)
权力分享伙伴的数量	0.515 0** (0.169 4)	0.014 1 (0.091 9)	0.361 2** (0.103 9)	0.123 8 (0.123 3)	0.447 0** (0.153 6)	0.056 8 (0.102 3)	0.378 7** (0.115 4)	0.166 2 (0.129 0)
帝国统治的持续时间（年数）	11.071 3** (3.784 2)	3.378 2** (1.090 1)	1.074 7 (1.539 3)	−0.722 2 (0.893 9)	11.402 1** (2.860 5)	3.301 3** (1.054 8)	1.987 3 (2.168 0)	−0.825 4 (0.963 3)
其他变量								
语言分化程度	−1.112 7 (1.839 1)	1.728 9 (0.895 8)	−1.438 3 (1.830 8)	1.436 8 (1.200 7)	0.219 6 (1.145 0)	1.233 2 (0.926 4)	0.525 0 (2.073 8)	1.160 2 (1.272 2)
人均GDP	−0.389 4* (0.177 7)	0.001 8 (0.041 4)	−0.245 7 (0.216 2)	−0.117 5 (0.068 0)	−0.463 4 (0.324 8)	0.006 8 (0.062 9)	−0.143 0 (0.133 1)	−0.122 8 (0.066 1)
人口规模	−0.250 3 (0.199 1)	0.571 0** (0.125 5)	−0.464 6* (0.212 8)	0.145 2 (0.145 4)	−0.336 0 (0.241 1)	0.557 1** (0.132 9)	−0.813 4** (0.209 4)	0.160 0 (0.163 2)
山地地形					0.400 4 (0.442 1)	0.043 3 (0.205 1)	0.590 7 (0.308 5)	−0.024 5 (0.185 2)
政治不稳定					−41.995** (0.745 8)	0.500 9 (0.635 2)	1.166 5 (0.787 1)	0.262 1 (0.505 6)
无支配体制					1.410 3 (1.216 6)	0.568 0 (0.543 1)	0.340 3 (0.705 8)	0.630 8 (0.473 4)

续表

| | 剔除正在进行的战争的年份 | | | | | | | |
| | 3 | | | | 4 | | | |
	权力拥有者发动的分离主义冲突	被排斥群体发动的分离主义冲突	权力拥有者挑起的内斗	被排斥群体发动的叛乱	权力拥有者发动的分离主义冲突	被排斥群体发动的分离主义冲突	权力拥有者挑起的内斗	被排斥群体发动的叛乱
人均石油产出					−0.236 2 (0.453 5)	−0.002 0 (0.036 9)	0.011 4 (0.009 0)	0.026 7** (0.007 8)
正在进行的战争								
自然年	0.123 1** (0.025 7)	0.010 3 (0.013 1)	0.040 2* (0.019 7)	0.028 2** (0.009 2)	0.130 0** (0.038 5)	0.011 0 (0.013 2)	0.018 4 (0.020 2)	0.027 0* (0.010 7)
上一次冲突以来的和平年数	1.005 7 (0.711 4)	−0.260 3 (0.301 0)	0.360 8 (0.387 3)	−0.066 9 (0.213 3)	1.001 5 (0.797 2)	−0.217 4 (0.285 0)	0.056 3 (0.387 7)	−0.009 7 (0.221 7)
和平年份的样条 1	0.023 0 (0.020 5)	−0.004 6 (0.008 5)	0.013 3 (0.012 6)	0.002 4 (0.006 6)	0.022 9 (0.025 1)	−0.003 5 (0.008 3)	0.005 0 (0.014 0)	0.004 0 (0.006 5)
和平年份的样条 2	−0.005 3 (0.005 1)	0.000 7 (0.002 1)	−0.004 0 (0.003 4)	−0.001 2 (0.001 7)	−0.005 3 (0.006 3)	0.000 5 (0.002 1)	−0.002 2 (0.003 9)	−0.001 5 (0.001 7)
和平年份的样条 3	0.000 6 (0.000 8)	0.000 1 (0.000 4)	0.001 0 (0.000 8)	0.000 4 (0.000 3)	0.000 6 (0.000 9)	0.000 1 (0.000 4)	0.000 8 (0.000 9)	0.000 4 (0.000 3)
常数项	−261.47** (55.31)	−34.25 (25.91)	−82.46* (39.70)	−64.01** (17.75)	−275.91** (78.41)	−35.69 (26.02)	−39.15 (38.89)	−62.05** (20.71)
观察值数量	5 977	5 977	5 977	5 977	5 923	5 923	5 923	5 923

注：括号内为稳健标准误；** $p < 0.01$；* $p < 0.05$。

附录表 5.4B 对表 5.3 的稳健性检验（包括大洲的虚拟变量）

包括正在进行的战争的年份

	5				6			
	权力拥有者发动的分离主义冲突	被排斥群体发动的分离主义冲突	权力拥有者挑起的内斗	被排斥群体发动的叛乱	权力拥有者发动的分离主义冲突	被排斥群体发动的分离主义冲突	权力拥有者挑起的内斗	被排斥群体发动的叛乱
族群政治变量								
被排斥人口所占比率	0.1127 (0.2925)	0.4841** (0.1380)	−0.2129 (0.2031)	0.6851** (0.1322)	−0.2877 (0.3482)	0.3884** (0.1311)	−0.4013 (0.2861)	0.7216** (0.1340)
权力分享伙伴的数量	0.4805** (0.1332)	0.0024 (0.0417)	0.2584** (0.0952)	0.0442 (0.0865)	0.3738** (0.1055)	0.0167 (0.0433)	0.3114** (0.1148)	0.0611 (0.0905)
帝国统治的持续时间（年数）	12.5040** (3.6411)	1.0057 (1.0961)	0.5106 (2.5142)	−0.7772 (0.8137)	12.6420** (3.4492)	1.2581 (0.9156)	2.1259 (3.3801)	−0.9783 (0.8806)
其他变量								
语言分化程度	3.7002* (1.8334)	2.6055** (0.8758)	−0.3659 (3.7189)	1.2100 (1.0549)	7.3669** (2.0976)	2.3896** (0.8023)	0.7300 (3.1086)	0.9469 (1.0121)
人均 GDP	−0.8568 (0.4851)	−0.1110* (0.0547)	−0.2204 (0.1728)	−0.0869 (0.0560)	−0.7278 (0.3847)	−0.1111* (0.0567)	−0.0856 (0.1320)	−0.0967 (0.0560)
人口规模	−0.4322* (0.2060)	0.4393** (0.1445)	−0.3438 (0.2239)	0.1625 (0.1241)	−0.5158* (0.2372)	0.4381* (0.1447)	−0.5589* (0.2663)	0.1999 (0.1400)
山地地形					0.1717 (0.3963)	0.2777 (0.2488)	0.6326 (0.3249)	−0.0718 (0.1910)
政治不稳定					−43.93 (0.00)	0.4097 (0.5102)	1.0487 (0.7507)	0.0582 (0.4514)

续表

| | 包括正在进行的战争的年份 | | | | | | | |
| | 5 | | | | 6 | | | |
	权力拥有者发动的分离主义冲突	被排斥群体发动的分离主义冲突	权力拥有者挑起的内斗	被排斥群体发动的叛乱	权力拥有者发动的分离主义冲突	被排斥群体发动的分离主义冲突	权力拥有者挑起的内斗	被排斥群体发动的叛乱
无支配体制					1.226 8 (1.031 5)	0.360 1 (0.385 7)	-0.114 0 (0.776 0)	0.663 3 (0.352 7)
人均石油产出		-0.080 5 (1.076 4)			-0.363 4 (0.507 5)	0.027 8* (0.011 5)	0.006 9 (0.021 4)	0.012 0 (0.017 3)
正在进行的战争	2.744 9 (2.430 3)		-0.446 1 (1.586 6)	-0.139 4 (0.891 2)	2.021 7 (2.883 8)	-0.049 0 (1.078 8)	-0.551 2 (1.995 9)	-0.113 6 (0.924 8)
拉丁美洲	-21.652 (50.486)	-34.084** (0.781)	17.692 (74.769)	17.450 (24.927)	-33.252 (0.000)	-46.343 (0.000)	18.954 (107.074)	17.182 (26.035)
东欧	8.813 2 (50.948 6)	-0.121 3 (0.996 5)	-15.874 9 (75.901 1)	-15.425 2 (24.952 2)	8.569 5 (48.635 7)	-0.381 7 (0.957 2)	-26.041 1 (0.000 0)	-27.510 9 (0.000 0)
北非与中东	10.499 9 (50.310 1)	-1.702 4 (0.910 5)	18.777 0 (75.334 1)	18.396 4 (24.871 8)	11.384 2 (47.777 7)	-1.964 4* (0.892 7)	18.584 6 (107.783 2)	18.228 0 (26.002 2)
撒哈拉以南非洲	4.797 7 (51.363 1)	-2.220 4 (1.281 0)	17.849 1 (76.562 4)	18.147 2 (24.976 1)	3.884 0 (48.454 3)	-2.117 4 (1.294 4)	19.255 5 (108.811 9)	17.920 0 (26.059 7)
亚洲	8.300 8 (51.043 7)	-1.038 4 (1.073 7)	17.502 2 (76.471 5)	18.255 5 (24.698 5)	8.478 3 (48.458 5)	-1.349 5 (1.109 4)	17.877 4 (108.856 8)	18.119 7 (25.882 0)
观察值数量	6 935	6 935	6 935	6 935	6 865	6 865	6 865	6 865

续表

剔除正在进行的战争年份

	7				8			
	权力拥有者发动的分离主义冲突	被排斥群体发动的分离主义冲突	权力拥有者的内斗挑起主义冲突	被排斥群体发动的叛乱	权力拥有者发动的分离主义冲突	被排斥群体发动的分离主义冲突	权力拥有者的内斗挑起主义冲突	被排斥群体发动的叛乱
族群政治变量								
被排斥人口所占比率	0.021 0 (0.279 0)	0.423 8* (0.165 4)	−0.223 0 (0.226 4)	0.637 8** (0.112 3)	−0.179 1 (0.329 4)	0.444 8* (0.182 8)	−0.516 8 (0.371 5)	0.688 7** (0.119 9)
权力分享伙伴的数量	0.440 7** (0.132 0)	−0.026 2 (0.088 4)	0.285 8** (0.107 8)	0.101 1 (0.108 7)	0.411 4** (0.152 8)	0.031 5 (0.109 3)	0.373 4* (0.155 1)	0.138 6 (0.121 8)
帝国统治的持续时间（年数）	12.193 3** (3.970 1)	3.981 4** (1.298 2)	1.529 0 (2.341 7)	−0.787 1 (1.058 7)	12.383 8** (4.513 0)	3.894 3** (1.350 5)	4.239 4 (3.181 1)	−0.923 7 (1.179 4)
其他变量								
语言分化程度	2.952 6 (1.923 9)	3.799 0** (0.999 8)	−0.292 5 (4.907 2)	1.351 3 (1.489 1)	6.142 4** (2.275 5)	3.033 1* (1.205 6)	1.140 4 (4.438 0)	1.064 0 (1.369 4)
人均 GDP	−0.550 9 (0.297 2)	−0.159 9* (0.079 1)	−0.194 5 (0.153 4)	−0.045 8 (0.044 2)	−0.567 2 (0.374 9)	−0.167 4* (0.073 8)	−0.056 1 (0.128 1)	−0.025 1 (0.081 6)
人口规模	−0.481 6* (0.241 2)	0.600 3** (0.106 9)	−0.288 3 (0.306 4)	0.158 0 (0.135 1)	−0.717 9* (0.336 2)	0.623 5** (0.116 5)	−0.545 5 (0.478 8)	0.141 4 (0.161 8)
山地地形					0.123 0 (0.502 6)	−0.051 0 (0.211 6)	0.802 8 (0.413 2)	0.047 6 (0.243 2)
政治不稳定					−33.49* (0.91)	0.571 9 (0.663 0)	1.270 8 (0.783 0)	0.323 5 (0.529 2)

续表

	剔除正在进行的战争的年份							
	7				8			
	权力拥有者发动的分离主义冲突	被排斥群体发动的分离主义冲突	权力拥有者挑起的内斗	被排斥群体发动的叛乱	权力拥有者发动的分离主义冲突	被排斥群体发动的分离主义冲突	权力拥有者挑起的内斗	被排斥群体发动的叛乱
无支配体制					1.413 7 (1.266 8)	0.649 0 (0.595 1)	0.165 9 (0.905 8)	0.625 7 (0.448 6)
人均石油产出					−0.544 2 (0.540 1)	0.031 6* (0.012 4)	0.010 7 (0.027 1)	−0.010 7 (0.042 9)
正在进行的战争								
拉丁美洲	−29.006 (50.056)	−43.464** (0.986)	18.009 (64.332)	18.423 (20.336)	−20.485 (105.426)	−34.754** (0.932)	20.655 (83.582)	18.293 (22.971)
东欧	11.913 5 (50.259 3)	−2.250 6 (1.232 2)	−25.359 1 (65.598 4)	−24.108 0 (20.397 6)	10.355 5 (105.086 3)	−2.448 4* (1.230 5)	−14.639 3 (83.616 2)	−15.057 1 (23.177 1)
北非和中东	14.072 0 (49.838 7)	−2.376 9* (1.200 8)	18.707 0 (64.544 2)	19.343 4 (20.283 8)	13.488 1 (104.034 4)	−2.713 0* (1.183 0)	19.325 8 (82.795 6)	19.401 7 (22.962 7)
撒哈拉以南非洲	9.136 5 (50.453 6)	−4.319 1** (1.520 4)	17.699 6 (66.645 1)	19.002 4 (20.372 7)	6.323 6 (105.064 5)	−4.496 3** (1.522 8)	19.912 3 (85.044 2)	19.116 9 (22.948 3)
亚洲	12.290 8 (50.334 5)	−3.439 1* (1.461 3)	−25.101 3 (65.561 4)	18.741 9 (20.192 3)	10.963 3 (105.412 8)	−3.806 0* (1.510 1)	−15.022 4 (84.030 1)	18.752 9 (22.981 3)
观察值数量	5 977	5 977	5 977	5 977	5 923	5 923	5 923	5 923

注：括号内为稳健标准误；*** $p<0.01$；* $p<0.05$。

【注释】

[1] 与各国专家的联系与互动过程几乎耗费了我们两年时间。一旦有了相当合理、充分的国家编码,我们就与当地的专家合办工作坊来最终确定。我们根据专家的评价讨论了每一项编码与其他的数据来源,并且在项目团队内就编码各抒己见、集思广益。在很多情况下,我们询问最初的编码者,或者邀请其他专家来帮助我们在不同的选项之间作出选择。

[2] 请参见费伦等人的研究(Fearon et al. 2007),他们对每个国家的元首的族群背景进行了编码。虽然这种方法的可追踪性更强,也不是那么模棱两可,但它忽略了存在"象征性"代表的可能性(比如印度曾经选出穆斯林背景的总统);它也无法把握更复杂的构型,如权力分享安排。

[3] 在高级伙伴和初级伙伴之间的选择取决于群体成员控制的职位数量及其相对重要性。比如,在马来西亚充满族群色彩的政党制中,马来人控制的政党就是当局的高级伙伴,而华人主导的政党则是初级伙伴。而在瑞士这样没有族群色彩政党的国家中,识别高级伙伴(说瑞士德语的居民)与初级伙伴(说法语和意大利语的居民)可能也是有意义的,因为瑞士的权力分享建立在主要族群语言群体成员之间在内阁席位上非正式的分配基础上。

[4] 我们并没有考虑城市一级的地方权力。所谓"控制",我们指的是区域性政府(在这些政府存在的地方)中占据领导地位或者是联盟伙伴的群体成员;或者他们明显地参与了地方层面的行政机构(如在地方长官是中央政府任命的地方);或者他们受益于区域或地方行政机构的族群配额(如在印度或者苏联)。

[5] 我们只对与政治有关的地方自治群体进行编码。因此,我们并不考虑控制城市政府的族群代表,这是因为他们虽然在地方的人口占比高,但是从来没有出现在全国的政治舞台上(如意大利国内说阿尔巴尼亚语的群体)。我们将这类群体排除在数据库之外,认为它们与政治无关。

[6] 我们没有纳入以下这些类别的歧视:(1)群体遭受间接的政治歧视,因为他们在经济领域或者教育体系中都不占优势,因此不太可能在政治场域中的竞争取胜;(2)普遍的社会歧视(如在劳动力市场或者婚姻市场中);以及(3)将持有他国护照并可以有效返回母国的非本国公民排除在权力之外。这种歧视针对的并不是相对于人口规模的代表性。一个大的群体可能在政府中没有代表,但是并没有受到积极的且有意的歧视。

[7] 这一部分的说明直接采用了闵等人的介绍(Min et al. 2010)。

[8] 实施种族统治长达30年甚至更久的国家有苏丹、南非、利比里亚、伊拉克、叙利亚以及布隆迪。

[9] 通过一群权力分享伙伴实施统治的少数族群政权有刚果民主共和国、中非联邦共和国、刚果共和国以及利比里亚。

[10] 针对1989年以后冲突编码的子编号,武装冲突数据库似乎更具有一致性。我们按照武装冲突数据库的编码规则,对以前的一些冲突进行了重新拆分或者合并。我们还基于内战类型的变化(如国际化与非国际化的冲突)对一些子编号的冲突编码进行了合并。我们列出的冲突列表以及它们与武装冲突数据库中战争编号的关系可在网上查阅。

第六章附录

附录 6.1　其他表格

附录表 6.1　联邦制与分离主义武装冲突

模　型	1	2	3	4	5	6
联邦制,1946—2002 年,吉尔林和塞克	0.588 8 (0.698)					
联邦制,1946—1994 年,政体Ⅲ数据库		−0.013 1 (0.412)				
联邦制(州或加盟共和国),1972—2005 年,选举与制度工程数据库			0.677 3 (0.352)			
省级自治政府,1972—2005 年,制度与选举工程数据库				−0.201 2 (0.418)		
省级长官由本地选举产生,1975—2005 年,世界银行数据库					−0.003 7** (0.001)	
自治地区,1975—2005 年,世界银行数据库						−0.001 5 (0.001)
观察值数量	3 366	5 123	4 502	4 408	2 914	3 987

注:控制了国内生产总值、人口规模、语言分化程度、山地地形、政治不稳定、无支配体制、石油产出、正在进行的战争、自然年、立方样条,常数项并未在此展示;括号内为稳健标准误;* 表示在 5% 的水平上显著,** 表示在 1% 的水平上显著。

附录表 6.2 权力分享伙伴的数量与政治制度之间的关系（负二项回归模型）

	系数（标准误）
民主制，滞后，政体Ⅳ	0.099 6 (0.171)
总统制，1972—2005 年，制度与选举工程数据库	−0.129 6 (0.124)
完全总统制，1972—2005 年，世界银行数据库	−0.121 1 (0.127)
完全总统制，1946—2002 年，吉尔林和塞克	−0.328 9 (0.201)
完全议会制，1946—2002 年，吉尔林和塞克	−0.063 1 (0.209)
议会制，1972—2005 年，制度与选举工程数据库	0.254 1 (0.154)
完全议会制，1975—2005 年，世界银行数据库	0.042 0 (0.186)
比例代表制，1975—2005 年，世界银行数据库	0.000 1 (0.000)
比例代表制，1972—2005 年，制度与选举工程数据库	−0.086 3 (0.130)
完全比例代表制，1946—2002 年，吉尔林和塞克	−0.362 7 (0.192)

续表

变量	系数	观察值数量
半联邦制,1946—2002年,吉尔林和塞克	0.003 9 (0.158)	3 396
完全联邦制,1946—2002年,吉尔林和塞克	0.473 1 (0.243)	3 752
联邦制(州或加盟共和国),1972—2005年,选举与制度工程数据库	0.037 7 (0.141)	4 530
联邦制,1972—2005年,选举与制度工程数据库	0.019 2 (0.140)	4 530
联邦制,1946—1994年,政体Ⅲ数据库	0.454 2* (0.225)	5 174
自治选出的省级政府,1972—2005年,选举与制度工程数据库	−0.028 9 (0.128)	4 443
省级长官由本地选举产生,1975—2005年,世界银行数据库	0.000 5 (0.000)	2 945
观察值数量		6 956 4 049 4 211 3 396 4 049 4 211 4 080 3 752 3 399 3 396 4 530 3 396 5 174 4 443 2 945

注:控制了国内生产总值、总值、人口规模、语言分化程度、年份、立方样条、常数项并未在此展示;括号内是稳健标准误;* 表示在5%的水平上显著,** 表示在1%的水平上显著。

参考文献

Aas Rustad, Siri Camilla, Halvard Buhaug, Ashild Falch, and Scott Gates. 2010. "All conflict is local: modeling sub-national variation in civil conflict risk," *Conflict Management and Peace Science* 28 (1): 15–40.

Abbott, Andrew. 1998. "Transcending general linear reality," *Sociological Theory* 6: 169–186.

Akar, Şevket K. 1999. "Osmanlı maliyesinde bütçe uygulaması," in G. Eren, ed., *Osmanlı, Vol. 3.* Ankara: Yeni Türkiye Yayınları. 565–570.

Akerlof, George A. and Rachel E. Kranton. 2000. "Economics and identity," *The Quarterly Journal of Economics* 115 (3): 715–753.

Anderson, Benedict. 1991. *Imagined Communities: Reflections on the Origin and Spread of Nationalism.* London: Verso.

Anonymous. 1989. "Ethnicity and pseudo-ethnicity in the Ciskei," in Leroy Vail, ed., *The Creation of Tribalism in Southern Africa.* London: James Currey. 395–413.

Axelrod, Robert. 1997. "Promoting norms: an evolutionary approach to norms," in Robert Axelrod, *The Complexity of Co-operation: Agent-Based Models of Competition and Collaboration.* Princeton University Press. 44–68.

Ayoob, Mohammed. 2007. "State making, state-breaking, and state failure," in Chester A. Crocker, Fen Osler Hampson, and Pamela Aall, eds., *Leashing the Dogs of War. Conflict Management in a Divided World.* Washington, DC: USIP Press. 95–114.

Badie, Bertrand. 2000. *The Imported State: The Westernization of the Political Order.* Stanford University Press.

Bardon, Jonathan. 2001. *A History of Ulster.* London: Blackstaff.

Barkey, Karen. 1991. "Rebellious alliances: the state and peasant unrest in early seventeenth-century France and the Ottoman empire," *American Sociological Review* 56: 699–715.

    2008. *Empire of Difference: The Ottomans in Comparative Perspective.* Cambridge University Press.

Barkey, Karen and Mark von Hagen. 1997. *After Empire: Multiethnic Societies and Nation-Building. The Soviet Union and the Russian, Ottoman, and Habsburg Empires.* Colorado: Westview.

Barrett, David. 2001. *World Christian Encyclopedia: A Comparative Study of Churches and Religions in the Modern World, 1900–2000.* Oxford University Press.

Barth, Fredrik. 1969. "Introduction," in Frederik Barth, ed., *Ethnic Groups and Boundaries: The Social Organization of Culture Difference*. London: Allen & Unwin. 1–38.

Bates, Robert. 1974. "Ethnic competition and modernization in contemporary Africa," *Comparative Political Studies* 6: 457–484.

Bates, Robert H., Avner Greif, Margaret Levi, Jean-Laurent Rosenthal, and Barry Weingast. 1998. *Analytical Narratives*. Princeton University Press.

——— 2000. "The analytical narrative project," *American Political Science Review* 94 (3): 696–702.

Beck, Nathaniel, Jonathan N. Katz, and Richard Tucker. 1998. "Taking time seriously: time-series-cross-section analysis with a binary dependent variable," *Journal of Political Science* 42 (4): 1260–1288.

Beck, Ulrich and Ciaran Cronin. 2006. *Cosmopolitan Vision*. Cambridge: Polity Press.

Beissinger, Mark. 2002. *Nationalist Mobilization and the Collapse of the Soviet State*. Cambridge University Press.

Bendix, Reinhard. 1964. *Nation-building and Citizenship: Studies in Our Changing Social Order*. New York: John Wiley.

Bengio, Ofra. 2004. "The new Iraq: challenges for state building," in Christian-Peter Henelt, Giacomo Luciani, and Felix Neugart, eds., *Regime Change in Iraq: The Transatlantic and Regional Dimensions*. Florence: European University Institute. 45–63.

Bengtsson, Tommy, Cameron Campbell, and James Lee. 2004. *Life Under Pressure: Mortality and Living Standards in Europe and Asia, 1700–1900*. Cambridge, MA: MIT Press.

Bennett, D. Scott and Allan C. Stam. 2004. *The Behavioral Origins of War*. Ann Arbor: University of Michigan Press.

Ben-Yehuda, Hemda and Meirav Mishali-Ram. 2006. "Ethnic actors and international crisis: theory and findings, 1918–2001," *International Interactions* 32 (1): 49–78.

Bermeo, Nancy. 2002. "A new look at federalism. The import of institutions," *Journal of Democracy* 13 (2): 96–110.

Bhaskar, Roy. 1979. *A Realist Theory of Science*. Brighton: Harvester.

Binningsbo, Helga Malmin. 2006. *Power-sharing and Postconflict Peace Periods*. Paper given at Power-sharing and Democratic Governance in Divided Societies, Oslo, August 21.

Blalock, Hubert M. 1982. *Race and Ethnic Relations*. Englewood Cliffs: Prentice-Hall.

Blau, Peter. 1986 [1964]. *Exchange and Power in Social Life*. New Brunswick: Transactions.

Boix, Charles. 2003. *Democracy and Redistribution*. Cambridge University Press.

——— 2011. "Democracy, development, and the international system," *American Political Science Review* 105 (4): 809–828.

Boix, Charles and Susan C. Stokes. 2003. "Endogenous democratization," *World Politics* 55 (4): 517–549.

Bonacich, Edna. 1974. "A theory of ethnic antagonism: the split labor market," *American Sociological Review* 37: 547–559.

Bonine, Michael E. 1998. "The introduction of railroads in the Eastern Mediterranean: economic and social impacts," in Thomas Philipp and Brigit Schaebler, eds., *The Syrian Land: Processes of Integration and Fragmentation*. Stuttgart: Franz Steiner. 53–78.

Brass, Paul. 1979. "Elite groups, symbol manipulation and ethnic identity among the Muslims of South Asia," in David Taylor and Malcolm Yapp, eds., *Political Identity in South Asia*. London: Curzon Press. 35–77.

Bratton, Michael and Nicolas van de Walle. 1994. "Neopatrimonial regimes and political transitions in Africa," *World Politics* 46: 453–489.

Breuilly, John. 2005. "Dating the nation: how old is an old nation?" in Atsuko Ichijo and Gordana Uzelac, eds., *When is a Nation? Towards an Understanding of Theories of Nationalism.* London: Routledge. 15–39.

Brinton, Mary C. and Victor Nee. 2001. *The New Institutionalism in Sociology.* Stanford University Press.

Brooks, Stephen. 2005. *Producing Security: Multinational Corporations, Globalization, and the Changing Calculus of Conflict.* Princeton University Press.

Brubaker, Rogers. 1992. *Citizenship and Nationhood in France and Germany.* Cambridge, MA: Harvard University Press.

    1996. *Nationalism Reframed: Nationhood and the National Question in the New Europe.* Cambridge University Press.

    2004. "Ethnicity without groups," in Andreas Wimmer, Donald Horowitz, Richard Goldstone, Ulrike Joras, and Conrad Schetter, eds., *Facing Ethnic Conflicts: Toward a New Realism.* Lanham: Rowman & Littlefield. 34–52.

Bueno de Mesquita, Bruce, James D. Morrow, Randolph M. Siverson, and Alastair Smith. 1999. "An institutional explanation of the democratic peace," *American Political Science Review* 93 (4): 791–807.

Buhaug, Halvard. 2006. "Relative capability and rebel objective in civil war," *Journal of Peace Research* 43 (6): 691–708.

Buhaug, Halvard and Jan Ketil Rød. 2005. *Local Determinants of African Civil Wars, 1970–2001.* Paper given at Disaggregating the Study of Civil War and Transnational Violence, San Diego: University of California Institute of Global Conflict and Cooperation. March 7–8.

Buhaug, Halvard, Lars-Erik Cederman, and Jan Ketil Rød. 2008. "Disaggregating ethnic conflict: a dyadic model of exclusion theory," *International Organization* 62: 531–551.

Burbank, Jane and Frederick Cooper. 2010. *Empires in World History: Power and the Politics of Difference.* Princeton University Press.

Burg, Steven L. and Paul S. Shoup. 1999. *The War in Bosnia-Herzegovina: Ethnic Conflict and International Intervention.* New York: Sharpe.

Calhoun, Craig. 2007. *Nations Matter: Culture, History, and the Cosmopolitan Dream.* London: Routledge.

Campolongo, Francesca, Jessica Cariboni, and Andrea Saltelli. 2007. "An effective screening design for sensitivity analysis of large models," *Environmental Modelling and Software* 22: 1509–1518.

Cardoso, Eliana and Ann Helwege. 1991. "Populism, profligacy, and redistribution," in Rudiger Dornbusch and Sebastian Edwards, eds., *The Macroeconomics of Populism in Latin America.* University of Chicago Press. 45–74.

Carment, David and Patrick James. 1995. "Internal constraints and interstate ethnic conflict," *Journal of Conflict Resolution* 39 (1): 82–109.

Carpenter, Daniel. 2000. "What is the marginal value of Analytical Narratives?" *Social Science History* 24 (4): 655–667.

Cederman, Lars-Erik. 1996. *Emergent Actors in World Politics: How States and Nations Develop and Dissolve.* Princeton University Press.

    2002. "Endogenizing geopolitical boundaries with agent-based modeling," *Proceedings of the National Academy of Sciences of the United States of America* 99: 7296–7303.

Cederman, Lars-Erik and Luc Girardin. 2007. "Beyond fractionalization: mapping ethnicity onto nationalist insurgencies," *American Political Science Review* 101: 173–185.

Cederman, Lars-Erik, Luc Girardin, and Kristian Skrede Gleditsch. 2009. "Ethnonationalist triads. Assessing the influence of kin groups on civil wars," *World Politics* 61 (3): 403–437.

Cederman, Lars-Erik, Simon Hug, and Lutz Krebs. 2010a. "Democratization and civil war: empirical evidence," *Journal of Peace Research* 47 (4): 377–394.

Cederman, Lars-Erik, Andreas Wimmer, and Brian Min. 2010b. "Why do ethnic groups rebel? New data and analysis," *World Politics* 62 (1): 87–119.

Cederman, Lars-Erik, Nils B. Weidmann, and Kristian Skrede Gleditsch. 2011. "Horizontal inequalities and ethnonationalist civil war: a global comparison," *American Political Science Review* 105 (3): 478–495.

Cem Behar, Osmanlı. 1996. *İmparatorluğu' nun ve Türkiye' nin Nüfusu, 1500–1927*. Ankara: DİE.

Centeno, Miguel Angel. 2003. *Blood and Debt: War and the Nation-State in Latin America*. Pittsburg: Pennsylvania State University Press.

Central Statistical Administration, Council of Ministers USSR. 1957. *USSR Transport and Communication: A Statistical Compilation*. Moscow: State Statistical Publishing House.

Chafer, Tony. 2002. *The End of Empire in French West Africa: France's Successful Decolonization?* Oxford: Berg.

Chai, Sun-Ki. 2005. "Predicting ethnic boundaries," *European Sociological Review* 21 (4): 375–391.

Chandra, Kanchan. 2004. *Why Ethnic Parties Succeed: Patronage and Ethnic Head Counts in India*. Cambridge University Press.

Forthcoming. *Constructivist Theories of Ethnic Politics*. Oxford University Press.

Chandra, Kanchan and Cilanne Boulet. 2005. *Ethnic Cleavage Structures, Permanent Exclusion and Democratic Stability*. Paper given at the Alien Rule and its Discontents Conference, University of Washington.

Chandra, Kanchan and Steven Wilkinson. 2008. "Measuring the effect of 'ethnicity'," *Comparative Political Studies* 41 (4/5): 515–563.

Chapman, Thomas and Philip G. Roeder. 2007. "Partition as a solution to wars of nationalism: the importance of institutions," *American Political Science Review* 101 (4): 677–691.

Christin, Thomas and Simon Hug. 2009. *Federalism, the Geographic Location of Groups, and Conflict*. Geneva: University of Geneva, unpublished manuscript.

Chua, Amy. 2004. *World on Fire: How Exporting Free Market Democracy Breeds Ethnic Hatred and Global Instability*. New York: Anchor Books.

Cipolla, Carlo M. 1969. *Literacy and Development in the West*. Baltimore: Pelican.

Clapham, Christopher. 1982. *Private Patronage and Public Power: Political Clientelism in the Modern State*. Basingstoke: Palgrave.

Clodfelter, Michael. 2002. *Warfare and Armed Conflicts: A Statistical Reference to Casualty and Other Figures, 1500–2000*. Jefferson: McFarland.

Cohen, Frank. 1997. "Proportional versus majoritarian ethnic conflict management in democracies," *Comparative Political Studies* 30 (5): 607–630.

Cohen, Ronald. 1978. "Ethnicity: problem and focus in anthropology," *Annual Review of Anthropology* 7: 397–403.

Cole, Juan. 2003. "The United States and Shi'ite religious factions in post-Ba'thist Iraq," *The Middle East Journal* 57 (4): 543–566.

Coleman, James S. 1990. *Foundations of Social Theory*. Cambridge, MA: Belknap Press.

Collier, George and Elisabeth Lowery Quaratiello. 1994. *Basta! Land and the Zapatista Rebellion in Chiapas.* Oakland: Institute for Food and Development Policy.

Collier, Paul and Anke Hoeffler. 2000. *Greed and Grievance in Civil War.* Washington, DC: World Bank Development Research Group.

2004. "Greed and grievance in civil war," *Oxford Economic Papers* 56 (4): 563–595.

Collier, Paul, Anke Hoeffler, and Dominic Rohner. 2006. "Beyond greed and grievance: feasibility and civil war," *Center for the Study of African Economics Working Paper* 10.

Collier, Paul, Anke Hoeffler, and Mans Söderbom. 2008. "Post-conflict risks," *Journal of Peace Research* 45 (4): 461–478.

Collier, Ruth Berins and Sebastián Mazzuca. 2006. "Does history repeat?" in Robert E. Goodin and Charles Tilly, eds., *The Oxford Handbook of Contextual Political Analysis.* Oxford University Press. 472–489.

Congleton, Roger D. 1995. "Ethnic clubs, ethnic conflict, and the rise of ethnic nationalism," in Albert Breton, Gianluigi Galeotti, Pierre Salmon, and Ronald Wintrobe, eds., *Nationalism and Rationality.* Cambridge University Press. 71–97.

Connor, Walker. 1972. "Nation-building or nation-destroying?" *World Politics* 24: 319–355.

Cornell, Stephen. 1996. "The variable ties that bind: content and circumstance in ethnic processes," *Ethnic and Racial Studies* 19 (2): 265–289.

COW. 2008. *Direct Contiguity Data, 1816–2006. Version 3.1.*

Cunningham, David E. 2011. *Barriers to Peace in Civil Wars.* Cambridge University Press.

Darden, Keith. 2011. *Resisting Occupation: Mass Schooling and the Creation of Durable National Loyalties.* Cambridge University Press.

Darden, Keith and Harris Mylonas. 2011. "The Promethean dilemma: third-party state-building in occupied territories," *Ethnopolitics* 11 (1): 85–93.

Davies, Graeme A. M. 2002. "Domestic strife and the initiation of international conflicts: a directed dyad analysis, 1950–1982," *Journal of Conflict Resolution* 46 (5): 672–692.

Davis, David R. and Will H. Moore. 1997. "Ethnicity matters: transnational ethnic alliances and foreign policy behaviour," *International Studies Quarterly* 41: 171–184.

Davison, Roderic H. 1954. "Turkish attitude concerning Christian–Muslim equality in the nineteenth century," *American Historical Review* 59 (4): 844–864.

1963. *Reform in the Ottoman Empire, 1856–1876.* Princeton University Press.

Despres, Leo A. 1968. "Anthropological theory, cultural pluralism, and the study of complex societies," *Current Anthropology* 9 (1): 3–26.

Deutsch, Karl W. 1953. *Nationalism and Social Communication: An Inquiry into the Foundations of Nationality.* Cambridge, MA: MIT Press.

Dickson, Eric and Kenneth Scheve. 2006. "Social identity, political speech, and electoral competition," *Journal of Theoretical Politics* 18 (1): 5–39.

Diehl, Paul F. and Gary Goertz. 1988. "Territorial changes and militarized conflict," *Journal of Conflict Resolution* 32 (1): 103–122.

1991. "Entering international society: military conflict and national independence, 1816–1980," *Comparative Political Studies* 23 (4): 497–518.

2000. *War and Peace in International Rivalry.* Ann Arbor: University of Michigan Press.

diMaggio, Paul and Walter W. Powell. 1991. *The New Institutionalism in Organizational Analysis.* University of Chicago Press.

Dobbin, Frank, Beth Simmons, and Geoffrey Garrett. 2007. "The global diffusion of public policies: social construction, coercion, competition, or learning?" *Annual Review of Sociology* 33 (1): 449–472.

Downes, Alexander B. 2004. "The problem with negotiated settlements to ethnic civil wars," *Security Studies* 13 (4): 230–279.

Easterly, William and Ross Levine. 1997. "Africa's growth tragedy: policies and ethnic divisions," *The Quarterly Journal of Economics* (November): 1203–1250.

Eck, Kristine. 2009. "From armed conflict to war: ethnic mobilization and conflict intensification," *International Studies Quarterly* 53 (2): 369–388.

Eifert, Benn, Edward Miguel, and Daniel N. Posner. 2010. "Political competition and ethnic identification in Africa," *American Journal of Political Science* 52 (2): 494–510.

Eisenstadt, Samuel N. 1963. *The Political Systems of Empires.* New York: Free Press.

Elbadawi, Nicholas and Nicholas Sambanis. 2000. "Why are there so many civil wars in Africa? Understanding and preventing violent conflict," *Journal of African Economics* 9 (3): 244–269.

Elkins, Zachary and John Sides. 2007. "Can institutions build unity in multi-ethnic states?" *American Political Science Review* 101 (4): 693–708.

Ellingsen, Tanja. 2000. "Colorful community or ethnic witches' brew? Multiethnicity and domestic conflict during and after the Cold War," *Journal of Conflict Resolution* 44 (2): 228–249.

Ellis, Andrew. 2003. "The politics of electoral systems in transition," in Andreas Wimmer, Donald Horowitz, Richard Goldstone, Ulrike Joras, and Conrad Schetter, eds., *Facing Ethnic Conflicts: Toward a New Realism.* Boulder: Rowman & Littlefield. 258–273.

Elster, Jon. 2000. "Rational choice history: a case of excessive ambition," *American Political Science Review* 94 (3): 685–702.

Esherick, Joseph W., Hasan Kayali, and Eric van Young. 2006. *Empire to Nation: Historical Perspectives on the Making of the Modern World.* Lanham: Rowman & Littlefield.

Esman, Milton. 1994. *Ethnic Politics.* Ithaca: Cornell University Press.

Favell, Adrian. 2008. *Eurostars and Eurocities: Free Movement and Mobility in an Integrating Europe.* Oxford: Blackwell.

Fearon, James D. 1995. "Rationalist explanations of war," *International Organization* 49 (3): 379–414.

1998. "Commitment problems and the spread of ethnic conflict," in David A. Lake and Donald Rothchild, eds., *The International Spread of Ethnic Conflict.* Princeton University Press. 107–126.

1999. *Why Ethnic Politics and "Pork" Tend to go Together.* Stanford: Department of Political Science, unpublished manuscript.

2003. "Ethnic and cultural diversity by country," *Journal of Economic Growth* 8 (2): 195–222.

Fearon, James D. and David Laitin. n.d. *Civil War Narratives.* Stanford: Department of Political Science.

1996. "Explaining interethnic cooperation," *American Political Science Review* 90 (4): 715–735.

2003. "Ethnicity, insurgency, and civil war," *American Political Science Review* 97 (1): 1–16.

2004. "Neotrusteeship and the problem of weak states," *International Security* 28 (4): 5–43.

参考文献

Fearon, James D., Kimuli Kasara, and David D. Laitin. 2007. "Ethnic minority rule and civil war onset," *American Political Science Review* 101 (1): 187–193.

Feinstein, Yuval. 2011. *Rallying around the Flag: Nationalist Emotions in American Mass Politics.* University of California Los Angeles.

Fieldhouse, David Kenneth. 1966. *The Colonial Empires.* New York: Dell.

Fjelde, Hanne and Indra de Soysa. 2009. "Coercion, co-optation, or cooperation? State capacity and the risk of civil war, 1961–2004," *Conflict Management and Peace Science* 26 (5): 5–25.

Flint, John. 1983. "Planned decolonization and its failure in British Africa," *African Affairs* 82: 389–411.

Forsberg, Erika. 2008. "Polarization and ethnic conflict in a widening strategic setting," *Journal of Peace Research* 45 (2): 283–300.

Fowles, Jib. 1974. "Chronocentrism," *Futures* 6 (1): 65–68.

Fox, Jonathan. 1994. "The diffiult transition from clientelism to citizenship: lessons from Mexico," *World Politics* 46 (2): 151–184.

———. 2000. "The effects of religious discrimination on ethno-religious protest and rebellion," *Journal of Conflict Studies* 20 (2): 16–43.

Furnivall, John S. 1939. *Netherlands India: A Study of Plural Economy.* Cambridge University Press.

Gagnon, Valère Philip. 2006. *The Myth of Ethnic War: Serbia and Croatia in the 1990s.* Ithaca: Cornell University Press.

Geertz, Clifford. 1963. "The integrative revolution. Primordial sentiments and civil politics in the new states," in Clifford Geertz, *Old Societies and New States: The Quest for Modernity in Asia and Africa.* New York: The Free Press. 105–157.

Gehlbach, Scott. 2006. "A formal model of exit and voice," *Rationality and Society* 18: 395–418.

Gellner, Ernest. 1983. *Nations and Nationalism.* Ithaca: Cornell University Press.

———. 1991. "Nationalism and politics in Eastern Europe," *New Left Review* 189: 127–143.

Gerring, John and Strom Thacker. 2008. *A Centripetal Theory of Democratic Governance.* Cambridge University Press.

Ghai, Yash. 1998. "The structure of the state: federalism and autonomy," in Benjamin Reilly and Peter Harris, eds., *Democracy and Deep-Rooted Conflict: Options for Negotiators.* Stockholm: International IDEA. 155–168.

Gilley, Bruce. 2009. *The Right to Rule.* New York: Columbia University Press.

Gilpin, Robert. 1981. *War and Change in World Politics.* Cambridge University Press.

Glaser, Charles L. 1997. "The security dilemma revisited," *World Politics* 50 (1): 171–201.

Glazer, Nathan and Daniel Patrick Moynihan. 1975. "Introduction," in Nathan Glazer and Daniel Patrick Moynihan, eds., *Ethnicity: Theory and Experience.* Cambridge, MA: Harvard University Press. 1–11.

Gleditsch, Kristian Skrede. 2003. *Transnational Dimensions of Civil War.* University of California, San Diego.

———. 2004. "A revised list of wars between and within independent states, 1816–2002," *International Interactions* 30 (3): 231–262.

———. 2007. "Transnational dimensions of civil war," *Journal of Peace Research* 44 (3): 293–330.

Gleditsch, Kristian Skrede and Michael D. Ward. 2006. "Diffusion and the international context of democratization," *International Organization* 60: 911–933.

Gleditsch, Kristian Skrede, Idean Salehyan and Kenneth Schultz. 2008. "Fighting at home, fighting abroad. How civil wars lead to international disputes," in *Journal of Conflict Resolution* 52 (4):479–506.

Gleditsch, Nils Petter, Peter Wallensteen, Mikael Erikson, Margareta Sollenberg, and Håvard Strand. 2002. "Armed conflict 1946–2001: a new dataset," *Journal of Peace Research* 39 (5): 615–637.

Gleditsch, Nils Petter, Håvard Hegre, and Håvard Strand. 2009. "Democracy and civil war," in Manus I. Midlarsky, ed., *Handbook of War Studies III: The Intrastate Dimension.* Ann Arbor: University of Michigan Press. 155–192.

Goldstein, Joshua S. 1991. "A war-economy theory of the long wave," in N. Thygesen, K. Velupillai, and S. Zambelli, eds., *Business Cycles: Theories, Evidence and Analysis.* New York University Press. 303–325.

Goldstone, Jack A., Robert H. Bates, David L. Epstein, Ted Robert Gurr, Michael B. Lustik, Monty G. Marshall, Jay Ulfelder, and Mark Woodward. 2010. "A global model for forecasting political instability," *American Journal of Political Science* 54 (1): 190–208.

Goodwin, Jeff. 2001. *No Other Way Out: States and Revolutionary Movements, 1945–1991.* Cambridge University Press.

Gould, Roger V. 1995. *Insurgent Identities: Class, Community, and Protest in Paris from 1848 to the Commune.* University of Chicago Press.

1996. "Patron–client ties, state centralization, and the Whiskey rebellion," *American Journal of Sociology* 102 (2): 400–429.

Greenfeld, Liah. 1992. *Nationalism: Five Roads to Modernity.* Cambridge, MA: Harvard University Press.

Greif, Avner and David Laitin. 2004. "A theory of endogenous institutional change," *American Political Science Review* 98: 633–652.

Grillo, Ralph. 1998. *Pluralism and the Politics of Difference: State, Culture, and Ethnicity in Comparative Perspective.* Oxford University Press.

Gurr, Ted R. 1993a. *Minorities at Risk: A Global View of Ethnopolitical Conflict.* Washington, DC: United States Institute of Peace Press.

1993b. "Why minorities rebel: a global analysis of communal mobilization and conflict since 1945," *International Political Science Review* 14 (2): 161–201.

Habermas, Jürgen. 1989. *The Structural Transformation of the Public Sphere: An Inquiry into a Category of Bourgeois Society.* Cambridge, MA: MIT Press.

Habyarimana, James, Macartan Humphreys, Daniel N. Posner, and Jeremy M. Weinstein. 2007. "Why does ethnic diversity undermine public goods provision?" *American Political Science Review* 101 (4): 709–725.

Hale, Henry. 2000. "The parade of sovereignties: testing theories of secession in the Soviet setting," *British Journal of Political Science* 30: 31–56.

2004. "Explaining ethnicity," *Comparative Political Studies* 37 (4): 458–485.

2011. "Formal constitutions in informal politics: institutions and democratization in post-Soviet Eurasia," *World Politics* 63 (4): 581–617.

Haller, William, Alejandro Portes, and Scott M. Lynch. 2011. "Dreams fulfilled, dreams shattered: determinants of segmented assimilation in the second generation," *Social Forces* 89 (3): 733–762.

Hansen, Randall. 2009. "The poverty of postnationalism: citizenship, immigration, and the new Europe," *Theory and Society* 38: 1–24.

参考文献

Harding, Robert R. 1978. *Anatomy of a Power Elite: The Provincial Governors of Early Modern France*. New Haven: Yale University Press.

Hardt, Michael and Antonio Negri. 2000. *Empire*. Cambridge, MA: Harvard University Press.

Hart, Sergiu and Mordecai Kurz. 1983. "Endogenous formation of coalitions," *Econometrica* 51: 1047–1064.

Hartzell, Caroline and Matthew Hoddie. 2003. "Institutionalizing peace: power sharing and post-civil war conflict management," *American Journal of Political Science* 47 (2): 318–332.

Hechter, Michael. 1975. *Internal Colonialism: The Celtic Fringe in British National Development, 1536–1966*. Berkeley: University of California Press.

2000. *Containing Nationalism*. Oxford University Press.

2004. "Containing nationalist violence," in Andreas Wimmer, Donald Horowitz, Richard Goldstone, Ulrike Joras, and Conrad Schetter, eds., *Facing Ethnic Conflicts: Toward a New Realism*. Boulder: Rowman & Littlefield. 283–300.

2009a. "Alien rule and its discontent," *American Behavioral Scientist* 53 (3): 289–310.

2009b. "Legitimacy in the modern world," *American Behavioral Scientist* 53 (3): 279–288.

Hechter, Michael and Margaret Levi. 1979. "The comparative analysis of ethnoregional movements," *Ethnic and Racial Studies* 2 (3): 260–274.

Hedström, Peter and Peter Bearman. 2009. *The Oxford Handbook of Analytical Sociology*. Oxford University Press.

Hegre, Håvard and Nicholas Sambanis. 2006. "Sensitivity analysis of empirical results on civil war onset," *Journal of Conflict Resolution* 50 (4): 508–535.

Hegre, Håvard, Tanja Ellingsen, Scott Gates, and Nils Petter Gleditsch. 2001. "Toward a democratic civil peace? Democracy, political change, and civil war, 1816–1992," *American Political Science Review* 95 (1): 33–48.

Heinersdoff, Richard. 1975. *Die K.U.K. privilegierten Eisenbahnen der österreichisch-ungarischen Monarchie, 1828–1918*. Vienna: Molden.

Held, David. 1995. *Democracy and the Global Order: From the Modern State to Cosmopolitan Governance*. Stanford University Press.

Heper, Metin, Ali Kazancigil, and Bert Rockman. 1997. *Institutions and Democratic Statecraft*. Boulder: Westview Press.

Herbst, Jeffrey. 2000. *States and Power in Africa: Comparative Lessons in Authority and Control*. Princeton University Press.

Hiers, Wesley and Andreas Wimmer. In press. "Is nationalism the cause or consequence of imperial breakdown?" in John Hall and Sinisa Malesevic, eds., *Nationalism and War*. Cambridge University Press.

Hintze, Otto. 1975. "Military organization and the organization of the state," in Felix Gilbert, ed., *The Historical Essays of Otto Hintze*. New York: Oxford University Press. 178–215.

Hironaka, Ann. 2005. *Neverending Wars: The International Community, Weak States, and the Perpetuation of Civil War*. Cambridge University Press.

Hobsbawm, Eric and Terence Ranger. 1983. *The Invention of Tradition*. Cambridge University Press.

Hobson, John M. 2000. *The State and International Relations*. Cambridge University Press.

Holsti, Kalevi J. 1991. *Peace and War: Armed Conflicts and International Order, 1648–1989*. Cambridge University Press.

Horn Melton, James van. 2001. *The Rise of the Public in Enlightenment Europe*. Cambridge University Press.

Horowitz, Donald. 1985. *Ethnic Groups in Conflict*. Berkeley: University of California Press.

    2002. "Constitutional design: proposals vs. process," in Andrew Reynolds, ed., *The Architecture of Democracy: Constitutional Design, Conflict Management, and Democracy*. Oxford: Oxford University Press. 15–36.

    2004. "Some realism about constitutional engineering," in Andreas Wimmer, Donald Horowitz, Richard Goldstone, Ulrike Joras, and Conrad Schetter, eds., *Facing Ethnic Conflicts. Toward a New Realism*. Boulder: Rowman & Littlefield. 245–257

Houle, Christian. 2009. "Inequality and democracy. Why inequality harms consolidation but does not affect democratization," *World Politics* 61 (4): 589–622.

Howe, Stephen. 2002. *Empire: A Very Short Introduction*. Oxford University Press.

Hroch, Miroslav. 2000 [1969]. *Social Preconditions of Patriotic Groups Among the Smaller European Nations*. New York: Columbia University Press.

Humphreys, Macartan. 2005. "Natural resources, conflict, and conflict resolution. Uncovering the mechanisms," *Journal of Conflict Resolution* 49 (4): 508–537.

Huntington, Samuel. 1993. "The clash of civilizations?" *Foreign Affairs* 72: 22–49.

Hutchings, Raymond. 1983. *The Soviet Budget*. Albany: SUNY Press.

Huth, P. K. 1996. "Enduring rivalries and territorial disputes, 1950–1990," *Conflict Management and Peace Science* 15: 7–41.

Ikegami, Eiko. 2005. *Bonds of Civility: Aesthetic Networks and the Political Origins of Japanese Culture*. Cambridge University Press.

Isaac, Larry W. and Larry J. Griffin. 1989. "Ahistoricism in time-series analyses of historical process: critique, redirection, and illustration from US labor history," *American Sociological Review* 54 (6): 873–890.

Jackson, Robert H. 1990. *Quasi-States: Sovereignty, International Relations, and the Third World*. New York: Cambridge University Press.

Jansen, Robert. 2011. "Populist mobilization: a new theoretical approach to populism," *Sociological Theory* 29 (2): 75–96.

Jenne, Erin K., Stephen M. Saideman, and Will Lowe. 2007. "Separatism as a bargaining posture: the role of leverage in minority radicalization," *Journal of Peace Research* 44 (5): 539–558.

Kaestle, Carl F. 1985. "The history of literacy and the history of readers," *Review of Research in Education* 12 (1): 11–53.

Kahler, Miles. 2002. "The state of the state in world politics," in Ira Kathnelson and Helen V. Milner, eds., *Political Science: State of the Discipline*. New York: Norton. 56–83.

Kaldor, Mary. 1999. *New and Old Wars: Organized Violence in a Global Era*. Cambridge: Polity Press.

Kalter, Frank. 2000. "Structural conditions of preferences for segregation," *Rationality and Society* 12: 425–448.

Karkar, Yaqub N. 1972. *Railway Development in the Ottoman Empire, 1856–1914*. New York: Vantage Press.

Karpat, Kemal. 1973. *An Inquiry into the Social Foundations of Nationalism in the Ottoman State: From Social Estates to Classes, from Millets to Nations*. Princeton: Center of International Studies.

    1985. *Ottoman Population, 1830–1914: Demographic and Social Characteristics*. Madison: University of Wisconsin Press.

    2002. *The Politicization of Islam: Reconstructing Identity, State, Faith, and Community in the Late Ottoman State*. Oxford University Press.

Kaufmann, Chaim. 1998. "When all else fails: separation as a remedy for ethnic conflicts, ethnic partitions and population transfers in the twentieth century," *International Security* 23 (2): 120–156.

Keck, Margaret and Kathryn Sikkink. 1998. *Activists Beyond Borders: Advocacy Networks in International Politics*. Ithaca: Cornell University Press.

Keohane, Robert. 1984. *After Hegemony: Cooperation and Discord in the World Political Economy*. Princeton University Press.

King, Gary, Robert Keohane, and Sidney Verba. 1994. *Designing Social Inquiry: Scientific Inference in Qualitative Research*. Princeton University Press.

Kirschbaum, Stanislav J. 1993. "Czechoslovakia: the creation, federalization and dissolution of a nation-state," *Regional Politics and Policy* 3 (1): 69–95.

Kiser, Edgar and Michael Hechter. 1998. "The debate on historical sociology: rational choice theory and its critics," *American Journal of Sociology* 104 (3): 785–816.

Kiser, Edgar and Joshua Kane. 2001. "Revolution and state structure: the bureaucratization of tax administration in early modern England and France," *American Journal of Sociology* 107 (1): 183–223.

Kiser, Edgar and April Linton. 2001. "Determinants of the growth of the state: war and taxation in early modern France and England," *Social Forces* 80 (2): 411–448.

 2002. "The hinges of history: state-making and revolt in early modern France," *American Sociological Review* 67: 889–910.

Kitschelt, Herbert and Steven I. Wilkinson. 2007. *Patrons, Clients and Policies: Patterns of Democratic Accountability and Political Competition*. Cambridge University Press.

Klein, Herbert. 1998. *The American Finances of the Spanish Empire: Royal Income and Expenditures in Colonial Mexico, Peru, and Bolivia, 1680–1809*. Albuquerque: University of New Mexico Press.

Kohn, Hans. 1944. *The Idea of Nationalism*. New York: Collier.

Koopmans, Ruud, Paul Statham, Marco Giugni, and Florence Passy. 2005. *Contested Citizenship: Immigration and Cultural Diversity in Europe*. Minneapolis: University of Minnesota Press.

Kozlov, Victor. 1988. *The Peoples of the Soviet Union*. Hutchinson: Indiana University Press.

Krasner, Steven. 2005. "The case for shared sovereignty," *Journal of Democracy* 16 (1): 69–83.

Kuran, Timur. 1998. "Ethnic norms and their transformation through reputational cascades," *Journal of Legal Studies* 27: 623–659.

Kurzban, Robert, John Tooby, and Leda Cosmides. 2001. "Can race be erased? Coalitional computation and social categorization," *Proceedings of the National Academy of Sciences of the United States of America* 98 (26): 15398–15392.

Kymlicka, Will. 2007. *Multicultural Odysseys: Navigating the New International Politics of Diversity*. Oxford University Press.

Lachmann, Richard. 2011. *Mercenary, Citizen, Victim: The Evolution of the Western Soldier*. Paper given at the Nationalism and War Workshop, McGill University. March 24–26.

Laitin, David. 1986. *Hegemony and Culture: Politics and Religious Change Among the Yoruba*. University of Chicago Press.

 1995. "National revivals and violence," *Archives Européennes de Sociologie* 36 (1): 3–43.

 2007. *Nations, States, and Violence*. Oxford University Press.

Laitin, David and Maurits van der Veen. Forthcoming. "Ethnicity and pork: a virtual test of causal mechanisms," in Kanchan Chandra, ed., *Constructivist Theories of Ethnic Politics*. Oxford University Press.

Lake, David A. and Donald Rothchild (eds.) 1998. *The International Spread of Ethnic Conflict.* Princeton University Press.

Lange, Matthew. 2005. "British colonial state legacies and development trajectories: a statistical analysis of direct and indirect rule," in Matthew Lange and Dietrich Rueschemeyer, eds., *States and Development: Historical Antecedents of Stagnation and Advance.* Palgrave: Macmillan. 117–140.

Lapid, Yosef and Friedrich Kratochwil. 1996. "Revisiting the 'national': toward an identity agenda in neorealism?" in Yosef Lapid and Friedrich Kratochwil, eds., *The Return of Culture and Identity in International Relations Theory.* Boulder: Rienner. 105–127.

Lemarchand, Rene and Keith Legg. 1972. "Political clientelism and development: a preliminary analysis," *Comparative Politics* 4 (2): 149–178.

Levi, Margaret. 1988. *Of Rule and Revenue.* Berkeley: University of California Press.

1997. *Consent, Dissent, and Patriotism: Political Economy of Institutions and Decisions.* Cambridge University Press.

Levi Martin, John. 2009. *Social Structures.* Princeton University Press.

Levy, Jack S. 1998. "The causes of war and the conditions of peace," *Annual Review of Political Science* 1: 39–65.

Levy, Jack S. and William R. Thompson. 2010. *Causes of War.* Chichester: Wiley-Blackwell.

2011. *The Arc of War: Origins, Escalation, and Transformation.* University of Chicago Press.

Lewis, Bernard. 1962. *The Emergence of Modern Turkey.* London: Oxford University Press.

Licklider, Roy. 1995. "The consequences of negotiated settlements in civil wars, 1945–1993," *American Political Science Review* 89 (3): 681–690.

Lieberman, Evan S. 2005. "Nested analysis as a mixed-method strategy for comparative research," *American Political Science Review* 99 (3): 435–452.

Lieberman, Evan S. and Prerna Singh. Forthcoming. "The institutional origins of ethnic violence," *Comparative Politics.*

Lieberson, Stanley. 1991. "Small N's and big conclusion: an examination of the reasoning in comparative studies based on a small number of cases," *Social Forces* 70 (2): 307–320.

Lieven, Dominic. 2000. *Empire: The Russian Empire and its Rivals.* New Haven: Yale University Press.

Lijphart, Arend. 1977. *Democracy in Plural Societies: A Comparative Exploration.* New Haven: Yale University Press.

1994. *Electoral Systems and Party Systems: A Study of Twenty-Seven Democracies, 1945–1990.* Oxford University Press.

1999. *Patterns of Democracy: Government Forms and Performance in Thirty-Six Countries.* New Haven: Yale University Press.

Linz, Juan J. 1990. "The perils of presidentialism," *Journal of Democracy* 1 (1): 51–60.

Lipschutz, Ronnie D. 1992. "Reconstructing world politics: the emergence of global civil society," *Journal of International Studies* 21 (3): 389–420.

Lodge, R. Anthony. 1993. *French: From Dialect to Standard.* London: Routledge.

Luard, Evan. 1986. *War in International Society: A Study in International Sociology.* New Haven: Yale University Press.

Lustick, Ian. 1979. "Stability in deeply divided societies: consociationalism versus control," *World Politics* 31 (3): 325–344.

2000. "Agent-based modelling of collective identity: testing constructivist theory," *Journal of Artificial Societies and Social Simulation* 3 (1). Available online at: http://jasss.soc.surrey.ac.uk/3/1/1.html.

Maddison, Angus. 2003. *The World Economy: Historical Statistics.* Paris: OECD.

Mahoney, James and Kathleen Thelen. 2010. "A theory of gradual institutional change," in James Mahoney and Kathleen Thelen, *Explaining Institutional Change: Ambiguity, Agency, and Power.* Cambridge University Press. 1–37.

Mann, Michael. 1993a. "Nation-states in Europe and other continents: diversifying, developing, not dying," *Daedalus* 112 (3): 115–140.

　　1993b. *The Sources of Social Power, Vol. 2: The Rise of Classes and Nation States, 1760–1914.* Cambridge University Press.

　　1995. "A political theory of nationalism and its excesses," in Sukumar Periwal, ed., *Notions of Nationalism.* Budapest: Central European University. 44–64.

　　2006. *American Empire: Past and Present.* Paper given at the Comparative Social Analysis Workshop, Department of Sociology, UCLA.

Mansfield, Edward D. and Jack Snyder. 1995. "Democratization and the danger of war," *International Security* 20 (1): 5–38.

　　2005a. *Electing to Fight: Why Emerging Democracies Go To War.* Cambridge, MA: MIT Press.

　　2005b. "Prone to violence: the paradox of democratic peace," *The National Interest,* December 22.

Maoz, Zeev. 1989. "Joining the club of nations: political development and international conflict, 1816–1976," *International Studies Quarterly* 33 (2): 199–231.

Marshall, Thomas H. 1950. *Citizenship and Social Class.* Cambridge University Press.

McElreath, Richard, Robert Boyd, and Peter J. Richerson. 2003. "Shared norms and the evolution of ethnic markers," *Current Anthropology* 44 (1): 122–130.

McGarry, John and Brendan O'Leary. 1993. "Introduction: the macro-political regulation of ethnic conflict," in John McGarry and Brendan O'Leary, *The Politics of Ethnic Conflict Regulation: Case Studies in Protracted Ethnic Conflicts.* London: Routledge.

McKelvey, Richard D., Andrew M. McLennan, and Theodore L. Turocy. 2007. *Gambit: Software Tools for Game Theory. Version 0.2007.01.30.* Available online at: http:/gambit.sourceforge.net.

Mearsheimer, John J. 1990. "Back to the future: instability in Europe after the Cold War," *International Security* 15: 5–56.

　　2001. *The Tragedy of Great Power Politics.* New York: Norton.

Meyer, John, John Boli, George M. Thomas, and Francisco O. Ramirez. 1997. "World society and the nation-state," *American Journal of Sociology* 103 (1): 144–181.

Midgal, Joel S. 2001. *State in Society: Studying How States and Societies Transform and Constitute One Another.* Cambridge University Press.

Miguel, Edward. 2004. "Tribe or nation? Nation building and public goods in Kenya versus Tanzania," *World Politics* 56 (3): 327–362.

Miller, Benjamin. 2007. *States, Nations, and the Great Powers: The Sources of Regional War and Peace.* Cambridge University Press.

Miller, David. 1995. *On Nationality.* Oxford University Press.

Milward, Alan. 2000. *The European Rescue of the Nation State.* London: Routledge.

Mishali-Ram, Meirav. 2006. "Ethnic diversity, issues, and international crisis dynamics, 1918–2002," *Journal of Peace Research* 43 (5): 583–600.

Mitchell, Brian R. Various years. *International Historical Statistics.* New York: Palgrave.

Modelski, George and Patrick Morgan. 1985. "Understanding global war," *Journal of Conflict Resolution* 29 (3): 391–417.

Montalvo, José G. and Marta Reynal-Querol. 2005. "Ethnic polarization, potential conflict and civil wars," *American Economic Review* 95 (3): 796–816.

Moravcsik, Andrew. 1997. "Taking preferences seriously: a liberal theory of international politics," *International Organization* 51 (4): 513–553.

Mufti, Malik. 1996. *Sovereign Creations: Pan-Arabism and Political Order in Syria and Iraq.* Ithaca: Cornell University Press.

Mukherjee, Bumba. 2006. "Why political power-sharing agreements lead to enduring peaceful resolution of some civil wars, but not others," *International Studies Quarterly* 50: 479–504.

Müller, Edward N. and Erich Weede. 1990. "Cross-national variation in political violence: a rational action approach," *Journal of Conflict Resolution* 34 (4): 624–651.

Mylonas, Harris. Forthcoming. *The Politics of Nation-Building: The Making of Co-Nationals, Refugees, and Minorities.* Cambridge University Press.

Nairn, Tim. 1993. "All Bosnians now?" *Dissent* (Fall): 403–410.

Narang, Vipin and Rebecca Nelson. 2009. "Who are these belligerent democracies? Reassessing the impact of democratization on war," *International Organization* 63 (2): 357–379.

New World Demographics. 1992. *The Firstbook of Demographics for the Republics of the Former Soviet Union, 1951–1990.* Shady Side: New World Demographics.

Nodia, Ghia. 1992. "Nationalism and democacy," *Journal of Democracy* 3 (4): 3–22.

Nordlinger, Eric A. 1972. *Conflict Regulation in Divided Societies.* Cambridge, MA: Center for International Affairs, Harvard University.

Nunn, Nathan. 2009. "The importance of history for economic development," *Annual Review of Economics* 1 (1): 65–92.

Oberegger, Elmar. 2008. *Zur Eisenbahngeschichte des Alpen-Donau-Adria Raumes.* Available online at: http://member.a1.net/edze/enzyklopaedie/bihb.htm.

O'Leary, Brendan. 1989. "The limits of coercive consociationalism in Northern Ireland," *Political Studies* 37: 562–588.

Olzak, Susan. 2006. *The Global Dynamics of Race and Ethnic Mobilization.* Stanford University Press.

Olzak, Susan and Joane Nagel. 1986. *Competitive Ethnic Relations.* New York: Academic Press.

Organski, A. F. K. and Jacek Kugler. 1980. *The War Ledger.* University of Chicago Press.

Osborne, Martin J. and Ariel Rubinstein. 1994. *A Course in Game Theory.* Cambridge, MA: MIT Press.

Osler Hampson, Fen and David Mendeloff. 2007. "Intervention and the nation-building debate," in Chester A. Crocker, Fen Osler Hampson, and Pamela Aall, eds, *Leashing the Dogs of War: Conflict Management in a Divided World.* Washington, DC: USIP Press. 679–700.

Parikh, Sunita. 2000. "The strategic value of Analytic Narratives," *Social Science History* 24 (4): 677–684.

Paris, Roland. 1997. "Peacebuilding and the limits of liberal internationalism," *International Security* 22 (2): 54–89.

Penn, Elizabeth Maggie. 2008. "Citizenship versus ethnicity: the role of institutions in shaping identity choice," *Journal of Politics* 70 (4): 956–973.

Perl, Louis. 1872. *Die russischen Eisenbahnen im Jahre 1970–1971.* St. Petersburg: Kaiserliche Hofbuchhandlung.

Petersen, Roger D. 2002. *Understanding Ethnic Violence: Fear, Hatred, and Resentment in Twentieth-Century Eastern Europe.* Cambridge University Press.

Pierson, Paul. 1996. "The path to European integration. A historical institutionalist analysis," *Comparative Political Studies* 29 (2): 123–163.

———. 2003. "Big, slow-moving, and … invisible. Macrosocial processes in the study of comparative politics," in James Mahoney and Dietrich Rueschemeyer, eds., *Comparative Historical Analysis in the Social Sciences.* Cambridge University Press. 177–207.

Pierson, Paul and Theda Skocpol. 2002. "Historical institutionalism in contemporary political science," in Ira Kathnelson and Helen V. Milner, eds., *Political Science: State of the Discipline.* New York: Norton. 693–721.

Pinard, Maurice. 2011. *Motivational Dimensions of Social Movements and Contentious Collective Action.* Montreal: McGill-Queen's University Press.

Plotnikov, Kirill Nikanarovich. 1948/1954. *Ocherki istorii biudzheta Sovetskogo gosudarstva.* Moscow: Gosfinizdat.

Polachek, Solomon W. 1980. "Conflict and trade," *Journal of Conflict Resolution* 24 (1): 55–78.

Pollins, Brian M. 1996. "Global political order, economic change, and armed conflict: coevolving systems and the use of force," *American Political Science Review* 90 (1): 103–117.

Portes, Alejandro and Lori D. Smith. 2010. "Institutions and national development in Latin America: a comparative study," *Socio-Economic Review* 8 (4): 1–37.

Posen, Barry. 1993a. "The security dilemma and ethnic conflict," in Michael E. Brown, ed., *Ethnic Conflict and International Security.* Princeton University Press. 103–124.

———. 1993b. "Nationalism, the mass army, and military power," *International Security* 18 (2): 80–124.

Posner, Daniel. 2004. "Measuring ethnic fractionalization in Africa," *American Journal of Political Science* 48 (4): 849–863.

———. 2005. *Institutions and Ethnic Politics in Africa.* New York: Cambridge University Press.

Pounds, Norman. 1964. "History and geography: a perspective on partition," *Journal of International Affairs* 18 (2): 172.

Ragin, Charles. 1989. *The Comparative Method: Moving Beyond Qualitative and Quantitative Strategies.* Berkeley: University of California Press.

Raleigh, Clionadh and Håvard Hegre. 2005. *Introducing ACLED: An Armed Conflict Location and Event Dataset.* Paper given at Disaggregating the Study of Civil War and Transnational Violence, San Diego: University of California Institute of Global Conflict and Cooperation. March 7–8.

Rautavuiori, Mauri. 2008. *Russian Railways.* Available online at: http://personal.inet.fi/private/raumarail/russia/main.htm.

Regan, Patrick and David Clark. 2011. *Institutions and Elections Project.*

Regan, Patrick and Daniel Norton. 2005. "Greed, grievance, and mobilization in civil wars," *Journal of Conflict Resolution* 49 (3): 319–336.

Reilly, Benjamin. 2006. *Democracy and Diversity: Political Engineering in the Asia-Pacific.* Oxford University Press.

———. 2011. "Centripetalism: cooperation, accommodation, and integration," in Stefan Wolff and Christalla Yakinthou, eds., *Conflict Management in Divided Societies: Theories and Practice.* London: Routledge. 57–64.

Reis, Jaime. 2005. "Economic growth, human capital formation and consumption in Western Europe before 1800," in Robert C. Allen, Tommy Bengtsson, and Martin Dribe, eds., *Living Standards in the Past.* Oxford University Press. 195–225.

Reynal-Querol, Marta. 2002. "Ethnicity, political systems, and civil wars," *Journal of Conflict Resolution* 46 (1): 29–54.

Reynolds, Andrew. 2011. *Designing Democracy in a Dangerous World.* Oxford University Press.

Richardson, Lewis Frey. 1960. *Statistics of Deadly Quarrels.* Quincy Wright and C.C. Lienau, eds. Pittsburgh: Boxwood Press.

Riker, William H. 1962. *The Theory of Political Coalitions.* New Haven: Yale University Press.

Risse-Kappen, Thomas. 1996. "Collective identity in a democratic community: the case of NATO," in Peter Katzenstein, ed., *The Culture of National Security: Norms and Identity in World Politics.* New York: Columbia University Press. 357–399.

Roberts, Kenneth M. 1996. "Neoliberalism and the transformation of populism in Latin America: the Peruvian case," *World Politics* 48 (1): 82–116.

Roeder, Philip G. 2005. "Power dividing as an alternative to ethnic power sharing," in Philip G. Roeder and Donald Rothchild, eds., *Sustainable Peace: Power and Democracy after Civil Wars.* Ithaca: Cornell University Press. 51–82.

——— 2007. *Where Nation-States Come From: Institutional Change in the Age of Nationalism.* Princeton: Princeton University Press.

Roessler, Philip G. 2011. "The enemy from within. Personal rule, coups, and civil wars in Africa," *World Politics* 63 (2): 399–346.

Roll, Freiherr von. 1915. *Enzyklopädie des Eisenbahnwesens.* Vienna: Urban & Schwarzenberg.

Roshwald, Aviel. 2001. *Ethnic Nationalism and the Fall of Empires: Central Europe, Russia and the Middle East, 1914–1923.* London: Routledge.

Ross, Michael. 2003. "Oil, drugs, and diamonds. The varying roles of natural resources in civil war" in Karen Ballentine and Jake Sherman, eds., *Beyond Greed and Grievance: The Political Economy of Armed Conflict.* Boulder: Lynne Rienner. 47–70.

——— 2004. "What do we know about natural resources and civil war?" *Journal of Peace Research* 41: 337–356.

——— 2012. *The Oil Curse: How Petroleum Wealth Shapes the Development of Nations.* Princeton: Princeton University Press.

Rothchild, Donald. 1986. "Hegemonial exchange: an alternative model for managing conflict in Middle Africa," in Dennis Thompson and Dov Ronen, eds., *Ethnicity, Politics, and Development.* Boulder: Lynne Rienner. 65–104.

——— 2004. "Liberalism, democracy and conflict management: the African experience," in Andreas Wimmer, Donald Horowitz, Richard Goldstone, Ulrike Joras, and Conrad Schetter, eds., *Facing Ethnic Conflicts: Toward a New Realism.* Boulder: Rowman & Littlefield. 226–244.

Rothchild, Donald and Philip G. Roeder. 2005. "Power sharing as an impediment to peace and democracy," in Philip G. Roeder and Donald Rothchild, eds., *Sustainable Peace: Power and Democracy after Civil Wars.* Ithaca: Cornell University Press. 29–50.

Rothschild, Joseph. 1981. *Ethnopolitics: A Conceptual Framework.* New York: Columbia.

Russet, Bruce M. 1993. *Grasping the Democratic Peace: Principles for a Post-Cold War Period.* Princeton University Press.

Saideman, Stephen M. and R. William Ayres. 2000. "Determining the causes of irredentism: logit analyses of minorities at risk data from the 1980s and 1990s," *Journal of Politics* 62 (4): 1126–1144.

2008. *For Kin and Country: Xenophobia, Nationalism, and War.* New York: Columbia University Press.

Saideman, Stephen M., David J. Lanoue, Michael Campenni, and Samuel Stanton. 2002. "Democratization, political institutions, and ethnic conflict. A pooled time-series analysis, 1985–1998," *Comparative Political Studies* 35 (1): 103–129.

Sakari, Salo and Hovi Likka. 2003. *Estonian Railways Today.* Available online at: www.rrdc.com/article_05_2003_evr_todays_rwys.pdf.

Saltelli, Andrea, Stefano Tarantola, Francesca Campolongo, and Marco Ratto. 2004. *Sensitivity Analysis in Practice: A Guide to Assessing Scientific Models.* New York: Wiley.

Saltelli, Andrea, Marco Ratto, Terry Andres, Francesca Campolongo, Jessica Cariboni, Debora Gatelli, Michaela Saisana, and Stefano Tarantola. 2008. *Global Sensitivity Analysis: The Primer.* New York: Wiley.

Sambanis, Nicholas. 2001. "Do ethnic and nonethnic civil wars have the same causes?" *Journal of Conflict Resolution* 45 (3): 259–282.

2004. "What is civil war? Conceptual and empirical complexities of an operational definition," *Journal of Conflict Resolution* 48 (6): 814–858.

2009. *What is an Ethnic War? Organization and Interests in Insurgencies.* New Haven: Department of Political Science, Yale University.

Sambanis, Nicholas and Annalisa Zinn. 2006. *From Protest to Violence: Conflict Escalation in Self-determination Movements.* New Haven: Department of Political Science, Yale University.

Scarritt, James R. and Shaheen Mozaffar. 1999. "The specification of ethnic cleavages and ethnopolitical groups for the analysis of democratic competition in contemporary Africa," *Nationalism and Ethnic Politics* 5 (1): 82–117.

Schermerhorn, Richard A. 1970. *Comparative Ethnic Relations: A Framework for Theory and Research.* New York: Random House.

Schmitter, Philippe C. 1974. "Still the century of corporatism?" *Review of Politics* 36 (1): 85–131.

Schneider, Gerald and Nina Wiesehomeier. 2008. "Rules that matter: political institutions and the diversity conflict nexus," *Journal of Peace Research* 45 (2): 183–203.

Scott, James C. 1972. "Patron–client politics and political change in Southeast Asia," *The American Political Science Review* 66 (1): 91–113.

Senese, Paul D. and John A. Vasquez. 2008. *Steps to War: An Empirical Study.* Princeton University Press.

Sewell, William H. 1996. "Three temporalities: toward an eventful sociology," in Terence J. McDonald, ed., *The Historic Turn in the Human Sciences.* Ann Arbor: University of Michigan Press. 245–280.

Shaw, Stanford J. 1975. "The nineteenth-century Ottoman tax reforms and revenue systems," *International Journal of Middle East Studies* 6 (4): 421–459.

1976. *History of the Ottoman Empire and Modern Turkey, Vol. 1: Empire of the Gazis, the Rise and Decline of the Ottoman Empire, 1280–1808.* Cambridge University Press.

1978. "Ottoman expenditures and budgets in the late nineteenth and early twentieth centuries," *International Journal of Middle East Studies* 9: 373–378.

Shayo, Moses. 2009. "A model of social identity with an application to political economy: nation, class and redistribution," *American Political Science Review* 103 (2): 147–174.

Simpson, Jacqueline C. 1995. "Pluralism. The evolution of a nebulous concept," *American Behavioral Scientist* 38 (3): 459–477.

Singer, J. David. 1987. "Reconstructing the Correlates of War Dataset on material capabilities of states, 1816–1985," *International Interactions* 14: 115–132.

Skocpol, Theda. 1979. *States and Social Revolutions: A Comparative Analysis of France, Russia and China*. Cambridge University Press.

1994. "Reflections on recent scholarship about social revolutions and how to study them," in Theda Skocpol, *Social Revolutions in the Modern World*. New York: Cambridge University Press. 301–343.

2000. "Theory tackles history," *Social Science History* 24 (4): 669–676.

Smith, Anthony D. 1986. *The Ethnic Origins of Nations*. Oxford: Blackwell.

1990. "The supersession of nationalism?" *International Journal of Comparative Sociology* 31 (1–2): 1–31.

1995. *Nations and Nationalism in a Global Era*. Cambridge: Polity Press.

2003. *Chosen Peoples: Sacred Sources of National Identity*. Oxford University Press.

Smith, Carol A. 1990. "Failed nationalist movements in 19th-century Guatemala: a parable for the Third World," in Richard G. Fox, ed., *Nationalist Ideologies and the Production of National Cultures*. Washington, DC: American Anthropological Association. 148–177.

Smith, Michael G. 1969. "Institutional and political conditions of pluralism," in Leo Kuper and Michael G. Smith, eds., *Pluralism in Africa*. Berkeley: University of California Press. 27–66.

Snow, David, E. Burke Rochford, Steven K. Worden, and Robert D. Benford. 1986. "Frame alignment processes, micromobilization, and movement participation," *American Sociological Review* 51: 464–481.

Snyder, Jack. 1991. *Myths of Empire: Domestic Politics and International Ambition*. Ithaca: Cornell University Press.

2000. *From Voting to Violence: Democratization and Nationalist Violence*. New York: Norton.

Somers, Margaret R. 1998. "'We're no angels': realism, rational choice, and relationality in social science," *American Journal of Sociology* 104 (3): 722–784.

Soysal, Yasemin Nuhoglu. 1994. *Limits of Citizenship: Migrants and Postnational Membership in Europe*. University of Chicago Press.

Spruyt, Hendrik. 1996. *The Sovereign State and Its Competitors*. Princeton University Press.

2005. *Ending Empire: Contested Sovereignty and Territorial Partition*. Ithaca: Cornell University Press.

Stares, Paul B. and Micah Zenko. 2009. *Enhancing U.S. Preventive Action*. New York: Council on Foreign Relations.

Steinmo, Sven, Kathleen Thelen, and Frank Longstreth. 1992. *Structuring Politics: Historical Institutionalism in Comparative Analysis*. Cambridge University Press.

Stewart, Frances. 2008. *Horizontal Inequalities and Conflict: Understanding Group Violence in Multiethnic Societies*. Houndsmills: Palgrave.

Strach, Hermann. 1906. *Geschichte der Eisenbahnen der österreichisch-ungarischen Monarchie*, various volumes. Vienna: Karl Prochaska.

Strang, David. 1990. "From dependency to sovereignty: an event history analysis of decolonization 1879–1987," *American Sociological Review* 55: 846–860.

参考文献

1991a. "Anomaly and commonplace in European political expansion: realist and institutional accounts," *International Organization* 45 (2): 143–162.

1991b. "Global patterns of decolonization, 1500–1987," *International Studies Quarterly* 35: 429–454.

Streeck, Wolfgang and Kathleen Thelen. 2005a. *Beyond Continuity: Institutional Change in Advanced Political Economies.* Oxford University Press.

2005b. "Introduction: institutional change in advanced political economies," in Wolfgang Streeck and Kathleen Thelen, *Beyond Continuity: Institutional Change in Advanced Political Economies.* Oxford University Press. 1–39.

Stryker, Sheldon and Peter J. Burke. 2000. "The past, present, and future of an identity theory," *Social Psychology Quarterly* 63: 284–297.

Svodnii otdel gosudarstvennogo byudzheta. Various years. *Gosudarstvennyi byudzhet SSSR: Statisticheskii Sbornik.* Moscow: Finansy i statistika.

Tajfel, Henri. 1981. *Human Groups and Social Categories: Studies in the Social Psychology.* Cambridge University Press.

Taliaferro, Jeffrey W. 2009. "Neoclassical realism and resource extraction: state building for future war," in Steven E. Lobell, Norrin M. Ripsman, and Jeffrey W. Taliaferro, eds., *Neoclassical Realism, the State, and Foreign Policy.* Cambridge: Cambridge University Press. 194–226.

Tarrow, Sidney and Charles Tilly. 2006. *Contentious Politics.* Cambridge University Press.

Thies, Cameron G. 2010. "Of rulers, rebels, and revenue: state capacity, civil war onset, and primary commodities," *Journal of Peace Research* 47 (3): 321–332.

Thompson, William R. 1988. *On Global War: Historical-Structural Approaches to World Politics.* Columbia: University of South Carolina Press.

Thorsten Beck, George Clarke, Alberto Groff, Philip Keefer, and Patrick Walsh. 2001. "New tools in comparative political economy: the Database of Political Institutions," *World Bank Economic Review* 15 (1): 165–176.

Tilly, Charles. 1975. "Western state-making and theories of political transformation," in Charles Tilly, *The Formation of National States in Western Europe.* Princeton University Press. 601–638.

1978. *From Mobilization To Revolution.* Reading: Addison-Wesley.

1989. *Big Structures, Large Processes, Huge Comparisons.* New York: Russel Sage Foundation.

1994. "States and nationalism in Europe, 1492–1992," *Theory and Society* 23 (1): 131–146.

2000. "Processes and mechanisms of democratization," *Sociological Theory* 18 (1): 1–16.

2005. *Trust and Rule.* Cambridge University Press.

2006. *Identities, Boundaries, and Social Ties.* Boulder: Paradigm Press.

Toft, Monica. 2003. *The Geography of Ethnic Violence: Identity, Interests, and the Indivisibility of Territory.* Princeton University Press.

2009. *Securing the Peace: The Durable Settlement of Civil Wars.* Princeton University Press.

Torfason, Magnus Thor and Paul Ingram. 2010. "The global rise of democracy: a network account," *American Sociological Review* 75 (3): 355–377.

Tsebelis, George. 2002. *Veto Players: How Political Institutions Work.* New York: Russel Sage.

Tull, Denis M. and Andreas Mehler. 2005. "The hidden costs of power sharing: reproducing insurgent violence in Africa," *African Affairs* 104/416: 375–398.

Turchin, Peter. 2003. *Historical Dynamics: Why States Rise and Fall.* Princeton University Press.

Van Evera, Stephen. 1999. *Causes of War: Power and the Roots of Conflict*. Ithaca: Cornell University Press.

Vanhanen, Tatu. 1999. "Domestic ethnic conflict and ethnic nepotism: a comparative analysis," *Journal of Peace Research* 36 (1): 55–73.

2000. "A new dataset for measuring democracy, 1810–1998," *Journal of Peace Research* 37 (2): 251–265.

Varshney, Ashutosh. 2003. *Ethnic Conflict and Civil Life*. New Haven: Yale University Press.

Vasquez, John A. 2009. *The War Puzzle Revisited*. Cambridge University Press.

Vasquez, John and Christopher S. Leskiw. 2001. "The origins and war proneness of interstate rivalries," *Annual Review of Political Science* 4: 295–316.

Vreeland, James Raymond. 2008. "The effect of political regime on civil war: unpacking anocracy," *Journal of Conflict Resolution* 52 (3): 401–425.

Vu, Tuong. 2009. "Studying the state through state formation," *World Politics* 62 (1): 148–175.

Wacquant, Loic. 1997. "Towards an analytic of racial domination," *Political Power and Social Theory* 11: 221–234.

Wagner-Pacifici, Robin. 2010. "Theorizing the restlessness of events," *American Journal of Sociology* 115 (5): 1351–1386.

Walter, Barbara. 2006. "Information, uncertainty, and the decision to secede," *International Organization* 60: 105–135.

2009. "Bargaining failures and civil war," *Annual Review of Political Science* 12: 243–261.

Waltz, Kenneth N. 1979. *Theory of International Politics*. Boston: McGraw-Hill.

Weber, Eugen. 1979. *Peasants into Frenchmen: The Modernisation of Rural France, 1870–1914*. London: Chatto & Windus.

Weber, Max. 1968 [1922]. *Economy and Society: An Outline of Interpretive Sociology*. New York: Bedminster Press.

Weiner, Myron. 1971. "The Macedonian syndrome: an historical model of international relations and political development," *World Politics* 23 (4): 665–683.

Weinstein, Jeremy M. 2005. *Autonomous Recovery and International Intervention in Comparative Perspective*. Washington, DC: Center for Global Development.

Weyland, Kurt. 1996. "Neopopulism and neoliberalism in Latin America: unexpected affinities," *Studies in Comparative International Development* 31: 3–31.

Wimmer, Andreas. 1995a. "Die erneute Rebellion der Gehenkten, Chiapas 1994," *Zeitschrift für Sozialgeschichte des 20. und 21. Jahrhunderts* 3: 59–68.

1995b. *Die komplexe Gesellschaft. Eine Theorienkritik am Beispiel des indianischen Bauerntums*. Berlin: Reimer.

1995c. *Transformationen. Sozialer Wandel im indianischen Mittelamerika*. Berlin: Reimer.

1997. "Who owns the state? Understanding ethnic conflict in post-colonial societies," *Nations and Nationalism* 3 (4): 631–665.

2002. *Nationalist Exclusion and Ethnic Conflicts: Shadows of Modernity*. Cambridge University Press.

2003. "Democracy and ethno-religious conflict in Iraq," *Survival: The International Institute for Strategic Studies Quarterly* 45 (4): 111–134.

2008a. "How to modernize ethnosymbolism," *Nations and Nationalism* 14 (1): 9–14.

2008b. "The making and unmaking of ethnic boundaries. A multi-level process theory," *American Journal of Sociology* 113 (4): 970–1022.

2011. "A Swiss anomaly? A relational account of national boundary making," *Nations and Nationalism* 17 (4): 718–737.

In preparation. *Nation Building or Ethnic Exclusion? A Global Analysis.* Los Angeles: UCLA.

Wimmer, Andreas and Yuval Feinstein. 2010. "The rise of the nation-state across the world, 1816 to 2001," *American Sociological Review* 75 (5): 764–790.

Wimmer, Andreas and Nina Glick Schiller. 2002. "Methodological nationalism and beyond. Nation-state formation, migration and the social sciences," *Global Networks* 2 (4): 301–334.

Wimmer, Andreas and Brian Min. 2006. "From empire to nation-state. Explaining wars in the modern world, 1816–2001," *American Sociological Review* 71 (6): 867–897.

2009. "The location and purpose of wars around the world. A new global dataset, 1816–2001," *International Interactions* 35 (4): 390–417.

Wimmer, Andreas and Conrad Schetter. 2003. "Putting state-formation first. Some recommendations for reconstruction and peace-making in Afghanistan," *Journal of International Development* 15: 1–15.

Winnifrith, Tony. 1993. "The Vlachs of the Balkans: a rural minority which never achieved ethnic identity," in David Howell, ed., *Roots of Rural Ethnic Mobilisation: Comparative Studies on Governments and Non-Dominant Ethnic Groups in Europe, 1850–1940.* Aldershot: Dartmouth. 277–303.

Woocher, Lawrence. 2009. *Preventing Violent Conflict: Assessing Progress, Meeting Challenges.* Washington, DC: USIP.

Woodwell, Douglas. 2004. "Unwelcome neighbors: shared ethnicity and international conflict during the Cold War," *International Studies Quarterly* 48: 197–223.

2007. *Nationalism in International Relations.* Houndsmill: Palgrave.

Woronoff, Jon. Various years. *Historical Dictionaries (Various Volumes).* Lanham: Scarecrow Press.

Wucherpfennig, Julian, Nils B. Weidmann, Luc Girardin, Lars-Erik Cederman, and Andreas Wimmer. 2011. "Politically relevant ethnic groups across space and time: introducing the GeoEPR dataset," *Conflict Management and Peace Science* 20 (10): 1–15.

Yi, Sang-Seung and Hyukseung Shin. 2000. "Endogenous formation of research coalitions with spillovers," *International Journal of Industrial Organization* 18: 229–256.

Young, Crawford. 1976. *The Politics of Cultural Pluralism.* Madison: University of Wisconsin Press.

Young, Cristobal. 2009. "Model uncertainty in sociological research: an application to religion and economic growth," *American Sociological Review* 74: 380–397.

Young, H. Peyton. 1998. *Individual Strategy and Social Structure: An Evolutionary Theory of Institutions.* Princeton University Press.

Zürcher, Christoph and Jan R. Böhnke. 2009. *Aid, Minds, and Hearts: The Impact of Aid in Conflict Zones.* Paper given at the GROW-Net Conference, Zürich, September 18–20.

译后记

2023 年 8 月 24 日中午收到了责编刘茹发来的消息——译著《战争之波：现代世界中的民族主义、国家形成与族群排斥》出版的全部行政手续已经准备完成，待剩下琐碎的工作完成后便可如期出版，于是压抑许久的心里突然有了一丝释怀。

在忙完这些事后，我总觉得总该写点什么。我不想谈我从威默教授"国家建设（nation building）三部曲"的第二部中学到了什么理论与方法，我只想与各位读者朋友分享一下关于翻译本身的小故事。

持允而论，学术专著的翻译是一趟极其艰苦同时也吃力不讨好的学术旅程。我不是英语专业出身，上初高中时又因为执教老师的教学方式而对英语产生了巨大的反感，这种反感一直持续到进入大学的头两年。但随着学习的深入，我逐渐认识到政治科学的学习不能只停留在对国内教科书和有限的译著阅读上，要想学到更多的知识就必须了解国际学术界研究的最前沿。就这样，我对英文文献的态度开始逐渐发生转变。2017 年，当时还在攻读硕士学位的我和几个志同道合的伙伴想通过写读书笔记的方式倒逼自己读英文文献，于是一拍即合，共同创立了"政文观止 Poliview"公众号，我也逐渐对编译产生了浓厚的兴趣。最终在推送若干篇编译后，我对翻译有了一定的信心，又遇上了合适的出版社与合适的书稿，便以年轻人特有的"莽撞"签下了合同。

翻译主要是在新加坡留学期间完成的，我当时一方面承受着做好数据库、完成博士论文撰写并毕业的压力，一方面又身处新型冠状病毒肆虐的环境中。记

译后记

得刚来的头一个月,我每天都要从肯特岗(Kent Ridge)坐校车到尤索夫·伊萨克楼(Yusof Ishak House)的餐厅喝一杯1新币的咖啡,再走到新加坡国立大学的主图书馆去找流动工位工作,那时候口罩一戴就是一天不说,图书馆还经常因为有感染者到访而不得不关闭消杀,找一个合适的场地工作较为困难。我的合作导师孙传炜(Sng Tuan-Hwee)教授了解这一情况后,在经济学系办公室极其紧张的情况下,帮我申请到了一间独立的研究室,让我能最大程度地安心工作,我对此感念于心。

我在翻译的过程中也遇到了很多困难,首先便是理解问题。德裔作者在写作风格上偏爱长句。有时候书中的一句话能占5—6行,从句套从句再套从句,让人非常不好理解。每每遇到这种情况,我总是心生退意,但是一想到合同都签了,总不能半途而废,否则让人贻笑大方,影响也不好,便硬着头皮迎难而上,从拆从句入手,对每一句话都仔细揣摩,各个击破,然后再拼在一起,看看通不通顺,符不符合语境,不符合语境的则倒回去再改。

我遇到的第二个困难是对一些名词的译法拿捏不准,如全书反复出现的"like-over-like"。这词给人的第一印象是"只能意会,难以言传"。我想了很久也找不到合适的译法,就在这时,北京大学的马啸老师给了我重要启发,他建议将其译为"本族人需由本族人统治",这一译法简洁明了,恰到好处,令人茅塞顿开。关于原书名中的"Waves"译法的来龙去脉则是这样的——我在一开始将其译为"战争之浪",编辑张苗凤看后建议参照政治学巨擘塞缪尔·亨廷顿(Samuel Huntington)不朽之作《第三波:20世纪后期的民主化浪潮》(*The Third Wave: Democratization in the Late Twentieth Century*)中译本主标题之译法,将"浪"改译为"波",这样更能传达出作者想表达出的战争波次之意,此改甚好,于是我欣然采纳。

再者,欧洲学者通常掌握多门语言,在从事英文写作的同时会夹杂法语、德语乃至土耳其语,这对只会一门英语还学艺不精的我造成了巨大困扰,但是好在这些词汇并不多,结合电子词典的查阅和欧洲历史研究专著的阅读,这些问题也能逐一解决。于是,我博士论文写累了就翻译书,翻译累了就走出研究室,沿着防雨长廊走很长一段路到餐厅,点一杯咖啡,喝完再回去接着译。就是这样像蚂蚁搬家似的一点点推进,终于同时完成了博士论文和译著。回头来看,这一过程很苦,即便是最苦的南洋咖啡恐怕也无法与之相比,但是值得欣慰的是,付出总算有了一点回报。

在翻译完成后,"政文观止 Poliview"发起人之一、现为吉林大学"鼎新"博士后助理研究员的赵德昊老师通读了全书译稿,并附上了具体的修改意见,对此我深表感谢。而教研室的张熹珂、段海燕、严海兵、刘乐明等老师经常和我分享手头工作的趣闻与经验,同样给了我重大启发。

在译稿提交给出版社后,张苗凤、潘丹榕和刘茹三位编辑在初审、复审、决审和核红等环节认真审读校对,改正了很多我自己看不出来的错误,进一步确保了译著的质量,我对三位编辑的辛勤付出和高度负责的工作态度深表敬意。

在本书即将付梓之际,我还要对所有关心这本书翻译、出版的老师、同事和朋友表示深深的谢意,对工作单位华东政法大学政府管理学院的支持表示衷心的感谢。

老爸对我的翻译也一直很关心,在 2022 年春节后还问我译著什么时候能出版,我当时说这不是我能决定的,一切都要看缘分。可是他在我回国毕业前的一周突然病倒了,此后再也没有醒来,希望译著在今年出版后能告慰他吧。

洋洋洒洒,书不尽意。译著中的错漏由我本人负责,也诚恳地欢迎各位读者朋友批评指正!

杨端程

松江,2023 年 9 月 1 日

图书在版编目(CIP)数据

战争之波 ：现代世界中的民族主义、国家形成与族
群排斥 /（瑞士）安德烈亚斯·威默著 ；杨端程译. —
上海 ：格致出版社 ：上海人民出版社，2023.10
（格致社会科学）
ISBN 978 - 7 - 5432 - 3498 - 7

Ⅰ. ①战…　Ⅱ. ①安…　②杨…　Ⅲ. ①民族国家-研
究　Ⅳ. ①D032

中国国家版本馆 CIP 数据核字(2023)第 159274 号

责任编辑　刘　茹　顾　悦
装帧设计　路　静

格致社会科学

战争之波：现代世界中的民族主义、国家形成与族群排斥
［瑞士］安德烈亚斯·威默　著
杨端程　译

出　　版　格致出版社
　　　　　上海人民出版社
　　　　　（201101　上海市闵行区号景路 159 弄 C 座）
发　　行　上海人民出版社发行中心
印　　刷　上海商务联西印刷有限公司
开　　本　720×1000　1/16
印　　张　23
插　　页　2
字　　数　358,000
版　　次　2023 年 10 月第 1 版
印　　次　2023 年 10 月第 1 次印刷
ISBN 978 - 7 - 5432 - 3498 - 7/D·185
定　　价　98.00 元

本书经授权译自英文版 Waves of War: Nationalism, State Formation, and Ethnic Exclusion in the Modern World
ISBN:9781107673243
安德烈亚斯·威默 著
Cambridge University Press 2013 年出版
本书中文简体字版由剑桥大学出版社授权格致出版社合作出版。
此版本仅限在中华人民共和国境内(不包括香港、澳门特别行政区及台湾省)销售。
未经许可,本书任何一部分不得以任何形式或任何方式复制或传播。
版权所有,侵权必究。
本书封面贴有 Cambridge University Press 防伪标签,无标签者不得销售。
上海市版权局著作权合同登记号:图字 09-2021-0461

·格致社会科学·

战争之波:现代世界中的民族主义、国家形成与族群排斥
[瑞士]安德烈亚斯·威默　著
杨端程　译

审问民族志:证据为什么重要
[美]史蒂芬·卢贝特　著
项继发　译

权力与规则——组织行动的动力
[法]埃哈尔·费埃德伯格　著
张月　等译

国家与市场——政治经济学入门
[美]亚当·普沃斯基　著
郦菁　张燕　等译

族群边界制定:制度、权力与网络
[瑞士]安德烈亚斯·威默　著
徐步华　译

经济学方法论:经济解释的哲学基础(第二版)
[英]马克·布劳格　著
苏丽文　译

比较政治中的议题与方法(第四版)
[英]托德·兰德曼　埃德齐娅·卡瓦略　著
汪卫华　译

个体性与纠缠:社会生活的道德与物质基础
[美]赫伯特·金迪斯　著
朱超威　杨东东　等译

政治学、社会学与社会理论——经典理论与当代思潮的碰撞
[英]安东尼·吉登斯　著
何雪松　赵方杜　译

历史视域中的人民主权
[英]理查德·伯克　昆廷·斯金纳　主编
张爽　译